アラブ・イスラム・中東用語辞典

前在リビア大使館参事官
松岡信宏
Matsuoka Nobuhiro

アラブ・イスラム・中東用語辞典 [もくじ]

まえがき [本書使用上の注意] ──────────── 007

[ア] ──────────────────────── 012
[イ] ──────────────────────── 058
[ウ] ──────────────────────── 078
[エ] ──────────────────────── 084
[オ] ──────────────────────── 089
[カ] ──────────────────────── 092
[キ] ──────────────────────── 104
[ク] ──────────────────────── 106
[ケ・コ] ─────────────────────── 110
[サ] ──────────────────────── 114
[シ] ──────────────────────── 124
[ス] ──────────────────────── 138
[セ・ソ] ─────────────────────── 143
[タ] ──────────────────────── 147
[チ・ツ・テ] ──────────────────── 158
[ト] ──────────────────────── 162
[ナ] ──────────────────────── 165
[ニ] ──────────────────────── 172
[ヌ・ネ・ノ] ──────────────────── 175
[ハ] ──────────────────────── 177
[ヒ] ──────────────────────── 195
[フ] ──────────────────────── 200
[ヘ] ──────────────────────── 214
[ホ] ──────────────────────── 219
[マ] ──────────────────────── 222
[ミ] ──────────────────────── 230
[ム] ──────────────────────── 232
[メ・モ] ─────────────────────── 239
[ヤ・ユ・ヨ] ──────────────────── 244
[ラ] ──────────────────────── 248
[リ・ル] ─────────────────────── 250
[レ・ロ] ─────────────────────── 254
[ワ] ──────────────────────── 259

用語索引 ────────────────────── 263
参考図書一覧 ───────────────────── 278

カバーデザイン	フロッグキングスタジオ
組版	ホープカンパニー
校正	鷗来堂
編集協力	髙橋清貴
本文写真	＊印は著者提供

まえがき ———[本書使用上の注意]

■ 本書の目的
(1) 最初に明らかにしておかなければならないのは、本書は学術書ではない、ということである。かといって単なる文物の紹介でも、旅行記でもない。まず中東という地理的範囲を限定し、地域に関連する様々なアイテムを拾い出し、普通の日本人が容易に理解できるよう、最低限必要と思われる説明を付けたものである。その意味で、学問的厳密さを優先したものではないし、神話や伝説の類もあえて取り上げ、読みやすさを追求している。
(2) 本書は中東政治の解説書ではない。現時点で未解決の問題や、近代における中東諸国の指導者に関する評価は、微妙な問題をはらんでおり、意図的に記述を避けた部分もある。
(3) 学術上議論のある項目については、通説なり多数説に従ったつもりである。ごく一部でしか唱えられていないような見解については、特に触れていないことが多い。
(4) 本書は辞典形式を採用している。最初から最後まで順番に読み通していただいてもかまわないが、中東に関連する事項でとりあえず知りたい用語があればその部分をまず読んでもらい、続いて各項目末尾の関連項目に移動する読み方を第一に想定している。一方、限られたスペースでの記述であるから、本書の記述だけでその事項のすべてがわかるというものではなく、せいぜいさわり程度のものが多い。読者が特に興味を惹かれる事項については、巻末の参考図書などを参照願いたい。
(5) 読みやすさを優先するという観点から、数字等詳細なデータについてはあえて記述を避けた場合もある。

■ 本書で扱う地理的範囲
　本書では中東の地理的範囲をまず限定し、その地域に関連する文物や人物、地域内で展開した重要な歴史的事件を扱っている。中東という呼称の指す範囲は時代と状況、そして論者によって異なるが、本書では基本的に外務省中東アフリカ局中東第一課及び中東第二課が従来所管してきた諸国の領域とした。つまり、東はアフガニスタンから西はモロッコまで、南は南スーダンまでである。
　したがって「アラブ連盟」加盟国ではあってもモーリタニアやソマリアなどは含まない。スーダン及び南スーダンは、外務省においては現在アフリカ第一課の所管であるが、スーダン（南スーダンも含む）は従来中近東第一課（中東

一課の前身)の所管であったため、本書では中東の一国として扱っている。また、歴史的・文化的関係から、スペインや中央アジア、中国など周辺諸国に言及する場合もある。

■検索上の注意事項

(1) 項目選定上の原則
(a) 項目選定においては、現地の住民ならたいてい承知している事項、歴史上の重要事件・人物を中心に選んだつもりである。とはいえ、中東には主な民族集団だけでもアラブ人、トルコ人、イラン(ペルシャ)人、ユダヤ人、クルド人などが存在し、さらに無数の少数民族、少数宗派が存在する。特定個人がどの文化圏や集団、地域に属するかによって、それぞれの常識は異なる。基本的には、中東の各文化において常識とみなされる事項を、できるだけ多く拾い上げたつもりである。ただし、著者がアラビア語の専門家ということもあり、他の文化(ユダヤ、トルコ及びペルシャ)については経験の劣る部分もあるので、あらかじめご容赦願いたい。
(ロ) 存命中の人物については、公開資料に掲載されている以上の記述は行っていない。故人であっても、それぞれの国で未だに崇拝されている人物(例えば「アタチュルク」)や宗教上の問題、係争中の国際問題に関する記述など微妙な問題についてはあえて記述を避けた部分もある。

(2) 表記上の注意事項
(a) 問題点
　中東の諸言語で使用されている単語を日本語で表記する場合、多くの困難に直面することになる。主なものだけでも以下の問題がある。
- khやq,ḥなど、日本の仮名文字では正確に表記できない発音がある。
- アラビア語では文語と口語の乖離(かいり)が大きいため、文法上こうあるべきという発音と、現地の発音が大きく異なる場合も多い。例えばエジプトのナセル大統領は正則アラビア語の文字上の表記では「ジャマール・アブド・アル・ナーセル」であるが、エジプト口語での発音は「ガマール・アブドンナーセル」となる。
- 文語に忠実な表記を行う際も、記された文字に忠実に定冠詞を独立させて表記することもあれば、音読する際の発音に従った表記が用いられることもある(例えば「アブドゥルアズィーズ」という名は、前者の原則に従うと「アブド・アル・アズィーズ」)。さらに言えば、定冠詞「アル」は「=」でつなぐ人もある(上記の例で言えば「アブドル=アズィーズ」あるいは「アブド・アル=アズィーズ」)。

- 定冠詞「アル」については、日本語表記で省略されることも多い。例えば「オマル・アル・ムフタール」は「オマル・ムフタール」と表記されることも多い。
- 本来同じ単語が、それぞれの言語で違って発音される場合もある（例えばアラビア語の「ムハンマド」はペルシャ語で「モハンマド」、トルコ語では「メフメト」）。
- 日本で通常用いられている表記が第三国の言語を介しているため原音とかなり異なる場合がある（例えば「カイロ」はアラビア語では「アル・カーヒラ」）。

（b）本書で用いる表記法

このような複雑な状況下、万人のこだわりをすべて満たす表記はおそらく不可能であり、また、表記上の問題を解決することも本書の目的ではない。他方、辞典という形式で整理する以上、それなりの法則性を持たせなければならない。そこで本書限りの約束ということで、原則として以下のような表記法を採用している。ただし例外もあるので、疑問のある場合は巻末の索引を参照願いたい。

- 基本的には、原音にできるだけ近い表記を行う。アラビア語については、正則アラビア語（文語）の表記を原則とする（例えば「アムル・イブヌルアース」ではなく「アムル・イブン・アル・アース」）。ただし最初に「アブド」が付く場合（「アブドゥッラー」や「アブドゥルアズィーズ」）は例外とする（原則に従えば「アブド・アッラー」「アブド・アル・アズィーズ」）。ほかにもイランやトルコの人名、物語の主人公（例えば「アラジン」「ナスレッディン・ホジャ」）などの例外がある。
- 基本的には、定冠詞「アル」が固有名詞の冒頭に付く場合は原則省略する（例えば「アル・アクサー・モスク」ではなく「アクサー・モスク」。「アル・カーイダ」ではなく「カーイダ」）。ただし文中の説明中に現れるものは冒頭の「アル」を残した場合もある。
- 固有名詞の途中に登場する定冠詞「アル」は、独立表記する。
- 母音なしのh及びḥ音は、日本語で「フ」と表記する。
- qは「カ行」、v音は「ヴァ行」、th音は「サ行」で表記する。siは「スィ」を用いshi（シ）と区別した（「サヌーシー教団」は「サヌースィー教団」）。同じくziは「ズィ」。
- khの音については言語がアラビア語の場合「ハ行」、ヘブライ語の場合は「カ行」を用いた。
- 一般に用いられる表記と研究者が用いる表記との乖離がある場合（例えば「イスラーム」と「イスラム」など）は、検索の利便性の観点から日本の一般の新聞・雑誌で用いられる表記を基本的に採用した（上記の例では「イスラム」）。ただし、一部例外もある（「マホメット」は「ムハンマド」など）。

- 多くのアラブ諸国では、日本でいう姓がない。そうした諸国の固有名詞は、名前の最初にある本人の名（イスム）で項目を立てた（例えば「フセイン・ビン・タラール」）。ただし、名前の最後に来る「ニスバ」の方が日本において知られている場合や、誤って父親の名で知られている場合は、より知られている方で項目を立て、括弧内にフルネームを入れた（例えば「サダム・フセイン」は「フセイン」で項目を立てた）。姓を持つことが法制化されている諸国の人名については、姓で項目を立て、括弧内にファースト・ネームを入れた。
- アラビア語で「息子」を意味する言葉は、「イブン」と「ビン」の双方が用いられるが、歴史上の人物については基本的に「イブン」で統一した。他方近代では「ビン」という表記が通常用いられるので、20世紀以降の人名は「ビン」を用いた。
- 上記の原則と異なる表記が日本のメディアなどで一般に普及している場合は、検索の便宜を考えて一般に用いられる表記を採用したものも多い（例えば「フサイン」は「フセイン」、「ジャマール・アブドゥルナーセル」は「（ガマール・アブドゥル・）ナセル」、「サラーフ・アル・ディーン」は「サラーフッディーン」）。
- 地名については、原則として市販の世界地図の表記を踏襲した。したがって一般に知られた地名に限っては上記の原則（「si」を「スィ」、v音は「ヴァ行」で記す）を採用していない。ただし、「メッカ」を「マッカ」、「メディナ」を「マディーナ」など、若干の例外は設けた。著者の最低限のこだわりである。

(3) その他
- 『クルアーン（コーラン）』の章名については『岩波イスラーム辞典』に従った。
- 年号については原則西暦を使用した。ただし「アーシューラー（ムハッラム月10日）」など、特定の暦による日時が意味を持つ場合はこれを併記した。

[アラブ・イスラム・中東用語辞典]

ア

アーイシャ
(Aisha bint Abi Bakr al-Siddiq)

613/4頃〜678。預言者（神の言葉を伝える人物）ムハンマド（570頃〜632）の妻の1人で、初代正統カリフ、アブ・バクル（在位632〜634）の娘。ムハンマド最愛の妻と言われる。

619年、最初の妻ハディージャ（555頃〜619）が死亡すると、ムハンマドは再婚を勧められ、まず寡婦のサウダ、そして当時8歳くらいだったアーイシャと結婚した。アーイシャが18歳のとき、臨終の近づいたムハンマドは他の妻たちから了解を得てアーイシャの部屋にとどまり、その膝の上で息を引き取ったという。

ムハンマド死後、アーイシャは第3代正統カリフ、ウスマーン（在位644〜656）を批判し、さらに第4代正統カリフ、アリ（在位656〜661）のカリフ就任にも反対、ズバイル・イブン・アウワーム（594〜656）やタルハ（?〜656）とともにラクダの戦いに参戦してアリと戦うが敗れ、マディーナに連れ戻された。以後は政治には直接関与せず、ムハンマドの言動を次世代に伝えながら余生を全うした。

➡ アブ・バクル、アリ、ウスマーン・イブン・アッファーン、カリフ、ハディージャ、マディーナ、ムハンマド、ラクダの戦い

アイユーブ朝 (Ayyubid dynasty)

1169〜1250。サラーフッディーン（1138〜1193）がエジプトに樹立したスンニー派王朝。「アイユーブ」は、建国者サラーフッディーンの父の名で、アラビア語で『旧約聖書』の預言者「ヨブ」を意味する。アイユーブ朝はエジプトを中心地としながらも、最盛期にはシリア、イラクのジャジーラ地方、イエメンも支配下に納め、十字軍勢力との抗争においては、ムスリム側の中心勢力となった。

1169年、叔父シールクーフ（?〜1169）の死によりファーティマ朝宰相に任命されたサラーフッディーンは事実上の支配権を握り、1171年、ファーティマ朝最後のカリフ、アーディド（在位1160〜1171）が病死するとアイユーブ朝を建てた。また1174年、名目上の主君であるザンギー朝君主ヌールッディーン（在位1146〜1174）が死去するとダマスカス等シリア中部を支配下に収め、1182年以降は北シリアからイラク中部ジャジーラ地方にかけて支配権を伸ばし、翌年にはアレッポを開城させてシリアとエジプトを統合した。

さらにモスルを獲得して十字軍国家を包囲し、1187年7月のヒッティーンの戦いで十字軍に大勝した。その後、地中海沿岸部の諸都市を次々と陥落させて同年10月エルサレムを奪回した。

エルサレムの奪回が原因となって第3回十字軍が結成されたが、アイユーブ朝はイスラム勢力の中心となって十字軍との攻防を繰り返した。

その結果1192年9月2日、イングランド王リチャード1世（在位1189〜1199）との休戦協定により、ティールからヤッファに至る沿岸部のいくつかの港はエルサレム王国の管理下に置かれることとなった。

1193年、サラーフッディーンが死去するとその領土はいったん分裂するが、1202年になってサラーフッディーンの弟アーディル（在位1202〜1218）が領土を統一して第4代スルタンに即位する。アーディルはヨーロッパ諸国とも共存を図り、数百人のイタリア商人のエジプト居住を認め、十字軍国家とも休戦条約を結んでいたが、1218年5月、第5回十字軍のエジプト侵入によりこの休戦は破られ、8月にはアーディルも死亡する。

しかし後継者カーミル（在位1218〜1238）は1221年、ナイル川増水時に堤防を決壊させる作戦で十字軍を破る。一方カーミルは、神聖ローマ帝国皇帝フリードリヒ2世（在位1220〜1250）と交渉を持ち、フリードリヒ率いる第6回十字軍と1229年2月に10年間の休戦条約を締結し、エルサレムなどの領域を割譲した。

1249年、フランス王ルイ9世（在位1226〜1270）率いる第7回十字軍がエジプトに侵攻した直後、スルタン、サーリフ（在位1240〜1249）は結核で死亡する。しかしマムルークの将軍バイバルス（1223〜1277）が十字軍を撃退し、翌年、アイユーブ朝最後のスルタン、トゥーランシャー（在位1249〜1250）がマムルークの反乱で殺害されたことで、アイユーブ朝は滅びる。

➡ イエメン、イラク、エジプト、カリフ、クルド人、サラーフッディーン、ザンギー朝、シーア派、十字軍、シリア、スンニー派、ダマスカス、バイバルス、ヒッティーンの戦い、ファーティマ朝、フリードリヒ2世、マムルーク

アガ・ハーン ➡ ニザール派

アクコユンル (Aq Qoyunlu)

14世紀後半〜1508。イランのタブリーズを首都とし、アナトリア東部からイランにかけての領域を支配したトゥルクマン王朝。日本では「白羊朝」とも呼ばれる。

アクコユンルは、トゥルクマンの中でもオグズ族バユンドル氏族長を盟主とする部族連合で、14世紀半ばまでにはディヤルバクル周辺を活動の拠点としていた。1402年のアンカラの戦いではティムール（1336〜1405）軍に参加したことから、当時の首長カラ・ユルク・ウスマーン（在位1403〜1435頃）はその功績でディヤルバクル州の支配権を与えられた。

1453年に即位したウズン・ハサン（在位1453〜1478）は、1467年、表面的に服従していたカラコユンルのジハーン・シャー（在位1438頃〜1467）を破り、その後2年間にその領土を奪った。これによりアクコユンルはアナトリア東部からアゼルバイジャンやイラク、イランを含む領域を支配することとなった。ウズン・ハサンは、さらにアナトリア中央部にも進出しようとしたが、1473

年8月11日、バシュケントの戦いでオスマン帝国メフメト2世（在位1444〜1445、1451〜1481）に敗れ、ユーフラテス川が両国の境界となった。

ウズン・ハサン死後、後継者争いを制して子のヤークーブ（在位1478〜1490）が即位するが、ヤークーブ死後各地方に拠点を持つ王族が争うようになり、1508年、最後の王族2人がサファヴィー朝に追われて滅んだ。

➡ アナトリア、イラン、オスマン帝国、カラコユンル、サファヴィー朝、ティグリス・ユーフラテス川、ティムール、トゥルクマン

アクサー・モスク (al-Aqsa mosque)

エルサレム旧市街「神殿の丘」にあるモスクで、隣にある「岩のドーム」とともに、イスラム教徒にとって第3の聖域となっている。「アクサー」とはアラビア語で「最遠」を意味し、マッカから見てもっとも遠い場所にあるモスクの意味になる。

第2代正統カリフ、ウマル・イブン・ハッターブ（在位634〜644）時代、現在のモスクがある場所に集団礼拝のための仮設建築が作られ、ウマイヤ朝第6代カリフ、ワリード（在位705〜715）時代にモスクとして基本的な部分が建設されたと言われる。これは747年の地震によりいったん破壊されたが、アッバース朝第2代カリフ、マンスール（在位754〜775）及び第3代カリフ、マフディー（在位775〜785）により再建され、ファーティマ朝第7代カリフ、ザーヒル（在位1021〜1036）の時代にほぼ現在の大きさとなった。

1969年8月21日には、精神的に異常のあるオーストラリア人観光客によってモスクが放火される事件が起きた。イスラム世界では、この事件の背後にイスラエルがいるとの陰謀論が広がったことから、9月にラバトで第1回イスラム諸国首脳会議が開催され、「イスラム会議機構」（現在は「イスラム協力機構」）設立につながった。

➡ アッバース朝、イスラエル、イスラム協力機構、岩のドーム、ウマイヤ朝、ウマル・イブン・アル・ハッターブ、エルサレム、カリフ、サラーフッディーン、神殿の丘、ファーティマ朝、マッカ、ムハンマド、モスク

アクスム王国 (Kingdom of Aksum)

50頃〜940頃。現在のエチオピア北部にあるアクスムを首都とした王国で、2世紀以降何度かアラビア半島西南部に領土を獲得し、最盛期には現在のエチオピアだけでなくエリトリア、イエメン、サウジアラビア南部及びスーダン北部、エジプト南部まで支配した。

325年頃、国王エズナ2世（在位320頃〜360頃）がキリスト教に改宗したことでキリスト教化され、インドやアフリカ内陸部とローマ帝国及びビザンツ帝国を結ぶ交易路の要衝として栄えたが7世紀以降次第に衰退した。

6世紀にイエメンを支配したアブラハ（？〜560頃）も、本来はアクスム王国の奴隷であり、預言者ムハンマド（570頃〜632）の最初期の信徒615人が、一時アクスム王国に亡命し

たこともある。

➡ アブラハ、イエメン、エジプト、サウジアラビア、スーダン、ビザンツ帝国、ムハンマド

悪魔の詩編 (Satanic Verses)

『クルアーン』の章句のうち、預言者ムハンマド（570頃〜632）がいったんアッラーの啓示として下しながら、じつは悪魔から下されたものとして後に取り消された部分のこと。問題の句は本来第53章(星の章)第19節と第20節の間にあったとされ、イスラム教以前の偶像神であるアッラートやマナートなどがアッラーの仲介者であるように解釈される詩句があったという。

ムハンマドは、後に問題の部分を取り消して第21節を加え、現在は「おまえたちはどう考えるのか。アッラートとウッザーを。そして3番目のマナートを。汝らには男児があり、アッラーには娘がいるというのか」となり、アッラートらを否定するような形になっている。

この逸話は初期イスラム教徒の伝承にも含まれているが、後世になると預言者ムハンマドの無謬性に反することもあり、この伝承は十分な根拠を欠くとして、このような事実そのものが否定されるようになった。また『クルアーン』のある章句が他の章句の内容を否定する、いわゆる「ナスフ」の一環とする考えもある。

1988年、インド生まれのイギリス人作家サルマン・ラシュディ（1947〜）がこの逸話をモチーフにした小説『悪魔の詩』を発表したところ、イランの最高指導者ホメイニ（1902〜1989）が1989年2月11日、著者を含め出版に関係した者は信者の手で処刑されるべしとのファトワー（イスラム法的判断）を下したことから、欧米諸国では逆に人権擁護、表現の自由を掲げてイランを弾劾する動きが生じた。日本では1991年7月11日、日本語版翻訳者五十嵐一筑波大学教授（1947〜1991）が大学構内で殺害される事件も発生した。

➡ アッラー、イラン、クルアーン、ホメイニ、ムハンマド

アグラブ朝 (Aghlabid dynasty)

800〜909。カイラワーンを首都として現在のチュニジアを支配した王朝。名目上はアッバース朝カリフに服属していた。

800年、ホラーサーン出身の軍人イブラヒーム・イブン・アル・アグラブ（756〜812）は、アッバース朝カリフから北アフリカ（イフリーキヤ）総督に任じられ、以後アグラブ家がこの職を世襲して事実上この地域を支配した。当初はベルベル人や7世紀のアラブ征服軍の子孫などの反乱にも直面したが、827年のシチリア遠征開始後王権は強化され、878年にシチリアを占領、マルタ、サルディニアをも併合した。909年、ファーティマ朝に滅ぼされる。

➡ アッバース朝、アフリカ、カリフ、チュニジア、ファーティマ朝、ベルベル人

アケメネス朝 (Achaemenid Empire)

紀元前559年〜紀元前330年。イ

ラン高原に定住したインド・ヨーロッパ語族のうち、南部ファールス地方を拠点とした「ペルシャ人」が建国したため、「ペルシャ帝国」、「アケメネス朝ペルシャ」とも呼ばれる。国名の「アケメネス」は、紀元前7世紀頃のペルシャ人族長アケメネス（古代ペルシャ語名「ハカーマニシュ」）に由来し、最盛期にはインダス河畔から西はリビア、バルカン半島東岸までの広大な地域を支配した。

ペルシャ人は、当初同じイラン系民族のメディア王国に服属していたが、キュロス2世（在位紀元前559〜紀元前530）時代にメディアを滅ぼして王朝を樹立、スーサを首都に定めた。紀元前539年には新バビロニアを滅ぼしてメソポタミア地方を統一した。

キュロスはこのとき、「バビロン捕囚」によりパレスチナから連行されたユダヤ人の帰還を認めた。

アケメネス朝はダレイオス1世（在位紀元前522〜紀元前486）時代に最盛期を迎えた。

ダレイオスは新首都ペルセポリスの建設に着手し、全土を20のサトラッピ（州）に分け、それぞれの州にサトラップ（地方長官）を派遣して統治するとともに、各地方と首都を結ぶ交通網を整備、人類史上初めて「ダリーク」という貨幣を導入し、度量衡の統一も行った。アケメネス朝王家自体はゾロアスター教を信奉したが、領域内の諸民族が奉じる宗教には寛大で、また領域内各地に灌漑技術を広めるなどの政策もとった。

紀元前499年にはアナトリア西岸のギリシャ人都市でミレトスの反乱と呼ばれる反乱が起き、これにギリシャの都市国家が干渉したことからダレイオスはギリシャ本土への遠征を決意し、ペルシャ戦争が始まる。ペルシャ戦争の敗北に続き、紀元前4世紀になると王室内に跡目争いで混乱が続き、紀元前330年、マケドニア王アレクサンドロス3世（在位紀元前336〜紀元前323）率いるギリシャ軍に滅ぼされた。

▶アナトリア、アレクサンドロス3世、イラン、新バビロニア、ゾロアスター教、ダレイオス1世、バビロン捕囚、パレスチナ、ペルシャ、メソポタミア、メディア、リビア

アサシン ▶ニザール派

アサド

(ハーフィズ・アル・アサド、Hafiz al-Asad)

1930〜2000。シリア・アラブ共和国の軍人、政治家。1971年より2000年まで大統領。

アンサーリーヤ山地の寒村カルダーハで、アラウィー派の家庭に生まれる。カルダーハの小学校からラタキヤの中学校に進み、1947年のバアス党創設とともに入党、学生運動においても指導者的存在となり、1951年にはシリア学生連合委員長にも選出される。1951年にホムス士官学校に入学、アレッポの航空学校を経て、1958年には飛行訓練のためソ連に派遣される。

しかし同年、シリアとエジプトが「アラブ連合共和国」を結成したため、

翌年帰国するとカイロに配属される。カイロでは同じアラウィー派のムハンマド・ウムラン（1922～1972）、サラーハ・ジャディード（1926～1993）らとバアス党軍事委員会を設立した。

1961年、アラブ連合共和国解体によりシリアに帰国すると、アサドは1963年3月のバアス党によるクーデターに参加し、同年9月のバアス党地区大会で地域指導部委員となる。その後党内では親ナセル派が追放され、1964年4月のハマの反乱に対する対応をめぐってウムランが国外に転出するなど権力闘争が激化し、アサドは1966年2月23日、サラーハ・ジャディードを支持してクーデターに協力したことで、国防相に就任する。

しかし、第三次中東戦争の敗北を受け、党組織を抑えてイデオロギーを優先するジャディードと、軍部を掌握し、対イスラエル戦に備えた国防優先を主張するアサドの対立が表面化した。この対立は、1970年のヨルダン内戦時の対応をめぐって激化し、アサドは1970年11月13日、無血クーデターにより権力を掌握した。

翌1971年3月、アサドは国民投票により大統領に就任するが、1973年、シリア新憲法に大統領をイスラム教徒とするとの条項を加えた際には、シーア派法学者ムーサー・サドル（1928～1978？）から、アラウィー派をシーア派の一派とするファトワー（イスラム法的判断）を引き出している。

その後も1973年10月の第四次中東戦争、キャンプ・デービッド合意をめぐるエジプトとの対立、1976年以降のレバノンへの介入、さらには1982年のハマの暴動、レバノン戦争等、国内外における危機的状況を巧みに乗り切り、2000年に死去するまで大統領にとどまった。

▶ アラウィー派、アラブ連合共和国、イスラエル、イスラム教、エジプト、カイロ、キャンプ・デービッド合意、シーア派、シリア、第三次中東戦争、バアス党、ヨルダン内戦、レバノン、レバノン戦争

アザーン（azan、adhan）

イスラム教において、1日5回の礼拝の時刻を告げる呼びかけのこと。この呼びかけを行う者は「ムアッズィン」と呼ばれ、本来はモスクに付属する尖塔に登って高所からアザーンを唱えていたが、現代では塔に取り付けられたスピーカーを通じて行うのが一般的である。

呼びかけは「アッラー・アクバル

アサド

（神は偉大なり）」で始まり、「アッラーのほかに神はなし」「ムハンマドは神の使徒」など定められた文句が決まった回数繰り返される。早朝の礼拝の際には「礼拝は眠りに勝る」という一節が加わる。

アザーンの実施が定まったとき預言者ムハンマド（570頃〜632）は、声がよく通る解放奴隷のビラール・イブン・リブハ（580〜640）にアザーンを命じたことから、ビラールは最初のムアッズィンとなり、「アッラーの使徒のムアッズィン」と呼ばれている。

▶ ムハンマド、モスク

アシュケナズィとセファルディ
(Ashkenazi and Sephardi)

イスラエルにおける用語で、「アシュケナズィ」はヨーロッパ系ユダヤ人、「セファルディ」は東方系ユダヤ人を意味する。複数形を用いて「アシュケナズィム」、「セファルディム」と表記されることも多い。

アシュケナズィはヘブライ語でドイツを意味する「アシュケナズ」に由来し、日常語には中世ドイツ語をもとにしたイェディッシュ語を用いていた。他方セファルディはヘブライ語でスペインを意味する「スファラド」に由来し、1492年の追放令でオランダ、オスマン帝国、モロッコなどに脱出したスペイン系ユダヤ人の子孫を指す。

ほかに中東系のユダヤ人は「ミズラヒ（複数形はミズラヒム）」と呼ばれていたが、イスラエルにおいてはアシュケナズィとセファルディの2人の首席ラビを置いており、アシュケナズィの首席ラビの管轄下にないすべてのユダヤ人をセファルディのラビが受け持つことから、セファラディという用語は誤って中東系ユダヤ人に対しても用いられることも多い。

アシュケナズィはシオニズムの担い手となり、イスラエル建国に中心的な役割を果たしたが、イギリスの作家アーサー・ケストラー（1905〜1983）などは、アシュケナズィの起源を8世紀にユダヤ教に集団改宗したハザール王国に求める説を唱えている。

▶ イスラエル、オスマン帝国、シオニズム、ラビ

アーシューラー (Ashura)

イスラム暦ムハッラム月（1月）10日を指す言葉で、アラビア語で「10」を意味する「アシャラ」から派生した。

イスラム暦61年（西暦680年）のこの日、第4代正統カリフ、アリ（在位656〜661）の第2子フセイン（626〜680）一行がイラクのカルバラでウマイヤ朝軍に虐殺されたと信じられている。シーア派にとってはもっとも重要な祭礼の日となっており、フセインの殉教を追悼する行事が行われる。

アーシューラーの行事では、詩や語りでカルバラの悲劇を再現し、「タァズィーエ」と呼ばれるフセイン受難劇も上演される。男たちはフセイン軍を模して集団で行列を作り、「ズィンジール」という鎖の束で自分の身体を打ったり、刃物で頭を傷つけたりなどしてフセインの苦しみを追

体験するが、国によってはこのような行為は禁止される。アーシューラーの40日後は「アルバイーン」と呼ばれやはり追悼行事が行われる。

スンニー派の場合、アーシューラーの行事は通常行わないが、この日はラマダン月の断食が定められる前の短期間、ムスリムにとっての断食の日に定められていたことがある。
➡ アリ、イスラム暦、イマーム、ウマイヤ朝、カリフ、カルバラの戦い、シーア派、祝祭、スンニー派、フセイン

アズハル (Azhar)

カイロにある教育施設で、スンニー派世界では最高の権威を誇る。モロッコのカラーウィーン大学に次いで、世界で2番目に古い大学と言われる。

エジプトを征服したファーティマ朝の将軍ジャウハリ・シッキリー（？～992）は、970年にアズハル・モスクの建設に着手した。「アズハル」という名称は、預言者ムハンマド（570頃～632）の娘ファーティマ（606？～632/3）の称号の1つ「ザフラー」に由来すると言われ、アズハル・モスクは978年から教育施設としても使用されるようになった。当初はファーティマ朝が奉じるイスマイール派神学を教授していたが、アイユーブ朝以降はスンニー派神学の中心的教育施設として発展し、オスマン帝国時代までイスラム諸学及びアラビア語学の拠点として学者の育成を続けた。

ナポレオン・ボナパルト（1769～1821）のエジプト遠征の際には、アズハルが抵抗の中心となるなど、その後も大きな影響力を維持したが、1952年のエジプト革命以後政府の支配が強まり、1961年に組織改変され、現在は医学部、工学部、理学部など13学部を持つ総合大学となっている。
➡ アイユーブ朝、イスマイール派、エジプト、カイロ、スンニー派、ナポレオン・ボナパルト、ファーティマ朝、モロッコ

アスワン (Aswan)

エジプト南部の都市。古代から市場として、またヌビア以南との通商の中心地として栄え、イスラム教時代初期には、エジプト方面からのマッカ巡礼者の参集地ともなった。

アスワン周辺は、古代の採石場跡や、ナイル川西岸の岩窟墳墓群、切り出す途中で放棄された世界最大のオベリスク、世界文化遺産であるフィラエ島のイシス神殿、エレファンティネ島などの古代エジプト時代の遺跡が多く存在し、また1970年に建設されたアスワン・ハイ・ダムもあって現在は観光で栄えている。アブ・シンベル神殿の観光は、アスワンを拠点とすることが多い。
➡ イスラム教、エジプト、巡礼、マッカ

アゼルバイジャン (Azerbaijan)

ペルシャ語では「アーザルバイジャーン」。狭義にはアゼルバイジャン共和国の名称であるが、イラン国内の東西アーザルバイジャーン州やトルコ東部を含めたカスピ海西南岸地域の名称としても用いられる。

「アゼルバイジャン」という名称は、本来アラス川以南のイラン北東部、東西アーザルバイジャーン州に相当する地域に対し用いられた名称で、ストラボンなどのギリシャ語文献では紀元前331年あるいは328年、「アトロパテース」なる武将がこの地方で叛乱を主導したことから、それ以来「アトロパテーネー」と呼ばれている、と伝えている。これが中世ペルシャ語で「アトル・パトカン」となり、アラブの征服後そのアラビア語形である「アーザルバイジャーン」になったとされる。

この地には、古代からイラン系の民族が居住しており、ゾロアスター教の聖地タフテ・スレイマンもこの地域にある。また東アーザルバイジャーン州の州都タブリーズは、イル・ハン国、カラコユンル、アクコユンル、草創期のサファヴィー朝の首都ともなり、現在もイラン第4の都市として栄えている。

サファヴィー朝時代に、現在のアゼルバイジャン共和国も含めたカスピ海南西岸地域一帯のトゥルクマン人がシーア派に改宗した結果、トルコ系アゼリー語を母語とするシーア派住民としてのアゼルバイジャン人（アゼリー人）と呼ばれる民族が形成され、同一民族が住むアラス側以北もアゼルバイジャンと呼ばれるようになった。しかし1828年のトルコマンチャーイ条約によりアラス川より北はロシア領となり、ソ連解体後の1989年10月5日に「アゼルバイジャン・ソビエト社会主義共和国」として独立、1991年2月5日、「アゼルバイジャン共和国」に国名変更して現在に至る。

アラス川以南は現在までイラン領にとどまるが、1945年12月には、アゼルバイジャン人民族主義者がソ連の支援を得てアゼルバイジャン自治共和国設立を宣言したことがある。しかしアゼルバイジャン自治共和国は1946年12月、イラン軍の侵攻により消滅した。

▶ アクコユンル、アラビア語、イラン、イル・ハン国、カラコユンル、サファヴィー朝、シーア派、ゾロアスター教、トゥルクマン、トルコ

アタチュルク（ムスタファ・ケマル、Mustafa Kemal Ataturk）

1881〜1938。トルコ共和国初代大統領。「ムスタファ・ケマル」または「ケマル・パシャ」の旧名でも知られ、現在のトルコ共和国の実質的な設立者とも言える人物。姓のアタチュルクはトルコ語で「トルコの父」を意味し、氏姓制度を設けた1934年にトルコ大国民議会から送られた。

サロニカ（現ギリシャ領テッサロニキ）に税関吏（ぜいかんり）の子として生まれる。サロニカの幼年兵学校時代に数学を得意としたため、教師から「ケマル（完璧な）」というあだ名を得、以後ムスタファ・ケマルが通り名になった。

1905年に陸軍大学を卒業するとシリアに配属され、1911年イタリア・トルコ戦争が発生するとリビアに赴き、サヌースィー教団を支援してゲリラ戦に従事した。第一次世界大戦時はガリポリに配属され、1915年の

ガリポリ攻防戦では、連合軍の上陸作戦を撃退したことで一躍国民的英雄となり、世界的にも名を知られるようになった。

戦後の1919年5月、アナトリアに駐屯する第3軍団総監に任命されるが、ギリシャ軍のアナトリア侵攻と列強のトルコ分割に対しては、それに反対する帝国軍や活動家を結集して「アナトリア・ルーメリア権利擁護委員会」を組織する。1920年4月11日、スルタン、メフメト6世（在位1918～1922）が帝国議会を解散すると、ムスタファ・ケマルはイスタンブールから逃げ延びた帝国議会議員を参集し、4月23日、アンカラで大国民議会を開催、その議長に任命され、同時に閣議も主催した。

1920年6月、祖国解放戦争が始まると、1921年8月23日からのサカリヤ川の戦いでギリシャ軍の侵攻を阻止、この勝利に対し大国民議会はケマルに「ガーズィー（信仰戦士）」の称号を贈った。一方ソ連、イタリア、フランスとは個別に協定を結び、最終的には1922年9月、ギリシャ軍をアナトリアから撤退させた。

1923年10月29日、トルコは共和国となり、ケマルはトルコ初代大統領に選出される。以後ケマルは、1924年3月にカリフ制を廃止、ほかにイスラム神秘主義教団やイスラム法の廃止、それに伴う法制度や学生の改革、太陽暦の採用やトルコ語のローマ字表記の導入、さらにはトルコ帽やチャドルの禁止、パシャやベイ、エフェンディといった称号の廃止など、国家の諸制度全般に及ぶ数多くの重要な改革を決行した。

こうした諸改革の理念は、1931年に共和主義、政教分離主義、人民主義、民族主義、国家主義、改革主義の6項目からなる「ケマリズム」としてまとめられ、「ケマリズム」はその後もトルコ共和国の国是となっている。

➡ アナトリア、イスタンブール、イスラム神秘主義、イスラム法、カリフ、サヌースィー教団、シリア、トルコ、リビア

アタベク (atabek)

セルジューク朝において、幼少の王子の後見人に対し用いられた称号。トルコ語で「アタ」は「父」、「ベク」は「命令者」あるいは「軍事指導者」を意味する。

最初にこの称号を得たのは、ペルシャ人宰相ニザーム・アル・ムルク（1018/19/20～1092）であったが、後にはトルコ系軍人がアタベクの大部分を占めるようになる。アタベクは王子に与えられた所領の管理運営や行政なども委任されたため、しばしば大きな権力を手にし、その地位や領地が世襲されることも多くなった。

その結果12世紀になると、セルジューク朝領内各地でアタベクや、その子孫を支配者とする「アタベク王朝」と呼ばれる国家が多数生まれた。主要なアタベク王朝としては、セルジューク朝を滅亡させたイル・ドゥグズ朝、モスル及びアレッポを支配したザンギー朝、12世紀中葉イランのファールス地方で独立したサルグル朝などがある。

→ ザンギー朝、セルジューク朝、ニザーム・アル・ムルク

アダムとイヴ (Adam and Eve)

アダムはユダヤ教やキリスト教だけでなく、イスラム教においても神に創られた最初の人間とされる。イヴはその妻で、アラビア語では「ハウワー」。

『旧約聖書』の「創世記」第2章によれば、神は自らにかたどって土でアダムを創り、その鼻に命の息を吹き込んだ。『クルアーン』第2章第34節によれば、神は天使たちにアダムに平伏するよう命じたが、炎から創られた「イブリース」のみは土から創られたアダムより優れているとして平伏を拒絶した。また神は妻イヴを創造し、2人を楽園に住まわせたが、悪魔の虚言にだまされて禁じられた楽園の果樹を食べたことで2人は楽園を追放される。

アラブの伝承ではアダムは最初スリランカに到着し、スリランカのアダムズピークにはアダムの足跡とされるものが残るが、ヒンズー教徒はこれをシヴァの足跡、仏教徒は仏陀の足跡とする。その後アダムとイヴは長い放浪の末、マッカ郊外のアラファの野で再会し、すべての人類の祖先となった。また、サウジアラビアのジェッダには、かつてイヴの墓とされるものがあったが、1928年に取り壊された。

→ イスラム教、イブリース、キリスト教、クルアーン、マッカ

アッカド (Akkad)

メソポタミア北部の都市国家及び周辺地域の名称。またこの場所を中心として建設された国家の名称。これに対しメソポタミア南部地域はシュメールと呼ばれた。アッカド王朝の中心都市アッカドは「アガデ」とも呼ばれ、『旧約聖書』「創世記」第10章第10節にも言及がある。

アッカドを建設したアッカド人はセム語族で、シュメール人とともに古代メソポタミアに多くの都市国家を建設した。アッカド王サルゴン（在位紀元前2334頃～紀元前2279頃）は、シュメール地域を征服し、最初の世界帝国とも言われるアッカド王朝を樹立する。サルゴンの孫である第4代国王ナラム・シン（在位紀元前2254～紀元前2218）の時代、アッカド王朝は最盛期を迎えるが、他方キシュ、ウルク、シッパルなどの都市国家で反乱が起こり、彼の時代あるいは後継者シャル・カリ・シャッリ（在位紀元前2217～紀元前2193）の時代から混乱が始まり、その後アッカドは一地方王朝に衰退した。

しかしアッカド王朝時代を通じて、シュメールとアッカドを統合した地理的概念が確立され、後代この地域がバビロニアと呼ばれるようになった。バビロニア時代の王も、「シュメールとアッカドの王」を名乗り、地域の共通語としてアッカド語が使用された。

→ アケメネス朝、シュメール、新バビロニア、バビロニア、メソポタミア

アッシリア (Assyria)

古代メソポタミア北部にあった都市国家「アッシュール」を中心とする地域の呼び名。またこの地域を拠点として何度かメソポタミア地域の強国となった国家の名称でもある。

アッシリア地域は古くから、南方にあるシュメール及びアッカドの文化的影響を強く受けてきた。またアッシリア人は紀元前1850年までにアナトリア中央部に植民し、金、銀、織物などの交易を行っていたことが知られている。

国家としてのアッシリアは、紀元前1810年頃のシャムシアダド1世（在位紀元前1813〜紀元前1791）による領土の拡大から、紀元前609年に最終的に滅亡するまで何度も隆盛と衰退を繰り返し、一時はエジプトからエラムまでの広大な領域を版図に収めたこともある。

シャムシアダド1世はアムル人族長と言われており、その領土をザグロス山脈から地中海に至るまでに拡大したが、紀元前1760年、その息子イシュメダガン（在位紀元前1790〜紀元前1751）時代に、アッシリアはバビロニアに征服される。バビロニアの崩壊後、ミタンニ王国の属国となったアッシリアであるが、アッシュールウバリト1世（在位紀元前1365〜紀元前1330）時代にヒッタイトの支援を得てミタンニ支配を逃れ、エジプト、バビロニア、ヒッタイトと並ぶ地域の強国となった。しかし紀元前1200年頃からは、いわゆる「海の民」がパレスチナやアナトリアに侵入し、各地は混乱した。

しかしアッシリアはティグラトピレセル1世（在位紀元前1114頃〜紀元前1076頃）やアッシュールナシルパル2世（在位紀元前883〜紀元前859）の時代に一時的に勢力を取り戻し、サルゴン2世（在位紀元前721〜紀元前705）時代には、アナトリア南部からペルシャ湾に至る地域を支配した。サルゴン2世は、サマリアを征服してイスラエルを属州とし、伝説の10支族滅亡を招いた王としても知られ、新首都ドゥル・シャルウキン（現コルサバート）を建設した。

その孫に当たるエサルハドン（在位紀元前680〜紀元前669）はエジプトの首都メンフィスを陥落させ、さらに後継のアッシュールバニパル（在位紀元前668〜紀元前627）はエジプト南部のテーベも落としてエジプトを支配し、東部ではエラムも征服した。この時代には、官僚制と常備軍に特徴づけられる君主専制が完成し、属州制、駅伝制、軍用道路の建設などは後にメソポタミアに生じた数数の帝国においても継承された。

その後は、エジプトが紀元前656年に独立を回復、バビロニア南部をエラム人に奪われるなど次第に衰退し、紀元前635年以降は国内も内乱状態となり、紀元前612年、メディア王キュアクサレス（在位紀元前625〜紀元前585）とバビロニア王ナボポラッサル（在位紀元前625〜紀元前605）がニネヴェを破壊、アッシュールウバリト2世（在位紀元前612〜紀元前608頃）はハッラーン地方に逃

れ王朝を存続させるが、紀元前609年にバビロン・メディア連合軍によりハッラーンも陥落し、アッシリアは滅亡した。

なお、イラクに住むネストリウス派キリスト教徒のアッシリア人は、アッシリア帝国の末裔を自称している。

→ アナトリア、アラム人、イスラエル、イラク、海の民、エジプト、シリア、ティグリス・ユーフラテス川、バビロニア、ヒッタイト、メディア

アッバース朝
(the Abbasid Caliphate)

預言者ムハンマド（570頃〜632）の叔父アッバース（566〜653）の子孫（アッバース家）をカリフとし、749年から1258年まで中東地域に存在した王朝。全盛期には中央アジアのアム川北岸地域からマグレブ地方までを支配した。

反ウマイヤ朝活動を行っていたアッバース家のイブラヒーム・イブン・ムハンマド（？〜749）は、745年、ペルシャ人解放奴隷アブ・ムスリム（700頃〜755）を説教師としてイランのホラーサーン地方に派遣した。この運動は、カリフは第4代正統カリフ、アリ（在位656〜661）の子孫から選ばれるべきだとするシーア派や、駐屯していたイエメン兵の支援を得た。アブ・ムスリムは746年6月、これらの勢力を黒旗の下に革命軍として編成すると、アラブ総督府所在地のメルヴを占領、さらにイラクに侵攻した。

749年11月にはイブラヒームの弟アブ・アル・アッバース（在位749〜754）がクーファでカリフに推戴され、翌750年、ウマイヤ朝最後のカリフ、マルワーン2世（在位744〜750）はエジプトに逃れ、そこで殺された。こうしたアッバース家によるウマイヤ家打倒の動きは「アッバース朝革命」とも呼ばれる。

しかしカリフ位を掌握したアッバース家は、王朝樹立に功績のあったシーア派や、他の功臣たちを弾圧し始め、第2代カリフ、マンスール（在位754〜775）時代には功臣アブ・ムスリムも処刑された。マンスールはまた、新首都バグダッドを建設し、バグダッドを起点とする駅逓制を整え、徴税機構を整備して財政を安定させ、ワジール（宰相）を頂点とする中央集権の官僚制を確立させた。

先行するウマイヤ朝ではアラブ支配の体制が色濃く残っていたが、アッバース朝においてはイスラム教という信仰の共通性と生活様式の同一性とに基づく均質的社会の創出が進んだため、「イスラム帝国」と呼ばれることもある。宮廷や政府においても、イラン系の改宗貴族が多く登用された。

第5代カリフ、ハールーン・アル・ラシード（在位786〜809）死後は、第6代カリフ、アミーン（在位809〜813）と異母兄マアムーン（786〜833）の間で内戦が発生するが、ホラーサーン地方を基盤とするマアムーンが第7代カリフに即位し、ハールーン・アル・ラシードとマアムーンの時代はアッバース朝の全盛期とさ

れる。

　マアムーン以後は、軍隊に登用されたトルコ系マムルークの専横が進み、首都は一時サーマッラーに移された。さらに861年、第10代カリフ、ムタワッキル（在位847〜861）がマムルークに暗殺されて以降、カリフはマムルークの傀儡（かいらい）となった。首都を再度バグダッドに移した第17代カリフ、ムクタフィー（在位902〜908）以後は官僚や軍人が実権を掌握した。

　936年からは、大総督（アミール・アル・ウラマー）の地位をめぐって有力武将が争う内乱状態となり、第22代カリフ、ムスタクフィー（在944〜946）の要請で945年、ブワイフ家のアフマド（？〜967）がバグダッドに入城して大総督となり、以後ブワイフ家がこの地位を独占するようになった。その後は暗殺教団の台頭、イラクにおけるザンジュの乱、エジプトにおけるトゥールーン朝の成立など、アッバース朝の領土は分裂状態となり、さらに1258年、モンゴル帝国軍がバグダッドに侵攻、第37代ムスタアスィム（在位1242〜1258）を殺害したことで、アッバース朝は滅亡した。

　しかしムスタアスィムの親族はエジプトに逃れ、その子孫はマムルーク朝により、名目的なカリフとして処遇された。

▶ アリ、暗殺教団、ウマイヤ朝、エジプト、カリフ、シーア派、トゥールーン朝、バグダッド、ハールーン・アル・ラシード、ブワイフ朝、マグレブ、マムルーク朝、ムハンマド

アッラー (Allah)

　イスラム教における唯一絶対神。日本では従来「アラー」と表記されるが、アラビア語により忠実な「アッラーフ」という表記が用いられることもある。アラビア語で神を意味する「イラーハ」に定冠詞「アル」がついたものというのが通説であるが、絶対神の固有名詞とする説もある。

　イスラム教では人類や天使を含む宇宙のすべてを創造し、管理し、支配する神であり、『旧約聖書』の神と同じものとされている。したがってイスラム教においては、ノアやアブラハム、ソロモンなど『旧約聖書』の預言者もアッラーの預言者と考えられている。「慈悲深き者」「勝利者」「支配者」など数々の美称を持つが、その数は通常99個とされる。

　アラブ諸国では「イン・シャーアッラー（もしアッラーが望み給うなら）」「マー・シャーアッラー（アッラーが望み給うこと）」「アル・ハムド・リッラー（アッラーに讃えあれ）」「ビスミッラー（アッラーの名において）」など、「アッラー」の名を含む多くの言葉が用いられ、その名は日常生活に深く溶け込んでいる。

▶ アブラハム、アラビア語、イスラム教、ソロモン

アナトリア (Anatolia)

　現在トルコ共和国領となっている半島の名称。考古学上は「小アジア」とも呼ばれ、中世アラブ人は「ローマ人の地」を意味する「ビラード・アル・ルーム」とも呼んだ。地理的には

アジアの西端に位置し、黒海と地中海、東部タウルス山に囲まれる半島で、総面積は約52.5万km²。

「アナトリア」という名称は、ギリシャ語で「日の出」や「東」を意味する「anatoli」に由来する。この地域では新石器時代から人類の居住が確認されており、人類史上最初に人工的な鉄の製産が行われた地域でもある。また、古くから銀などの天然資源の産地としても知られており、古代にはメソポタミアのアッシリア人もアナトリアに入植して交易活動を行っていた。

紀元前2000年頃にはヒッタイト人がアナトリアに侵入し、紀元前18世紀にはハットゥーサ（現在のボアズキョイ）を首都とする王国を建てた。ヒッタイト王国はスッピルリウマ1世（在位前1380頃～前1346頃）時代に最盛期を迎え、アナトリアを中心に西はエーゲ海に達し、東はアルメニアやメソポタミア北部、さらに現在のレバノンまで支配下に治め、当時のエジプトやバビロニアと並ぶ大国となった。

しかし、紀元前1200年頃、「海の民」の侵入を受けてヒッタイト王国は崩壊し、「新ヒッタイト」と呼ばれる多数の都市国家に分裂した。ホメロスの叙事詩「イリアッド」やハインリッヒ・シュリーマンの発掘で有名なトロイアが破壊されたのもこの時代とされている。

ヒッタイト王国が崩壊した紀元前12世紀頃には、フリギア人がアナトリアに移住し、紀元前8世紀にゴルディオンを首都とする王国を設立、アナトリア中央部を支配したが、その後はリディアがアナトリアを支配し、イラン高原のメディアと争った。しかし紀元前547年、リディアはアケメネス朝に征服され、アナトリアの大部分がアケメネス朝の支配下に入った。

その後アナトリアはアレクサンドロス帝国、続いてセレウコス朝の支配下に入るが、紀元前3世紀には北部のテテュニアとポントス、東部のカッパドキアなどが独立し、ケルト人もガラティア地域に移住した。エーゲ海沿岸にはペルガモン王国が建設されるが、その後次第にローマ帝国に征服される。

ローマ帝国分裂後、アナトリアの大部分は後継国家であるビザンツ帝国領となるが、7世紀からアラブの侵略を受け、11世紀からのトルコ人流入によって次第にトルコ人が主流となり、15世紀にはほとんどがオスマン帝国に支配された。第一次世界大戦後のオスマン帝国解体により、アナトリアは連合国の侵攻を受けるが、ケマル・アタチュルク（1881～1938）が主導した「祖国解放戦争」の結果連合軍は撤退し、トルコ共和国領となって現在に至る。

➡ アケメネス朝、アッシリア、アラム人、アルメニア、アレクサンドロス3世、エジプト、オスマン帝国、セルジューク朝、セレウコス朝、トルコ、トルコ人、バビロニア、ビザンツ帝国、ヒッタイト、フリギア、メソポタミア、メディア、リディア

アナトリア諸侯国 (Anatolian beyliks)

11世紀末から13世紀末にかけ、アナトリア各地に設立された数々の諸侯国の総称で、「ベイリク」と呼ぶこともある。「ベイリク」とは「ベイ」に支配される領域を意味し、「ベイ」とは指導的立場の者に対するキプチャク・トルコ語の尊称であり、「ベグ」と呼ばれることもある。実際にはアナトリア諸侯国の指導者は「ベイ」だけでなく「アミール(首長)」や王、「スルタン」を自称した場合もあり一定していない。またその設立時期により、1071年のマラズギルドの戦い後に設立されたものと、1243年のキョセ・ダグの戦いでルーム・セルジューク朝が敗れた後に設立されたものとの2種類に分類される。

1071年のマラズギルドの戦い以後、セルジューク朝の武将など地方の有力者がアナトリア各地で設立した諸侯国には、イズミールを拠点とした「チャカ朝」、ヴァン湖北西に設立した「アフラトシャー朝」、アナトリア東部の「ダニシメンド朝」などがある。これらは十字軍やビザンツ帝国、ルーム・セルジューク朝、アイユーブ朝といった強大な勢力との抗争の中で12世紀末までにその多くが滅んだ。

他方ルーム・セルジューク朝が、1243年のキョセ・ダグの戦いでモンゴル帝国に敗れて弱体化すると、再び多くのトルコ系諸侯国が生まれた。オスマン帝国の母体となったオスマン候国もこうした諸侯国の1つであったが、当初もっとも有力であったのが「カラマン朝」と「ゲルミヤン朝」で、ほかにも「カレスィ朝」「サルハン・アイドゥン朝」など多くの侯国が存在した。

オスマン候国は他の諸侯国や十字軍国家、ビザンツ帝国との抗争の中で次第に勢力を拡大し、14世紀末には多くの諸侯国を征服したが、1402年のアンカラの戦いでティムール帝国に敗北すると、これら諸侯国が一時的に復活した。しかしオスマン候国はその後復活し、1534年、スレイマン1世(在位1520〜1566)時代に、現在のトルコに当たる領域を完全に統一した。征服されたベイリクの多くはオスマン帝国における行政区分の基礎となった。

➡ アイユーブ朝、アナトリア、オスマン帝国、十字軍、スレイマン1世、セルジューク朝、ティムール帝国、ビザンツ帝国、マラズギルドの戦い、モンゴル帝国、ルーム・セルジューク朝

アビケンナ ➡ イブン・スィーナー

アフガーニー (ジャマール・アル・ディーン・アル・アフガーニー、Jamal al-Din al-Afghani)

1838/9〜1897。近代の中東を代表する革命思想家で、その後の民族運動に大きな影響を与えた。「アフガーニー」とはアラビア語で「アフガニスタン人」という意味だが、実際はイランのサアダバード出身と言われ、イランでは「サアダバーディ」とも呼ばれる。

テヘラン、ナジャフなどで伝統的

な教育を受けた後、1857年から翌年にかけてインドを旅行した。このとき近代西洋諸科学に触れると同時に、イギリスの帝国主義に対する反感と嫌悪も抱くようになったとされる。1866年から1868年にかけてアフガニスタンで外交顧問を務めるが、アフガニスタンを反英闘争に決起させることに失敗すると、1869年にイスタンブールに移住、オスマン帝国内で「タンズィマート」と呼ばれる改革運動を推進する改革派知識人や官僚と交流する。しかし保守派ウラマーに迫害されたため、1871〜79年にかけてエジプトに滞在、この間一連の新聞の創刊に協力し、立憲主義的改革を求める知識人・官僚らの組織化に寄与し、ムハンマド・アブドゥ（1849〜1905）やサアド・ザグルール（1859〜1927）といった、後にエジプト民族運動を指導することになる青年たちに大きな影響を与えた。

エジプト出国後はインドを経てパリに移り、1884年、帝国主義に抵抗するための団結を訴える政治評論誌「固き絆」を発行してイスラム世界全域に影響を及ぼした。一時イランに帰国するが1890年に追放される。

1891年、イランの利権が諸外国に譲渡されつつあることに対する抵抗を呼びかける手紙をイランの宗教指導者に送ったことが、タバコ・ボイコット運動の契機となったとも言われる。1892年、汎イスラム主義的プロパガンダにより自らの権威を強めようとしていたオスマン帝国スルタン、アブデュルハミト2世（在位1876〜1909）の招きでイスタンブールに赴くが、事実上の軟禁状態に置かれ、イスタンブールで死去。

▶ アフガニスタン、イスタンブール、イラン、ウラマー、エジプト、オスマン帝国、スルタン、タバコ・ボイコット運動、ムハンマド・アブドゥ

アフガニスタン (Afghanistan)

正式名称アフガニスタン・イスラム共和国。中東の東端にあり、面積65.2㎢。人口3,339.7万人（2012年推計）。地理的にはタジキスタン、ウズベキスタン、トルクメニスタン、パキスタン、イランに囲まれ、東端のワハン回廊で中国の新疆ウイグル自治区とも接している。

人口のほぼ半数を占めるのが、パキスタンにも居住する「パシュトゥーン人」で、「アフガン」という言葉は本来パシュトゥーン人を意味した。パシュトゥー語とダリー語が公用語であるが、古来東西を結ぶ交通の要衝として周辺民族の往来の舞台となったこともあり、タジク人、ウズベク人、トルクメン人、キルギス人、ハザラ人、ヌールスタン人など多くの少数民族が居住する。国民の9割以上がスンニー派イスラム教徒であるが、ハザラ人は12イマーム派である。

現在のアフガニスタン国内では、旧石器時代から人の居住が確認されており、1万年前から農業や牧畜が行われていた。また、古来ラピスラズリの産地として有名で、インドやエーゲ海の古代遺跡でもアフガニスタン産のラピスラズリが見つかってい

る。紀元前6世紀にはアケメネス朝に支配されるが、ヒンズー・クシュ山脈の南及び東は紀元前4世紀に独立を取り戻したようである。その後はアレクサンドロス帝国、次いでセレウコス朝の支配を受けるが、アフガニスタン南部はインドのマウリヤ朝に支配されるようになる。

1世紀初頭以後、アフガニスタンはパルティア、サザン朝、ウマイヤ朝及びアッバース朝といった域内の大帝国に支配されるが、アッバース朝末期以降は西部のサッファール朝、東側国境地帯のヒンズー・シャーヒー朝、ボハラのサーマン朝、東部ガズナを中心としたガズナ朝、ヘラートのゴール朝など地方政権が分立する状態となる。しかし、1218年のチンギス・ハン（1162頃〜1227）の侵略に続き、アフガニスタンの大部分はモンゴル帝国、次いでティムール帝国、さらにサファヴィー朝に支配されるようになる。

1709年、サファヴィー朝の弱体化に乗じてギルザイ・パシュトゥーン族がカンダハルで蜂起して独立国家を樹立、一時はイラン領内にも侵攻してイスファハーンやテヘランを陥落させた。その後アフガニスタンは、ナーディル・シャー（在位1736〜1747）のアフシャール朝に一時的に支配されるが、ナーディル・シャー死去後アハマド・シャー・ドゥラーニ（1722?〜1773）がドゥラーニ朝を樹立、パシュトゥーン人による独立国家が実現し、現在のアフガニスタンの基礎となる。

ドゥラーニ朝はイギリスの強い影響下にあったが、3度のアフガン戦争を経て1919年に独立を達成し、東西冷戦下では中立政策を維持していた。1973年には、国王ザーヒル・シャーの訪欧中、王族のムハンマド・ダーウード・ハーン首相（1909〜1978）がクーデターを起こして共和制に移行、1978年4月には、ソ連の影響を受けた「アフガニスタン人民民主党」による社会主義政権が成立した。

1979年には「ソ連のアフガニスタン侵攻」下で、バブラク・カルマル（1929〜1996）が党書記長に就任するが、これに反発する勢力が「ムジャーヒディーン」として抵抗を続け内戦となる。しかし、ソ連軍は結局1989年に撤退し、1992年のムジャーヒディーンによるカブール制圧により社会主義政権は崩壊したが、その後も国内諸勢力間で衝突が続いて国内は分裂状態となった。1995年頃にはタリバンが台頭し1996年には首都カブールを制圧して政権を樹立するが、これに対し他のムジャーヒディーン勢力がマザールシャリーフを拠点に「北部同盟」を結成して対抗した。

2001年9月11日の同時多発テロに対する報復として、アメリカは同年10月よりタリバン攻撃を開始、これにより12月にはタリバン政権が崩壊し、北部同盟が全土を支配した。2002年6月には、パシュトゥーン人の伝統的な意思決定機関である「ロヤ・ジェルガ」が開催され、カルザイ暫定政権議長（1957〜）を大統領とす

る移行政権が発足、2004年10月には新憲法に基づく大統領選挙でカルザイ大統領が当選した。

▶ アケメネス朝、アッバース朝、アレクサンドロス3世、イラン、ウマイヤ朝、ガズナ朝、ササン朝、サッファール朝、サーマン朝、12イマーム派、ソ連のアフガニスタン侵攻、タリバン、ティムール帝国、ナーディル・シャー・アフシャール、パシュトゥーン人、パルティア、ムジャーヒディーン

アフガニスタン内戦
(Civil war in Afghanistan)

1978年4月の「アフガニスタン人民民主党」政権発足以来2001年のタリバン政権崩壊まで続いたアフガニスタン国内での諸勢力間の武力闘争。内戦の様相により3段階に分けられる。

第1段階は1978年のアフガニスタン人民民主党政権成立から1992年の同政権崩壊までで、主にムジャーヒディーンと呼ばれる抵抗組織と、ソ連の支援を受けた人民民主党政権との間で戦闘が続いた。第2段階の1992年から1996年のタリバンのカブール制圧までは、ムジャーヒディーン諸勢力が相互に争い、1996年から2001年までは主としてタリバンと、それに抵抗する北部同盟が争った。

1978年4月27日、アフガニスタン人民民主党は「サウル革命」と呼ぶクーデターでムハンマド・ダーウード・ハーン(1909～1978)の政権を打倒し、「アフガニスタン民主共和国」樹立を宣言、ヌール・ムハンマド・タラキー書記長(1917～1979)が大統領となった。しかしその直後から、社会主義体制に反発する国内イスラム武装勢力による抵抗が発生し、国内は内戦状態となった。

1979年9月には、アフガニスタン人民民主党内部の対立からクーデターが起き、ハーフィズッラー・アミーン大統領(1929～1979)が就任したが、同年12月27日、ソ連は社会主義政権支援のため10万人以上の大軍をアフガニスタン領内に侵攻させ、バブラク・カルマル(1929～1996)を大統領として擁立した。しかしソ連は、欧米やイスラム諸国の支援を受けたムジャーヒディーン勢力との戦闘の中で苦戦、1986年5月には新たにムハンマド・ナジブラ大統領(1947～1996)が就任するが、結局ソ連は1989年に全軍を撤退させた。ソ連は撤退後もナジブラ大統領を支援したが、1992年、ムジャーヒディーン勢力にカブールを占領され、政権は崩壊した。

社会主義政権崩壊後も、国内のムジャーヒディーン各派はそれぞれの指導者のもとに相互に抗争を続け、アフガニスタンは無政府状態に陥った。こうした中、ムハンマド・オマル(1959?～)を指導者として1994年に結成された新興勢力のタリバンがパキスタン及びサウジアラビアの支援を得て急速に勢力を拡大、他のムジャーヒディーン各派を圧倒して1996年9月に首都カブールを占領した。

タリバンのカブール占領後、他のムジャーヒディーン勢力である「ラ

ッバーニ派」「ヒクマティヤール派」「ドーストム派」「シーア派統一党」は反タリバン勢力として「北部同盟」を結成、1996年10月にマザーリシャリーフを首都とする政権を樹立し、抵抗を続けた。タリバンは国土の9割以上を制圧し、1997年10月にアフガニスタン首長国樹立を宣言したが、北部では膠着状態が続いていた。

一方でタリバン政権は極端なイスラム原理主義的政策を採り、カーイダ指導者ウサーマ・ビン・ラーディン（1957/8～2011）を庇護し、2001年3月のバーミヤン石像破壊などの政策で国際社会の反発を強めた。こうした中、2001年9月11日、カーイダによるワシントンでの同時多発テロが発生したことから、アメリカは同年10月よりタリバン攻撃を開始、北部同盟がこれに呼応して12月に首都を制圧してタリバン政権は崩壊、指導者ムハンマド・オマルは姿を消した。

その後2001年12月のボン合意の成立、その後の暫定政権発足によりアフガニスタン内戦はとりあえず終結したが、タリバンの残党は未だ国内で抵抗を続けている。

➡ ウサーマ・ビン・ラーディン、ソ連のアフガニスタン侵攻、タリバン、ハザラ人、パシュトゥーン人、ムジャーヒディーン

アフガン戦争 (Anglo-Afghan War)

アフガニスタン支配をめぐるロシアとイギリスの対立（グレートゲーム）を背景に、19世紀半ばから20世紀初頭にかけ、イギリスがアフガニスタンに干渉して行った3回の戦争のこと。

第一次アフガン戦争（1838～1842）は、ドースト・ムハンマド（在位1835～1863）がアフガニスタン国王となってバラクザイ朝を創始し、またカージャール朝モハンマド・シャー（在位1836～1848）が1837年にロシアの支援を得てヘラートを包囲する中で発生した。イギリスはまず、ペルシャ湾のカーグ島を占領する構えを見せてモハンマド・シャーを撤退させると、1838年12月、2万を超える軍隊をアフガニスタンに進軍させ、1839年8月にはカブールが陥落してドースト・ムハンマドはカンダハルに逃亡、インドに亡命していた元アフガニスタン国王シャー・シュジャー（1785～1842）が復位した。

ドースト・ムハンマドは1840年11月に降伏し、インドに送られたが、その後もアフガニスタン各地で反乱が相次ぎ、事態を収拾できないと考えたイギリスは1842年1月より軍を撤退させた。しかしイギリス軍は撤退中度重なる攻撃を受け、ほぼ全滅してしまった。シャー・シュジャーも4月5日に殺害されたが、これに対しイギリスは報復の部隊を送り、9月にカブールを略奪するものの、10月12日には撤退し、最終的にドースト・ムハンマドの復位を認めた。

1878年7月、ロシアがカブールに使節を送ったことに対しイギリスも同様の使節の派遣を申し入れたが、時の国王シェール・アリ（在位1863～1866、1868～1878）から返答を得ら

れず、またイギリス軍の入国が拒否されたことから、イギリス軍は11月21日からアフガニスタンに侵攻、第二次アフガン戦争(1878〜1881)が始まった。イギリスは1879年1月にカブールを占領し、5月26日には新国王ヤアクーブ・ハーン(在位1879)との間で、アフガニスタンは独自の外交政策を遂行する権利を放棄し、カブールにおける英国使節団の恒久的駐在を認めることなどを内容とするガンダマク条約を締結する。しかしその後カブールで暴動が起こり、ヤアクーブ・ハーンもインドに逃れる。

1880年7月20日にはイギリスの承認のもとアブドゥルラフマーン・ハーン(在位1880〜1901)がアフガニスタン国王に即位するが、ヘラートのアミールを宣言していたムハンマド・アイユーブ・ハーン(1857〜1914)が反抗し、イギリスはアフガニスタンを保護国とする代わりにアブドゥルラフマーン・ハーンの支配を認め、1881年に撤退した。

第三次アフガン戦争(1919)は、国王アマーヌッラー(在位1919〜1929)が従来のイギリスとの合意見直しを求めて聖戦を宣言したことで、1919年5月4日に発生した。第一次世界大戦直後のイギリスが長い戦争を望まなかったこともあって戦争は限定的なものとなり、6月2日に休戦が宣言され、8月8日のラワルピンディー条約でアフガニスタンは独立を果たした。

➡ アフガニスタン、カージャール朝、ペルシャ湾

アブダビ首長国
(Emirate of Abu Dhabi)

アラブ首長国連邦を構成する首長国の1つ。面積は約6.7万km²と7つの首長国中最大で、アラブ首長国連邦の首都が置かれ、アブダビ首長は連邦大統領を兼ねる。

1761年、アラビア半島内陸部に居住していたバニ・ヤッス部族連合は現在のアブダビに移住し、部族連合を率いたイーサ・アール・ナヒヤーン以来、代々ナヒヤーン家がアブダビ首長となっている。

1820年、イギリスとの間で海賊行為と奴隷貿易を禁止する条約が締結され、地域一帯は休戦海岸と呼ばれるようになり、その後アブダビは沿岸交易あるいは砂漠のオアシス農業の拠点となる。第8代ザーイド首長時代には国勢が高まったが、1909年にザーイドが死去するとナヒヤーン家内で権力争いが発生する。1928年、最終的にシャクブート首長(在位1928〜1966)が即位するが、1962年にアブダビで石油の商業生産が始まると、シャクブート首長は石油収入を浪費したとして1966年に退位させられ、弟のザーイド(在位1966〜2004)が第14代首長に就任した。

1971年のアラブ首長国連邦結成時には、ザーイドは連邦大統領に就任、2004年にザーイドが死去すると長男のハリーファ(在位2004〜)が第15代首長となった。

➡ アラビア半島、アラブ首長国連邦

アブドゥ ➡ ムハンマド・アブドゥ

アブドゥッラー・イブン・フセイン → ヨルダン

アブドゥルアズィーズ・イブン・サウド
(Abd al-Aziz ibn Abd al-Rahman Al Saud)

1876/80〜1953。サウド家首長として一代でサウジアラビア王国の全領土を征服し、初代国王となった。国王在位1932〜1953。

1891年、サウド家首長であった父アブドゥルラフマーン（?〜1928）がラシード家によって首都リヤドを追われたため、父とともに各地を放浪した後、一時クウェートのムバーラク首長（在位1896〜1915）の許に身を寄せる。

1902年1月、奇襲によって首都リヤドを奪還して以来、サウド家の事実上の指導者としてラシード家をはじめアラビア半島各地の土候勢力との戦闘を続け、その領土は1913年にペルシャ湾岸にまで達する。この過程では、ワッハーブ派の宗教的指導者としての立場を利用し、ワッハーブ派に改宗した遊牧民、いわゆる「イフワーン」を統合してその武力を利用したことが大きく作用した。

1924年にはマッカの太守フセイン・イブン・アリ（1853〜1931）を追放してイスラム教の二大聖地を征服、1932年にサウジアラビアを正式国名として採用した。

身長1.9メートルの偉丈夫で「イブン・サウド」としても知られ、「砂漠の豹」などの異名も得た。

→ アラビア半島、クウェート、サウジアラビア、マッカ、ワッハーブ派

アブドゥルカーディル・アル・ジャザーイリー
(Abd al-Qadir al-Jazairi)

1807〜1883。アルジェリアの宗教指導者で対仏反乱指導者。対仏反乱を主導した経歴から「アルジェリア民族主義の父」とも呼ばれる。

マスカラ近郊のゲトナ村に、「サイイド」の家系に生まれる。祖父及び父はともにイスラム神秘主義教団「カーディリー教団」指導者で、アブドゥルカーディルは1832年、マスカラ地方の部族の承認を得て首長を名乗ると同時に、フランスに対するジハードを開始した。

アブドルカーディルに率いられた反乱軍は何度もフランス軍に勝利し、1834年のデミシェル条約で、オラン地方の統治権を得る。さらにフランスは1837年のタフナ協定でタフナ駐屯地とトレムセンを放棄し、ティトゥリー県をアブドゥルカーディルの領地と認めた。この結果、アブドゥルカーディルはアルジェリア全土の3分の2の支配を認められた。

1839年8月にはジハードを再開するが1844年8月14日のイスリイ川の戦いで敗れる。その後1846年にモロッコに逃れるが、翌1847年にフランス軍に投降した。降伏後は1848年から1852年までフランスで拘禁されるが、ルイ・ナポレオン（1808〜1873）によって釈放され、1852年から1855年までトルコのブルサに滞在、その後ダマスカスに移住し、信仰

と学問研究に没頭する生活の中で没した。

彼の遺体は1968年にアルジェリアに移された。

▶ アルジェリア、イスラム神秘主義、サイイド、ジハード、トルコ、モロッコ

アブ・ニダール (Abu Nidal)

1937～2002。本名サブリ・アル・バンナ。「ファタハ革命評議会（アブ・ニダール派）」を率いて数々のテロ行為を行った人物。

1937年、現イスラエルのヤッファに生まれる。父はオレンジ農園を営んでいたが、1948年の第一次中東戦争でヤッファを追われ、ヨルダン川西岸のナブルスに移住した。その後サウジアラビアで家屋塗装業と電気工を営みつつ、現地パレスチナ人の集まりを主催し、アラファト率いるファタハにも参加した。

第三次中東戦争後は、イスラエルに対する抗議デモを繰り返したためサウジアラビアから追放され、アンマンで貿易業を営んでいた。この頃、ファタハ幹部サラーハ・ハラフ（1933～1991）に引き立てられ、1969年にパレスチナ解放機構（PLO）ハルトゥーム代表、1970年にはバグダッド代表となるが、1973年、アラファト（1929～2004）がイスラエルとの対話を模索したことからファタハを離脱し、ファタハ革命評議会を設立する。

1974年には、ファタハ幹部マフムード・アッバース（1935～）の暗殺を企んだとしてファタハを除名され、後に欠席裁判で死刑判決を受けた。以後はイラクやシリア、リビアの庇護を受けながら数多くのテロを実施、特に1982年の駐英イスラエル大使暗殺未遂事件は、レバノン戦争の引き金となった。2002年8月19日、バグダッドの自宅で死亡。

▶ アラファト、イスラエル、イラク、サウジアラビア、第三次中東戦争、ダマスカス、シリア、バグダッド、パレスチナ解放機構（PLO）、リビア、レバノン戦争

アブ・ヌワース
(Abu Nuwas al-Hasan ibn Hani Al-Hakami)

？～813頃。アッバース朝時代の詩人で、「アブ・ナワース」と表記されることもある。「アブ・ヌワース」は、「髪の房の持ち主」という意味の通り名で、生年については747年から762年の間と言われる。

バスラ北東のアフワーズで生まれる。父はアッバース朝の軍人で、母はペルシャ人であったが、アブ・ヌワースは父を知らず、バスラやクーファで詩作を学ぶ。バグダッドに出ると、カリフの側近として重用されていたバルマク家の庇護を受けるが、バルマク家がアッバース朝第5代カリフ、ハールーン・アル・ラシード（在位786～809）に粛清されると、アブ・ヌワースも一時エジプトに逃れた。ハールーン・アル・ラシードの死後はバグダッドに戻り、第6代カリフ、アミーン（在位809～813）の庇護を受けて詩作を続けた。

アブ・ヌワースはあらゆる形態のアラビア語詩に通じていたと言われ、

特に酒や狩猟の詩、あるいはパトロンを賞賛する詩で名高かった。『アラビアン・ナイト』にもしばしば登場し、カリフが詩のテーマを出すと、まるでカリフの言動を見ていたかのような詩を作る場面が多い。彼の死については、詩の内容が批判されて獄死したとも、ある酒場の女将の家で病死したとも言う。

▶ アッバース朝、アラビア語、アラビアン・ナイト、カリフ、バグダッド、ハールーン・アル・ラシード

アブ・バクル
(Abu Bakr al-Siddiq Abd Allah ibn Abi Quhafa)

573頃～634。初代正統カリフ。在位632～634。アブ・バクルは本来「子ラクダの父」を意味するあだ名で、それ以前は「アティーク（守られた者）」と呼ばれた。「ハディース」によれば、預言者ムハンマド（570頃～632）が彼を「スィッディーク（信頼できる者）」と呼んだため、イスラム教徒も「アブ・バクル・アル・スィッディーク」と呼ぶ。

クライシュ族タイム家に生まれ、ムハンマドの家族や近親以外では最初にイスラム教に入信した人物で、預言者ムハンマド最愛の妻アーイシャ（613/4頃～678）の父でもある。

若い頃から布地商人として成功し、父の存命中からタイム家の指導者と目されていた。イエメンから帰国してムハンマドの布教を知るとすぐに入信し、「ヒジュラ」ではムハンマドと行動をともにしたほか、バドルの戦いやウフドの戦いなど、ムハンマドの従事したすべての戦闘に何らかの形で参加し、側近かつ助言者として常にかたわらに控えた。ヒジュラ暦9年（631年）のマッカ巡礼を指揮し、ムハンマドが病に倒れてからは集団礼拝を主導した。

632年にムハンマドが死去すると合議により初代正統カリフに選出され、イスラム共同体を率いてリッダ戦争に勝利、サーサーン朝やビザンツ帝国への遠征を開始するなど、アラブの大征服を開始した。

▶ アーイシャ、アラブの大征服、イエメン、ウフドの戦い、カリフ、クライシュ族、サーサーン朝、バドルの戦い、ビザンツ帝国、ヒジュラ、ムハンマド、リッダ戦争

アフマド・イブン・トゥールーン
(Ahmad ibn Tulun)

835～884。トゥールーン朝創始者。アッバース朝カリフに仕えるトルコ人マムルーク、トゥールーンを父にバグダッドで生まれる。アッバース朝の遷都に伴い、一家は850年サーマッラーに移り、アフマドはそこで軍事訓練を受けると同時にイスラム神学も学ぶ。868年、母の再婚相手であるバークバーク（?～870）がエジプト総督に任じられたことから、その名代としてエジプトに派遣され、868年9月に着任した。

バークバークは870年に殺害されるが、後任のエジプト総督は妻の父バルクークとなったため、アフマドはそのままエジプトにとどまり、アレクサンドリアの支配権も得てその

権力を強めた。エジプトでは、フスタートの近くに新首都カターイーを建設、その中心に今も残るイブン・トゥールーン・モスクを建設した。また国民に不人気だった財務官を解任、ローダ島のナイロメーターの改修なども行った。

871年、ムウタディドがエジプト総督に任命されるとアッバース朝との関係が悪化し、ザンジュの乱（869〜873）後の874年に独立を宣言した。884年、タルソス包囲戦からの帰路死亡。

▶ アッバース朝、エジプト、カリフ、トゥールーン朝、マムルーク

アフラク（ミシェル） ▶ バアス党

アブラハ (Abraha)

？〜560頃。イエメンを支配したキリスト教徒の王で、本来はエチオピアに売られてきた奴隷であった。

523年、イエメン南部にあったヒムヤル王国の王ズー・ヌワース（在位517頃〜525）はユダヤ教徒であり、国内のキリスト教徒を迫害していた。そこでエチオピアにあるキリスト教国アクスムの王エッラ・アスベハー（カレブ）は525年南アラビアに遠征し、ズー・ヌワースを倒し、ヒムヤルに傀儡政権を残して帰国した。しかしアブラハは反乱を起こし、529年頃ヒムヤルに独立政権を樹立した。これを知ったエッラ・アスベハーは2度にわたりアブラハ討伐軍を送るが不首尾に終わり、アブラハは南アラビアを統一する。

伝承によればアブラハは、預言者ムハンマド（570頃〜632）が生まれた「象の年」に象の大群を率いてマッカに攻め寄せたとされるが、アブラハが実際にマッカに攻め込んだのはこの約40年前である。

▶ アクスム王国、イスラム神秘主義、イエメン、キリスト教、ササン朝、ジャーヒリーヤ時代、象の年、ヒムヤル王国、ムハンマド、ユダヤ教

アブラハム (Abraham)

『旧約聖書』や『クルアーン』などに登場し、ユダヤ教、キリスト教及びイスラム教の三大一神教すべてにおいて崇拝される人物。「アブラハム」はヘブライ語で「民族の父」を意味し、ユダヤ人及びアラブ人の共通の祖先とされている。

アラビア語では「イブラヒーム」であるが、「神の友」を意味する「ハリール・アッラー」とも呼ばれ、これは西岸にある都市ヘブロンのアラビア語名「ハリール」の語源ともなっている。『クルアーン』はアブラハムを、ユダヤ教やキリスト教に先立つ真の一神教徒として位置づけている。

『旧約聖書』の「創世記」によれば、ノアの子セムの9代目の子孫で、ウルで生まれ、本来はアブラムと呼ばれていた。他方イスラム圏の伝説では、アブラハムの出身地をエデッサ（現トルコのシャンルウルファ）とするものもあり、ニムロッドという王の下で建築家をしていたアーザルの子とされる。アブラハムは長じて王に偶像崇拝を止めるよう進言し、王の怒りを買って火が燃えたぎる巨大な穴に落とされるものの、アッラー

の加護で無事であったなどの伝説も伝わる。

「創世記」によれば75歳のとき、神の言葉に従って妻のサライ、甥のロトらとともにカナンの地に向かい、飢饉のため一時エジプトに寄留した後、カナンに戻って住んだ。このとき妻サライには子がなかったため、アブラハムはエジプト人奴隷女ハガルにイシュマエルを産ませる。しかし99歳になり、神の命によってアブラハムと改名した後、同じく改名した妻サラにイサクが生まれたことから、サラがハガルを嫌うようになり、アブラハムはハガルとイシュマエルを去らせた。なお、サラがハガルを醜くするため耳たぶに穴を空けたのがピアスの起源という逸話も伝わる。

その後アブラハムはモリヤの地でイサクを生贄(いけにえ)に捧げようとしたが、イスラム圏の伝説は、生贄にしようとしたのはイサクではなくイシュマエルであり、アブラハムはまた、息子イシュマエルとともにカアバ神殿を再建したとする。

「創世記」によればアブラハムは175歳で死亡し、イサクとイシュマエルによってヘブロンにあるマクペラの洞窟に葬られた。イラクにあるウルのジッグラト近くにはアブラハムの住居跡とされる遺跡が残る。

➡ アッラー、イスラム教、イラク、エジプト、カアバ神殿、キリスト教、クルアーン、西岸、トルコ、ユダヤ教

アフラ・マズダ ➡ ゾロアスター教

アフリカ (Africa)

ユーラシア大陸南西にある大陸の名称。総面積約3,020万km²で、人口は約10億人。アラビア語では「イフリーキヤ」。その語源については、かつてフェニキア人がカルタゴのことを「ハファルカ」、あるいは「アフレカ」と呼んだことに由来するという説が有力で、本来はカルタゴ及び北アフリカのカルタゴ支配地域を指す名称であったが、次第に大陸全体を指す言葉として用いられるようになった。

エジプト、スーダン及びリビアを含むマグレブ諸国は、地理的にはアフリカ大陸に位置するが、中東諸国の一部とされることが多い。

➡ エジプト、カルタゴ、スーダン、フェニキア、マグレブ、リビア

アフリカ連合 (African Union: AU)

2002年7月、「アフリカ統一機構(OAU)」が発展改組されて発足した国際機関で、「AU」と略称される。モロッコを除く北アフリカのアラブ諸国を含め、52の国と地域が加盟する。

本部はエチオピアのアディスアベバにあり、機関としては最高機関としての首脳会議のほか、加盟国閣僚による閣僚執行理事会がある。また執行機関としてAU委員会があり、AUを対外的に代表し、政策・法案の提案、決定事項を執行する。

アフリカ諸国・諸国民間のいっそうの統一性・連帯の達成、アフリカの政治的・経済的・社会的統合の加速化、アフリカの平和・安全保障・安定の促進、民主的原則と制度・国

民参加・適正な統治の促進、持続可能な経済・社会・文化開発の促進などを目的としており、発足以来アフリカの地域統合・協力の中核として急速にその機能と役割を拡大している。

➡ アフリカ、モロッコ

アマズィーグ人 ➡ ベルベル人

アマル (Amal)

レバノンのシーア派政治組織。レバノン内戦中は民兵組織としてパレスチナ解放機構（PLO）やヒズボラとも争ったがその後武装解除し、現在は政党として活動している。

レバノンのシーア派聖職者ムーサー・サドル（1928〜1978?）は1974年3月、シーア派組織「奪われた者たちの運動」を結成、翌1975年、同運動の軍事部門としてアマルを設立した。名前の由来は「レバノン抵抗運動」のアラビア語の頭文字を並べたもので、アラビア語では「希望」という意味にもなる。

当初はファタハの支援で兵員訓練を行ったとも伝えられるが、設立者ムーサー・サドルは1978年にリビアで失踪し、1980年にナビーフ・ベッリ（1938〜）が指導者になると世俗的・ナショナリスト的な性格を強め、さらにレバノン内戦が幾度かその性質を変える中でPLOとはキャンプ戦争をはじめとする抗争を繰り広げ、進歩社会党とも西ベイルートにおける支配を争った（旗戦争）。1982年のレバノン戦争に続いてヒズボラが設立されると、シーア派住民の支持をヒズボラと争った。

内戦終結後は武装解除に応じ、指導者ナビーフ・ベッリは1992年以来国会議長を務めている。

➡ サドル（ムーサー）、シーア派、パレスチナ解放機構（PLO）、ヒズボラ、レバノン、レバノン戦争、レバノン内戦

アマルナ時代 ➡ アメンホテプ4世

アミール・アル・ムゥミニーン
➡ カリフ

アムル・イブン・アル・アース
(Amr ibn al-As)

?〜663。アラブの大征服時代の武将でエジプトを征服、後にエジプトの終身総督を務めた。

クライシュ族サフム家出身の商人であったが、「塹壕の戦い」の後、ハーリド・イブン・アル・ワリード（?〜641/2）らとともにイスラム教に入信したと伝えられる。当初オマーンの平定に従事したが、633年には初代正統カリフ、アブ・バクル（在位573頃〜634）の命でシリア遠征軍司令官となる。639年には第2代正統カリフ、ウマル（在位634〜644）の命に逆らってエジプトに出兵、642年に首都アレクサンドリアを征服した。

エジプト征服後、アムルは現在のカイロ近郊にフスタートを建設し、ナイル川と紅海を結ぶ運河を再開するなどエジプトの発展に努めたが、645年、第3代カリフ、ウスマーン（在位644〜656）によりマディーナに召還される。

656年、ウスマーンが殺害され、アリ（在位656〜661）が第4代正統カリフに任命されると、アムルはアリと敵対するムアーウィヤ（？〜680）に協力した。657年のスィッフィーンの戦いで槍の先に『クルアーン』の章句を書いた紙片を結びつけ、和議に持ち込んだ計略は彼の発案とされる。

アリの死後、ウマイヤ朝初代カリフとなったムアーウィヤによって、エジプトの終身総督に任命される。

▶ アブ・バクル、アラブの大征服、アリ、アレクサンドリア、イスラム教、ウスマーン・イブン・アッファーン、ウマル・イブン・アル・ハッターブ、エジプト、オマーン、カイロ、カリフ、クライシュ族、クルアーン、塹壕の戦い、シリア、ナイル川、ハーリド・イブン・アル・ワリード、フスタート、ムアーウィヤ

アメンホテプ4世 (Amenhotep Ⅳ)

古代エジプト新王国第18王朝のファラオ。在位紀元前1353〜紀元前1336。

アメンホテプ3世（在位紀元前1391〜紀元前1353）の子であるが、日輪に象徴される太陽神「アテン」の熱烈な信者で、即位すると他の神の信仰を禁じ、自ら「アクエンアテン（「アテンに仕える者」）」と改名、都をテーベから「アケト・アテン（「アテンの地平線」の意味、現在のテル・エル・アマルナ）」に移した。

この時代はアマルナ時代と呼ばれ、アマルナ芸術と呼ばれる写実的な美術様式も生まれたが、晩年はシリアやパレスチナで反乱が続発し、死後アメンホテプ4世の名は数々の記念碑から削除された。

アメンホテプ4世の死後即位したのがツタンカーメン（トゥート・アンク・アメン、在位紀元前1332頃〜紀元前1323）であるが、即位時にはアテン神にちなんでトゥート・アンク・アテンと名乗っていた。またアメンホテプ4世の妻ネフェルティティ（紀元前1370頃〜紀元前1330頃）は、クレオパトラ7世（紀元前69〜紀元前30）と並ぶエジプト美人の代表として有名で、エジプト産ワインの名称ともなっている。

▶ クレオパトラ7世、古代エジプト、シリア、ツタンカーメン、パレスチナ

アヤソフィア博物館
(Ayasofya Museum)

ギリシャ語では「ハギア・ソフィア（聖なる叡智）」。トルコのイスタンブールにあり、本来は537年、ビザンツ帝国皇帝ユスティニアヌス1世（在位527〜565）が建設したキリスト教の聖堂であったが、オスマン帝国による征服後はモスクとして使用され、現在は博物館となっている。

この場所には360年に最初に聖堂が建設されたが、404年に焼失した。さらに415年に再建された聖堂も532年1月のニカの乱で焼失した。ニカの乱を鎮圧したユスティニアヌス1世はただちに聖堂の再建を決定し、537年に新しい聖堂が完成した。

1453年、オスマン帝国第7代スルタン、メフメト2世（在位1444〜1445、1451〜1481）によりコンスタンティノープルが占領されるとアヤソフィ

アはモスクに改修され、ミフラーブやミナレットが付け加えられた。第25代スルタン、マフムート1世（在位1730〜1754）時代には図書館も付設され、3万冊の本が収められた。またこの時代前後に泉亭（泉水のある屋敷）、学校や天文台も建てられた。

オスマン帝国時代に内部のモザイクは漆喰で塗りつぶされていたが、トルコ革命後の1931年、アメリカの調査隊がこれを再発見し、1935年には正式に博物館となって一般に公開されるようになった。しばしばビザンツ建築の最高傑作と評価され、オスマン帝国下でもアヤソフィアの構造を真似したモスクが多く建造された。アヤソフィア博物館を含む地域は1985年、「イスタンブール歴史地域」の一部としてユネスコの世界文化遺産に登録された。

➡ イスタンブール、オスマン帝国、ビザンツ帝国、メフメト2世、モスク、ユスティニアヌス1世

アーヤトッラー (ayat Allah)

12イマーム派高位ウラマーに用いられる尊称。「アッラーの徴」という意味のアラビア語で『クルアーン』第41章（解明章）第53節に由来する名称。

本来は、「イマーム」不在の「大ガイバ」の時代、「隠れイマーム」に代わって信徒を導くウラマーに対して用いられたもので、イラン立憲革命運動を指導したアブドゥッラー・ベフバハーニーやモハンマド・タバタバーイー（1842〜1920）などもこの尊称で呼ばれた。パフラヴィー朝期になると「マルジャア・アル・タクリード」であったホセイン・タバタバーイー・ボルージェルディー（1875〜1961）のほか、アブ・アル・カースィム・カーシャーニー（1882〜1961）など、学識と指導力が顕著なウラマーにはこの尊称が与えられるようになった。その結果アーヤトッラーの尊称を持つウラマーが増えると、アーヤトッラーの上に位置するものとして大アーヤトッラーの呼称が用いられるようになった。

イラン・イスラム革命後は12イマーム派ウラマーの序列の1つとして位置づけられており、初学者から「ターリブ」「スィカ・アル・イスラム」「ホッジャト・アル・イスラム」「ホッジャト・アル・イスラム・アル・ムスリミーン」「アーヤトッラー」「大アーヤトッラー」「ナーイブ・アル・イマーム」の7位階が設けられている。

➡ アッラー、イマーム、イラン・イスラム革命、イラン・イスラム革命、ウラマー、隠れイマーム、クルアーン、12イマーム派、マルジャア・アル・タクリード

アヤトラ ➡ アーヤトッラー

アラウィー朝 ➡ モロッコ

アラウィー派 (Alawite)

中東における少数宗派の1つで、「ヌサイリー派」とも呼ばれる。イスラム教から逸脱した宗教とみなす見解もあるが、レバノンのシーア派指

導者ムーサー・サドル（1928～1978?）はこれをシーア派の一派とした。信者はシリア、レバノンを中心に居住し、トルコの「アレヴィー派」も同一と言われるが、この点に関しては異説もある。

シリアでは少数宗派ながら政治的に大きな力を持ち、バッシャール・アサド現大統領（1965～）の一族もアラウィー派出身である。

アラウィーという名称は第4代正統カリフ、アリ（在位656～661）に由来するものとされ、その教義はイスマイール派の影響を受けていると言われる一方、フェニキア時代の伝統宗教やキリスト教の三位一体の教理なども共存しており、人間界における所業によって他の生物に生まれ変わるという輪廻転生の思想も有する。

▶ アリ、イスマイール派、カリフ、シーア派、シリア、トルコ、フェニキア、レバノン

アラーウッディーン ▶ アラジン

アラジン (Ala' al-Din)

『アラビアン・ナイト（千夜一夜物語）』にある、「アラジンと魔法のランプ」の主人公。アラビア語の発音では「アラーウッディーン」の方が近い。

物語ではアラジンは貧しい仕立て屋の子で、中国のある町に母親と住んでいた。彼は、地下洞窟に隠された魔法のランプを取ることのできる唯一の人物だったため、叔父を名乗るマグレブ人魔術師に利用されてしまう。しかし、結局魔法のランプを手に入れ、ランプの力で欲しい物を手に入れ、最後には王女と結婚する。

それを知ったマグレブ人魔術師は王女をだまして魔法のランプを手に入れ、姫もろともアラジンの城を故郷に運ぶが、アラジンは魔法の指輪を利用して魔法使いを殺し、王妃と城を取り返す。

▶ アラビア語、アラビアン・ナイト、マグレブ

アラービー ▶ アラービー運動

アラビア科学 (Arabic science)

中世イスラム世界で展開した諸科学を総称した言葉で、アラビア語を共通の学問用語としたためこう呼ばれる。「イスラム科学」と呼ばれることもある。現代で言う数学や天文学、医学、地理学、歴史学、さらには錬金術や占星術など多くの分野を含み、アラビア科学に貢献した学者には、ユダヤ教徒やキリスト教徒、サービア教徒、ペルシャ人など、非イスラム教徒や非アラブ人も多い。

アラビア科学は、アッバース朝時代にユークリッド（紀元前3世紀）の幾何学やガレノス（129頃～200頃）の医学書などギリシャ諸学、インドの天文学書などがアラビア語に翻訳されたことに始まる。中心地はアッバース朝の首都バグダッドであったが、後に後ウマイヤ朝の首都コルドバ、ファーティマ朝の首都カイロでも多くの学者が活躍するようになった。

アラビア科学は十字軍遠征やシチ

リア、スペイン経由で西欧に伝えられる一方、アッバース朝の衰退や西欧世界における科学の発展により次第に停滞するが、スペインのアンダルスや中央アジアでは15世紀頃まで栄えた。その名残は、「アルコール」「アルカリ」といった化学用語や、星の名などに残る。

▶ アッバース朝、アラビア語、カイロ、キリスト教、後ウマイヤ朝、サービア教徒、バグダッド、ファーティマ朝、ペルシャ

アラビア語 (Arabic language)

中東地域でもっとも広く使用される言語。国連公用語の1つでもあり、アラブ諸国及びその周辺地域のほか、最近ではアラブ系移民の増大に伴って欧米やオーストラリアでも使用人口が増えている。言語学上はセム語に属し、他のセム語と同様、3つの子音を基礎に単語が形成されている。

文語である「フスハー」と、口語の「アンミーヤ」に大別され、両者は大きく異なる。さらに「アンミーヤ」も地方によってかなり相違が大きい。「フスハー」は基本的に『クルアーン』のアラビア語を基本としており、アラブ諸国の出版物やニュース番組、公式の場での演説などでは主に「フスハー」が用いられる。

イスラム教においては、アラビア語はアッラーがその啓示をムハンマド（570頃～632）に伝える際、特に選んだ言語として特別視され、『クルアーン』はアラビア語のみが聖典であり、アラビア語でのみ読誦される。

▶ アッラー、イスラム教、クルアーン、ムハンマド

アラビア・コーヒー ▶ コーヒー

アラビア書道 (Arabic calligraphy)

イスラム圏独自の芸術の1つで、アラビア文字を装飾的に描くもの。アラブ諸国だけでなくイランやパキスタン、トルコでも行われている。

イスラム書道の発展については、イスラム教において偶像崇拝が厳格に禁止されており、装飾として絵画を用いることに制約があることも指摘されている。また、神の言葉である『クルアーン』をいかに美しい文字で書くかという宗教的動機を指摘する見解もある。

アラビア書道の本格的な基礎を定めたのはイブン・ムクラ（？～940）とされ、イブン・バウワーブ（？～1022）、ヤークート・ムスタアズィミー（？～1298）らの能書家が続いた。その後イスラム世界の拡大とともに各地で独自の書体が生み出され、ナスフ体、スルス体、ディーワーニー体、ルクア体、ジャリー・ディーワーニー体、ナスターリーク体、クーフィー体、イジャーズィー体、モダン・ナスヒー体などが現在も使用されている。

伝統的には葦や竹の先端をナイフ状に削ったペンが用いられたが、現代では専用の万年筆もある。

▶ イスラム教、イラン、クルアーン、トルコ

アラビア数字 (Arabic numerals)

現在世界のほとんどの国で通常用いられている数字。本来古代のイン

ドで考案されたものであるが、中世イスラム圏を通じてヨーロッパに伝えられたため、アラビア数字と呼ばれるようになった。

古代インドで用いられていた数字も、その形状には地域や時代によって様々なものがあったが、現在中東で用いられる数字も、一部諸国を除き、ヨーロッパ等で用いられるものとは異なり、地域によっても若干異なっている。

アラビアのロレンス ➡ ロレンス

アラビア半島 (Arabic Peninsula)

東西をペルシャ湾と紅海に挟まれ、南方をアラビア海、インド洋に囲まれた総面積約323万km²の半島。北部はシリア砂漠に連なるため地理的な境界ははっきりしないが、通常はサウジアラビア及びクウェートの北部国境をもってアラビア半島の北端とする。半島の大部分をサウジアラビアが占め、ほかにアラブ首長国連邦、イエメン、オマーン、カタール及びクウェートが半島内に位置する。

地質学的には、アラビア半島の形成は12億年前から始まる。その後何度か海中に没したり隆起したりを繰り返した後、約6,000万年前からアフリカ大陸より分離し始め、50万年前までに現在のアラビア半島が形成された。1万8,000年前からは乾燥が始まり、アラビア半島の3分の1を覆う砂丘地帯はこの時代に形成された。

アラビア半島における人類の活動は約100万年前の前期旧石器時代から確認されており、メソポタミアから発掘された粘土板文書には、現在のバハレーンを中心とするディルムンやマカン（オマーン）についての記述も見られる。さらに紀元前1000年紀半ばには、現在のイエメンを中心とする地域にシバ、ハドラマウト、カタバーン、マイーンなどの諸王国が成立、紅海沿いのヒジャーズ地方北部にはペトラを首都とするナバタイ王国も栄えた。

預言者ムハンマド（570頃～632）の時代、アラビア半島はいったん統一されるが、イスラム世界の中心地がダマスカスやバグダッドに移ると次第に各部族が割拠する状態となり、この状態は19世紀にサウド家が半島をほぼ統一するまで続いた。

➡ アラブ首長国連邦、イエメン、オマーン、カタール、クウェート、サウジアラビア、シバ王国、ナバタイ人、ラクダ

アラビア文字 (Arabic alphabet)

「アルファベット」の一種で、主としてアラビア語、ペルシャ語をはじめとするイスラム圏の言語表記に使用される。

アラビア文字は、ウガリット文字やフェニキア文字と同じく北西セム文字に分類され、その起源はアラム文字とされるが、ナバタイ文字やエジプトの民衆文字の影響も受けているといわれる。アラビア文字の碑文としてはウンム・ジマールで発見された紀元6世紀のものがあるが、預言者ムハンマド（570頃～632）時代にはこの文字がマッカでも使われ、

その後『クルアーン』を筆写する必要もあって、各地で様々な書体が発達した。

イスラム圏の拡大に伴い、様々な地域でアラビア文字が借用され、現代でもペルシャ語、クルド語、ウルドゥー語、スィンディー語、カシュミール語、ウイグル語、ベルベル語などがアラビア文字を使用している。

アラビア文字は基本的に子音は表記しないため、実際の発音上母音が異なってくる可能性があるが、7世紀以降は発音の正確さを確保するため「シャクル」と呼ぶ記号が発明された。また本来は28文字であるが、言語によってはこれだけでは表記できない音もあるため、独自の文字を加える場合も多い。アラビア文字を芸術的に表現するアラビア書道も知られている。

▶ アラビア語、アラビア書道、アルファベット、クルアーン、マッカ、ムハンマド

アラビアン・ナイト
(Arabian Nights)

中東に伝わる民話集。アラビア語の「アリフ・ライラ・ワ・ライラ」は本来「千一の夜」を意味する言い方であるが、日本では『千夜一夜物語』と表記されることが多い。

内容は、妻の不貞が原因で女性不信となったササン朝のシャハリヤール王が、国内の処女を召し出して一夜を共にした後処刑するようになった。そこで大臣の娘シェヘラザードが自ら王の伽に赴き、処刑される前に王に物語を話し始める。物語が佳境に入ったところで「続きは明日」とシェヘラザードが打ち切るので、王は続きを聞きたくてシェヘラザードの処刑を延ばすうちに千夜が過ぎ、王も最後は思い直すというもの。

シェヘラザードの話の中でも登場人物が様々な物語を語り、「アラジンと魔法のランプ」「アリババと40人の盗賊」などは日本でも知られているが、物語の中にはササン朝より後代の人物も登場する。

ササン朝時代にもペルシャ語の「ハザール・アフサーナ（千物語）」という物語集があったことが確認されており、これがアッバース朝初期にアラビア語に訳されたのがアラビアン・ナイトの起源と考えられている。その後各地に伝わる物語も取り込んで、現在の形式が整ったのは16世紀初期と推定される。

西洋では、フランスのアントワーヌ・ガラン（1646〜1715）が1704年、最初にフランス語訳を出版しているが、その後出版されたエドワード・ウィリアム・レイン（1801〜1876）、サー・リチャード・フランシス・バートン（1821〜1890）による英訳も知られている。

▶ アッバース朝、アラジン、アラビア語、ササン朝

アラービー運動 (Arabi Revolt)

アフマド・アラービー大佐（1840〜1911）を指導者とし、1881年から1882年にかけて展開したエジプトの民族運動。発音の関係で「オラービー運動」「ウラービー運動」と表記され

アラービー大佐はシャルキーヤ県の農村に生まれ、アズハルで学んだ後、1854年に軍に入隊した。一方、当時のムハンマド・アリ朝は多額の対外債務のため国家財政が破綻し、1876年以降ヨーロッパ人内閣のもとで財政の二重管理を受け植民地化の道を歩んでいた。こうした状況に対し国民党に結集した民族主義者は立憲議会の設立と外国人支配からの解放を求めて急進化、アラービーが掌握する軍隊の圧力によって1881年に新たな内閣を組閣し、議会の招集、兵力増強の3ヶ条を当時の副王タウフィーク(在位1879～1892)に認めさせた。

新内閣でアラービーは陸軍大臣となるが、イギリスは1882年7月、軍をアレクサンドリアに上陸させ、9月12日、テル・エル・ケビールの戦いでエジプト軍を破る。降伏したアラービーはセイロン島へ流刑となり、運動は終息した。

▶ アズハル、アレクサンドリア、エジプト、ムハンマド・アリ朝

アラファト ▶ ハッジ

アラファト (ヤーセル、Yasir Arafat)

1929～2004。元パレスチナ解放機構(PLO)執行委員会議長、パレスチナ自治政府初代議長。アラブ諸国では「アブ・アンマール」のゲリラ名でも知られる。

本人は、パレスチナの名門フセイニー一族を自称してエルサレムで生まれたと述べるが、カイロ生まれとも言われる。カイロ大学土木工学科に在学中はパレスチナ学生連盟議長を務め、卒業後クウェートで技師として働く。1959年、ハリール・アル・ワズィール(1935～1988)とともに「ファタハ」を結成。1965年から対イスラエル攻撃を開始する。

1968年のカラメの戦い後、ファタハは一躍PLOの最大勢力に成長し、アラファトも1969年に執行委員会議長に就任する。しかし1970年9月のヨルダン内戦によって拠点としていたヨルダンを追われ、活動の拠点をレバノンに移すが、1982年のレバノン戦争で出国を余儀なくされる。

1990年の湾岸戦争では、イラク寄りの態度をとったとみなされてアラブ諸国内での立場が悪化するものの、その直後からイスラエルとの秘密交渉を開始、1993年9月13日、ワシントンのホワイトハウスで調印された「パレスチナ暫定自治の原則に関する宣言」(通称「オスロ合意」)に基づいて1994年7月にガザに入った。このイスラエルとの和平合意締結により、イツハク・ラビン・イスラエル大統領(1922～1995)及びシモン・ペレス・イスラエル首相(1923～)とともに1994年のノーベル平和賞を受賞し、1996年1月の選挙でパレスチナ自治政府議長に就任した。

信条も戦略も異なるPLO各派をまとめつつ、自らの暗殺計画も含めた数々の政治的危機を乗り切り「中東の不死鳥」とも呼ばれたアラファトであったが、2004年になって急に

体調を崩し、11月11日、パリ郊外のペルシー病院で死去した。2012年7月になって、カタールの衛星放送アル・ジャジーラがアラファトの遺品を検査したところ猛毒のポロニウムが検出され、暗殺の可能性も指摘されている。

➡ イスラエル、イラク、カタール、カラメの戦い、パレスチナ解放機構（PLO）、ヨルダン、ヨルダン内戦、レバノン、レバノン戦争、湾岸戦争

アラブ協力理事会

(Arab Cooperation Council: ACC)

1989年2月16日、エジプト、イラク、ヨルダン、北イエメンのアラブ4ヶ国が設立した地域協力機構。

同日、イラクの首都バグダッドにおいてムバラク・エジプト大統領（1928～）、フセイン・イラク大統領（1937～2006）、フセイン・ヨルダン国王（在位1953～1999）及びサーレハ北イエメン大統領（1942～）が設立協定に署名し、アラブ諸国内の地域協力機構としては「湾岸協力理事会（GCC）」に次ぐものとなった。

最高意思決定機関として首脳会議を置くほか、閣僚レベルの会議と事務局を設置、議長は1年ごとの持ち回りとなっていたが、1990年8月2日に発生したイラクのクウェート侵攻をめぐって加盟諸国間が対立、実質的な活動を行わないままに消滅した。

➡ アラブ・マグレブ連合、イエメン、イラク、エジプト、クウェート、バグダッド、ヨルダン、湾岸協力理事会

アラブ首長国連邦

(United Arab Emirates, UAE)

ペルシャ湾西南岸に位置する7首長国により構成される連邦国家。1971年、イギリスの保護領となっていたアブダビ、ドバイ、シャルジャ、アジュマン、ウンム・アル・カイワイン、フジャイラの6首長国が連邦として独立し、翌1972年2月にラス・アル・ハイマが加わった。面積8.46万km^2で、人口801.5万人（2012年推計）。首都はアブダビ首長国のアブダビ。

現在アラブ首長国連邦が位置するアラビア半島東岸地域では、紀元前5500年頃の新石器時代から人類の居住が確認されている。預言者ムハンマド（570頃～632）のアラビア半島統一により、半島東部沿岸地域もイスラム教を受け入れるが、16世紀には一時ポルトガルの支配を受けた。

17世紀以降になると、この地域を拠点とする海賊が近辺を航行する船舶を悩ませるようになり、「海賊海岸」として知られるようになった。これに対しイギリスは、1806年、1809年、1819年の3回の遠征を行い、最終的に1820年1月8日に平和条約が結ばれたため、以後この地域は「休戦海岸」と呼ばれた。イギリスはその後も1853年の和平条約や1892年の排他的協約を通じて次第にこの地域に対する影響力を強め、事実上支配下に置いた。

産業としては、19世紀から20世紀初頭にかけて、真珠採取で栄えていたが、1920年代から1930年代初期にかけての不況と日本の真珠養殖に

より衰退した。しかし1962年にアブダビで、1969年にドバイで石油の輸出が始まると、以後は産油国として繁栄している。

➡ アブダビ首長国、アラビア半島、イスラム教、カタール、ドバイ首長国、ペルシャ湾

アラブ人 (Arabs)

中東における主要民族の1つ。古代において「アラブ」とは、都市民や支配者が荒野に住む遊牧民に対して用いた言葉であり、歴史上は紀元前8世紀のアッシリア王シャルマネサル3世（在位紀元前859～紀元前824）時代の石柱に初めて「アラブ」という民族名が現れる。

アラブの伝承では、アラブ人はアラビア半島を起源とし、「アドナーン」を祖先とする「北アラブ（アラブ化されたアラブ）」と「カフターン」を祖先とする「南アラブ（真のアラブ）」とに大別されるが、歴史上は現在のイラクや歴史的シリアのセム語系住民たちも自らをアラム語で「アラブ」（ギリシャ語で「サラケノイ［サラセン人］」または「ハガレノイ［ハガル人］」）と自称していた。古代イエメンのシバ王国、パルミュラやペトラといった都市国家を築いたのもこうしたアラブ人である。歴史的シリアがローマ帝国領となると、フィリップス・アラブス（在位244～249）のようにアラブ人のローマ皇帝も現れた。

いわゆるジャーヒリーヤ時代になると、アラビア半島において、「カスィーダ」という長詩を歌う詩人がアラビア語を共通語として活躍したた め、この言葉を日常使用する者が、誇りを込めて自らを「アラブ」と称するようになった。さらに7世紀の「アラブの大征服」により、イスラム勢力下に入った地域の多くでは現地の人々もアラビア語を話すようになり、現代のアラブ世界の原型が作られた。

現代において「アラブ人」とは、「自分もしくは先祖がアラビア半島出身であることを意識してアラビア語を母語とし、先祖たち並びにイスラムが築いてきた文明的遺産を誇り、継承しようとしている人々のこと」と一般に定義されるが、これら要素のいくつかを欠いていても自らをアラブと意識していればアラブ人であるとされる。アラブ連盟加盟国をアラブ諸国と呼ぶ場合もあるが、加盟国のソマリアやコモロは、非アラビア語を母語とする民族が多数を占めている。

➡ アッシリア、アラビア語、アラビア半島、アラブの大征服、アラブ連盟、イエメン、イラク、シバ王国、ジャーヒリーヤ時代、シリア、パルミュラ

アラブの大征服 (Arab conquests)

「リッダ戦争」後の、イスラム教徒アラブ人による支配地域の急激な拡大を指す言葉。単に「大征服」と呼ぶこともある。この大征服については、宗教的・政治的な理由よりも、アラビア半島内部における人口増加により近隣地域にその出口を求めたという、一種の民族移動と解する見解もある。

大征服の直接の発端となったササン朝侵攻は、イラク南部に侵攻した

バニ・シャイバン族長アル・ムサンナ・イブン・ハーリサがササン朝から反撃を受け、633年に初代正統カリフ、アブ・バクル（在位632〜634）に支援を求めたことに始まる。アブ・バクルはハーリド・イブン・アル・ワリード（？〜641/2）を派遣し、以後ハーリドやアムル・イブン・アル・アース（？〜663）、ターリク・イブン・ズィヤード（？〜720）など現地の指揮官がかなり自由な判断で征服戦を敢行し、シリア、イラクから北アフリカ、スペインに至る広大な地域が短期間のうちに征服された。

征服戦ではイスラム教徒アラブ人指揮下に、現地徴募のペルシャ人、ベルベル人なども参加しており、スペインを征服したターリク・イブン・ズィヤードもベルベル人であった。大征服の結果、征服地のイスラム化、アラブ化が始まり、また征服地にはミスルと呼ばれる軍営地も建設され、その多くは後に地方の中心都市に発展した。

▶ アブ・バクル、アムル・イブン・アル・アース、アラブ人、イスラム教、イラク、イラン、ササン朝、シリア、ハーリド・イブン・アル・ワリード、ペルシャ、ベルベル人、リッダ戦争

アラブの春 (Arab Spring)

2011年初頭、チュニジアで起きた大規模な民衆抗議行動に端を発し、アラブ諸国全域に広がった民衆運動を総称する言葉。2011年2月頃からマスメディアで使用されるようになった。

アラブの春の直接のきっかけは、2010年12月17日、チュニジア南部スィディ・ブジードで、野菜や果物の無許可販売を行っていたムハンマド・ブアジージという青年が当局の取り締まりに抗議して焼身自殺を図った事件である。ブアジージは数日後死亡し、翌年1月4日より同情した民衆の大規模な抗議行動が発生、ベン・アリ大統領（1936〜）は1月14日にサウジアラビアに亡命した。これを受ける形でエジプトでも1月25日から民衆の民主化要求運動が始まり、ムバラク大統領（1928〜）は2月11日に辞任した。

さらにリビアでも、2月15日から東部地域で発生した民衆運動が暴動に発展し、内戦状態となり、10月のカダフィ指導者（1942〜2011）死亡により旧体制は崩壊した。イエメンでも1月から民衆の抗議行動が各地で発生、政権側との衝突が繰り広げられ、「湾岸協力理事会（GCC）」の調停により、11月23日にサーレハ大統領（1942〜）が大統領権限委譲に同意した。

ほかにバーレーン、ヨルダン、モロッコなどでも国内で民主化要求運動が発生、シリアでは民衆による武装蜂起に発展して内戦状態となっている。

▶ イエメン、エジプト、チュニジア、リビア

アラブの反乱 (Arab Revolt)

第一次世界大戦中発生した、アラブ人による対トルコ反乱。マッカの太守フセイン・イブン・アリ（1853〜1931）の3男ファイサル・イブ

ン・フセイン（1883〜1933）を指導者とし、イギリスの情報将校トーマス・エドワード・ロレンス（1888〜1935）の活躍も知られている。

第一次世界大戦が発生すると、オスマン帝国内のアラブ民族主義者は、これをトルコ支配からの解放の機会とみなし、1915年1月半ば、マッカの太守フセインに密使を送った。フセインはカイロ在住のイギリス高等弁務官ヘンリー・マクマホン（1862〜1949）とも連絡をとっており、3男ファイサルをダマスカスに派遣して民族主義者と連絡させた。ファイサルは1915年3月と5月の2回、ダマスカスでアラブ民族主義団体「ファタート」及び「アハド」の幹部と会合し、イギリス支援による対トルコ反乱で合意した。これをもとにフセインとイギリスとの間で交渉が行われ、1915年7月から1916年1月にかけてのフセインとマクマホンとの往復書簡（フセイン・マクマホン書簡）により、アラブは対トルコ反乱を行うことでイギリスの戦争遂行に協力し、イギリスは見返りとしてアラブ地域の独立を支持するという合意が得られた。

1916年6月、フセインはアラブの独立を宣言して反乱を開始、反乱軍にはオスマン帝国軍のアラブ人将校や各地のアラブ義勇兵が多数反乱軍に参加した。反乱軍は1917年7月にはアカバを陥落させ、その後エドムンド・アレンビー将軍（1861〜1936）指揮下のイギリス軍と合流して12月にエルサレムを攻略、ファイサルは1918年10月にダマスカスに入城した。

➡ エルサレム、オスマン帝国、シリア、フセイン・マクマホン書簡、ロレンス

アラブ・マグレブ連合
(Arab Maghreb Union: AMU)

マグレブ諸国の経済・政治統合を推進するための地域協力機構で、1989年に結成された。加盟国はアルジェリア、モロッコ、リビア、チュニジア、モーリタニアの5ヶ国で事務局はモロッコのラバトにある。

マグレブ諸国は地理的な近接からある程度共通の歴史的・文化的背景を持ち、それぞれが独立のための民族運動を行っていた段階から協力関係の樹立を目指していた。1964年、モロッコ、アルジェリア、チュニジア、リビアの4ヶ国は「マグレブ常設委員会」を設置し統合に向け動き出したが、その後の加盟国間の対立もあって活動は停滞した。しかし1988年6月10日、アルジェリアのゼラルダに5ヶ国の首脳が集まった際、アラブ・マグレブ連合の設立が合意され、1989年2月17日、モロッコのマラケシュで調印された「マラケシュ条約」により正式に発足した。

事務局以外の傘下組織として首脳理事会、外相理事会、諸問理事会、AMU裁判所、マグレブ大学及びマグレブ・アカデミーなどの機関を持つ。

➡ アルジェリア、チュニジア、マグレブ、モロッコ、リビア

アラブ民族主義 (Arab Nationalism)

「アラブ人」という民族的共通性を基礎とし、その統一を求める政治的・文化的思想と運動とを総称する言葉。その萌芽は、19世紀前半のシリアに見られ、当初はアラブ人キリスト教徒たちが中心的な役割を果たした。

初期のアラブ民族主義運動は、アラビア語や、それによって表現される文学復興運動を中心とする文化的なナショナリズムを特徴としていたが、こうした運動がオスマン帝国の弾圧を受けたことで地下に潜り、各種秘密結社を通じて次第にアラブの自治・独立を求める政治運動と化した。1960年代には、エジプトのナセル大統領(1918〜1970)が主導する政治的イデオロギーとなった。

➡ アラビア語、イスラム教、エジプト、オスマン帝国、キリスト教、シリア、ナセル、レバノン

アラブ連合共和国
(United Arab Republic: UAR)

エジプトとシリアが1958年に合併して成立した国家で、近代アラブ諸国間における初の国家間統一の試みとして注目されたが、1961年、エジプト支配の強化に反発するシリアの軍人がクーデターを起こして分離した。しかしエジプトは1971年9月に国名を公式に「エジプト・アラブ共和国」と変更するまでアラブ連合共和国の呼称を用いた。

1957年末、シリアにおいては共産党の勢力が増大しており、支配政党バアス党は、危機脱出策として12月9日、エジプトとの連邦方式による統合を提案した。アラブ統一の建前には共産党も反対できず、シリアはナセル大統領(1918〜1970)が提案した完全統合案を受け入れた。

1958年2月1日、カイロにおいて両国政府の合同会議が開かれ、両国大統領により統合が宣言された。この統合計画は5日にそれぞれの議会で、21日には国民投票で圧倒的多数を得て承認され、22日、アラブ連合共和国が正式に発足した。

しかしシリアにおいては、政党活動が禁止されたこと、政治の中心がカイロに移ったためダマスカスの地位が急速に低下したこと、エジプト軍将校や行政官が特権的地位を得たこと、さらには1961年7月20日に銀行・保険会社及び主要企業の国有化等社会主義的政策がシリアにも適用されたことなどから政治家や軍人、資本家などの不満が増大し、1961年9月28日、アブドルカリーム・ナハラーウィ大佐らがクーデターを決行、29日、シリア革命評議会はアラブ連合からの離脱を宣言した。

➡ エジプト、カイロ、シリア、ダマスカス、ナセル、バアス党

アラブ連邦 (Arab Federation)

1958年、イラクとヨルダンが結成した連邦国家。当時イラクとヨルダンの王家は同じハーシム家であり、ハーシム家は自らの主導によるアラブ統一を目指していた。1958年2月1日、エジプトとシリアの統合が宣言されると、イラクとヨルダンは2月14日、それに対抗する形でアラブ

連邦を設立した。それぞれの内閣及び議会は維持されたが、その上部機関として連邦内閣及び議会が設置され、国防、外交、関税、教育等の諸政策は統一されることとなった。

元首はイラク国王ファイサル2世（在位 1939〜1958）とされ、首都は半年ごとにバグダッドとアンマンの間で交替することとなっていた。しかし同年7月14日には、イラクでアブドルカリーム・カースィム准将（1914〜1963）によるクーデターが発生し、イラクは共和制に移行、アラブ連邦も消滅した。

➡ アラブ連合共和国、イラク、バグダッド、ヨルダン

アラブ連盟 (League of Arab States)

アラブ諸国が中心となって結成された地域機構。1945年3月22日、エジプト、シリア、レバノン、イラク、トランスヨルダン、サウジアラビア、北イエメンの7ヶ国によって設立されたが、その後他のアラブ諸国及びパレスチナ、さらにはモーリタニア（1973年）、ソマリア（1974年）、ジブチ（1977年）、コモロ（1993年）も加盟し、現在は21ヶ国及び1地域がメンバーとなっている。

アラブ連盟結成当時アラブ世界では、ともにハーシム家出身の国王をいただくイラク及びヨルダンがシリア、レバノン及びパレスチナを統一する地域統合計画を主張していた。これに対し、エジプト及びサウジアラビアはエジプト、サウジアラビア、イエメン等を含めた広範囲かつゆるやかな域内協力機構の設立を提唱した。この結果1944年10月4日、アラブ連盟設立に関する「アレクサンドリア議定書」が署名され、翌1945年3月22日には、この議定書に基づいて「アラブ連盟憲章」が調印され、アラブ連盟が発足した。

本部はカイロに置かれたが、キャンプ・デービッド合意によりエジプトの加盟資格が一時停止された間は、1979年から1990年までチュニスに置かれた。アラブ連盟は、加盟国の主権と独立尊重という原則の下に経済的、政治的、文化的協力の推進を目的に掲げ、機関としては、各国代表による連盟理事会、常任委員会、事務総局、共同防衛理事会、社会・経済理事会、アラブ専門機関を持つ。連盟理事会では、加盟国は各1票の投票権を有し、全会一致の場合は加盟国すべてが決議に拘束されるが、過半数の場合は予算などの特定の場合を除き賛成国のみが拘束される。またアラブ連盟は、アラブ共通の敵とされたイスラエルへの経済的圧力のためにイスラエル製品及びイスラエルと関係のある企業の製品のボイコット（アラブ・ボイコット）を実施、レバノン内戦についてはその調停を試みるなど、アラブの共通戦略調整や域内の秩序維持に一定の役割を果たした。しかしイラン・イラク戦争や湾岸戦争の際は加盟国間の立場の相違が表面化し、2011年の「アラブの春」においては、リビアのカダフィ政権やシリアの加盟資格を停止するなどの行動もとった。

▶ アレクサンドリア、イエメン、イスラエル、イラク、イラン・イラク戦争、エジプト、カイロ、キャンプ・デービッド合意、サウジアラビア、シリア、パレスチナ、ヨルダン、レバノン、湾岸戦争

アラベスク文様 (Arabesque)

「アラベスク」とは、「アラブ風」を意味する言葉で、基本的には唐草模様など、様式化された植物文様と幾何学的な線の交錯を使用する装飾文様を指す。こうした文様自体は、ヘレニズム時代にも用いられていたが、偶像崇拝を厳格に禁じるイスラム世界で発展したため、16世紀になってヨーロッパでこの種の文様をアラベスク文様と呼ぶようになった。9世紀のアッバース朝時代及び後ウマイヤ朝時代にその典型が作られ、セルジューク朝やファーティマ朝のもとで発展して現在見られるような文様となった。

▶ アッバース朝、後ウマイヤ朝、セルジューク朝、ファーティマ朝

アラム人

古代中東の民族の1つ。本来は歴史的シリアの領域で遊牧生活を送っていたと思われるが、ユーフラテス川上流域や支流のハブール川流域に移住し、紀元前1000年紀になると東西両方面で南下、シリア中部から南部にかけて都市国家を建設する一方、メソポタミア南部までの広い地域に定住した。

アラム人の一派カルド族が新バビロニア（紀元前625～紀元前539）を建国したほか、歴史的シリアで多数の小国家を設立し、またアラム人商人が広く各地に進出した結果、アラム語は一時歴史的シリアにおける公用語となり、イエス・キリスト時代のパレスチナでも話されていた。

▶ イエス、イラク、イラン、シリア、ティグリス・ユーフラテス川、パレスチナ、メソポタミア

アリ (Ali ibn Abi Talib)

600頃～661。預言者ムハンマド（570頃～632）の従弟にして娘婿で、第4代正統カリフ（在位656～661）。シーア派においては初代イマームで、一部宗派ではアッラーの具現たる最重要人物として崇められている。

伝承によれば、預言者ムハンマドの妻ハディージャ（555頃～619）に次いで2番目に入信し、ムハンマドの娘の1人ファーティマ（？～633）と結婚した。若い頃から預言者ムハンマドに付き従い、信仰も篤かった。シーア派の間には、ムハンマド自身が最後の巡礼の帰路にガディール・アル・フンムの近くでアリに後事を託したという伝承もある。

第3代正統カリフ、ウスマーン（在位644～656）殺害後、第4代正統カリフに選ばれるが、ウスマーンの属するウマイヤ家のムアーウィヤ（？～680）はアリのカリフ就任を認めず、ウスマーンに対する血の復讐の権利を宣言した。ムハンマド最愛の妻であった未亡人アーイシャ（613/4～678）もアリを嫌い、タルハ（？～656）及びズバイル・イブン・アウワーム（594～656）とともにバスラで反旗を

翻した。

　アリはまず656年、「ラクダの戦い」でアーイシャたちの軍を破り、657年にはスィッフィーンでムアーウィヤ軍と戦うが、ムアーウィヤ軍が槍先に『クルアーン』の紙片を結びつけて停戦を呼びかけたため調停に応じた。しかしこれを不服とする者たちが離脱し、彼らは「ハワーリジュ派」と呼ばれるようになった。他方、アリを支持した人々は「シーア・アリ（アリの党派）」と呼ばれるようになり、後のシーア派の母体となった。

　アリは658年、「ナフラワーンの戦い」でハワーリジュ派を弾圧したことが遠因となり、661年、クーファでハワーリジュ派のイブン・ムルジャムに暗殺される。遺体はナジャフに埋められ、10世紀にはその場所に霊廟が建てられた。

➡️ アーイシャ、アッラー、イマーム、ウスマーン・イブン・アッファーン、カリフ、クルアーン、シーア派、スィッフィーンの戦い、ハディージャ、ハワーリジュ派、ムアーウィヤ、ムハンマド、ラクダの戦い

アリウス派 ➡️ニケーア公会議

アリヤー(Aliyah)

　本来は「上ること」を意味するヘブライ語であるが、転じてパレスチナへのユダヤ人の集団移住を意味するようになった。

　1881年、ロシア皇帝アレクサンドル2世（在位1855〜1881）が暗殺されると、ロシア全土で「ポグロム」と呼ばれるユダヤ人迫害が発生、これをきっかけに結成された「ホベベィ・ツィオン（シオンを愛する者）」が、1882年から1903年まで約1万人をパレスチナに定住させた。これが「第1アリヤー」と呼ばれる。

　「第2アリヤー」は1903年、ロシアのキシネフで発生したポグロムが引き金となって実施され、約4万人が移住したが、定着したのは20％程度と言われている。しかしイスラエル建国の精神と社会構造はこの集団が作り上げたとされる。

　「第3アリヤー」は第一次世界大戦後バルフォア宣言に誘発されて発生し、ソ連崩壊後のロシア系ユダヤ人の大量移住もアリヤーと呼ばれた。

➡️イスラエル、バルフォア宣言、パレスチナ

アルジェリア

(People's Democratic Republic of Algeria)

　北アフリカ西部に位置する国家で、正式国名は「アルジェリア民主人民共和国」。北は地中海、南はサハラ砂漠で、東はチュニジア、リビア、西はモロッコと国境を接する。面積238.1万km²でアフリカ最大。人口3,648.5万人（2012年推計）でアラブ系住民が8割、ベルベル系住民が2割を占める。

　「アルジェリア」という国名及び首都「アルジェ」の名称はいずれも、アラビア語で「島々」を意味する「アル・ジャザーイル」に由来し、ファーティマ朝時代にアルジェが4つの島を拠点にしたことに由来する。

　現在のアルジェリアを含む北アフ

リカ西部一帯には、古代からベルベル人が居住していたが、紀元前5世紀にはリビアからモロッコにかけての沿岸部にカルタゴの植民都市が多く建設され、現在の首都アルジェも「イシコム」というフェニキア人の植民都市を起源とする。ポエニ戦争後は、ヌミディア王国とマウレタニア王国の支配地とに分かれたが、後に全土がローマの属州となり、西ローマ帝国崩壊後はヴァンダル人の侵略やビザンツ帝国皇帝ユスティニアヌス1世（在位527～565）の一時的支配を経て、7世紀にイスラム教徒アラブ人に征服される。11世紀から13世紀にかけては、いずれも現在のモロッコを拠点とするムラービト朝やムワッヒド朝に支配され、ムワッヒド朝崩壊後は、トレムセンを首都とするザイヤーン朝が建国された。

1520年、現在のアルジェリア沿岸地域を実質的に支配していた海賊バルバロス・ハイレッディン（1466/68～1546）が、その支配地をオスマン帝国スルタン、セリム1世（在位1512～1520）に献じて宗主権下に入ったことで、アルジェリアもオスマン帝国支配下に置かれる。しかし1830年以降、アルジェリアは次第にフランスの支配下に置かれる。フランス支配下では東部コンスタンティーヌの地方総督ハージッ・アフマド（1784～1850）やカーディリー教団の教主アブドゥルカーディル・アル・ジャザーイリー（1807～1883）などが抵抗を続けたが、いずれも鎮圧された。

20世紀になると、アルジェリア民族主義者による新たな独立運動が始まり、第二次世界大戦中の1945年3月、「宣言と自由の友の会」が設立され、メサーリー・ハージッ（1898～1974）が指導者となるが、フランスはメサーリー・ハージッを軟禁、これに抗議する暴動がコンスタンティーヌで起こると、以後民族運動の弾圧に転じた。

戦後、1947年にはベン・ベラ（1916～2012）、アイト・アフマド（1926～）、ブーディヤーフ（1919～1992）らが武装蜂起の準備を始めたが発覚し、多数の活動家が逮捕された。しかし1954年にはアルジェリア民族解放戦線（FLN）がカイロで設立され、11月1日から「アルジェリア戦争」と呼ばれる武装蜂起が始まった。FLNは1958年にアルジェリア暫定政府を設立し、1962年、暫定政府とフランスは「エヴィアン協定」に合意し、アルジェリアの独立が認められた。

独立後はベン・ベラが初代大統領となり、FLNは国内唯一の政党として社会主義、汎アラブ主義、非同盟主義を掲げた国家建設を行っていたが、1988年の暴動を機会に、1989年には複数政党制への移行を定める憲法が制定され、1990年に地方選挙、1991年に国会選挙が実施された。しかしこれらの選挙でイスラム原理主義団体の「イスラム救国戦線（FIS）」が勝利すると、1992年に軍部がクーデターを起こし国家非常事態宣言を発した。これに対しイスラム救国戦線の軍事部門である「イスラム救国軍（AIS）」や、より過激な「武装イスラ

ム集団（GIA）」などが武装闘争を開始し、一時内戦状態となって10万人以上とも言われる死者が出たが、1999年以来当選を続けているブーテフリカ大統領（1937〜）のもとで事態は次第に沈静化し、2011年2月には国家非常事態宣言も解除された。

➡ アルジェリア戦争、イスラム神秘主義、オスマン帝国、カイロ、カルタゴ、セリム1世、チュニジア、ヌミディア、バルバロス・ハイレッディン・パシャ、ビザンツ帝国、ベルベル人、ムラービト朝、ムワッヒド朝、モロッコ、ユスティニアヌス1世

アルジェリア戦争 (Algerian War)

1954〜1962。アルジェリア独立戦争に対するフランス側の呼び名。

フランスは1830年よりアルジェリアを支配し、フランス治下でアルジェリアは本土と同様の地位を持つようになっていた。しかし政治・経済上の実権は、総人口の1割程度に過ぎないフランス人入植者（ピエ・ノワール）が握っていた。こうした現状に対し、第一次世界大戦後から、植民地支配の枠内でアルジェリア人の地位向上を求め、またアラビア語とイスラム教によって国民の連帯意識を高める運動が展開されてきた。

第二次世界大戦後もアルジェリアの状況には変化がなく、1954年に結成された「アルジェリア民族解放戦線（FLN）」が、11月1日からの武装蜂起を呼びかけ、FLNの軍事部門である「アルジェリア民族解放軍（ALN）」がアルジェリア各地で武装闘争を開始した。これに対しフランスは武力による鎮圧を行い、ゲリラ部隊は次第に追い詰められてチュニジアに撤退したが、チュニジアからの越境攻撃を繰り返したため、1958年には、フランスがチュニジアのサキヤト・シーディ・ユーセフ村を誤爆する事件も発生した。

アルジェリア独立問題はフランス本国の世論も二分し、その結果第四共和政政府は崩壊、1959年1月、アルジェリア独立に好意的なシャルル・ド・ゴール（1890〜1970）がフランス大統領に就任した。一方1961年にはアルジェリア独立に反対する勢力が秘密軍事組織（OAS）を結成し、アルジェリアだけでなくフランス国内でもテロ行為を行った。ド・ゴール暗殺も計画されたことがあるが、最終的には1962年3月18日にエヴィアン協定が調印され、これに基づく国民投票により、アルジェリアは独立し、ベン・ベラ（1916〜2012）が初代大統領に就任した。

➡ アラビア語、アルジェリア、イスラム教、チュニジア

アルファベット (alphabet)

現在世界の多くの国で言語を記述するために使用されている表音文字の総称。「アルファベット」という名称は、ギリシャ文字の最初の2つである「アルファ」と「ベータ」に由来する。

世界最初のアルファベットは、紀元前17世紀から16世紀にかけてシナイ半島の鉱山で働いていたカナン人労働者が、古代エジプト文字ヒエ

ログリフを簡素化して作成したシナイ文字に始まると言われる。他方フェニキア人は、紀元前15世紀までに楔形文字のアルファベットを作成しており、紀元前12世紀頃には22文字から成るフェニキアのアルファベットが用いられていた。このフェニキア文字、あるいはその原型となった文字は、その後ギリシャ文字、ラテン文字、キリル文字、アラビア文字、エチオピア文字など、現在世界で使用されるアルファベットの基となった。

➡ アラビア語、アラビア文字、カナン、古代エジプト、フェニキア

アルメニア (Armenia)

アナトリア東部からイラン領アゼルバイジャンにかけての地域を指す地名で、現在のアルメニア共和国はその一部。

この地域では、紀元前1270年頃から「ウラルトゥ(『旧約聖書』ではアララト)」、あるいは「ヴァン王朝」と呼ばれる国家が存在していたが、ウラルトゥは紀元前612年、メディア王国に征服された。以後アルメニアはアケメネス朝、アレクサンドロス帝国に支配され、アレクサンドロス3世(紀元前356〜紀元前323)死後は一時独立国家となったものの、紀元前212年にセレウコス朝に征服された。セレウコス朝支配下でアルメニアは分割されたが、紀元前190年からはいずれも独立王朝となり、紀元前94年、ティグラネス2世(在位紀元前95頃〜紀元前55)によって統一された。ティグラネス2世の時代、その領域は現在のトルコ東部からシリア、レバノンにまで及んだが、その後はローマ帝国とパルティア、ササン朝との間で争奪の対象となり、384年にビザンツ帝国とササン朝の間で分割され、西部はローマの属州となり、東部は428年にササン朝の領土となった。

ササン朝を征服したイスラム教徒アラブ人はアルメニアも支配下に置いたが、その後アルメニア人貴族中最高位の者が事実上の王となり、886年にはバグラト朝のアショト1世(在位884〜890)がウマイヤ朝及びビザンツ帝国から王として認められた。

11世紀になるとバグラト朝は分裂したが、1082年にはタウロス山脈に小アルメニアが建国された。しかしこの王国はモンゴル帝国の侵略やイランの支配を受けた後、16世紀にオスマン帝国領となった。1828年から29年にかけてはロシアがアルメニアの一部を占領し、この地域が旧ソ連崩壊後アルメニア共和国となっている。

➡ アケメネス朝、アレクサンドロス3世、ウマイヤ朝、オスマン帝国、ササン朝、シリア、セレウコス朝、トルコ、パルティア、ビザンツ帝国、レバノン

アレヴィー派 ➡ アラウィー派

アレクサンドリア (Alexandria)

アレクサンドロス3世(紀元前356〜紀元前323)がその帝国内に建設した複数の都市の名称。通常はエジプトのアレクサンドリアを指す。

エジプトのアレクサンドリアは、

紀元前332年、同名の都市の中で最初のものとしてナイル・デルタ北西端の地中海沿岸に建設され、ディアドコイ戦争後プトレマイオス朝がエジプトを支配するとその首都として、また古代地中海世界における学術・文化の中心地として栄えた。当時のアレクサンドリアは、50万巻もの蔵書を誇るアレクサンドリア図書館のほか、博物館やムセイオン（学術研究所）などの施設を擁し、ファロス島の大灯台は古代世界の七不思議の1つにも数えられた。数学者のユークリッド（紀元前3世紀）、物理学者のアルキメデス（紀元前287～紀元前212）、地理学者のエラトステネス（紀元前275～紀元前194）、天文学者のプトレマイオス（85頃～165頃）、哲学者のプロティノス（205頃～270）など、各分野の多くの学者がアレクサンドリアで学んでいる。

ローマ帝国、イスラム教徒アラブ人支配下では、経済的に一時停滞し、16世紀にヨーロッパがインド航路を開拓すると海洋交易の中心地としての地位を失うが、ムハンマド・アリ朝のもとで綿花の積出港として再開発されたこともあって繁栄を取り戻し、現在もエジプト第2の都市となっている。

➡ アラブ人、アレクサンドロス3世、イスラム教、エジプト、スエズ運河、ディアドコイ戦争、プトレマイオス朝、ムハンマド・アリ朝

アレクサンドロス3世（大王）
(Alexander Ⅲ)

紀元前356～紀元前323。古代マケドニア王（在位紀元前336～紀元前323）で、通常「アレクサンドロス大王」と呼ばれる。日本では英語経由の音写である「アレキサンダー」と記されることも多い。

13歳より、父王フィリッポス2世（在位紀元前359～紀元前336）が招いたアリストテレス（紀元前384～紀元前322）に師事し、後に遠征をともにする貴族の子弟たちとミエザの学問所で学んだ。少年時から利発で、誰も乗りこなせない荒馬を手なずけたという逸話もある。

父王死後はその遺志を継ぎ、紀元前334年から東方遠征を開始、紀元前331年にアケメネス朝を倒し、その領域を吸収、最終的には現在のインドのパンジャブ地方にまで侵攻するが、部下の不満のためバビロンに引き返した。その領土は「アレクサンドロス帝国」とも呼ばれ、エジプト以東の中東全域を含む広大なものであった。

インドからの帰還後、紀元前323年にバビロンで病没した。死後は配下の武将間でディアドコイ戦争と呼ばれる後継者争いが生じ、その版図は分裂した。

イスラム世界では「イスカンダル」と呼ばれ、また『クルアーン』に登場する「ズー・アル・カルナイン」とも同視される。アレクサンドロス3世にまつわる伝説も、中東各地に残る。

➡ アケメネス朝、エジプト、クルアーン、ディアドコイ戦争

暗殺教団 ➡ ニザール派

アンサール (Ansar)

アラビア語で「支援者」の意味。イスラム教では、「ヒジュラ」によりマディーナに移住した預言者ムハンマド(570頃～632)や同行した信徒(ムハージルーン)たちを支援したマディーナの信徒のことを指し、イスラム史上ムハージルーンに次いでその布教に貢献したとみなされている。

ヒジュラ以前、マディーナ(当時の名は「ヤスリブ」)では、アラブ部族のハズラジュ族とアウス族が敵対しており、預言者ムハンマドはこの町で紛争の調停者として期待された。ヒジュラ後ムハンマドはムハージルーンとアンサールを1つの「ウンマ(イスラム共同体)」とし、相互扶助を義務づけた。

近現代では、19世紀スーダンのマフディー支援者や、その後のマフディー一族を支援する勢力もアンサールを自称する。

➡アラビア語、ウンマ、スーダン、ヒジュラ、マディーナ、マフディー、ムハンマド

アンタル物語 (Story of Antar)

アラブ諸国で人気の英雄物語で、黒人女奴隷の子アンタルがイランからヨーロッパをまたに駆けて冒険を繰り広げる内容。アラビア語文学作品としては『アラビアン・ナイト』をしのぐ長編であり、本邦未訳。アッバース朝第5代カリフ、ハールーン・アル・ラシード(在位786～809)時代にバスラのアル・アスマイー(828頃没)が書き記したと伝えられるが、実際には、8世紀から12世紀前半頃までの間に、多くの作者の手を経て書き上げられたものと思われる。

主人公のアンタルは、6世紀のアラビア半島に実在した戦士で詩人でもあるアンタラ・イブン・シャッダード(525～608)をモデルにしているが、『アンタル物語』においては、ビザンツ帝国皇帝ヘラクレイオス1世(在位610～641)や、第1回十字軍に参加したゴドフロア・ド・ブイヨン(1060～1100)など後代の人物も登場する。

➡アッバース朝、アラビア半島、アラビアン・ナイト、十字軍、ハールーン・アル・ラシード、ビザンツ帝

イ

イエス (ナザレの、あるいはガリラヤの、Jesus of Galilee, Jesus of Nazareth)

紀元前4頃～紀元後30頃。キリスト教においては神の子にして救世主で、イエス・キリストあるいはキリストと呼ばれる。イスラム教においても、アッラーの預言者の1人として尊敬されている。日本語の「イエス」はギリシャ語からの音訳で、本来のヘブライ語では「ヨシュア」が近い。

その生涯については、『新約聖書』の4つの「福音書」のほか、「続編」などにも記載があるが、それらによれば聖母マリアから処女懐胎によって生まれ、ヨルダン川でヨハネから洗礼を受けた後説法を開始、病人を治したり死者を復活させ、また水の上

を歩くなど様々な奇跡を行ったが、ローマの官憲に捕らえられて十字架にかけられた。しかし死後復活して昇天したとされる。

他方『クルアーン』には、イエスは十字架上で死んだように見えただけ、という記述もあり、一部には生き延びてインドに逃れたとの主張もある。日本にも、青森県新郷村に「キリストの墓」と言われる遺構があるが、この主張は昭和10（1935）年以降のものである。

▶ アッラー、イスラム教、キリスト教、クルアーン

イェニチェリ (yeniçeri)

オスマン帝国常備軍の名称。原義は「新しい兵士」を意味し、14世紀末、ムラト1世（在位1360～1389）が奴隷を集めて結成した護衛団を起源とする。当初は戦争捕虜を徴用していたが、15世紀頃からはオスマン帝国領内のキリスト教徒子弟から一定の割合で徴用し、イスラムに改宗させる「デヴシルメ制」が導入されて組織的な人員確保が定着した。身分は奴隷だが、能力を認められたものはイスタンブールの宮廷学校で特別の訓練を受け、大宰相になる者も現れ、17世紀頃には、イスラム教徒の子弟が栄達を求めてキリスト教徒の家庭に寄宿するようなことも行われた。

イェニチェリには上官への絶対服従、隊内の和の厳守、禁酒、信仰、結婚の禁止、商取引や軍人以外の職業への従事禁止、年功序列による昇進、兵舎への居住など細かい規則が定められており、軍団の階層的組織はきわめて規則正しく、しかも君主に忠実で、オスマン帝国の領土拡大には大いに貢献した。またその名は、軍団の奏でるオスマン軍楽とともにヨーロッパ諸国に知れ渡った。

しかし16世紀以降、こうした規則は次第に緩和され、17世紀になると駐屯地で自分の家を持ち、戦時中以外は商業に従事することも認められるなど規律も緩んだ。その結果イェニチェリは、こうした既得権維持のためスルタンにも逆らうようになり、首都などでしばしば反乱を起こした。

またその間ヨーロッパ諸国との軍事的優位関係も逆転したため、18世紀以降は、何度かスルタン主導の軍事改革が試みられたが、イェニチェリの抵抗で進まず、セリム3世（在位1789～1807）などはイェニチェリによって廃位され、後に殺害された。

1826年には、マフムート2世（在位1808～1839）がイェニチェリ軍団にヨーロッパ式演習、ヨーロッパ式軍服、ライフル銃使用導入を命じた。これに対しイェニチェリ大隊の下士官たちは6月22日、旧競馬場のアト・メイダヌに集まって軍隊改革の即時撤回を要求、大宰相官邸が襲撃された。しかしスルタンは、新しく組織した砲兵隊を用いてイェニチェリを攻撃させ、この戦闘でイェニチェリは壊滅し、制度も廃止された。

▶ イスタンブール、オスマン帝国、スルタン、マフムート2世、ムラト1世

イエメン (Republic of Yemen)

アラビア半島南西端に位置する国家で、正式名称は「イエメン共和国」。アラビア語では「アル・ヤマン」。東はオマーン、北はサウジアラビアと国境を接し、バブ・アル・マンデブ海峡を挟んでアフリカ大陸に面する。面積52.8万km²、人口2,556.9万人（2012年推計）。首都はサヌア。国民のほぼ100％がイスラム教徒で、北部山岳地帯はザイド派、それ以外の地域ではシャーフィイー派が多い。

「イエメン」という名称は古来、現在のイエメン共和国を含むアラビア半島南部地域を示す地名として用いられており、古くからインド、東南アジア方面と地中海方面を結ぶ交易路として栄えていた。古代においては香料の交易路を独占し、ギリシャの地理学者プトレマイオス（85頃〜165頃）はイエメンを「幸福なアラビア」と呼んだ。

イエメン地域には紀元前1000年紀半ばから「シバ王国」「ハドラマウト王国」「カタバーン王国」「マイーン王国」などの王朝が栄えてきた。3世紀末に「ヒムヤル王国」が地域を統一するが、このときヒムヤルは、エチオピアにある「アクスム王国」の属国的地位にあったとも言われる。ヒムヤル王国は525年、ユダヤ教徒であるズー・ヌワース王（在位517頃〜525）が国内のキリスト教徒を迫害したことから、エチオピアのアクスム王エッラ・アスベハー（カレブ）に滅ぼされるが、この遠征に参加したアブラハ（？〜560頃）が反乱を起こし、529年頃ヒムヤルに独立政権を樹立、やがてイエメン地方を統一した。

597/8年、イエメン地方は名目上サーサーン朝の支配下に入るが実際には多くの独立王朝が存在していた。しかし630年頃、ペルシャ総督バドハンがイスラム教を受け入れたことで、イエメンはイスラム共同体の一部に組み込まれた。

イスラム時代のイエメン北部山岳地帯ではシーア派の一派ザイド派が勢力を増し、9世紀以降はザイド派イマームやその宣教者の家系を君主とする、いわゆる「ザイド派諸王朝」の支配が続いた。こうした王朝は、イエメンが名目上アイユーブ朝やマムルーク朝、オスマン帝国に支配されていた時期にも、実質的にイエメンを支配し続けた。

一方、南西部沿岸地帯は、1839年にイギリスが紅海航路の要所であるアデンを植民地化したことで、イギリスの支配下に置かれた。

ザイド派イマームの支配地域は1918年、ヤヒヤー・ハミード・アル・ディーン（1869〜1948）のもとに「イエメン王国」として独立したが、1962年の軍事クーデターによってイマームが追放され、「イエメン・アラブ共和国」となった。

イギリスに支配された南部は、1967年に「南イエメン人民共和国」として独立したが、その後、共産主義勢力が力を増し、1970年に「イエメン民主人民共和国」と改称した。

南北2つのイエメンは、1990年に統合され、現在のイエメン共和国となった。

➡ アイユーブ朝、アクスム王国、アブラハ、イスラム教、イマーム、オスマン帝国、オマーン、ザイド派、サウジアラビア、ササン朝、シーア派、シバ王国、マムルーク朝

イエメン内戦 (civil war in Yemen)

1962年から1971年まで、イエメン・アラブ共和国（北イエメン）において、共和国政府とザイド派イマームを支持する王政派とが争った内戦。

1962年9月27日、軍部のクーデターにより、イエメンは王政を廃してイエメン・アラブ共和国となったが、王政派は密かに逃げ延びたムハンマド国王（在位1962～1970）を中心に抵抗を続け、イエメンは内戦状態となった。共和国政府はエジプト、王政派はサウジアラビアからの支援を受け、1967年11月30日から翌年2月8日にかけては王政派が首都サヌアを包囲した（70日包囲）が、共和国側はイエメン人民共和国からの援軍を得てこれを撃退、以後王政派勢力は次第に弱まり、1971年、サウジアラビアが共和国を承認したことで内戦は集結した。

なお、南北イエメン統一後の1994年5月には、旧南北勢力間で内戦が発生し、7月に旧南イエメン勢力が放逐されて終了した。

➡ イエメン、イマーム、エジプト、ザイド派、サウジアラビア、南イエメン

イクナトン ➡ アメンホテプ4世

イシュマエル (Ishmael)

『旧約聖書』及び『クルアーン』に登場する人物で、アブラハムとハガルの子。アラビア語では「イスマイール」。

『旧約聖書』「創世記」によれば、アブラハムがエジプト人奴隷女ハガルに産ませた子であるが、後にアブラハムの正妻サラがイサクを産むと、アブラハムはハガルにパンと水の革袋を与えてイシュマエルとともに去らせた。このとき、水がなくなってハガルが泣いていると、天使が現れて水のありかを知らせたという伝承もある。またアラブの伝説では、アブラハムが神の生贄に捧げようとしたのはイサクではなくイシュマエルだとされている。

イスラム教における二大祝祭の1つ「イード・アル・アドハー」は、アブラハムがイシュマエルを祭壇に捧げたという故事に基づく行事である。また『クルアーン』によれば、イシュマエルは父アブラハムとともにカアバ神殿を再建し、マッカに定着してアラブ部族の女性と結婚し、いわゆるアラブ化されたアラブ人の祖先となった。アブラハムが死ぬと、イサクとともに遺体をマクペラの洞窟に葬った。

➡ アブラハム、アラブ人、イード、エジプト、カアバ神殿、クルアーン、マッカ

イスタンブール (Istanbul)

トルコ共和国最大の都市。ヨーロッパとアジアの両大陸にまたがる交通の要衝であり、ローマ帝国、ビザンツ帝国、さらにはオスマン帝国の首都として栄えた。ボスポラス海峡に

よってヨーロッパ側とアジア側に分かれ、ヨーロッパ側はさらに金角湾によって南部の旧市街と北部の新市街に分かれる。

旧市街の起源は、紀元前7世紀中葉にギリシャ人が建設した植民都市「ビザンティオン」にあり、324年、ローマ帝国皇帝コンスタンティヌス1世（在位306〜337）はビザンティオンに新たな首都を建設し、完成後「コンスタンティノープル」と名づけた。新首都コンスタンティノープルはアジアとヨーロッパ間の交通を押さえ、当時の商業及び交通の最重要拠点となった。ローマ帝国分裂後も、1,000年以上にわたりビザンツ帝国の政治的、経済的、軍事的中心地になるだけでなく、精神的・宗教的中心地であり続けた。

またビザンツ帝国時代、アラブ人（673〜678年）やブルガリア人（813年及び913年）に何度も包囲されるがいずれも撃退した。しかし1204年には第4回十字軍に一時占領され、ラテン帝国が樹立されるが、一部皇族はニケーア帝国を樹立、1261年にニケーア帝国ミカエル8世パレオロゴス（在位1261〜1282）がコンスタンティノープルを奪回、ビザンツ帝国を再興した。

1453年、オスマン帝国スルタン、メフメト2世（在位1444〜1445、1451〜1481）がコンスタンティノープルを占領してビザンツ帝国は滅び、以後はオスマン帝国の首都として「イスタンブール」と呼ばれるようになった。

オスマン帝国による征服後は、キリスト教会を改造したり新築したりすることでモスクが次々と造られる一方、ギリシャ正教徒やアルメニア正教会信徒、ユダヤ教徒などイスラム教徒以外の宗教、多くの言語・民族が共存し、東西交易の中心地として繁栄を取り戻した。1923年にトルコ共和国が成立すると、その直前に遷都が決定され、新しい首都はアンカラとなったが、イスタンブールは人口上も社会・経済上も文化上もトルコ最大の都市となっている。

▶ アラブ人、イスラム教、オスマン帝国、トプカプ宮殿、トルコ、ニケーア帝国、ビザンツ帝国、メフメト2世、モスク、ユダヤ教、ラテン帝国

イスマイール ▶ イシュマエル

イスマイール派 (Ismailism)

イスラム教シーア派の一派。シーア派第6代イマーム、ジャアファル・アル・サーディク（702〜765）は、長男のイスマイール（719/22〜775）を後継者に指名したが、飲酒などの悪癖があったとして後に弟のムーサー・アル・カーズィム（745〜799）を後継者とした。この決定を不満とし、イスマイールを第7代イマームとして支持した集団がイスマイール派で、「7イマーム派」あるいは「バーティン派」とも呼ばれる。

その教義には、新プラトン学派の影響を受けたと思われる宇宙霊の存在やそれぞれ7人のイマームが存在する人類史の7つの周期の存在など、

19世紀にヘレナ・ペトロブナ・ブラヴァツキー（1831〜1891）が創始した神智学の体系にも影響を受けたと思われる独自の世界観が見られる。

909年には、イスマイール派イマームの血統を称するサイード・アブドゥッラー・マフディー・ビッラー（在位909〜934）が北アフリカでファーティマ朝初代カリフに推戴された。このとき彼をイマームと認めない勢力が「カルマト派」として分離し、さらにファーティマ朝第6代カリフ、ハーキム（在位996〜1021）を神格化する「ドルーズ派」や、「ニザール派（暗殺教団）」もイスマイール派から分離した。現在ではシリア、イエメン、イラン、パキスタン、インド、東アフリカなどに信徒がおり、シーア派諸派の中では12イマーム派に次ぐ信徒数を有している。レバノンでは12イマーム派やアラウィー派と並んで公認18宗派の1つとなっている。

▶ アラウィー派、イエメン、イマーム、イラン、カリフ、シーア派、12イマーム派、シリア、ドルーズ派、ニザール派、ハーキム、ファーティマ朝、レバノン

イスラエル (State of Israel)

正式名称は「イスラエル国」。面積はヨルダン川西岸及びガザ地区を除いて2万1,964km²。人口769.4万人（2012年推計）。

「イスラエル」という名称はヘブライ語で「勝利者」を意味し、『旧約聖書』では天使と組み討ちしたヤコブの別名として用いられた。

「イスラエル」という国名を記した最古の碑文は、古代エジプト新王国第19王朝のファラオ、メルエンプタハ（在位紀元前1212〜紀元前1202）の神殿に刻まれたものであるが、『旧約聖書』の記述や、各種考古学的発掘などにより、モーセに率いられてエジプトを出国したユダヤ人は、紀元前1030年頃現在のイスラエルを含む地域に統一国家を築いたと考えられている。古代イスラエル王国はダビデ王（紀元前1004〜紀元前965）とその子ソロモン王（？〜紀元前930頃）の時代に最盛期を迎えるが、紀元前930年頃、ソロモンが死去するとサマリアを首都とするイスラエル王国とエルサレムを首都とするユダ王国に分裂、イスラエル王国は紀元前721年アッシリアに滅ぼされた。またユダ王国も紀元前586年、新バビロニアに滅ぼされ、住民はバビロンに連れ去られた（バビロン捕囚）。

新バビロニアがアケメネス朝によって滅ぼされると、ユダヤ人のエルサレム帰還が認められるが、現在のイスラエル地域はその後アレクサンドロス帝国、プトレマイオス朝、次いでセレウコス朝に支配される。セレウコス朝時代には、ハスモン家のユダス・マッカバイオス（？〜紀元前160）が反乱を起こし、紀元前142年、ユダスの兄弟シモン（？〜紀元前135）によってハスモン王国として独立するが、ハスモン王国は紀元前64年にはローマ帝国の属国となり、紀元前37年にはヘロデ（在位紀元前37〜紀元前4）が王となる。

ヘロデ死後、その所領は息子たち

に分割されたが、紀元後1世紀半ばに再度ローマ総督に支配された。このローマ支配時代の66年に第一次ユダヤ戦争が勃発しエルサレムは70年に陥落、さらに132年にはバル・コクバに率いられたバル・コクバの乱（第二次ユダヤ戦争）が起きたが、135年に鎮圧された。以後ローマ皇帝ハドリアヌス（在位117～138）は、この地域の名称をペリシテ人にちなんで「シリア・パレスチナ」と改称し、以後多くのユダヤ人が「ディアスポラ」と呼ぶ離散状態となる。

現在のイスラエルは、パレスチナに帰還したユダヤ人が1948年5月15日、イギリスの委任統治終結時にダビッド・ベングリオン（1886～1973）を初代首相として建国した。イスラエル独立宣言と同時に周辺のエジプト、サウジアラビア、イラク、トランスヨルダン、レバノン、シリアの6ヶ国がパレスチナに進撃し第一次中東戦争が発生、その後も周辺アラブ諸国とは緊張状態が続き、第四次までの中東戦争、レバノン戦争などの紛争が相次いだ。現在は、エジプト及びヨルダンと平和条約を締結している。

▶ アケメネス朝、アッシリア、イラク、エジプト、エルサレム、古代エジプト、サウジアラビア、シリア、新バビロニア、セレウコス朝、ソロモン、第一次中東戦争、ダビデ、中東戦争、ハスモン王国、バビロン捕囚、バル・コクバの乱、パレスチナ、プトレマイオス朝、ペリシテ人、ヘロデ、ベングリオン、モーセ、ヨルダン、レバノン、レバノン戦争

イスラエルのレバノン侵攻

▶ レバノン戦争

イスラム医学 ▶ アラビア科学

イスラム科学 ▶ アラビア科学

イスラム教 (Islam)

マッカのクライシュ族出身の預言者ムハンマド（570頃～632）が、唯一絶対神アッラーの啓示を受けて創始した宗教。本来のアラビア語では「イスラーム」で、この言葉は「唯一絶対神であるアッラーにすべてを委ねること」を意味し、神にすべてを委ねた人間が「ムスリム」である。

預言者ムハンマドは610年頃、マッカ郊外のヒラーの洞窟で瞑想中、大天使ガブリエル（アラビア語では「ジブリール」）から啓示を受け、以後アッラーからの啓示を人々に伝えるようになった。ムハンマドの妻ハディージャ（555～619）が最初の入信者となるが、布教の過程では旧来の宗教を奉じるマッカの有力者たちとの軋轢が生じた。この結果622年、ムハンマドと信者たちはヤスリブ（現在のマディーナ）への移住（ヒジュラ）を余儀なくされた。

その後ムハンマド指揮下のマディーナはマッカとの抗争を繰り広げたが、最終的にムハンマドは630年マッカに無血入城、マッカ市民もイスラム教に改宗した。イスラム教徒はその後アラビア半島全域を制圧し、さらにムハンマド死後のアラブの大征服の結果、現在の中東地域だけで

なく中央アジアやインド、イベリア半島にも広まった。その後もアラブ人商人の交易活動、近代ではイスラム教徒移民を通じて全世界に広まり、現在では世界で約13億の信者がいる。

イスラム教徒が信じるべきものや行うべき義務は「六信五行」としてまとめられるが、『クルアーン』第16章第123節によれば、イスラム教はアブラハムの宗教であり、純粋な一神教である。しかしムハンマド死後、ハワーリジュ派やシーア派が分離し、さらにシーア派からは多くの分派が生じている。これらに対し、多数派はスンニー派と呼ばれる。

➡ アッラー、アブラハム、アフリカ、アラビア半島、アラブの大征服、クライシュ族、クルアーン、シーア派、スンニー派、ハディージャ、ハワーリジュ派、ヒジュラ、マッカ、マディーナ、六信五行

イスラム協力機構 (Organization of the Islamic Cooperation: OIC)

イスラム諸国を加盟国とする国際機関で、サウジアラビアのジェッダに常設事務局を置く。当初は「イスラム会議機構」として設立され、2011年に現在の名称に改称した。

1968年8月にアクサー・モスク放火事件が発生すると、同年9月、モロッコのラバトでイスラム諸国25ヶ国の元首が参加した第1回イスラム諸国首脳会議が開催され、イスラム会議機構の設立が決定された。1971年5月に憲章が制定され、ジェッダに事務局を置いて正式に発足し、2011年に名称変更した。

イスラム協力機構はイスラム諸国間の連帯の強化、経済・文化協力の推進などを目的とし、3年に1度開催される首脳会議のほか外相会議、専門機関としてイスラム開発銀行、イスラム教育・科学・文化機構、国際イスラム通信機関などを持つ。

2014年現在、57の国と地域が加盟している。

➡ アクサー・モスク、サウジアラビア、モロッコ

イスラム金融
(Islamic banking and finance)

イスラム法に従った方式で行う資産運用のこと。

イスラム教においては利子の取得が禁じられているため、利子を取らない形で利益を得るためのいくつかの資産運用形態が生まれた。代表的なものが一種の投資信託とも言うべき「ムダーラバ」、特定のプロジェクトに一定期間投資する「ムシャーラカ」、金融機関が購入した物品を一定のマージンを付けて販売する「ムラーバハ」、リース契約の一種である「イージャール」などで、これらの形態と組み合わせたイスラム債権の販売も行われる。また、酒やポルノ産業など、イスラム教に反する対象への融資も控えられる。

こうしたイスラム金融を行うイスラム金融機関は、1975年に設立されたドバイ・イスラム銀行に始まると言われるが、その後多くのイスラム教国の銀行や政府系投資ファンドなどがイスラム金融を行っている。ま

イスラム原理主義
(Islamic Fundamentalism, Islamism)

　急進的なイスラム復興運動に対し、1980年代頃からマスコミ等で使用されるようになった言葉。「原理主義」という名称自体は、本来欧米の「キリスト教根本主義」を指す「ファンダメンタリズム」をさらに日本語に訳したもので、最近では「イスラム復興運動」、あるいは「イスラミズム」「イスラム主義」と呼ばれることも多い。また「サラフィー主義」や「ワッハーブ派」という言葉が同じ意味の言葉として誤用されることもある。

　イスラム原理主義という言葉は、エジプトの「ジハード団」や「カーイダ」など過激なテロ活動を行う団体に対し用いられることが多いが、既存の国家の政治体制や社会状況が真のイスラム教に従っていないとして、預言者ムハンマド（570頃～632）時代の教えに戻れという主張は歴史上数多く見られ、現在のサウジアラビア建国の基礎となった「ワッハーブ運動」も、この種の宗教的・政治的活動の1つである。またイスラム復興という目的実現のために用いる手段は団体や個人によって様々であり、エジプトやヨルダンのムスリム同胞団は従来から選挙を通じた政治参加による改革を志向してきた。2011年の「アラブの春」直後エジプト及びチュニジアで行われた各種選挙では、ムスリム同胞団系の組織が勝利した。

▶ イスラム教、エジプト、カーイダ、サウジアラビア、サラフィー主義、ムスリム同胞団、ムハンマド、ヨルダン、ワッハーブ派

イスラム神学　▶ イスラム法

イスラム神秘主義 (Sufism)

　世界の造物主アッラーと直接対面、合一することを目的とし、俗世を離れた様々な修行を行う活動を総称する言葉。英語では「スーフィズム」で、アラビア語では「タサウウフ」。その語源は羊毛を意味する「スーフ」とされ、神秘主義の行者は「スーフィー」と呼ばれる。ほかに貧者を意味する「ファキール」や、ペルシャ語起源で托鉢僧を意味する「ダルウィーシュ」なども「スーフィー」と同様の意味に用いられる。

　歴史上最初のスーフィーは、ハサン・バスリー（642～728）と言われ、同じくバスラのラービア（714～801）、ビスターミー（？～874頃）などが初期の代表的なスーフィーとして名高い。アッラーとの合一に至るための修行法は各教団や個人により様々であるが、ほぼすべての者はイスラム教の戒律を通常以上に厳守して禁欲し、『クルアーン』の朗唱や、繰り返しアッラーの名を唱える「ズィクル」も多くの教団で行われる。ほかに瞑想や隠遁、苦行なども行われ、音楽や旋回舞踏を取り入れる教団もある。アッラーとの合一の境地を「ファナー」と呼び、この境地に達したスーフ

ィーたちは様々な奇跡を行い、聖者と崇められ、その周辺に「タリーカ」と呼ばれる神秘主義教団が形成されることが常である。

またこうした聖者の墓所も崇敬(すうけい)の対象となることが多く、このような「タリーカ」の修道場は「ザーウィヤ」と呼ばれる。聖者の墓所も「ザーウィヤ」と呼ばれることがあるが、マグレブ諸国ではこれを「マラブー」とも呼ぶ。「タリーカ」の中には、土着の宗教の要素を取り入れたものもあり、こうした教団の活動は聖者が行う奇跡ともあいまってイスラムの普及に貢献したが、厳格なハンバル派などはこれを異端とみなす。

➡ アッラー、イスラム教、クルアーン、マグレブ

イスラム抵抗運動 ➡ ハマス

イスラム法 (Islamic law)

アラビア語では「シャリーア」で、本来は「水場に至る道」を意味する言葉。

イスラム法はイスラム教徒全体に適用されるべき規範であり、その内容は信仰行為や道徳規範、私法や社会関係法だけでなく、刑法や国際法、戦争法なども含むが総合的な法典は存在せず、実生活においては『クルアーン』などの法源に従って法学者が導いた解釈に基づいて運用される。

イスラム法の法源としてほとんどすべての学派が認めるのは『クルアーン』と「スンナ」であり、学派によっては「イジュマー(信徒全員の合意)」や「キヤース(類似した事例からの類推)」も法源とされ、シーア派では「イジュティハード(法学者による解釈)」も認める。

スンニー派においては「マーリク派」「ハンバル派」「シャーフィイー派」「ハナフィー派」の4大法学派が認められているが、シーア派は独自の法学体系を持つ。

イスラム法学は、預言者ムハンマド(570頃～632)を通じて伝えられたアッラーの教えを実生活に適用するという意味でイスラム諸学の基本となっている。なお、イスラム法学における論考のうち、特にイスラム教の教義や神の属性、本質などに関わる議論を「イスラム神学」と呼ぶことがある。

➡ アッラー、イスラム教、クルアーン、シーア派、スンナ、スンニー派、ムハンマド

イスラム暦 (Islamic calendar)

イスラム圏で用いられる暦のことで、「ヒジュラ暦」とも呼ばれる。「ヒジュラ」が行われた西暦622年7月16日を元年1月(ムハッラム月)1日とし、638年、第2代正統カリフ、ウマル(在位634～644)によって公式の暦として採用された。

「ラマダン」の開始や終了、「イード・アル・アドハー」や「マウリド・アル・ナビー」などイスラム教関係の祝祭日はすべてイスラム暦に基づいて決定されるが、イスラム暦は月の朔望(さくぼう)(月の満ち欠け)を基準にした太陰暦で、1年の日数は354日あるいは355日となるため、太陽暦とは毎年10～12日のずれが生じる。ただ

し現在では、いずれの国も行政・政治上の日程は太陽暦に基づいて実施している。
▶ イード、ウマル・イブン・アル・ハッターブ、カリフ、暦、祝祭、ヒジュラ、マウリド・アル・ナビー、ラマダン

イード (eid)

イスラム教における祝祭のこと。通常はラマダン明けの「イード・アル・フィトル」と巡礼月（ズー・アル・ヒッジャ）10日の「イード・アル・アドハー（犠牲祭）」の二大祭を指すが、他の祝祭もイードと呼ばれることがある。

イード・アル・フィトルとイード・アル・アドハーはトルコ語起源の「バイラム」と呼ばれることもあり、預言者ムハンマド（570頃〜632）はマディーナへのヒジュラの際、街の人々があまりに多くの祭事を祝っているのを知り、2つの祭事だけを祝うよう信者に告げたと言われる。イード・アル・フィトルにおいては、イスラム教徒は断食明けの喜捨（きしゃ）をし、イード・アル・アドハーのときは山羊や羊などを犠牲に捧げる。

12イマーム派などのシーア派では、預言者ムハンマドがアリを後継者に指名したという、巡礼月18日も「ガディール・アル・フンム」として祝う。
▶ アリ、イスラム教、シーア派、12イマーム派、ムハンマド、ラマダン

イバード派 ▶ ハワーリジュ派

イブラーヒーム ▶ アブラハム

イフリーキヤ ▶ アフリカ

イブリース (Iblis)

アラブの伝承における悪魔の固有名詞。ユダヤ・キリスト教におけるサタンに相当する存在で、ギリシャ語の「ディアボロス（悪魔）」に由来する名とも言われる。

本来は「ジン」とされるが、人類の祖アダムが創造された際には天使に混じって天の守衛を務めていたという。『クルアーン』第2章第32節によれば、アッラーがアダムを創造し、天使たちにアダムを跪拝（ひざまずいて礼拝すること）するよう命じたとき、イブリースだけがその命令に背いた。また『クルアーン』第7章第11節及び第15章第33節によれば、その理由としてイブリースは、火から創られた自分の方が土から創られたアダムより優れていると述べた。この傲慢のゆえにイブリースは天から追放されたが、その懲罰は最後の審判まで猶予され、その間イブリースは人間に悪事をそそのかすようになった。イスラム教ではアダムとイヴをそそのかして禁断の木の実を食べさせた張本人と考えられている。

▶ アダムとイヴ、アッラー、イスラム教、キリスト教、クルアーン、最後の審判、ジン、ユダヤ教

イフワーン運動 (Ikhwan movement)

1913年頃から1930年までアラビア半島中央部で展開された、遊牧民を「ワッハーブ派」に改宗させ、定住させる運動のこと。この運動はサウ

ジアラビア建国時、アラビア半島征服に大きく貢献した。

「イフワーン」とは本来アラビア語で「兄弟」、あるいは「兄弟のような間柄にある同朋」を意味し、「ムスリム同胞団」もアラビア語では「イフワーン・アル・ムスリミーン」である。アラビア半島においては、ワッハーブ派を学習しようとした遊牧民が「イフワーン」を自称し、武力によるワッハーブ派の伝道を始めたことからこう呼ばれるようになった。後にサウジアラビア初代国王となるアブドゥルアズィーズ・イブン・サウド（1876/80〜1953）は「ウラマー」の支持を背景にこの運動の長となり、イフワーンを戦士に仕立てあげることで遊牧民社会の統合、周辺首長の打倒に利用し、サウジアラビア建国に成功した。

しかし最終段階で一部のイフワーンが新国家の方針をめぐりサウド家と対立、1929 年から 1930 年にかけて武力鎮圧され、イフワーン運動は消滅した。

→ アブドゥルアズィーズ・イブン・サウド、アラビア語、アラビア半島、ウラマー、サウジアラビア、ワッハーブ派

イブン・スィーナー
(Abu Ali al-Husayn ibn Abd Allah ibn Sina)

980〜1037。中世イスラム世界を代表する哲学者、医者。「アビケンナ」のラテン名でヨーロッパにも知られる。

ブハラ近郊に官吏の子として生まれ、ブハラでイスラム諸学やアリストテレスの論理学を学ぶ。またキリスト教徒の医師イーサー・イブン・ヤフヤーに医学を学び、16 歳頃にはすでに名医との評判を得ていた。この頃ブハラのサーマン朝支配者ヌーフ・イブン・マンスール（在位 976〜997）を治療したことで、宮廷の書庫を自由に使うことを認められ、18 歳になると、そこにある著書をすべて読破していたという。

1012 年には、ジュルジャンに赴いて医師となり、論理学や天文学を講じながら『医学規範』の執筆に取りかかる。その後レイに移るが、戦禍のためハマダーンでブワイフ朝シャムス・アル・ダウラ（在位 997〜1021）の侍医となり、1014〜1020 年宰相となる。しかしシャムス・アル・ダウラ没後は宮廷内の権力争いに巻き込まれて投獄される。1024 年、イスファハーン王アリ・アル・ダウラがハマダーンを占領するとイスファハーンでその侍医となるが、最後はハマダーンに戻って没した。

イブン・スィーナーの著書は今日確認されているもので 130 点を超え、代表作は論理学、自然学、数学、形而上学、実践哲学などを含む『治癒の書』と、理論と臨床的知見とを集大成した『医学典範』で、『医学典範』は 12 世紀にクレモナのジェラルド（1114 頃〜1187）によってラテン語訳され、フランスのモンペリエ医学校では 1650 年代になっても、彼の『医学典範』が教科書として用いられていた。彼自身は錬金術には否定的であったが、彼の名を冠した錬金術書が後に

多く書かれた。

➡ キリスト教、サーマーン朝、ブワイフ朝

イブン・トゥールーン

➡ アフマド・イブン・トゥールーン

イブン・バットゥータ (Abu Abd Allah Muhammad ibn Abd Allah ibn Muhammad ibn Ibrahim ibn Battuta al-Lawati al-Tanji)

1304～1368/69/77。14世紀の旅行家で、イスラム世界ほぼ全域を旅し、その見聞を『三大陸周遊記』として残した。

モロッコのタンジェで法官を務めていたベルベル人の家系に生まれる。若くしてイスラム諸学を学び、1325年、21歳のときにマッカ巡礼を志して故郷を出発、北アフリカ、エジプト、シリアを経て翌年のハッジに参加した。その後イラク、イラン、イエメン、東アフリカ、南アラビア、アナトリア、中央アジア、インド、モルディブ、スリランカ、東南アジア、中国など5回の大旅行を行い、インドやモルディブでは法官も務めた。

1349年にいったんモロッコに戻るが、今回はジブラルタル海峡を越えてグラナダを訪れ、その後サハラ砂漠を縦断してマリ帝国などを訪問した。1354年にフェズに帰還し、当時のマリーン朝スルタン、アブ・イナーン・ファーリス (在位1348～1359) の求めに応じて自らの記録をイブン・ジュザイイ (1321～1357) に書き取らせ、『三大陸周遊記』として編纂させた。

➡ アナトリア、アルジェリア、イエメン、イラク、イラン、エジプト、シリア、ハッジ、ベルベル人、モロッコ、リビア

イブン・ハルドゥーン (Abu Zayd Abd al-Rahman ibn Muhammad ibn Khaldun)

1332～1406。チュニス生まれの歴史家、思想家。その『歴史序説』は、同時代以降の歴史家に大きな影響を与え、その文明論によって世界最初の社会科学者とも評価される。

チュニスでイスラム諸学や哲学などを学び、1352年から、チュニジアのハフス朝書記官となるが、1354年にマリーン朝治下のフェズに移る。しかし宮廷での権力争いに巻き込まれ、1358年には陰謀容疑で投獄される。解放後はスペインのグラナダに渡ってナスル朝第8代スルタン、ムハンマド5世 (在位1354～1359、1362～1391) の宮廷に出入りし、宰相で文人のイブン・アル・ハティーブ (1313～1374) とも親交を結ぶが、後にイブン・アル・ハティーブとの関係が悪化したためグラナダを離れる。

その後はアルジェリア中央にあったイブン・サラーマ城に引きこもり、『歴史序説』の執筆を始める。1378年にいったんチュニスに戻った後、1382年にはカイロに移るが、チュニスからの妻や娘たちを乗せた船が嵐で沈んだり、宮廷内での争いにより首席裁判官に任命されては下野することを繰り返す。カイロ時代には、シリアに侵攻したティムール (1336～1405) とも会見している。

『歴史序説』の中では、史上初めて文明の本質とその発展条件に関する一般論を展開しているが、それによると、強固な連帯意識を持つ集団がまず支配権を確立し、労働作業の分化により生産力が上がると学問の発達につながるが、奢侈や贅沢に流れると退化が起こってその国家や集団の解体を招き、他の集団がこれに代わると説く。

➡ アルジェリア、カイロ、シリア、ティムール

イブン・ルシュド (Abu al-Walid Muhammad ibn Ahmad ibn Rushd, Averroes)

1126～1198。スペイン生まれの哲学者、医学者。ヨーロッパでは「アヴェロエス」のラテン名で知られる。

コルドバでベルベル系法官の家に生まれ、数学、哲学、神学、法学、医学を学ぶ。1168年頃、宮廷医であったイブン・トゥファイル（1105～1185）の紹介でムワッヒド朝第2代スルタン、アブ・ヤアクーブ・ユースフ（在位1163～1184）に謁見し、その推薦でセビリヤの法官、次いで1182年にはコルドバ大法官となり、さらにはイブン・トゥファイルの後を継いで宮廷医となる。

しかし1197年、ムワッヒド朝第3代スルタン、アブ・ユースフ・マンスール（在位1184～1199）は哲学を禁じ、イブン・ルシュドも追放された。翌年にはマラケシュでスルタンと和解するが、まもなく死亡した。

彼のアリストテレス注解は後代ヘブライ語、ラテン語に訳され、中世ユダヤ哲学、キリスト教哲学にも大きな影響を与えた。

➡ スルタン、ヘブライ語、ベルベル人、ムワッヒド朝

イマーム (imam)

イスラム教信者集団の指導者を意味する言葉。

スンニー派においては本来カリフと同義であったが、現在ではモスクでの礼拝を指導し説教を行う人物に対して用いられることが多い。ワッハーブ派では宗教的指導者イマームとしての地位をサウジアラビア国王が兼ねている。

他方シーア派においては無謬の最高指導者を意味し、通常はアリ（600頃～661）の子孫が代々その地位を引き継ぐとされる。また12イマーム派などの宗派は、「隠れイマーム」の教義を持ち、現在は不可視の状態にあるイマームが終末において救世主「マフディー」として再び姿を現すと考える。

これに対し、血統にかかわらずイマームを選出できるとするイバード派が支配的なオマーンでは、8世紀頃から20世紀後半に至るまでイマームに率いられた王朝が断続的に継続し、ニザール派においては現在もイマームが存在する。

➡ アリ、イスラム教、オマーン、隠れイマーム、サウジアラビア、シーア派、12イマーム派、終末、スンニー派、ニザール派、マフディー、モスク、ワッハーブ派

イラク (Republic of Iraq)

正式名称は「イラク共和国」。面積43.8万km²、人口3,370.8万人（2012年推計）。首都はバグダッド。イラクという名称は、8世紀頃のアラブの地理学者がティグリス・ユーフラテス両川岸周辺の地域を指して「イラーク」と呼んだことに由来する。

現在のイラク共和国領内では、旧石器時代から人類の居住が確認されており、世界最古の文明の1つ、メソポタミア文明発祥地でもある。古来シュメール、アッカド、バビロニア、アッシリアなど幾多の古代王国の中心地となり、諸民族の抗争の舞台となっていたが、紀元前539年アケメネス朝に全土が征服され、アレクサンドロス帝国を経て紀元前316年にセレウコス朝支配下となる。その後紀元前141年にはパルティアに支配され、以後イラク地方はローマ帝国とパルティア間で係争の場となった。

224年、パルティアを滅ぼしたササン朝ペルシャは、現在のバグダッドの南にあったクテシフォンを首都と定め、ビザンツ帝国とシリアの領有を争っていたが、651年にイスラム教徒アラブ人に滅ぼされ、その後イラクのイスラム化、アラブ化が進行した。

アッバース朝時代には、第2代カリフ、マンスール（在位754～775）が762年に新首都バグダッドを建設、イラク地域はイスラム世界の中心となって繁栄した。しかし13世紀にフラグがバグダッドを占領して以後はイル・ハン国、セルジューク朝、ティムール帝国などに支配され、1534年にオスマン帝国支配下に入った。この時代の行政区画であるモスル、バグダッド及びバスラの3州の領域は、現在のイラク領土の基礎になっている。

第一次世界大戦によりオスマン帝国が崩壊すると、1920年のサン・レモ会議でイギリスにイラクの委任統治権が与えられ、1921年5月のカイロ会議の結果、ファイサル・イブン・フサイン（1883～1933）を元首とするイラク王国が独立した。しかし1958年には自由将校団によるクーデターで共和制に移行、さらに1963年2月9日のクーデターでバアス党が実権を握り、バクル大統領（1914～1982）の下で親戚のサダム・フセイン（1937～2006）が台頭した。

1979年7月、大統領に就任したサダム・フセインは「イラン・イラク戦争」を開始、さらに1990年8月にはクウェートに侵攻して「湾岸戦争」を引き起こした。2003年には、イラクの大量破壊兵器保有を理由にアメリカとイギリスがイラクを攻撃したことで「イラク戦争」が発生し、バアス党体制は崩壊、サダム・フセインも捕らえられて処刑された。

➡ アケメネス朝、アッカド、アッシリア、アッバース朝、アラブ人、アレクサンドロス3世、イスラム教、イラク戦争、イラン・イラク戦争、イル・ハン国、オスマン帝国、カイロ、カリフ、クウェート、ササン朝、シュメール、シリア、セルジューク朝、セレウコス朝、第一次世界大戦中の中東、ティグリス・ユーフラテス川、ティムール帝国、バアス党、バグダッド、バビロニア、パルティア、ビザンツ帝国、ファイサル・イブン・フサイン、フセイン（サダム）、フラグ、メソポタミア、湾岸戦争

イラク・クルディスタン民主党

➡ クルド人

イラク戦争 (Iraq War)

2003年3月19日（日本時間20日未明）、アメリカ軍及びイギリス軍の攻撃により始まったイラク国内での戦争。アメリカはこの軍事作戦を「イラクの自由作戦」と名づけた。

ブッシュ・アメリカ大統領（1924〜）は3月17日午後8時、イラクは、湾岸戦争時の停戦条約に従った大量破壊兵器の廃棄を行っていないとし、サダム・フセイン（1937〜2006）と2人の息子が48時間以内に亡命しなければイラクを攻撃すると発表した。しかし、フセイン大統領は徹底抗戦を主張して応えなかったため、2日後の3月19日、アメリカはイギリスなどとともにイラク攻撃を開始した。

開戦1ヶ月足らずの4月9日に首都バグダッドが陥落、ブッシュ大統領は5月1日に作戦行動終了を宣言し、12月には逃亡していたフセイン元大統領も拘束された。

フセイン政権崩壊後、イラクは国連安保理決議第1483号に基づいて、「連合国暫定当局（CPA）」に暫定的に統治され、多国籍軍もイラク国内にとどまった。しかしイラク国内の各種勢力と多国籍軍との戦闘はその後も続き、多国籍軍関係者にも多くの死者が出た。こうした中で2003年11月29日、日本の外交官2名が銃撃を受けて死亡する事件も発生した。

他方2003年12月から2006年7月まで「イラクにおける人道復興支援活動及び安全確保支援活動の実施に関する特別措置法」に基づき、イラク南部サマーワに陸上自衛隊が駐屯した。最終的にアメリカ軍が2011年12月に撤退し、オバマ大統領は同年12月14日、戦争の終結を宣言した。

➡ イラク、バグダッド、フセイン（サダム）、湾岸戦争

イラクのクウェート侵攻

(Iraqi invasion of Kuwait) ➡ 湾岸戦争

イラン (Islamic Republic of Iran)

正式名称は「イラン・イスラム共和国」。アジア大陸西南部に位置し、面積は約164万8,000km²で日本の約4.4倍。人口は7,561.1万人（2012年推計）。イランという名称は「アーリア人の国」を意味し、1935年、パフラヴィー朝時代（1925〜1979）に従来の呼称である「ペルシャ」に代わって採用された。

アーリア民族は紀元前12世紀頃イラン高原に進出し、そのうちメディア地方（現イランのハマダン周辺）に住み着いた部族や、彼らと融合した人々がメディア人、ファールス地方（イラン高原南西部）に住み着いた者がペルシャ人と呼ばれるようになった。紀元前727年頃には、現在のイラン北東部にメディア王国が成立したが、紀元前550年頃、キュロス2世（在位紀元前559〜紀元前529）率いるペルシャ人の反乱により滅亡。キュロス2世は紀元前559年、アケメネス朝ペルシャ帝国を樹立した。

アケメネス朝は最盛期には、西は

エジプトやマケドニア、東は現在のアフガニスタンやインドの一部までの広大な領域を支配下においた。しかし紀元前330年、マケドニアのアレクサンドロス3世（紀元前356〜紀元前323）の遠征によって滅ぼされた。アレクサンドロス（大王）の帝国はアケメネス朝の領域をほぼそのまま引き継いだが、その領土は大王の死後分割され、イラン地方には紀元前247年、アーリア系のパルティア王国が生まれた。しかし224年ファールス地方のアルダシール1世（在位224〜241）がパルティアを破ってササン朝を建国した。

ササン朝はイラク、アラビア半島東部、イエメンをも支配し、ローマ帝国とはメソポタミアや歴史的シリアの領有をめぐって争いを続けたが、642年ニハーヴァンドの戦いでイスラム教徒アラブ軍に敗れ651年に滅亡、イランもウマイヤ朝、続いてアッバース朝に支配される。

その後イランではターヒル朝、サッファール朝、サーマン朝などの地方王朝が割拠し分裂状態となるが、1220年モンゴル軍が全土を制圧、モンゴル帝国の武将フラグ（？〜1265）がイル・ハン国（1258〜1353）を建国した。しかし1336年には、イル・ハン国は事実上崩壊し、南部のムザッファル朝、西北イランのジャラーイル政権、ホラーサーンのサルベダール朝などが林立する分裂状態となる。これを16世紀に統一したのが、12イマーム派を国教とするサファヴィー朝であり、その後イランのシーア派化が進行する。

1736年、イランが一時アフガニスタンに支配される混乱の中、ナーディル・シャー・アフシャールがアフシャール朝を樹立するが、アフシャール朝は一代で滅び、イランは再度分裂状態となる。これを統一したのがカージャール朝で、第一次世界大戦後はイギリス、ロシア、トルコがイランに侵入するという混乱の中、北部にギーラーン共和国、アゼルバイジャン共和国、ホラーサーン革命政権などの地方政権が誕生した。こうした状況でコサック部隊隊長であったレザー・ハーン大佐（1878〜1944）が1921年にクーデターを起こし、さらに1925年にはレザー・シャー・パフラヴィーとして即位し、パフラヴィー朝を開いた。しかし1941年8月、第二次世界大戦の勃発とともにイギリスとソ連がイランを占領、ドイツ寄りの姿勢を示していたレザー・シャー・パフラヴィーを退位させ、息子モハンマド・レザー・シャー（在位1941〜1979）を皇帝に即位させた。

戦後は、1951年に首相となったモハンマド・モサデク（1880〜1967）が石油国有化政策を推進したため欧米諸国がこれに反発し、1953年にCIAによる皇帝派クーデターによってモサデク政権は崩壊した。以後モハンマド・レザー・シャーは強力な独裁体制をとって1963年より「白色革命」と呼ばれる上からの社会改革を推進。さらには1973年以降の石油収入急増を背景に、急速な近代化及び

軍事力増強に乗り出した。しかし、このような動きは宗教界や民族主義者等の反発を買い、1979年にイラン・イスラム革命が発生、その結果、現在のイラン・イスラム共和国が成立した。

➡ アケメネス朝、アゼルバイジャン、アッバース朝、アフガニスタン、アラビア半島、アラブ人、アレクサンドロス3世、イエメン、イスラム教、イラク、イラン・イスラム革命、イル・ハン国、ウマイヤ朝、エジプト、カージャール朝、サササン朝、サッファール朝、サファヴィー朝、サーマン朝、シーア派、12イマーム派、シリア、トルコ、ナーディル・シャー・アフシャール、パフラヴィー朝、パルティア、フラグ、ペルシャ、メソポタミア、メディア、レザー・シャー・パフラヴィー

イラン・イスラム革命
(Islamic Revolution of Iran)

1979年2月11日、イランで発生した民衆革命。この革命によってパフラヴィー朝は崩壊し、イスラム法学者ルーホッラー・ホメイニ(1902〜1989)の唱える「法学者による統治」を基礎とした現在のイラン・イスラム共和国が誕生した。革命の過程ではアメリカ大使館占拠事件や、新政権内部での権力闘争も発生し、革命によるイラン軍の弱体化はイラン・イラク戦争の遠因ともなった。

パフラヴィー朝のモハンマド・レザー・シャー(在位1941〜1979)は、1963年以来「白色革命」と呼ぶ近代化政策を推進したが、イラン社会の実情を無視した上からの改革は国民の大多数からの不満を招き、その独裁的体制とも相まって1977年以来国民の抗議行動が次第に高まっていた。そうした中、1978年1月7日付ペルシャ語日刊紙「エッテラート」に、当時フランスに亡命中であった反体制指導者ホメイニを中傷する記事が掲載されると、9日、ホメイニが教職に就いていたことのあるコムで大規模な抗議デモが発生し、鎮圧に出動した治安機関との衝突で死傷者が出た。イスラム教で死者の追悼を行う40日後の2月18日にはタブリーズでもデモが発生し、再度死傷者が出た。以後追悼行事のデモはイラン全土に広がり、テヘランでもバザール商人のストライキが発生した。

こうした動きに対し政府は同年9月7日の無許可集会禁止、8日の戒厳令で民衆の行動を封じようとしたが、テヘランでは8日、軍の発砲によりデモ参加者多数が死亡したため「黒い金曜日」と呼ばれた。以後反国王・反体制の機運が一気に加速し、9月以降は学生を中心とする街頭デモに加えてストライキも急増、石油産業部門の労働者や政府諸官庁、公的機関もストに突入し、同年末には国家機能も事実上麻痺状態となった。この結果国王は1979年1月16日、休暇の名目で出国、ホメイニは2月1日帰国。2月11日には反体制派勢力が全権を掌握、4月1日には国民投票に基づいてイラン・イスラム共和国樹立が宣言された。

➡ イスラム教、イラン、パフラヴィー朝、ホメイニ

イラン・イラク戦争 (Iran-Iraq War)

1980年9月から1988年8月まで、イランとイラクの間で継続した戦争。サダム・フセイン・イラク大統領（1937〜2006）はこれを「カーディスィーヤの戦い」になぞらえた。

イラン・イラク間の国境については、1975年のアルジェ協定により、シャット・アル・アラブ川の中央部と定められていた。しかし1980年9月17日、サダム・フセイン大統領はこの協定を一方的に破棄し、22日よりイラン空爆を開始、翌23日から地上部隊のイラン領内への侵攻を開始した。緒戦においてはイラク軍が優勢で、3ヶ月のうちにイラン西部フゼスタン州のほぼ半分を制圧したが、イランは1981年3月から反撃を開始、5月末までに占領地をほぼ奪回した。これに対しフセイン大統領は6月20日、イラク軍を一方的に撤退させる旨の声明を発表するが、イラン軍はイラク領内に侵攻した。

1984年になると、イラクはイラン領のカーグ島周辺を航行するタンカーを攻撃、イランもサウジアラビアやクウェート船籍のタンカーを攻撃するなど戦争の影響は周辺国にも拡大し始めた。こうした中、地対地ミサイルによる攻撃の応酬やイラク軍によるアメリカのフリゲート艦攻撃、アメリカ軍によるイラン民間航空機撃墜事件なども発生した。最終的には1988年7月18日、イランが国連安全保障理事会決議第598号を受諾、8月20日に停戦が発効した。両国の死傷者は民間人も含め100万人に上ると言われる。

➡ イラク、イラン、カーディスィーヤの戦い、クウェート、サウジアラビア、フセイン（サダム）

イラン立憲革命 ➡ イラン・イスラム革命

イラン・クルディスタン民主党
➡ クルド人

イル・ハン国 (Ilkhanids)

1256〜1336。現在のイランからイラク、アナトリア東部にかけての地域を支配したモンゴル人王朝。チンギス・ハン（1162頃〜1227）の孫の1人フラグ（？〜1265）が建国し、その尊称である「イル・ハン」が国名となった。

チンギス・ハンの孫でモンゴル帝国第4代皇帝モンケ・ハン（1209〜1259）は1254年、弟フラグに西方遠征を命じた。フラグは1256年、「暗殺教団」として知られる「ニザール派」の拠点アラムートを陥落させ、1258年にはバグダッドを攻略、アッバース朝第37代カリフ、ムスタアスィム（在位1242〜1258）を処刑してアッバース朝を滅ぼした。しかし1960年1月、アレッポを陥落させた直後にモンケ・ハンが死亡し、フラグはモンゴルに戻るため前線を離れる。その途上、兄クビライ（1215〜1294）と弟アリク・ブゲ（1219〜1266）の争いを聞いたフラグはイランにとどまり、イル・ハン国を樹立した。

イル・ハン国は、第4代ハン、アルグン（在位1284〜1291）時代から内乱状態となるが、第7代ハン、ガザン

(在位1295〜1304)はイスラム教に改宗し、数々の政治改革政治を断行した。しかし1335年、第9代ハン、アブ・サイード(在位1316〜1335)死後は各部族集団が傀儡ハンを擁立するようになり、王朝は事実上滅亡した。

イル・ハン国ではイラン人官僚が活躍し、ペルシャ語は中央アジアのモンゴル支配地域の準公用語ともなった。首都タブリーズには宗教、学術の文化施設が建設され、学校、病院、天文台があり、イラン人学者、学生ばかりでなく中国人、インド人、ヨーロッパ人学者も招聘され、当時の全世界の学術情報が輻輳する場所となっていた。

➡ アッバース朝、アナトリア、暗殺教団、イラク、イラン、シリア、ニザール派、バグダッド、フラグ、ホラーサーン、マムルーク朝

岩のドーム (Dome of the Rock)

エルサレムの「神殿の丘(ハラム・アル・シャリーフ)」にあるモスク。この場所はマッカ及びマディーナに次ぐイスラム教第3の聖地として位置づけられ、「アクサー・モスク」とともに最初の「キブラ(礼拝の方角となる場所)」とされた。

岩のドームという名称は、このモスクが内部の岩を覆うように建てられているためこう呼ばれる。この岩について、ユダヤ教の伝承では天地創造が行われた場所であり、人類の祖アダムが創造された場所であり、またユダヤ人の祖アブラハムがイサクを捧げる祭壇としてこの岩を使用した。さらにはダビデ王が聖櫃を置き、ソロモン王の宮殿があった場所であるなどと伝えられている。

キリスト教においては、イエス・キリスト(紀元前4頃〜30頃)の割礼がこの場所で行われたとも言われ、イスラム教徒にとっては預言者ムハンマド(570頃〜632)が昇天した場所と信じられている。

モスク自体はウマイヤ朝第5代カリフ、アブドゥルマリク(在位685〜705)が691年に建設したが、第2代正統カリフ、ウマル(在位634〜644)がこの岩を発見してこの場所で礼拝したと言われるため、「ウマル・モスク」とも呼ばれる。現在の建物は1033年に建造され、最近では1994年にも改修工事が行われた。

➡ アクサー・モスク、アダムとイヴ、アブラハム、イエス、ウマイヤ朝、ウマル・イブン・アル・ハッターブ、キリスト教、エルサレム、カリフ、ソロモン、ダビデ、マッカ、マディーナ、ムハンマド

インティファーダ (Intifada)

アラビア語で「蜂起」を意味する言葉であるが、特に1987年12月からガザ地区で始まり、ヨルダン川西岸にも広まったパレスチナ人の抵抗運動を指す。

インティファーダは1987年12月、イスラエル軍の車両が起こした交通事故でパレスチナ人4人が死亡したことを契機に、8日よりまずガザ地区で始まり、すぐにヨルダン川西岸にも波及した。その後青少年のデモ及び治安部隊への投石のほか、占領地におけるゼネスト、イスラエル商

品ボイコット、税金不払い、占領当局のパレスチナ人警官や職員の集団辞職など様々な手段で継続し、また被占領地の「ムスリム同胞団」は武装組織「ハマス」を結成して抵抗運動に参加した。非武装の民衆による抵抗に慣れていなかったイスラエル治安機関は、当初対応に手間取っていたが、インティファーダは3年間継続した後下火となった。

なお2000年9月には、当時のリクード党首アリエル・シャロン(1928～2014)が「神殿の丘」を訪問したことが原因でインティファーダが再燃し、「第二次インティファーダ」と呼ばれた。

▶ アラビア語、イスラエル、ガザ地区、神殿の丘、ハマス、パレスチナ、ムスリム同胞団

ウ

ヴェラーヤテ・ファギーフ
▶ 法学者による統治

ウサーマ・ビン・ラーディン
(Usama bin Muhammad bin Ladin)

1957/8～2011。「カーイダ(アルカイダ)」指導者とされるサウジアラビア人。日本では「オサマ・ビンラディン」と表記されることが多い。

ビン・ラーディン家はウサーマの父ムハンマド(1908～1967)が一代で築き上げたサウジアラビアの財閥で、ウサーマはムハンマドの17番目の息子と言われる。1974年から1978年

ウサーマ・ビン・ラーディン

にかけて、ジェッダにあるアブドゥルアズィーズ国王大学で経営学、経済学を学ぶが、このときパレスチナ人教師アブドゥッラー・アッザーム(1941～1989)の感化を受け、イスラム原理主義に傾倒したとされる。卒業後は一族の系列会社に就職するが、1979年のソ連のアフガニスタン侵攻後、ウサーマはパキスタンに逃れているアフガン人「ムジャーヒディーン」の支援事業をはじめ、1980年、サウジアラビア国内で集めた寄付金によりペシャワールにムジャーヒディーンの訓練施設を開設した。ペシャワールではアブドゥッラー・アッザームとも合流し、以後行動をともにした。またビン・ラーディン家の人脈を利用して当時のサルマン・リヤド州知事(1935～)やトゥルキー・サウジアラビア情報庁長官(1947～)とも関係を持ち、アフガニスタンでは実際に戦闘にも参加している。義勇兵訓練組織「カーイダ」を発足させた

のは1988年頃と言われている。

1989年、ソ連がアフガニスタンから撤退するといったんサウジアラビアに帰国するが、1990年8月、イラクのクウェート侵攻を機にサウジアラビアに駐留する米軍を批判し始める。この結果政府から圧力を受け、1991年4月30日、家族とともに出国、アフガニスタンを経てスーダンに落ち着く。しかし1996年5月にはスーダンからも追放され、アフガニスタンに逃れて、当時支配勢力であったタリバンの庇護を受けるようになる。

1996年8月23日には、アメリカへの宣戦布告を発表。2001年9月11日のアメリカにおける同時多発テロ攻撃を実施したことは、アメリカのアフガニスタン攻撃を招いた。タリバン政権崩壊後消息不明となっていたが、2011年5月2日、パキスタンのアボタバードでアメリカ軍特殊部隊に射殺された。

▶ アフガニスタン、イスラム原理主義、イラク、カーイダ、クウェート、サウジアラビア、スーダン、タリバン、パレスチナ、ムジャーヒディーン

ウスマーン・イブン・アッファーン ('Uthman ibn Affan)

?〜656。第3代正統カリフ。在位644〜656。

クライシュ族ウマイヤ家出身の富裕な商人で、早くからイスラム教に入信し、預言者ムハンマド（570頃〜632）の次女ルカイヤ（?〜624）と結婚した。マッカでイスラム教徒が迫害された際はいったんエチオピアに移り、ムハンマドのヒジュラに伴ってマディーナに移住した。ルカイヤ死後はムハンマドの3女ウンム・クルスームと結婚した。

第2代カリフ、ウマル（在位634〜644）の死により第3代カリフに選出されると、口承に頼っていた『クルアーン』の正本を作成した。他方、急速に拡大する国家の運営において、自分の血族であるウマイヤ家の人材を多く登用したことから、その治世の後半にはイラクやエジプトで不満が高まり、656年、マディーナにやって来たエジプト駐在の兵士たちにより殺害された。

▶ イスラム教、イラク、ウマル・イブン・ハッターブ、エジプト、カリフ、クライシュ族、クルアーン、ヒジュラ、マッカ、マディーナ、ムハンマド

ウード (Oud)

中東の代表的な弦楽器の一種。その起源は古代エジプト、あるいはペルシャと言われており、10世紀の『歌の書』によると、ウードは7世紀にイラクのアラブ人の間で知られていたという。本来弦は4本であったが、9世紀にイスラム教時代のスペインで5弦のものが生まれ、現在は6弦のものもある。ウードがシルクロード経由で日本にも伝えられ、発展したものが琵琶である。

中東特有の楽器としては、ほかに三角形の琴カーヌーンや、ベリーダンスに使用されるジル（フィンガー・シンバル）があり、太鼓（タブーラ）や笛も使用される。西洋から入

ったバイオリンやバグパイプもアラブ諸国の楽団ではしばしば使用される。
➡ アラブ人、イスラム教、イラク、古代エジプト、シルクロード、ベリーダンス、ペルシャ

ウフドの戦い (Battle of Uhud)

625年3月23日、マディーナ北方約5kmのウフド山麓で行われた、マッカ軍と預言者ムハンマド(570頃〜632)率いるマディーナ軍の戦い。

バドルの戦いからほぼ1年後、マッカのクライシュ族はアブ・スフヤーン(560〜652)の指揮下、周辺遊牧民も加えて3,000名の軍を組織した。一行にはアブ・スフヤーンの妻ヒンド・ビント・ウトバをはじめとする一群の女性も加わっていた。

マッカ軍は3月21日にマディーナに到着し、この情報を得たムハンマドは3月23日、約700人を率いてウフドの丘南斜面に陣を張った。戦闘は当初ムハンマド軍が優勢であったが、ムハンマド軍左翼の射手が持ち場を離れた隙にハーリド・イブン・アル・ワリード(?〜641/2)率いるマッカ軍騎馬隊が突入したためムハンマド軍は潰走、一時はムハンマドも戦死したとの噂が流れた。実際にはムハンマドは白兵戦(はくへいせん)で軽傷を受けたのみで、マディーナ軍本隊は丘の斜面に退いて態勢を立て直したが、合流できなかった部隊は壊滅し、マディーナ軍は75人の死者を出した。マッカ軍死者は27人。

マッカ軍に加わったヒンドらの婦人たちは、マディーナ側戦死者の死体を切り刻み、鼻をそぎ、耳を切り取ったと言われる。
➡ クライシュ族、バドルの戦い、ハーリド・イブン・アル・ワリード、マッカ、マディーナ

ウマイヤ朝 (Umayyad dynasty)

661年から750年まで続いた、イスラム教史上初の世襲王朝。ダマスカスを首都とし、クライシュ族のウマイヤ家が世襲的にカリフとなったためウマイヤ朝と呼ばれる。「アラブの大征服」直後に成立した国家であることから、アラブ人による異民族支配を統治原理としており、「アラブ帝国」と呼ばれることもある。

ウマイヤ家はハーシム家の祖、ハーシム・イブン・アブド・マナーフの兄弟アブド・シャムスの子ウマイヤを祖とする一族で、第3代正統カリフ、ウスマーン(在位644〜656)もウマイヤ家に属する。ウスマーン暗殺後、アリ(在位656〜661)が第4代正統カリフに選ばれると、ウマイヤ家の長老となったシリア総督ムアーウィヤ(?〜680)はアリの選出に異を唱え、このことが第一次内乱の原因の1つとなる。

アリとムアーウィヤは657年、スィッフィーンで戦うが決着はつかず、660年にはムアーウィヤが、アリに対抗して自らカリフを宣言する。661年にアリが暗殺されたことで、ムアーウィヤは唯一のカリフとして認められ、ダマスカスを首都とするウマイヤ朝を開いた。ムアーウィヤは、次代カリフ選出をめぐる混乱を避けるため息子ヤズィード(在位680〜683)を後継者に任命し、以後カリフ位はウ

マイヤ家の世襲となった。

しかし683年、初代正統カリフ、アブ・バクル（在位632〜634）の孫に当たるアブドゥッラー・イブン・アル・ズバイルがマッカでカリフを名乗り、第二次内乱（683〜692）となる。内乱を終結させた第5代カリフ、アブドゥルマリク（在位685〜705）の時代、ウマイヤ朝は最盛期を迎える。8世紀前半には、その支配領域は東部で中央アジアのシル河畔や北西インドのインダス河畔に達し、西はモロッコやイベリア半島にまで及んだ。

しかし744年から747年にかけての第三次内乱で弱体化し、最終的にアッバース家を支持するアブ・ムスリム（700頃〜755）らに滅ぼされる。しかしウマイヤ家のアブドゥルラフマーン1世（731〜788）はスペインに逃れ、後ウマイヤ朝を開く。

➡ アブドゥルラフマーン1世、アラブの大征服、アリ、イスラム教、ウスマーン・イブン・アッファーン、カリフ、クライシュ族、後ウマイヤ朝、スィッフィーンの戦い、第一次内乱、ダマスカス、ハーシム家、マッカ、モロッコ

（ムッラー）ウマル ➡ タリバン

ウマル・アル・ムフタール
(Umar al-Mukhtar)

1858/60〜1931。イスラム神秘主義教団「サヌースィー教団」の幹部で、イタリア占領下のリビアにおいて抵抗運動を指導し、「砂漠のライオン」の異名を得た。

現在のリビア東部トブルク近くで生まれ、サヌースィー教団に所属する。教団ではアル・クスールにある「ザーウィヤ（修行所）」の指導者を務め、1894年にはマフディー国家時代のスーダンに赴き、サヘル地帯カルクのザーウィヤの指導者となるが、1903年には再びアル・クスールに戻る。

1911年、イタリアがリビアに侵攻すると、サヌースィー教団はイタリアに対する「ジハード」を宣言し、抵抗運動を展開した。1922年、教団指導者ムハンマド・イドリース（1889〜1983）がエジプトに脱出したことから、オマル・アル・ムフタールがリビア国内における抗戦の指導者となりゲリラ戦を継続したが、1931年に捕らえられ処刑された。

1981年には、ウマル・アル・ムフタールの活躍を描くアメリカ・リビア合作の映画『砂漠のライオン』が公開された。

➡ イスラム神秘主義、エジプト、サヌースィー教団、ジハード、スーダン、マフディー、リビア

ウマル・イブン・アル・ハッターブ
(Omar ibn al-Khattab)

592〜644。第2代正統カリフ。在位634〜644。

クライシュ族アディー家出身で、若い頃は腕力の強い乱暴者として知られた。当初イスラム教徒を迫害していたが、ヒジュラの4年前に26歳で入信、初代正統カリフ、アブ・バクル（在位632〜634）死去により第2代カリフに選出される。

ウマルのカリフ在任中はいわゆる「アラブの大征服」時代であり、ヤル

ムークの戦い（636年）でビザンツ帝国から歴史的シリアを奪い、エルサレムを陥落させ（637年）、カーディスィーヤの戦い（637年）やニハーヴァンドの戦い（642年）でササン朝にも勝利するなど、当時中東を支配していた2大帝国を圧倒し、シリア、イラク、エジプトを征服して領土を拡大した。また内政面ではカリフ位の確立、国庫の創設や兵士の俸給制度などの創始、政治的決定の文書化、ヒジュラ暦の制定、非イスラム教徒の取り扱い方の決定などイスラム国家体制の根幹となる整備を多数行った。

　質実剛健で責任感の強い人物であったとされるが、礼拝中キリスト教徒奴隷に殺害された。

▶ アブ・バクル、アラブの大征服、イスラム教、イラク、エジプト、エルサレム、カーディスィーヤの戦い、カリフ、クライシュ族、ササン朝、シリア、ビザンツ帝国、ヒジュラ、ヤルムークの戦い

ウマル・ハイヤーム
(Umar Khayyam)

　1048～1131。イランの天文学者、数学者にして詩人。本名ギヤースッディーン・アブ・ファタハ・ウマル・イブン・イブラヒーム。父親がテント職人（アラビア語で「ハイヤーム」）であったため、ウマル・ハイヤームの筆名を用いた。日本では「オマル・ハイヤーム」と表記されることも多い。

　イランのニシャプールに生まれ、26歳でセルジューク朝スルタン、マリク・シャー（在位1072～1092）の宮廷に登用される。宮廷には20年近く仕え、数学者として高次方程式の解法を研究し、また天文観測で得られた資料をもとに「マリキー暦」あるいは「ジャラーリー暦」と呼ばれる暦を作成した。1131年、故郷ニシャプールで没したが、死後、研究の合間に書いた『ルバーイーヤート（四行詩集）』で詩人として知られるようになった。「ルバーイーヤート」とは本来、ペルシャ語詩の1形式で4行からなるものを集めた詩集をいうが、通常「ルバーイーヤート」といえばウマル・ハイヤームの作品を意味するほど有名となり、ペルシャ文学の代表作の1つに数えられる。

　内容は酒、美女、愛、死などをテーマとし、人間社会の矛盾や不条理を嘆き、人の世のはかなさを訴え、運命に対して人間は無力であるから、一瞬である現世を楽しもうというもので、当時のイスラム教社会においては多くの批判も招いた。

▶ イスラム教、イラン、セルジューク朝

海の民 (Sea Peoples)

　紀元前1200年頃、歴史的シリアやアナトリアなど地中海東岸地域に侵入し、ヒッタイト帝国滅亡など大規模な政治的・社会的混乱をもたらした民族集団の呼び名。「海の民」とは、実際には様々な民族から構成された集団に対する総称で、その侵入に伴う混乱の中、東地中海ではヒッタイトのほかアラシア、アルザワ、ウガリトなどの国家が相次いで滅亡した。

　海の民を構成したと思われる諸民族の活動についてはそれ以前から各

地に記録が残っていたが、古代エジプト王メルエンプタハ（紀元前1213〜紀元前1204）時代には、海の民を構成する集団としてアカイワシャ人・トゥルシア人・ルカ人・シェルデン人・シェクレシュ人の5つの人種が挙げられている。これらはそれぞれアカイア人、エトルリア人、リュキア人、サルデーニャ人、シチリア人に比定できることから、海の民とはこの時代のギリシャ人の移住がきっかけとなって形成された集団であるとの説もある。ほかにトロイアやイタリアとの関係を指摘する説もある。

➡ アナトリア、古代エジプト、シリア、ヒッタイト

ウムラ ➡ 巡礼

ウラマー (ulama)

アラビア語で学者を意味する「アーリム」の複数形で、一般にイスラム諸学を修めた法学者や学識者に対して用いられる肩書き。現代ペルシャ語の発音では「オラマー」、トルコ語では「ウレマー」が近い。

本来イスラム教は聖職者を認めておらず、ウラマーと呼ばれるためにどの程度の学業を修めるべきか、またどのような役割が求められるかは時代や地域によって異なり、スンニー派においては明確な認定制度はない。他方12イマーム派においては、現在「ターリブ」「スィカ・アル・イスラム」「フッジャット・アル・イスラム」「フッジャット・アル・イスラム・アル・ムスリミーン」「アーヤトッラー」「大アーヤトッラー」「ナーイブ・アル・イマーム」の7位階がある。

ウラマーが社会的身分として認められるようになったのはアッバース朝時代で、以後ウラマーは、教師や法官、ムフティーやモスクの導師などとして、歴史的に社会を指導し、高位のウラマーを世襲する一族も現れた。イランのタバコ・ボイコット運動やイラン・イスラム革命など、ウラマーが関与した歴史的事件も多い。

➡ アッバース朝、イスラム教、イラン、イラン・イスラム革命、12イマーム派、タバコ・ボイコット運動、モスク

ウンマ (Ummah)

本来「国民」や「人民」を意味するアラビア語であるが、イスラム教においては特にイスラム教徒の共同体全体を意味する。

ウンマという言葉自体は、『クルアーン』でも64回用いられており、第2章第213節は、人類はかつて1つのウンマであったが、その後互いに争い始めたので神は預言者たちを遣わしたと述べる。また、「ノアのウンマ」「ロトのウンマ」などという記述もあり、民族、あるいは血縁集団としての意味が強い。

イスラム教徒の共同体の意味でのウンマはヒジュラにより成立し、このとき、ムハンマド（570頃〜632）とともに移住した者70余名及び彼らを助けたマディーナの70余名の集団が最初のウンマを形成した。

➡ アラビア語、イスラム教、クルアーン、ヒジュラ、マッカ、マディーナ、ムハンマド

ウンム・アル・カイワイン首長国

→ アラブ首長国連邦

ウンム・カルスーム (Umm Kulthum)

1904?〜1975。日本では「オンム・カルツーム」「ウム・カルツーム」などとも表記される。近代エジプトを代表する女性歌手で、エジプトだけでなく、他のアラブ諸国でも絶大な人気を博した。

ナイル・デルタのタミ・アル・ザハリヤの村でイマームの家に生まれ、幼少時から地元の結婚式などで『クルアーン』の朗唱や歌を披露して評判となった。1920年頃からカイロで歌手としての活動を開始し、当時普及し始めたレコード及びラジオによって1930年代以降アラブ世界全体に活動の場を広げた。その後もテレビでコンサートの模様が放映されたり、何本もの映画に主演して人気となった。

持ち歌には長いものが多く、彼女のコンサートは毎月の第1木曜日に行われ、通常何時間もかかったが、そのラジオ放送の時間には、カイロ市内の人通りが少なくなったとも言われている。エジプト最後の国王ファルーク1世（在位1936〜1952）やナセル大統領なども彼女のファンで、1975年2月に彼女が死亡すると、タハリール広場に何百万人もが集まってその死を嘆いたという。

→ イマーム、エジプト、カイロ、クルアーン、ナセル

エ

エジプト (Egypt)

正式名称は「エジプト・アラブ共和国」。北は地中海、東は紅海に臨み、中央部をナイル川が流れる。総面積は約100.2万km²。人口は8,395.8万人（2012年推計）。首都カイロは中東、アフリカを通じて最大の都市である。国民の90%はイスラム教スンニー派であるが、キリスト教徒（コプト教徒）もいる。アラビア語でエジプトを示す「ミスル」とは、大征服時代からウマイヤ朝期にかけてアラブ・ムスリムが集住した軍営都市を意味する言葉で、カイロ近郊に建設された軍営都市フスタートにちなんだ呼び名。

エジプトは、ナイル渓谷を中心に世界最古の文明が生まれた場所で、古代エジプト時代から現代までの長い歴史を持ち、その間ほぼ一貫して地理的統一性を保ち続けてきた。紀元前3100年頃からプトレマイオス朝滅亡までが古代エジプトと呼ばれ、以後ローマ帝国、アラブ・イスラム帝国、ファーティマ朝、アイユーブ朝、マムルーク朝及びオスマン帝国に支配された後、ムハンマド・アリ朝時代に現代エジプトの基礎ができた。

ムハンマド・アリ朝においては、第4代総督サイード（在位1854〜1863）及びその後継者イスマイール（在位1863〜1879）時代に負債がふくらんで国家財政が破綻し、1876年にはイギリスとフランスがエジプトの

財務管理を行って内政を事実上支配した。こうした状況の中、1881年に外国支配に反対する民族革命、「アラービー運動」が起こるが、イギリスはこれを武力で鎮圧した。1922年には、フアード1世（在位1917〜1936）を王とするエジプト王国が形式的に独立するが、イギリス軍の駐留は続いた。

1948年に発生した第一次中東戦争にエジプトが敗北すると、自由将校団を中心とする軍部は、敗戦の責任が時の国王ファルーク1世（在位1936〜1952）にあるとみなし、1952年にクーデター（エジプト革命）を起こした。この結果1953年6月、エジプトは共和国となり、クーデターを首謀したナセル（1918〜1970）は、1956年7月に大統領就任、その直後にスエズ運河国有化宣言を行ったことで、第二次中東戦争が発生した。しかしナセルは、アメリカ、ソ連の政治的支援を得てイギリスとフランスを撤退させたことで第三世界の指導者とも目されるようになった。他方、1958年にシリアと結成したアラブ連合共和国は1961年に破綻、1962年の北イエメン内戦への介入や1967年の第三次中東戦争での敗北などでナセルの名声も次第に失墜し、1970年のヨルダン内戦仲介直後、ナセルは急死した。

後継者となったサダト（1918〜1981）は、1973年10月、イスラエルに対し戦端を開き第四次中東戦争が始まるが、1978年にはアメリカのジミー・カーター大統領（1924〜）の仲介でイスラエルとキャンプ・デービッド和平合意を締結、エジプトはイスラエルと和平条約を結んだアラブで最初の国となった。しかし1981年10月、第四次中東戦争戦勝記念パレードの際、サダトは軍部のイスラム過激派に暗殺され、ムハンマド・ホスニ・ムバラク（1928〜）が大統領に就任した。

ムバラクはその後30年間大統領の地位にあったが、2011年1月、アラブ諸国で「アラブの春」と呼ばれる民衆運動が発生する中、同年2月ムバラクは辞任した。しかし、同年6月の大統領選挙で当選したムハンマド・ムルスィー大統領は、イスラム色の強い政策や経済情勢の悪化で国民の不満を招き、2013年6月から大規模な反政府デモが発生する中、7月3日、軍による事実上のクーデターで解任された。2014年5月には改めて大統領選挙が実施され、アブドゥルファッターフ・アル・シーシ前国防相（1954〜）が当選した。

▶ アイユーブ朝、アラビア語、アラービー運動、アラブ連合共和国、イエメン、イスラエル、ウマイヤ朝、オスマン帝国、カイロ、キャンプ・デービッド合意、古代エジプト、コプト教、サダト、シリア、スンニー派、第一次中東戦争、第三次中東戦争、第二次中東戦争、第四次中東戦争、ナイル川、ナセル、ファーティマ朝、マムルーク朝、ムハンマド・アリ朝、ヨルダン内戦

エジプト考古学博物館
(Egyptian Museum)

カイロの中心部タハリール広場の一角にある世界有数の考古学博物館で、ツタンカーメン王（在位紀元前1332〜紀元前1322）の黄金のマスク

をはじめ、先史時代から古代ローマ時代までの遺物を12万点以上収蔵する。

1850年、フランスのルーブル美術館からエジプトに派遣され、サッカラのセラピウムで発掘を行ったフランス人考古学者オーギュスト・マリエット（1822～1881）は、1858年にエジプト考古局初代局長に就任、カイロのブラーク地区にある考古局事務所に博物館を設立した。これがエジプト考古学博物館の起源となり、その後いったんギザに移った後、1902年にカイロ市内ガーデンシティにある現在の場所に移った。中庭にはマリエットの銅像と墓標が残る。

▶ エジプト、カイロ、ツタンカーメン

エデッサ伯国（County of Edessa）

1098～1159。第1回十字軍に参加したブーローニュ伯ボードワン（1058？～1118）がエデッサ（現トルコのシャンルウルファ）に建国した、最初の十字軍国家。

1098年、ボードワンは十字軍本体を離れ、当時エデッサを支配していたトロス（？～1098）の養子となる。しかし同年3月の暴動でトロス夫妻が死亡したため、ボードワンは伯爵としてエデッサの統治者となり、エデッサ伯国を建てた。

1100年、ボードワンはエルサレム国王ボードワン1世（在位1100～1118）として即位したため、従弟ボードワン2世（在位1100～1118）がエデッサ伯となり、以後エデッサ伯国は他の十字軍国家と協力しつつビザンツ帝国や周辺のイスラム教徒支配者と争った。

1144年12月、エデッサはザンギー朝創始者ザンギー（1087/8～1146）に占領され、これが原因で第2回十字軍が組織されるが、君主ジョスラン2世（在位1131～1149）はテル・バシールにとどまって国を継続した。しかし1159年、最後の拠点テル・バシールも陥落してエデッサ伯国は滅亡した。

▶ イスラム教、エルサレム王国、ザンギー朝、十字軍、ビザンツ帝国、ボードワン1世

エルサレム（Jerusalem）

イスラエルのほぼ中央部に位置する町の名。ヘブライ語で「イェルシャライム」、アラビア語では「アル・クドス」あるいは「バイト・アル・マクディス」。ユダヤ教及びキリスト教の聖地であるほか、イスラム教においてもマッカ、マディーナに次ぐ第3の聖地とみなされている。

エルサレム周辺では、紀元前5000年頃から人類の居住が確認されており、その後はカナン人がこの地域に居住していた。エルサレムについての記述は古代エジプト中王国時代の文書にも見られるが、紀元前1000年頃、古代イスラエル王ダビデがこの町を征服し、これを「ツィオン」と名づけて都に定めたため、「ダビデの町」と呼ばれることもある。

ソロモン死後古代イスラエル王国が分裂すると、エルサレムは南部ユダ王国の首都となるが、紀元前586年、新バビロニアのネブカドネザル

2世（在位紀元前605〜紀元前562）によって町は破壊され、住民はバビロンに連れ去られた（バビロン捕囚）。

その後アケメネス朝支配下の紀元前515年にエルサレムの神殿は再建され、ハスモン王国やヘロデ王朝時代には首都となった。しかし66年からのユダヤ戦争の結果、エルサレムは70年にティトゥス（39〜81）に破壊された。132年には、再度ユダヤ人の反乱が起こり、135年の反乱鎮圧によってエルサレムは破壊され、「アエリア・カピトリーナ」というキリスト教徒の街として再建された。

637年、イスラム教徒アラブ人がエルサレムを占領すると、以後はイスラム教国の支配を受ける。これに対し1095年、ヨーロッパ諸国は第1回十字軍を組織し、1099年にエルサレムは占領され、エルサレム王国が建国される。しかし1187年にはアイユーブ朝スルタン、サラーフッディーン（在位1169〜1193）がエルサレムを奪還、キリスト教徒は一時エルサレム支配を回復するものの、以後マムルーク朝、次いでオスマン帝国に支配される。

第一次世界大戦中の1917年、エルサレムはイギリスに占領され、1922年以降はイギリスの委任統治領パレスチナの一部としてイギリスの支配を受けた。イギリスの委任統治は1948年5月に終了するが、イスラエルはこれに時期を合わせて独立を宣言し、周辺アラブ諸国との間で第一次中東戦争が始まった。その結果エルサレムは、イスラエル領の西部とヨルダン領の東部に分割されるが、1967年の第三次中東戦争により、イスラエルが東エルサレムを占領したことで統一された。イスラエルは1950年に一度エルサレムを首都と宣言し、統一後1980年にも統一エルサレムを首都とする国会決議が行われたが、国際的には承認されていない。

▶ アイユーブ朝、アケメネス朝、アラブ人、イスラエル、イスラム教、オスマン帝国、カナン、キリスト教、サラーフッディーン、十字軍、スルタン、ソロモン、第一次中東戦争、第三次中東戦争、ダビデ、ハスモン王国、バビロン捕囚、パレスチナ、マムルーク朝

エルサレム王国

(Kingdom of Jerusalem)

1099〜1291。十字軍国家の1つで、エルサレムを首都とした。

1099年、第1回十字軍がエルサレムを占領すると、翌1100年に初代エルサレム王としてエデッサ伯ボードワン1世（在位1100〜1118）が即位した。エルサレム王は、他の十字軍国家であるエデッサ伯国、アンティオキア公国、トリポリ伯国に対する宗主権も有していた。

1187年、エルサレムはアイユーブ朝スルタン、サラーフッディーン（在位1169〜1193）に奪われるが、エルサレム王国は海岸部の領土において存続した。1229年、神聖ローマ皇帝フリードリヒ2世（在位1220〜1250）は外交交渉によってエルサレムをいったん取り戻すが、1244年にホラズム・シャーの残軍によって再度占領された。その後エルサレム王国の領

土は次第に縮小し、1291年、マムルーク朝によって最後の領地アッコを落とされ、滅亡した。しかしエルサレム国王の称号はその後も残り、ヨーロッパの何人かの君主がこの称号を用いた。

▶ アイユーブ朝、エルサレム、サラーフッディーン、十字軍、スルタン、フリードリヒ2世、ボードワン1世、マムルーク朝

エルトゥールル号事件
(Ertuğrul wreckage)

オスマン帝国軍艦エルトゥールル号が和歌山県の沖合で沈没した事件。日本側は官民挙げて遭難者の救援に尽くしたことから、トルコ国民の親日感情の端緒となった事件としてしばしば言及される。

1889年7月、オスマン帝国スルタン、アブデュルハミト2世（在位1876～1909）は、明治天皇への答礼と航海演習を兼ねて、木造軍艦エルトゥールル号を日本へ派遣した。1890年6月13日、艦長オスマン・パシャは明治天皇に拝謁し、スルタンの親書と勲章を奉呈したが、その帰路エルトゥールル号は熊野灘を航行中暴風雨に遭い、9月16日和歌山県樫野崎沖で座礁、沈没した。付近の住民は遭難者の救援に尽力し、約650名の乗組員中69名が救助された。生存者は全国から寄せられた義捐金とともに軍艦比叡、金剛によって本国へ送り届けられた。

また茶道宗徧流家元・山田寅次郎（1866～1957）は1891年、事件での遭難者家族への弔慰金を全国から集めてイスタンブールに渡り、以後通算約20年間イスタンブールに滞在した。

和歌山県串本町とトルコのメルスィン市には、エルトゥールル号事件犠牲者の慰霊碑がある。

▶ イスタンブール、オスマン帝国、スルタン

エンテベ作戦 (Operation Entebbe)

1976年のエールフランス機ハイジャック事件の直後、ウガンダのエンテベ空港で人質になっていたイスラエル人乗客を解放するためにイスラエルが敢行した救出作戦。作戦名「サンダーボール作戦」、「ヨナタン作戦」とも呼ばれる。

1976年6月27日、テルアビブ発パリ行きエールフランス139便は、中継地アテネを離陸直後、西ドイツの「バーダーマインホフ・グループ」及び「パレスチナ解放民族戦線(PFLP)」のゲリラにハイジャックされた。旅客機はいったんリビアのベンガジで給油した後、28日午前4時頃、ウガンダのエンテベ空港に着陸した。29日、ハイジャック犯たちはウガンダのラジオ放送を通じ、5ヶ国で服役中の「パレスチナ解放機構(PLO)」のゲリラら53人の釈放を要求、48時

エルトゥールル号

間以内に彼らをエンテベに連れてくるよう求めた。その後イスラエル人83名以外の乗客は釈放された。

イスラエルは、ハイジャック犯と交渉を行いつつも、最終的に救出作戦の実施を決定した。7月3日午後11時、イスラエル軍のC130輸送機4機は、折からエンテベ空港に着陸するイギリスの航空貨物機の背後について着陸し、人質が拘束されていた旧ターミナル・ビルを急襲してハイジャック犯全員を射殺した。人質は3人が死亡し、イスラエル軍は1人死亡、1名が負傷した。なお、イスラエル軍で唯一の犠牲者となった1番機突入部隊指揮官ヨナタン・ネタニヤフ(1946〜1976)は、後のイスラエル首相ベニヤミン・ネタニヤフ(1949〜)の実兄である。

➡ イスラエル、パレスチナ解放機構(PLO)、リビア

オ

王書 ➡ フェルドゥースィー

オジャラン
(アブドゥッラー・オジャラン、Abdullah Ocalan)

1949〜。「クルディスタン労働者党(PKK)」指導者。「アポ(父)」とも呼ばれる。

トルコ東南部シャンルウルファ州ハルフェティに生まれる。地元のクルアーン学校を経て、アンカラ大学政治学科に学ぶ。学生時代にマルクス・レーニン主義に触れ、左翼学生組織に関わったため7ヶ月投獄される。1974年頃から若い左翼活動家を周辺に集め、1978年暮れ、ディヤルバクルで、マルクス・レーニン主義を標榜するクルディスタン労働者党を結成、党首となる。

1980年6月、20人ほどの戦闘員とともにベカー高原に移動し、その際足を負傷したため、時折杖を使うようになったという。以来、レバノンやシリアを本拠地としてトルコに対する武力闘争を率いた。長年シリアに潜伏していたが、1999年2月、逃亡先のナイロビで逮捕され、死刑判決を受けた。しかし後に終身刑に変更され服役中。

➡ クルアーン、シリア、トルコ、レバノン

オスマン帝国 (Ottoman Empire)

1299?〜1922。トゥルクマンの一部族カユゥ族が、アナトリアに樹立した国家。建国の祖オスマン1世(1258?〜1326)は、半ば伝説的な人物で、遊牧トゥルクマンの小氏族長としてアナトリア西北部のビザンツ帝国領内に侵入し、その子オルハン(在位1326〜1359)時代にブルサを占領して首都とした。オスマン帝国の統治機構もオルハンの時代に整えられた。

第4代スルタン、バヤズィット1世(在位1389〜1402)は、ドナウ川までのバルカン半島支配を確立、他のアナトリア諸侯国をほぼ併合しスルタンの称号を用いたが、1402年、ア

ンカラの戦いでティムールに敗れ、捕虜となって死亡した。これにより、オスマン帝国支配下にあった諸侯国の一部も復活した。

バヤズィット死後は後継者争いが生じるが、メフメト1世（在位1413～1421）が1413年に即位してこれを収息させ、続くムラト2世（在位1421～1444、1445～1451）がアナトリアとヨーロッパ領の支配を回復、1453年にはメフメト2世（在位1444～1445、1451～1481）がビザンツ帝国の首都コンスタンティノープルを占領した。オスマン帝国はスレイマン1世（在位1520～1566）時代に最盛期を迎え、その版図はオーストリア国境からペルシャ湾、黒海沿岸からアルジェリア、モロッコ国境まで拡大した。しかしスレイマン1世以後は、王宮内部の争いやイェニチェリ軍団の反乱などが相次ぎ、対外的にも1683年のウィーン包囲失敗以降、数次にわたるオーストリア・トルコ戦争やロシア・トルコ戦争など、ヨーロッパ諸勢力との戦争で敗北することが多くなった。さらに19世紀末以降は帝国内部でも反乱が相次ぎ、ブルガリア、セルビア、ルーマニア、ギリシャなどヨーロッパ領内の諸国が相次いで独立、北アフリカのチュニジア及びアルジェリアをフランスに支配されるなど領土の縮小が続いた。

弱体化したオスマン帝国は「ヨーロッパの病人」と呼ばれるようになり、その領土であったバルカン半島や中東地域へのヨーロッパ列強の進出による一連の紛争（東方問題）が発生した。こうした状況に際し、1826年、マフムート2世（在位1808～1839）はイェニチェリ軍団を廃して西欧式の軍制を導入し、アブデュルハミト2世（在位1876～1909）は1876年12月23日、ミトハト・パシャが起草した憲法（ミトハト憲法）を公布、上院と下院の二院制議会を設けたが、結局議会は1度しか召集されなかった。

第一次世界大戦の敗北により、オスマン帝国はアナトリアとヨーロッパ側の一部の領土を残すまでに縮小し、1922年、トルコ革命によりトルコ共和国となった。

▶ アナトリア、アナトリア諸侯国、アラビア半島、アルジェリア、イェニチェリ、スレイマン1世、チュニジア、ティムール、トゥルクマン、トルコ、トルコ革命、ビザンツ帝国、ペルシャ湾、メフメト2世、モロッコ

オマーン (Sultanate of Oman)

正式名称は「オマーン国」。面積約31万km²。人口290.4万人（2012年推計）。

歴史的に「オマーン」という名称は、現在のオマーン北半分とアラブ首長国連邦とを合わせた地域を指していた。この地域はペルシャ湾の出入り口に位置していたため、紀元前から海洋交易活動の拠点となっていた。西方のイエメンやアラビア半島北部からのアラブ部族の移住が行われたのは2世紀頃と言われるが、7世紀にイスラム教が普及するまで、対岸にあるイランの政治的・文化的影響を強く受けていた。

630年、預言者ムハンマド（570頃

〜632)に派遣されたアムル・イブン・アル・アース（？〜663）により、オマーンはイスラム化されたが、ムハンマド死後ハワーリジュ派の一派であるイバード派が伝わり、751年以後イバード派が独自に選んだイマームによる統治が続いた。

以後11世紀頃まで、オマーンは海洋交易国家として栄え、当時アラビア湾随一の港と言われたソハールを中心にインド西海岸やアフリカ東海岸との交易、アフリカ東海岸などでの植民活動も行われた。『アラビアン・ナイト』に登場するシンドバッドも、ソハールの港から何度も出港したと伝えられている。しかし11世紀頃からは対岸イランの諸王朝に海岸地域が侵略され、14世紀になると、イマームの支配地域は内陸部に限定されるようになった。

1507年、インド洋に勢力を拡張していたポルトガルは、マスカットなどオマーン海岸地域を占領した。またオマーン内陸部でも内乱状態となったが、1623年頃イマームに選ばれたナースィル・ビン・ムルシドがヤアーリバ朝を開き、ヤアーリバ朝第2代イマーム、スルタン・イブン・サイフ（在位1649〜1688）は1650年にポルトガルを駆逐した。ヤアーリバ朝はその後海軍力増強に努め、活発な海洋交易活動を展開し海外にも勢力を伸ばし、オマーンは再度繁栄期を迎えた。ヤアーリバ朝は18世紀初頭から内乱やペルシャの侵入により衰え、1749年頃イマームに選出されたアフマド・イブン・サイード（在位1744〜1783）が現王家であるブーサイード朝を開いた。ブーサイード朝の下、オマーンはザンジバルなどのアフリカ東部沿岸部地域、パキスタンのマクラーン地方の一部などを版図とした海洋帝国となり、再度繁栄を取り戻した。その支配者は18世紀末になると「サイイド」、19世紀後半以降は「スルタン」を称して現在に至る。

ブーサイード朝は19世紀前半のサイード（1807〜1856）時代に最盛期を迎えるが、その死後はザンジバルを中心としたアフリカ東部沿岸地域が分離独立、蒸気船の登場やスエズ運河の開設により帆船による貿易も打撃を受けて、オマーンは衰退、1919年以降事実上イギリスの支配下に置かれる。

一方1913年には、内陸のオマーン人がサーリム・イブン・ラシードをイマームに選出したことから内戦状態となり、その結果1920年のスィーブ条約で、オマーンはスルタン支配地域とイマーム支配地域に二分された。スルタンとイマームの対立は1950年代に再燃するが、最後のイマーム、ガーリブ・ビン・アリ・アル・ヒナイ（1908/12〜2009）は1964年にサウジアラビアに亡命し、国家は統一された。しかし1965年からはドファール地方でも反乱が生じた。当時のスルタン、サイード（在位1932〜1970）はこうした状況に有効に対処できず、また鎖国政策をとって諸外国との交流もほとんどなくなったが、1970年宮廷クーデターにより現

カブース国王（在位1970〜）が即位し、ドファールの反乱も1975年には鎮圧された。

▶ アムル・イブン・アル・アース、アラビア半島、アラビアン・ナイト、アラブ首長国連邦、イエメン、イスラム教、イマーム、イラン、サウジアラビア、スエズ運河、スルタン、ハワーリジュ派、ムハンマド

カ

カアバ神殿 (Ka'ba)

マッカ聖モスクのほぼ中央にある立方体の神殿で、東側の角には聖体である黒石が埋め込まれている。イスラム教最大の聖地であり、イスラム教徒は1日5回カアバ神殿の方向に向いて祈り、一生に一度この場所に巡礼することが五行と呼ばれる義務の1つになっている。

カアバ神殿は預言者ムハンマド（570頃〜632）のイスラム教布教開始以前からアラビア半島における伝統的な聖地の1つであり、『クルアーン』の記述や伝承によれば、アッラーの玉座の下にある「バイト・マアムール」という館をまねて、人類の祖アダムとイヴが地上に建設した。神殿はノアの大洪水の際いったん失われたが、アッラーからその場所を知らされたアブラハム（アラビア語で「イブラヒーム」）が、息子イシュマエル（アラビア語で「イスマイール」）とともに再建したという。神殿の黒石は、このとき大天使ガブリエルがもたらしたもので、最初に神殿を築いた際アダムが腰掛けに用いたものとも言われる。当時この石は白かったが、異教時代の罪と不浄に触れたため黒色となり、審判の日に石は舌を与えられ、人類に不利な証言をするという。「ジャーヒリーヤ時代」にはマッカのクライシュ族がこの神殿を管理しており、当時は様々な神の偶像が安置されていた。しかし630年、マッカを征服したムハンマドは、これらの像をすべて打ち壊したという。

▶ アダムとイヴ、アッラー、アブラハム、アラビア半島、イシュマエル、イスラム教、クライシュ族、クルアーン、ジャーヒリーヤ時代、マッカ、ムハンマド、六信五行

カーイダ (al-Qaida)

日本では「アルカイダ」と表記されることも多いが、本来はアラビア語で「基地」を意味する「カーイダ」に定冠詞「アル」が付いた名称。

本来ソ連のアフガニスタン侵攻中、ウサーマ・ビン・ラーディンが、アフガニスタンで戦った各国義勇兵のその後の消息を把握するために設立した宿泊所兼訓練所のような組織であったが、西側では次第にウサーマ・ビン・ラーディンに指揮される多国籍のテロ組織として認識されるようになった。現在「アラビア半島のアル・カーイダ」「イスラム・マグレブ諸国のアル・カーイダ」など、「アル・カーイダ」を名乗る組織はいくつか存在するが、それらはほぼ独立して活動している模様である。

▶ アフガニスタン、アラビア語、ウサーマ・ビ

ン・ラーディン、ソ連のアフガニスタン侵攻

ガイバ ➡ 隠れイマーム

カイロ (Cairo)

「エジプト・アラブ共和国」の首都。アラビア語では「アル・カーヒラ」。969年にエジプトを征服したファーティマ朝が新首都として建設し、現在は中東・アフリカを通じて最大の都市になっている。

969年、エジプトを征服したファーティマ朝第4代カリフ、ムイッズ（在位952〜975）は、将軍ジャウハル（？〜992）に新都の建設を命じた。最初の鍬を入れる時間は占星術によって定められていたが、誤ってそれより前に工事が開始され、ちょうどその瞬間に火星が地平線上にあったことから、アラビア語で火星を意味する「アル・カーヒル」にちなんで名づけられた。本来町の中心地は「バイナ・アル・カスライン」と呼ばれる場所であるが、ムハンマド・アリ朝時代に、その西側に都市計画に基づいた新市街が建設され、さらに現在では隣接するギザ県やカルーヒーヤ県の一部も含めて「大カイロ圏」と呼ばれることがある。1987年には、中東で最初の本格的な地下鉄も開通した。

➡ アフリカ、アラビア語、エジプト、カリフ、ファーティマ朝、ムハンマド・アリ朝

カエサル (ガイウス・ユリウス・カエサル、Gaius Julius Caesar)

紀元前100〜紀元前44。ローマの将軍、政治家。中東との関係では、プトレマイオス朝最後の女王クレオパトラ7世（在位紀元前51〜紀元前30）との交際で知られる。

ローマ創業者の1人を祖先とする貴族の家系に生まれる。ローマ及びロードス島で古典教育を受け、青年士官としてアナトリアで軍務に服した後、紀元前69年ヒスパニア・ウルテリオル（スペイン西部）で財務官となる。紀元前60年に執政官となり、ポンペイウス（紀元前106〜紀元前48）及びクラッスス（紀元前115〜紀元前53）と組んで三頭政治を開始する。紀元前58年からはガリア統治に当たり、紀元前49年1月12日、軍の即時解散及び帰国を命じる元老員最終勧告を無視してローマ国境とされていたルビコン川を渡り、ポンペイウス派との内戦に入る。独裁官となったカエサルは、紀元前48年8月9日、ファルサルスの会戦でポンペイウス軍を破る。その後エジプトに逃げたポンペイウスを追ってエジプトに上陸したことからクレオパトラ7世と出会い、弟プトレマイオス14世（在位紀元前47〜紀元前44）との権力争いにおいてクレオパトラを支持するが、紀元前44年3月15日、カエサルの独裁を恐れた元老院派により暗殺される。

➡ クレオパトラ7世、古代エジプト、プトレマイオス朝

隠れイマーム (hidden imam)

シーア派の多くの分派が認める信仰で、最後のイマームが現在「ガイバ」と呼ばれる不可視の状態にある

とする考え方。また、そのイマーム本人のこと。

「ガイバ」とは本来アラビア語で「眼に見えない状態」を意味するが、隠れイマームの教義においては、最高指導者イマームが一般信徒から隔絶された場所におり、死んではいないものの直接の接触が不可能な状態でイマーム位を保持し続ける状態をいう。「ガイバ」の状態にあるイマームは、終末の際「マフディー」として再び姿を現すと考えられている。

12イマーム派においては、874年に第12代イマーム、ムハンマド・イブン・アル・ハサン（869頃〜？）がガイバの状態に入った後、940年までは4人の代理人を通じて統治を続けたとして、この期間を「小ガイバ」と呼び、さらに代理人も絶えたそれ以後を「大ガイバ」と呼ぶ。

▶ イマーム、シーア派、12イマーム派、マフディー

ガザ地区 (Gaza Strip)

パレスチナ南部、ガザ市を中心とするほぼ長方形をした地域の名称。現在ガザ地区と呼ばれる領域は、第一次中東戦争後、一時エジプト支配下にあった地域を指し、ガザ、ハーン・ユニス、ラファハの3市などを含み、面積は365km²。

この地域では、少なくとも紀元前15世紀から人の居住が確認されており、古来歴史的シリアとエジプトを結ぶ交通の要衝として栄えていた。歴史上は古代エジプトの諸王朝に支配される期間が長かったが、その後ペリシテ人、アケメネス朝、アレクサンドロス帝国に占領され、古代イスラエルのハスモン王国やヘロデ王朝の支配を経て、ローマ帝国シリア属州の一部となる。ローマ帝国分裂後はビザンツ帝国の領域となるが、635年にイスラム教徒アラブ人に征服される。その後はシリアを支配したイスラム諸王朝の支配下にあったが、1100年には第1回十字軍に占領され、1149年からはテンプル騎士団の所領となっていた。しかし1187年、アイユーブ朝スルタン、サラーフッディーン（在位1169〜1193）の占領、その後のマムルーク朝支配を経てオスマン帝国の領土となった。

第一次世界大戦によってオスマン帝国が解体されると、ガザ地区はイギリス委任統治領パレスチナの一部に組み込まれたが、1948年の第一次中東戦争でエジプトがこの地域を占領し、第三次中東戦争でイスラエルに占領される。しかし1993年、オスロ合意に基づいてガザにパレスチナ暫定自治政府が置かれ、イスラエルも2005年にガザから撤退した。

なお、医療等に用いられるガーゼは、ガザ特産の目の粗い布に由来する名称と言われている。

▶ アイユーブ朝、アケメネス朝、アレクサンドロス3世、イスラエル、エジプト、オスマン帝国、サラーフッディーン、シリア、第一次世界大戦中の中東、第一次中東戦争、第三次中東戦争、ハスモン王国、パレスチナ、ヘロデ、マムルーク朝

ガザーリー (Abu Hamid Muhammad ibn Muhammad al-Tusi al-Ghazali)

1058〜1111。中世イスラム世界のイラン人思想家。ラテン名「アルガゼル」。

ホラーサーン地方のトゥースで生まれ、トゥース、グルガン、ニシャプールでイスラム諸学を学ぶ。若くして当時のセルジューク朝宰相ニザーム・アル・ムルク（1018/19/20〜1092）に見込まれ、1091年、バグダッドのニザーミーヤ学院の教授となる。ニザーミーヤ学院では学生にイスラム法学などを教える一方、イスラム神秘主義関係の書物も読みふけり、1095年以後はエルサレムを訪れて隠遁生活に入る。1104年、ニザーム・アル・ムルクの息子が宰相になるとその要請でイランに戻り、ニシャプールに3年とどまった後、故郷トゥースでイスラム神秘主義の修行所を設立して晩年を過ごし、1111年12月に死去した。

自らの神秘体験に基づいて、イスラム法学とイスラム神秘主義の調和を図ろうとした。西欧においては著書『哲学者の意図』により、哲学者として知られている。

➡ イスラム神秘主義、イスラム法、イラン、エルサレム、セルジューク朝、ニザーム・アル・ムルク、バグダッド

カージャール朝 (Qajar dynasty)

1796〜1925。トルコ系カージャール族がイランに建てた王朝。ペルシャ語の発音に基づいて「ガージャール朝」と表記されることもある。

創始者アーカー・ムハンマド・シャー・カージャール（1742〜1797）は、1796年までに現在のイランの大部分を平定し、同年テヘランで即位した。しかし第2代ファトフ・アリ・シャー（在位1797〜1834）時代以後はイラン・ロシア戦争の敗北によりロシアにイラン国内の治外法権を与え、イギリスにも同様の利権を与えるなど、次第に両国に従属し始めた。1905年、日露戦争で日本が勝利したことはイラン人のナショナリズムも刺激し、同年12月から始まったイラン立憲革命と呼ばれる憲法制定運動の結果、1907年10月に第1回イラン国民議会が開催され、同年12月にはベルギー憲法をもとにしたイラン憲法が署名された。

しかし、第一次世界大戦後は、その領土内にギーラーン共和国、アゼルバイジャン共和国、ホラーサーン革命政権などの地方政権が分立する混乱状態となった。こうした無政府状態の中、コサック部隊長のレザー・ハーン（1878〜1944）は1921年2月にクーデターを起こし、軍制改革を断行、各地の反乱を鎮圧した。さらに1925年10月には、国会でカージャール朝の廃止を決議させたためカージャール朝は滅亡した。

➡ アゼルバイジャン、イラン、トルコ、ペルシャ

ガズナ朝 (Ghaznavids)

977〜1186。現在のアフガニスタンのほか、イラン北東部のホラーサーン、インド北西部などを支配した王朝。

サーマン朝においてホラーサーン

軍司令官を務めたアルプテギン（？〜993）は955/6年、アフガニスタン東部のガズナに移り、そこに実質的な独立政権を樹立した。彼の後継者セブクテギン（在位977〜997）はサーマン朝の宗主権を承認したが、以後世襲の支配者が統治したため王朝の創始者はセブクテギンとされる。

セブクテギンの子マフムード（在位998〜1030）はサーマン朝を滅ぼしたカラハン朝と条約を結んでホラーサーンを確保し、イラン中央部にも進出、アッバース朝第25代カリフ、カーディル（在位991〜1031）からも支配の正当性を認められた。マフムードは南インドに計17回の遠征を行い、彼の時代その領土はアフガニスタン全域のほかパンジャブ地方、イラン東部に及び、ガズナ朝は最盛期を迎えた。なおマフムードは、歴史上初めて「スルタン」の称号を用いたが、これはカリフから公式に承認されたものではなかった。マフムードはまたビールーニー（973〜1050以降）など著名な学者、文人を宮廷に招き、学術研究に従事させたことでも知られている。

マフムードの子マスウード（在位1031〜1041）時代には、セルジューク朝にホラーサーンの支配権を奪われるが、王朝はアフガニスタン東部とインド北西部を領土として存続する。しかし1162年、ゴール朝に首都ガズナを奪われ、その後1186年、新首都ラホールも征服されて滅びた。

▶ アッバース朝、アフガニスタン、イラン、カリフ、サーマン朝、スルタン、セルジューク朝、ビールーニー

カダフィ（ムアンマル）

1942〜2011。リビアの革命指導者。アラビア語の音写の関係で「カッザーフィ」「ガダフィ」など何種類かの表記が見られる。シルテでベドウィンのカッダーファ族に生まれる。シルテの小学校卒業後セブハ及びミスラタの中学校で学び、1963年にベンガジの陸軍士官学校に進む。入学以前からエジプトのナセル大統領（1918〜1970）に心酔し、士官学校時代には自由将校団を結成している。卒業後は通信将校となり、1966年にはイギリスにも留学しているが、中尉であった1969年、当時の国王イドリース1世（在位1951〜1969）のトルコ訪問中に自由将校団を率いてクーデターを起こし、革命評議会議長に就任、国内の米軍を撤退させ、石油会社の国有化など民族主義的政策を推進した。階級も大佐に昇進したが、軍隊の階級としては生涯大佐であり、「カダフィ大佐」としても知られた。

1972年にはエジプトと、1974年にはチュニジアとの合併を発表するなど汎アラブ主義的政策を追求する一方で、イスラエルや欧米諸国に対し強硬な姿勢をとり、「パレスチナ解放機構（PLO）」をはじめ世界各国の解放運動を公然と支援した。1977年には、「ジャマーヒリーヤ」と呼ぶ独自の政治制度を導入し、国名を「リビア・アラブ人民ジャマーヒリーヤ」と改称、1979年には一切の公職から退くが、その後も事実上の国家元首

としてリビアを支配した。

　2011年の「アラブの春」の中、リビアでは2月半ばより東部で民衆の武装蜂起が発生した。3月よりNATO諸国による軍事介入が行われたこともあり、8月に首都トリポリが陥落、カダフィは逃亡したが、10月20日、生地シルテで拘束され、反政府勢力に殺害された。計8人いたカダフィ息女のうち、ムウタシム・ビッラー、ハミース及びセイフ・アル・アラブは内戦中殺害され、次男サイフ・アル・イスラム（1972〜）も11月にリビア国内で拘束されたが、他の家族は国外に逃亡した。

　カダフィの私生活は生前謎に包まれていたが、フランス紙「ル・モンド」記者であったアニック・コジャンは2013年、関係者の証言に基づいて『カダフィのハレム』を著し、カダフィがトリポリ市内の私邸に少女たちを多数集め、日常的に虐待や性的暴行を行ったとしている。

▶ アラブの春、イスラエル、エジプト、チュニジア、トルコ、ナセル、パレスチナ解放機構（PLO）、リビア

カタール (State of Qatar)

　正式名称は「カタール国」。アラビア半島中央部からペルシャ湾に突き出た半島に位置する。面積約1.2万km²、人口は193.8万人（2012年推計）。首都はドーハ。

　カタール半島においては、紀元前8000年頃から人類の居住が確認されており、古代からメソポタミアとアラビア半島南部を結ぶ交易路の中継地となっていた。

　1660年代、現在のバーレーンを含むアラビア半島東部地域はバニ・ハーリド族の支配地域であったが、1762年頃、クウェートにいたハリーファ家がカタール半島北西部のズバーラに拠点を定め、そこを交易及び真珠採取の拠点とした。ハリーファ家は1783年、ペルシャ人を駆逐してバーレーンの支配を奪うが、19世紀に入るとカタール土着の豪族の反乱が相次ぎ、最終的には1868年、イギリスの支援により、サーニー家がドーハの支配権を得る。1871年には、カタールはオスマン帝国領ハサー州の一部となるが、1876年にカタール総督に就任した第2代ジャーシム首長（在位？〜1913）は次第にカタール全土に勢力を拡張し、第3代アブドゥッラー首長（在位1913〜1949）時代の1916年にイギリス保護領となり、1971年に独立した。

　1995年、ハリーファ首長（在位1972〜1995）外遊中に宮廷クーデターでハマド皇太子が首長となり、以後政治の民主化や言論の自由化を進めてきたが、2013年6月、息子タミームに首長位を譲って退位した。アラブ世界で人気のあるアラビア語衛星放送「アル・ジャジーラ」は、カタールの首都ドーハに本局を置く。

▶ アラビア半島、オスマン帝国、クウェート、バーレーン、ペルシャ湾、メソポタミア

ガッサーン朝 (Ghassanids)

　かつてアラビア半島北部から現在のシリア南部を支配したアラブ系の

王朝。伝承によればガッサーン家は、本来アラビア半島南部に居住したカフターン系アズド族の一派であったが、マアリブ・ダムの決壊によりアラビア半島各地を遍歴した後、3世紀頃ダマスカス南部のハウランに定住し、キリスト教徒になったとされている。

その後、現在のイスラエルやレバノンからマディーナに至る地域までを支配し、ゴラン高原のジャービヤを首都とした。6世紀初頭にはビザンツ帝国の衛星国となったが、この時代ハーリス・イブン・ジャバラ（529〜569頃）はササン朝ペルシャの支援を受けたラフム朝ムンズィル3世（在位503/5〜554）と何度も交戦し、最後には敗死させた。

634年、ハーリド・イブン・アル・ワリード（？〜641/2）率いるイスラム軍により滅ぼされる。

▶ アラビア半島、イスラエル、キリスト教、ササン朝、シリア、ハーリド・イブン・アル・ワリード、ビザンツ帝国、マディーナ、ラフム朝、レバノン

カーディスィーヤの戦い
(Battle of Qadisiya)

637年、現在のイラクにあるカーディスィーヤで行われた、ササン朝ペルシャとイスラム教徒アラブ人の会戦。

メソポタミア南部の都市ヒッラをアラブ人に攻略されたため、ササン朝皇帝ヤズデギルド3世（在位632〜651）は、総指揮官ルスタム（？〜637）のもとに大規模な攻撃軍を派遣した。これに対し第2代正統カリフ、ウマル（在位644〜656）はサアド・イブン・アビ・ワッカース（595頃〜674頃）指揮下の部隊をイラクに派遣した。637年、両軍はカーディスィーヤに布陣し、3日間にわたる和平交渉が行われたが決裂、その後4日に及ぶ戦闘でアラブ軍が勝利した。

カーディスィーヤの戦いはヤルムークの戦いと並んで、「アラブの大征服」における象徴的な戦闘と考えられており、サダム・フセイン・イラク大統領（1937〜2006）は、イラン・イラク戦争を「第2のカーディスィーヤの戦い」と呼んだことがある。

▶ アラブ人、アラブの大征服、イスラム教、イラク、イラン・イラク戦争、ウマル・イブン・アル・ハッターブ、カリフ、ササン朝、フセイン、ペルシャ、メソポタミア、ヤズデギルド3世、ヤルムークの戦い

カデシュの戦い (Battle of Kadesh)

紀元前1285年頃、シリアのカデシュで行われた、ヒッタイトと古代エジプトの戦闘。古代における最大の戦闘の1つと言われる。

ヒッタイトのシリア地方進出に対し、当時の古代エジプト第19王朝ファラオ、ラムセス2世（在位紀元前1290〜紀元前1224頃）はヒッタイトを撃退すべくパレスチナに進軍、さらに北進して、オロンテス川沿いにあるヒッタイトの要塞カデシュに向かった。戦闘ではエジプト軍がヒッタイトに挟み撃ちにされ劣勢となったが、ヒッタイト軍が略奪を始めたのを機にエジプト軍は態勢を整え、反撃しながら撤退した。戦闘の後、世

界最古の講和条約が結ばれた。

ラムセス2世はこの戦いに勝利したとして、その模様をルクソールなどの神殿に刻んでいるが、ヒッタイトはその後もシリア支配を続けた。

➡ 古代エジプト、シリア、パレスチナ、ヒッタイト、ファラオ

カート (qat)

イエメンや東アフリカに自生する植物で、原産地はエチオピアと言われる。その葉には覚醒作用を持つ成分が含まれ、サウジアラビアなど多くの国では麻薬として禁じられているが、イエメンでは広く嗜好品として用いられている。

イエメンでは、集団でカートを噛む、いわゆる「カート・パーティ」が社交の場となっており、その際は柔らかい若葉や新芽を口の中に大量に詰め込んで噛み、樹液は清涼飲料水とともに飲み下しながら長時間歓談する。この際残った葉は、一方の頬に蓄える。

➡ イエメン、サウジアラビア

カナート (qanat)

イラン、アフガニスタンを中心に、中東各地の乾燥地帯に見られる伝統的な横穴式地下水路のこと。「カナート」はアラビア語で「運河」を意味するが、同様のものはアフガニスタンでは「カレーズ」、アルジェリアでは「フォガラ」、オマーンでは「ファラジ」などと呼ばれる。その起源は紀元前8世紀のイラン高原と言われ、アケメネス朝やササン朝、アラブ・イスラム帝国の支配下で各地に普及したと言われる。

基本的な構造は、地下に長い横穴を掘って水源から都市や農村まで導くもので、掘削のため30～50mおきに竪穴が掘られている。最盛期には、イランで3万本のカナートが稼動していたと言われる。長いものは70kmに及ぶものもあるという。

➡ アケメネス朝、アフガニスタン、アラビア語、アルジェリア、イラン、オマーン、ササン朝

カナン (Canaan)

パレスチナ及びフェニキアを含む地中海東岸地域に対する古代の呼び名。「カナン」という名称は、『旧約聖書』の「創世記」でノアに呪われたハムの子カナンに由来するもので、ヨルダン川より西の地域を指していた。『旧約聖書』ではユダヤ人に与えられた約束の地で、「乳と蜜の流れる国」とされている。

カナンという語が初めて現れるのは紀元前18世紀のマリ文書で、この地域にはセム語系統の言葉を話すカナン人と呼ばれる民族が居住していた。カナン人はこの地域に多くの都市国家を建設していたが、『旧約聖書』の「士師記」第4章によれば、紀元前13世紀末にイスラエルの民を率いた女預言者デボラと指揮官バラクがエズレル峡谷でカナン王ヤビンの軍勢を破り、やがてカナンの地を征服したという。

➡ イスラエル、パレスチナ、フェニキア、ヨルダン

カバラ (Cabala, Kabala, kabbala, kabbalah, qabala, qabalah)

本来「伝承」を意味するヘブライ語で、転じてユダヤ教神秘思想のこと。その起源は1世紀のパレスチナに現れた、「メルカヴァ瞑想」に求められる。「メルカヴァ」はヘブライ語で「戦車」を意味する言葉で、本来「エゼキエル書」に描写された「神の乗り物」を意味した。しかしメルカヴァの意味は、神の玉座や宮殿などのより広い範囲を指して用いられるようになり、メルカヴァ瞑想は瞑想によってこの「メルカヴァ世界」に到達し、神そのものに接近しようとする神秘主義的修行法で、何日か断食した上で、自分の頭を膝に埋めた姿勢で賛美歌や頌歌を唱え続けるというものであった。

13世紀には、プロヴァンスとスペインで、『ゾハール』を基本とし、さまざまな象徴や特殊な用語を用いて神の天地創造の秘密や世界の成り立ち、さらには救世主の到来までを神秘的に読み解こうとする思索的カバラが生じ、スペインでのユダヤ教徒追放以後、その中心地はイスラエルのゼファトに移った。

カバラの一部には、『旧約聖書』の「モーセ五書」を神秘的に解釈する技法があり、ピコ・デッラ・ミランドーラ (1463〜1494) やマルシリオ・フィチーノ (1433〜1499) など一部のキリスト教神学者もこうした技法を採用した。

▶ イスラエル、キリスト教、パレスチナ、ヘブライ語

カピチュレーション (capitulations)

オスマン帝国などイスラム世界の君主が、主にヨーロッパ諸国に与えた通商上の特権のこと。外来の商人に対し活動上の特権を与えることは、イスラム世界では初期から見られ、オスマン帝国もこの伝統を引き継ぎ、通商上の利益を得るためにフランス、イギリスなどに特権を与えた。こうした特権の付与は、本来スルタンからの恩恵という性格が強かったが、オスマン帝国が衰退し始めた18世紀頃には国際条約としての性格を強め、諸外国がオスマン帝国内での権益を拡大するための不平等条約のようになった。

▶ オスマン帝国、スルタン

カビール人 (Kabyle people)

アルジェリア北部山岳地帯のカビリー地方に住むベルベル人に対する呼び名。アルジェリアのベルベル人は8割がこの地域に住むと言われる。

1831年、アルジェリアを占領したフランスは、1851年よりカビリー地方への遠征を開始し、1857年に制圧した。フランスはカビール人をキリスト教化しようとしたが失敗し、1871年にはカビール人の支援も得たムハンマド・アル・ムクラーニ (1815〜1871) の反乱も発生した。

フランスの分割統治政策もあって少数民族であるカビール人とアラブ系国民との関係は緊張をはらむ部分があり、1980年4月にはカビリー地方で、「ベルベルの春」と呼ばれる抗議行動も発生している。

➡ アルジェリア、キリスト教、ベルベル人

カラコユンル (Karakoyunlular)

14世紀から15世紀にかけて、メソポタミア平原北部からアナトリア東部で力を持ったトゥルクマン系遊牧部族連合。日本語では「黒羊朝」と記されることもある。

当初はアゼルバイジャンのジャライール朝に服属していたが、14世紀後半のバイラム・ホジャの時代に勢力を確立した。首長カラ・ユースフ(1388頃～1420)はタブリーズを奪うがティムール（1336～1405）に敗れ、一時マムルーク朝に亡命する。しかし、ティムール死後の1419年にはカズヴィーンに進出、カラ・ユースフの子イスカンダル(在位1420～1436)はティムール帝国皇帝シャー・ルフ(在位1409～1447)と争いつつイラン中央部に進出し、その弟ジハーン・シャー（在位1438～1467）時代に最盛期を迎えた。この時代カラコユンルは、イラクからイラン東部ホラーサーンまでを支配下に置き、西アジアの一大勢力としてティムール帝国やオスマン帝国と鼎立状態にあったが、ジハーン・シャーは1467年末、アクコユンル朝ウズン・ハサン（在位1453～1478）討伐に向かう途中ウズン・ハサンの奇襲を受けて死亡、以後は次第にアクコユンルに領土を奪われ、1469年までにカラコユンルは消滅した。

➡ アクコユンル、アゼルバイジャン、アナトリア、イラク、イラン、オスマン帝国、ティムール、ティムール帝国、トゥルクマン、マムルーク朝、メソポタミア

ガラビーヤ (jallabiyah)

エジプト等で用いられる種類の、ゆったりした長衣に対する呼び名。エジプトのガラビーヤには男女の別などいくつか種類があるが、通常は家庭内の団欒などくつろいだ状況で着用される。同様の長衣は湾岸諸国からモロッコまで中東各地で用いられているが、地域により、ある程度意匠が異なり、例えばモロッコの「ジュッラーバ」はフードが付いている。湾岸諸国の「トーブ」や「ディスダーシャ」は、通常襟や袖口が付いており、公式の場の盛装ともなっている。

➡ エジプト、モロッコ

カラメの戦い (Battle of Karame)

1968年3月21日、ヨルダン領内のカラメ（正則アラビア語では「カラーマ」）村で、ヨルダン軍及び「パレスチナ解放機構（PLO）」が攻撃してきたイスラエル軍を迎え撃った戦闘。

3月18日、テルアビブのヘルツリヤ中学校の生徒たちを乗せたバスがエイラート北約40kmのベール・オラで地雷に触れ、生徒2人が死亡、27人が負傷した。地雷を敷設したPLOのファタハ要員はヨルダン川東岸のカラメ村を拠点としていたため、イスラエルは報復として3個旅団、1万5,000人の兵力でカラメ村を含むいくつかの拠点を攻撃した。

カラメ村ではヨルダン軍と結んだパレスチナ武装勢力が激しく抵抗し、最終的にイスラエル軍は死者28名、

負傷者69名を出して撤退した。実際にはこの戦闘で、ヨルダン・パレスチナ側は200名を超える死者を出しているが、アラファト（1929〜2004）がカラメ村での勝利を主張したことで一種の伝説となり、第三次中東戦争の敗北で意気阻喪していたアラブ世界において、ファタハの名声が一躍高まることとなった。

➡ アラファト（ヤーセル）、イスラエル、第三次中東戦争、パレスチナ解放機構（PLO）、ヨルダン

カリフ (Caliph)

アラビア語で「後継者」を意味する「ハリーファ」がなまった言葉。預言者ムハンマド（570頃〜632）没後、イスラム共同体を率いる者に対して用いられ、その後ウマイヤ朝やアッバース朝などいくつかの世襲王朝君主がこの称号を用いた。

預言者ムハンマドが632年に没すると、後継者に選ばれたアブ・バクル（在位632〜634）は「アッラーの使徒の後継者（ハリーファ・ラスール・アッラー）」を称し、第2代カリフ、ウマル（在位634〜644）は、カリフの別称として「アミール・アル・ムーミニーン」も用いた。その後、第3代カリフ、ウスマーン（在位644〜656）、第4代カリフ、アリ（在位656〜611）までが合議により選出されたため「正統カリフ」と呼ばれる。

アリの暗殺後、ウマイヤ朝においてカリフの地位は世襲となり、これはその後のアッバース朝、ファーティマ朝などの諸王朝に引き継がれた。しかし、1031年に後ウマイヤ朝が、1171年にファーティマ朝が滅びたことで、アッバース朝カリフのみが残り、そのアッバース朝カリフも、セルジューク朝時代には宗教上の権威のみを有する名目的存在となっていた。1258年、アッバース朝最後の第37代カリフ、ムスタアスィム（在位1242〜1258）はフラグ（?〜1265）により殺害されるが、エジプトのマムルーク朝はその親族をカリフとしてエジプトに迎え、保護した。しかし1517年、オスマン帝国がエジプトを征服すると、当時のスルタン、セリム1世（在位1512〜1520）は名目上のカリフ、ムタワッキル3世（在位1508〜1517）をイスタンブールに連行し、後にオスマン帝国スルタンがカリフ位を禅譲されたとしてこの職を兼ねるようになった（スルタン・カリフ制）。

1918年から始まったトルコ革命の中、トルコ大国民議会は1922年にスルタン制を、さらに1924年にカリフ制を廃止し、最後のカリフとしてのアブデュルメジト2世（在位1922〜1924）は廃位された。これを受けてハーシム家のフセイン・イブン・アリ（1853〜1931）は自らカリフを宣言したが承認する者はなく、以後公式なカリフは存在しない。

➡ アッバース朝、アブ・バクル、アラビア語、アリ、イスタンブール、ウスマーン・イブン・アッファーン、ウマイヤ朝、ウマル・イブン・アル・ハッターブ、エジプト、オスマン帝国、スルタン、スルタン・カリフ制、セルジューク朝、トルコ革命、ハーシム家、ファーティマ朝、マムルーク朝

ガリラヤ平和作戦 ➡レバノン戦争

カルタゴ (Cartage)

現在のチュニス近郊にあった都市。またこの都市を中心とする国家の名称。「カルタゴ」は、フェニキア語の「カルト・ハダシュト（新しい町）」に由来する名。

伝説によれば、フェニキア人都市国家テュロスの女王ディド（あるいはエリッサ）が、兄ピュグマリオンから逃れてカルタゴにたどりつき、原住民から、一頭の牛の皮で覆うことのできる土地を譲り受けることとなった。そこでディドは牛の皮をひも状に細く裂いて多くの土地を囲い、都市を建設したとされる。

実際にはカルタゴは、テュロスの植民都市として誕生し、その後独立したものと思われる。紀元前6世紀の半ばから、カルタゴ人は北アフリカ沿岸各地のほかイベリア半島東岸、サルデーニャ島に多くの植民都市を建設、地中海南部における商業の中心地となった。

一方、カルタゴが地中海に勢力を拡大したことで、シチリア島の領有をめぐってギリシャ系都市国家と争うようになり、紀元前540年から紀元前307年まで、3回にわたるシチリア戦争でシチリア島の領土を確保した。しかしその後シチリア島におけるローマの影響力が増大すると、カルタゴはローマと対立することとなり、3回のポエニ戦争で滅ぼされた。

➡アフリカ、フェニキア、ポエニ戦争

カルデア ➡新バビロニア

カルバラの戦い (Battle of Karbala)

バグダッドの南南東90km余りに位置するカルバラで、シーア派第3代イマーム、フセイン（626〜680）一行が殉教した戦い。

680年、イラク南部クーファのシーア派住民は、ウマイヤ朝第2代カリフ、ヤズィード（在位680〜683）打倒のためフセインの決起を要請した。フセインはこの要請に応じクーファに向かったが、この動きを察したヤズィードは大軍を差し向け、カルバラの野でフセイン一行を包囲した。

フセイン一行には婦女子や老人も含まれていたが、3日間水や糧食を絶たれた後、イスラム暦61年ムハッラム月10日（西暦680年10月10日）、フセイン軍は婦女子を除き全員が殺害された。フセインは首を刎ねられ、胴体はカルバラで葬られたが、その首はダマスカスに送られた。

フセイン殉教は、シーア派イスラム教徒にとっては宗教上非常に重要なものと考えられており、毎年イスラム暦ムハッラム月10日は「アーシューラー」と呼ばれ、カルバラへの巡礼や「タァズィーエ（フセイン殉教を再現する受難劇）」の上演などが行われる。

➡アーシューラー、イスラム暦、イマーム、イラク、ウマイヤ朝、カリフ、シーア派、巡礼、ダマスカス、バグダッド、フセイン

キ

犠牲祭 ➡ イード

キャンプ・デービッド合意
(Camp David Accords)

1978年9月17日、エジプトのアンワル・アル・サダト大統領（1918～1981）とイスラエルのメナヘム・ベギン首相（1913～1992）の間で調印された、両国間の和平合意。アメリカのジミー・カーター大統領（1924～）が仲介役となり、アメリカ大統領山荘キャンプ・デービッドでの13日間の交渉で成立したため「キャンプ・デービッド合意」と呼ばれる。この合意に署名したことで、サダトとベギンは1978年のノーベル平和賞を受賞した。

キャンプ・デービッド合意はシナイ半島返還などエジプト・イスラエル間の和平のあり方を決めた「エジプト・イスラエル平和条約締結のための枠組」とヨルダン川西岸地区とガザ地区でのパレスチナ人の暫定自治実施などを盛り込んだ「中東和平のための枠組」の2つの合意からなり、前者に基づいて両国は1979年3月に平和条約を締結し関係を正常化した。後者に基づくパレスチナ自治交渉は具体的な成果をあげなかったが、その後のパレスチナ・イスラエル間和平交渉は基本的にこの枠組を継承している。

➡ イスラエル、エジプト、ガザ地区、サダト、シナイ半島、ヨルダン川西岸

教友
(Companions of the Prophet Muhmmad)

アラビア語で「サハーバ」、複数形は「アスハーブ」。

本来は預言者ムハンマド（570頃～632）とともにイスラム教布教に努めた人物を指すが、のちに生前ムハンマドと直接接したことのある第一世代のイスラム教徒全般を指すようになった。また、こうした教友たちの誰かを直接見知っている者は「タービウーン」と呼ばれる。

教友たちは、「ハディース」を伝えた者たちでもあり、後世のイスラム教徒から高い評価を受けている。スンニー派では、教友の中でも4人の正統カリフが最も高く評価されているが、シーア派の多くはアリ（在位656～661）以外の正統カリフを簒奪者とみなす。

➡ アラビア語、イスラム教、カリフ、ムハンマド

キリスト教 (Christianity)

一般には欧米の宗教と認識されるキリスト教であるが、イエス（紀元前4頃～30頃）は現在のパレスチナに生まれ、12使徒をはじめとする主要な弟子たちはすべてパレスチナのユダヤ人であった。その布教も、当初は歴史的シリアやエジプト、アナトリアから始まり、教父と呼ばれる初期の神学者たちは多くが現在中東に属するこうした地域の出身であるほか、史上最初のニケーア公会議をはじめエフェソス公会議、コンスタンティ

ノープル公会議など、初期の重要な公会議の舞台も現在の中東地域であった。

イスラム教徒が中東の人口の大勢を占める現在でも、キリスト教徒は多くの中東諸国にマイノリティとして存在し、人口上はイスラム教に次ぐ中東第二の宗教となっている。中東のキリスト教は本来、エジプトのコプト教徒、レバノンのマロン派、ギリシャ正教、アッシリア教会など、東方教会に属するものが主流であったが、19世紀以降の西欧宣教師の活動もあり、ローマ・カトリック教会やプロテスタントに属する者も存在する。湾岸諸国では、外国人労働者がこうした西方のキリスト教を信仰している。イラク南部のマンダ人は、ヨーロッパでは異端宗派として絶滅したグノーシス主義を奉じている。

▶ アナトリア、イスラエル、イスラム教、イラク、エジプト、コプト教、シリア、ニケーア公会議、マロン派、ユダヤ教

ギルガメシュ叙事詩
(Epic of Gilgamesh)

世界最古の文学とも呼ばれるバビロニア時代の叙事詩。メソポタミアに実在した都市国家ウルクの支配者で、3分の2が神、3分の1が人間というギルガメシュを主人公とする。

叙事詩によれば、ギルガメシュはウルクの暴君で、人々がその暴政から救ってくれるよう神に祈ったため、神はエンキドゥという人物を送ってギルガメシュと戦わせるが、戦いの後ギルガメシュとエンキドゥは親友となる。しかし2人で神の牡牛を殺したためエンキドゥは死に、生の無常を悟ったギルガメシュは不死の秘密を求めて旅に出る。旅の終わりにギルガメシュは、かつての大洪水を生き延び、永遠の命を与えられたウト・ナピシュテムを訪れた。ウト・ナピシュテムから海の底にあるという若返りの草について聞いたギルガメシュは、海に潜ってこの草を手に入れるが、ウルクに戻る途中これをヘビに奪われてしまう。

▶ バビロニア、メソポタミア

キンディー (アブー・ユースフ・ヤアクーブ・イブン・イスハーク・アル・キンディー、Abu Yusuf ibn Ishaq al-Kindi)

801?〜866/77。中世イスラム世界の哲学者、科学者、数学者。イスラム哲学者としては数少ないアラブ人であったため、「アラブの哲学者」とも呼ばれる。ヨーロッパでは「アルキンドゥス」として知られる。

かつてアラビア半島にキンダ王国を建てたキンダ族の子孫としてクーファに生まれる。クーファ、バスラ、バグダッドで学び、当時のアッバース朝第7代カリフ、マアムーン（在位813〜833）の注目を得てバグダッドにある「知恵の館」に招かれ、アリストテレス（紀元前384〜紀元前322）の哲学書やプトレマイオス（85頃〜165頃）の地理書などの翻訳に従事した。

マアムーン死後、弟のムウタスィム（在位833〜842）にも仕えたが、その後のワースィク（在位842〜847）や

ムタワッキル（在位842〜861）の時代になると知恵の館での勢力争いに敗れたり、他のイスラム神学者からの攻撃などもあって迫害を受け、一時期著作も没収され、不遇のうちに没した。

キンディーは生涯に、少なくとも260冊の本を書き、その内容は幾何学、医学、哲学、物理学など多くの分野に及ぶ。数学ではインド数字のイスラム教世界への導入に重要な役割を果たし、暗号解読・暗号学の先駆者とも言われる。またアラビア書道の作品でも知られ、アラブ・イスラム世界における最初の偉大な音楽理論家とも評されている。

➡ アッバース朝、アラビア書道、アラビア半島、アラブ人、イスラム教、カリフ、バグダッド

キンメリア人 (Cimmerians, Kinmmerians)

コーカサス及び黒海北部（現在のウクライナ及びロシア）から北部メソポタミア、アナトリアに侵入した遊牧騎馬民族。その起源は明らかでないが、インド・ヨーロッパ語族と考えられている。紀元前714年のアッシリアの年代記には「ギミッリ」として記録され、アルメニアにあったヴァン王国との戦いでサルゴン2世（在位紀元前722〜紀元前705）を助けたとされる。

ヘロドトス（紀元前484頃〜紀元前425頃）の『歴史』によれば、キンメリア人はスキタイ人の侵攻に圧迫されてアナトリアに侵入、紀元前696〜紀元前695年にはフリギアを占領し、その後リディアを攻撃して一時支配下に置いた。しかし、紀元前637年と紀元前626年にリディア王アリアテス2世（在位紀元前619〜紀元前560）に敗れ、その後はカッパドキアの一部にとどまった。

ホメロスの叙事詩『オデュッセイア』には、キンメリア人は黒海の岸の霧と暗黒の神秘の国に住むという伝説が記されている。

➡ アッシリア、アナトリア、アルメニア、フリギア、メソポタミア、リディア

ク

クウェート (State of Kuwait)

ペルシャ湾の最奥部に位置する首長国。南北をイラクとサウジアラビアに挟まれた菱形の国土で、面積は約1万7,818km²。人口は289.1万人（2012年推計）。国名は「小さな城塞」を意味し、16世紀にこの地域に進出したポルトガル人が、現在のクウェート市西郊シュワイク沖合にあるクレーン島に建設した城塞に由来する。

本来クウェートは、アラビア半島東部ハサー地方を拠点とするバニ・ハーリド族の支配下にあったが、18世紀初頭、アラビア半島中央部にいたアナイザ族ウトゥバ支族がクウェートに移住し、漁業・貿易活動に従事した。1756年頃からはサバーハ家がクウェートの支配家族となり、その際同じウトゥバ支族内で、サバーハ家が政治、ハリーファ家が経済活

動、ジャラーヒマ家が真珠採取という分業体制ができたが、ハリーファ家は18世紀後半にバーレーンを征服してその支配者となった。

第7代首長ムバーラク（在位1896～1915）は、1899年にイギリスとの間で保護条約を締結し、1961年6月、アブドゥッラー3世（在位1950～1965）時代に独立したが、当時のカースィム・イラク首相（1914～1963）は、クウェートがイラク領であると主張して国境地帯に軍隊を展開した。1990年8月2日には、イラクがクウェートを占領したが、湾岸戦争により解放された。

➡ アラビア半島、イラク、サウジアラビア、バーレーン、ペルシャ湾、湾岸戦争

クスクス (Couscous)

北アフリカ西部、マグレブ地方（リビア、チュニジア、アルジェリア、モロッコ）の代表的な料理の1つ。小麦粉を水で練ってザルのような器具にこすりつけて粒状の小さな固まりにし、乾かした一種のパスタ「クスクスィー」を用いた料理全般のこと。

本格的なクスクスは二段になっている専用のクスクス鍋を使う。この鍋は下段は壺状で、上段は底に穴があいて蒸気が通る仕組みになっており、上段にクスクスィー、下段には野菜などのソースの素材を入れる。火にかけて下段でソースを煮ている間、その蒸気で上段のクスクスィーを蒸し、皿に盛って下段のソースをかけて食べる。ソースの味付けは多数あるが、チュニジアにおいては、「ハリッサ」と呼ばれるトウガラシのペーストを多く使用し、トマトをベースとした辛めの味付けにすることが多い。移民を通じてフランスなどヨーロッパにも広まっており、現在ではフライパンでできる簡易なクスクスもある。

➡ アルジェリア、チュニジア、マグレブ、モロッコ、リビア

クライシュ族 (Quraysh)

イスラム教の預言者ムハンマド（570頃～632）が所属するマッカの名門一族。ムハンマドより11代前の祖先フィフル・イブン・マーリク・イブン・ナドル・イブン・キナーナの別名が「クライシュ」であったことに由来する。預言者ムハンマドの5代前の先祖クサイイがカアバ神殿の管理権を奪い、先祖を同じくする者たちをマッカに集めたことで、一族としてのアイデンティティが確立され、通商路の重要な中継地点であったマッカの支配権を得ることで、アラビア半島の通商貿易を独占した。

➡ アラビア半島、カアバ神殿、マッカ、ムハンマド

クリスティー (アガサ, Agatha Christie)

1890～1976。イギリスのミステリー作家。名探偵ポアロ・シリーズやミス・マープル・シリーズなどで名高い。その小説は今も世界中で読まれており、「ミステリーの女王」とも呼ばれる。

正規の学校教育は受けなかったが、1914年、空軍将校のアーチボルド・

クリスティーと結婚、1916年の『スタイルズ荘の怪事件』で有名作家となる。

夫アーチボルドと離婚後、1930年にメソポタミアを旅行した際、現地で発掘を行っていた考古学者マックス・マローワン（1904〜1978）と出会い再婚した。以後は夫の発掘に同行してシリアやイラクなど中東地域で何年も過ごしており、『ナイル殺人事件』や『メソポタミアの殺人』など中東を舞台とした作品にはこうした体験が反映されていると言われる。『オリエント急行殺人事件』がイスタンブールのペラハウス・ホテル411号室（現在はアガサ・クリスティーのメモリアル・ルーム）で執筆されたことは有名で、イラクでの生活を描いた『さあ、あなたの暮らしぶりを話して』ではヤズィード派にも言及している。

➡ イスタンブール、イラク、メソポタミア、ヤズィード派

クルアーン (qur'an)

預言者ムハンマド（570頃〜632）がアッラーから受けた啓示をまとめたもの。日本では『コーラン』と記されることも多いが、アラビア語での本来の発音は「クルアーン」が近く「読まれるもの」を意味する。

預言者ムハンマドは40歳頃、マッカ郊外のヒラー山の洞窟で最初に啓示を受け、以後断続的に死ぬまで啓示を受け続けた。これらの啓示は、622年のヒジュラを境としてそれ以前の「マッカ啓示」と「マディーナ啓示」とに大別される。またムハンマドが受けた啓示は、当初は主に暗記によって伝えられ、一部では椰子の葉や石などに刻まれて残ったが、ムハンマド死後各地で伝承に異同が生じ始めたため、第3代カリフ、ウスマーン（在位644〜656）が文書化を命じ、現在まで伝わる定本となった。

現在に伝わるウスマーン版は全部で114章からなり、様々な物語や終末の模様、アッラーの意思などに加え、イスラム教徒の生活規範となる事項も多く含まれている。

➡ アッラー、アラビア語、イスラム法、ウスマーン・イブン・アッファーン、カリフ、ハディース、ヒジュラ、マッカ、マディーナ

クルディスタン ➡ クルド人

クルディスタン愛国同盟
➡ クルド人

クルディスタン民主党 ➡ クルド人

クルディスタン労働者党
➡ クルド人

クルド人 (Kurds)

イラン、イラク、シリア、トルコにまたがるクルディスタン地域を中心に居住する中東の民族。「クルド人」という名称は、7世紀にイスラム教徒アラブ人がクルディスタンを征服した後に広まった。クルド人はインド・ヨーロッパ語族に属するクルド語を話し、自らはメディア王国の末裔を自称する。人口は、一説には

3,000万人を超えるとも言われ、中東ではアラブ人、トルコ人、イラン人に次ぐが、現在民族国家を持たない。

クルド人は、過去クルディスタンを支配する諸王朝のもとでしばしば独立を求めた反乱を起こし、イラン北西部のシャッダード朝(950頃)、ハサナワイヒ朝(960頃)、イラクのモスル地方のマルワーン朝(983〜1085)など、いくつか地方政権も樹立したが、いずれも短命に終わった。また、エジプトにアイユーブ朝を建てたサラーフッディーン(1138〜1193)もクルド人である。

近代では、1946年1月22日から12月17日までイラン領北西部マハーバードを首都に「マハーバード共和国」が樹立されたことがある。その後もイラクの「クルディスタン愛国同盟(PUK)」と「クルディスタン民主党(KDP)」、イランの「イラン・クルディスタン民主党(KDPI)」、さらにトルコの「クルディスタン労働者党(PKK)」などのクルド人組織が、自治の拡大等を求めて活動を続けている。

▶ アイユーブ朝、アラブ人、イスラム教、イラク、イラン、サラーフッディーン、シリア、トルコ、メディア

クレオパトラ7世 (Cleopatra VII)

紀元前69〜紀元前30。古代エジプトのプトレマイオス朝最後の女王で、一般に絶世の美女と言われる。

紀元前51年、父プトレマイオス12世(在位紀元前80〜紀元前58、紀元前55〜紀元前51)の死亡により、弟のプトレマイオス13世(在位紀元前51〜紀元前47)と結婚、共同で王位に就いた。しかしローマに対する政策をめぐって弟と対立し、紀元前48年、プトレマイオス13世派のクーデターにより、エジプト東部国境のペルシオンへ追われる。

紀元前48年9月、ポンペイウス追討のためにエジプト入りしたカエサル(紀元前100〜紀元前44)は、エジプトの両統治者の和解を図ろうとするが、クレオパトラは密かにカエサルと会見し、以後カエサルの愛人となる。クレオパトラはカエサルの後ろ盾を得てプトレマイオス13世を敗死させ、もう1人の弟プトレマイオス14世(在位紀元前47〜紀元前44)との共同統治を再開したが、実際にはカエサルの後ろ盾を得たクレオパトラ7世の単独統治であった。

紀元前44年、カエサルが暗殺されると、カエサルとの間に産んだカエサリオン(紀元前47〜紀元前30)を

クレオパトラ7世

プトレマイオス15世として共同統治者に指名した。紀元前42年には、マルクス・アントニウス（紀元前83〜紀元前30）とも共闘するが、紀元前31年、アントニウスとともに参戦したアクティウムの海戦でオクタヴィアヌス（紀元前63〜紀元後14）に敗れ、その後自殺。クレオパトラ7世の死によりプトレマイオス朝は断絶し、エジプトはオクタヴィアヌスの私有地としてローマ帝国の一部となった。

➡エジプト、カエサル、古代エジプト、プトレマイオス朝

黒い9月 (Black September)

1970年のヨルダン内戦に対するパレスチナ側からの呼び名。また、1971年に結成されたゲリラ組織の名称。

ゲリラ組織としての黒い9月は、1971年11月28日、カイロでワスフィ・アル・テル・ヨルダン首相（1920〜1971）を暗殺したことを皮切りに、世界中でテロ活動を行うという方針の下、サベナ・ベルギー航空機ハイジャック（1972年）、ミュンヘン五輪事件（1972年）、バンコクのイスラエル大使館占拠（1972年）、ハルツームのサウジアラビア大使館占拠（1973年）などのテロ活動を行った。指導者アブ・イヤード（本名サラーハ・ハラフ、1933〜1991）は、アラファト（1929〜2004）らによる創設直後からパレスチナ解放機構（PLO）の最大派閥ファタハに参加し、幹部として情報局長を務めていたが、1991年1月16日、アブ・ニダール派によりチュニスで暗殺された。

➡アブ・ニダール、アラファト（ヤーセル）、イスラエル、カイロ、サウジアラビア、パレスチナ解放機構（PLO）、ミュンヘン五輪事件、ヨルダン、ヨルダン内戦

ケ・コ

原理主義 ➡イスラム原理主義

後ウマイヤ朝

(Spanish Ummayyads, Umayyads of Cordoba)

756〜1031。「コルドバ・ウマイヤ朝」とも呼ばれ、スペインのコルドバを首都に、現在のスペインから北アフリカ西部を支配した王朝。

750年、ウマイヤ朝がアッバース朝に滅ぼされると王族の多くは殺されたが、第10代カリフ、ヒシャーム（在位724〜743）の孫アブドゥルラフマーン（731〜788）は、ベルベル人であった母親の縁を頼りに北アフリカに逃れ、755年イベリア半島に入る。翌年コルドバでアンダルス総督の軍を破って即位し、君主の称号として「アミール（首長）」を名乗った。第8代アブドゥルラフマーン3世（在位912〜961）からは「カリフ」の称号を用いるようになり、この時代には北アフリカのメリーリャを占領してイベリア半島の外にも支配を広げた。しかし1002年以降は各地に地方的政権が分立して衰退し、1031年に滅亡した。

➡アッバース朝、ウマイヤ朝、カリフ、ベル

ベル人

五行 ➡ 六信五行

黒羊朝 ➡ カラコユンル

国連安全保障理事会決議第242号
(United Nations Security Council Resolution 242)

　第三次中東戦争直後の1967年11月22日、国際連合安全保障理事会で全会一致で採択された決議。その後の中東和平問題解決努力の基礎とみなされている。内容は「最近の占領地からのイスラエル軍の撤退」「交戦状態の停止と各国の主権・安全・領土の尊重」「公海通行の自由」「難民問題の解決」「独立と領土の侵犯を防ぐための非武装地帯の設定」の5項目と、その実施のための国連監視軍の派遣を含む。

　「最近の占領地からのイスラエル軍の撤退」については、占領地の一部からの撤退を意味するものか全占領地からの撤退を意味するかについて、関係国の意見は一致していなかった。英文では、「占領地」を意味する「territories occupied」に定冠詞「the」を付けるかどうかで議論となり、結局定冠詞は外された。この部分は英語の参考書で、定冠詞の重要性を論じる例として取り上げられることもある。

➡ イスラエル、第三次中東戦争

コシェル食品 (kosher food)

　ユダヤ教の戒律によって食用とすることが許される食品のこと。

コシェル食品

ユダヤ教の食べ物に関する戒律は「カシュルート」と呼ばれ、『旧約聖書』の「レビ記」第11章、「申命記」第14章を中心に、蹄が割れて反芻する動物はラクダ、野ウサギ、岩ダヌキを除いて食べてよい、鱗と鰭のある魚は食べてよい、肉と乳を一緒にしてはならないなど細かい戒律がある。屠殺についても、特別な資格を持つものが一定の作法に従って、家畜に無用の苦しみを与えない方法で行う。

　イスラム教においても、イスラム法的に合法な「ハラール食品」についての規定があり、屠殺や血抜きの方法などが定められている。

➡ イスラム教、ユダヤ教

古代エジプト (Ancient Egypt)

　古代国家時代のエジプトのこと。具体的には紀元前3100年頃のナルメル王によるエジプト統一から、紀元前30年のプトレマイオス朝滅亡までの期間を指す。その間初期王国時代（第1王朝及び第2王朝）、古王国時代（第3王朝から第8王朝）、第1中間期、中王国時代（第11王朝から第12王朝）、第2中間期、新王国時代、第3中間期、末期王朝時代、ヘレ

ニズム時代に分けられる。

エジプトのナイル川流域では、数十万年前の石器が確認されているが、エジプト最初の第1王朝が誕生したのは紀元前3100年頃とされ、最初の王の名は「ナルメル」あるいは「メネス」と記されている。第1王朝は首都をメンフィスに置き、有名なエジプトのピラミッドは、古王国第3王朝のジェセル王（在位紀元前2668～紀元前2649）が築いたサッカラの階段式ピラミッドに始まり、第4王朝クフ王（在位紀元前2589～紀元前2566）によりエジプト最大の大ピラミッドが築かれた。しかし第7王朝からは第1中間期と呼ばれる時代に入り、古王国時代も第8王朝（在位紀元前2166～紀元前2120）で終了する。

第1中間期は、第11王朝メンチュヘテプ2世（在位紀元前2061～紀元前2010）による再統一で終了し、中王国時代が始まる。この時代には太陽神アメン・ラー信仰が確立され、ルクソールやテーベに神殿が作られるようになったが、第12王朝末期のヒクソス支配により終了し第2中間期となる。

紀元前1570年頃、テーベに本拠を置く第18王朝イアフメウ1世（在位紀元前1570～紀元前1546）は、ヒクソスを倒して再びエジプトを統一し、新王国時代が始まる。この時代、アメン神官団と争ったアメンホテプ4世（在位紀元前1353～紀元前1336）が一時アケト・アテンを新首都としたが、ツタンカーメン（在位紀元前1332～紀元前1322）時代に首都は再度テーベに戻る。第20王朝ラムセス11世（在位紀元前1107～紀元前1078/7）の死により新王国時代は終わり、リビア人ファラオがタニスに第21王朝を樹立する。これに対し南部ではカルナックのアメン大司祭が王を宣して支配し、第3中間期となる。

第25王朝から第31王朝は末期王朝時代と呼ばれる。紀元前767年、エチオピアのクシュ人王朝が第25王朝としてエジプトを支配したが、紀元前671年にはアッシリアに征服される。紀元前650年には、サイスに第26王朝を設立した候プサンメティック1世（在位紀元前663～紀元前609）のもとでエジプトは独立を回復するが、紀元前525年にアケメネス朝カンビュセス2世（在位紀元前529頃～紀元前522）に征服され、以後アレクサンドロス帝国の支配を経て、紀元前305年、アレクサンドロス3世の武将の1人であったプトレマイオス1世（在位紀元前305～紀元前283頃）がプトレマイオス朝を創始する。古代エジプト最後の王朝であるプトレマイオス朝は、紀元前30年、最後の女王クレオパトラ7世（在位紀元前51～紀元前30）が自殺したことで滅亡、以後エジプトはローマ帝国支配下に置かれた。

➡ アケメネス朝、アッシリア、アメンホテプ4世、アレクサンドロス3世、エジプト、クレオパトラ7世、ナイル川、ヒクソス、ピラミッド、プトレマイオス朝

コーヒー (coffee)

イスラム圏から世界に広まった飲

料。コーヒーの原産地は西アフリカと言われ、現地では古くから栽培されていた模様。イスラム圏では15世紀頃、イエメンでイスラム神秘主義教団の夜間修行を補助する飲料として使用され始め、彼らを通じてイスラム圏各地に広がった。アラビア語でコーヒーを意味する「カフワ」は、本来ワインの意味で用いられたものであり、その飲用の合法性については従来議論があった。

イスラム圏においては、コーヒーの種を強く焙煎して粉末状に細かく粉砕し、砂糖とともに煮出してその上澄みを飲むという、いわゆるトルコ・コーヒーが主流であったが、ヨーロッパに伝わると布で滓を濾して汁だけを飲むやり方が発明された。

またアラビア半島諸国では、焙煎を非常に浅くしてカルダモンを加え、日本の猪口のような小さなカップで飲むアラビア・コーヒーも一般的である。なお、トルコ・コーヒーの飲みかすを用いた占いは、中東各地で現在も行われている。

➡ アラビア語、アラビア半島、イエメン、イスラム神秘主義

コプト教 (Coptic Christianity)

エジプト及びエチオピアを中心とするキリスト教の一派。「コプト」という名称は、ギリシャ語で「エジプト」を意味する「アイギュプトス」に由来する。エジプトでは人口の約10％を占めるとも言われる。

コプト教会の公式見解によれば、12使徒の1人マルコが、48年にエジプトに布教に訪れてアレクサンドリアに教会を建て、68年にアレクサンドリアで殉教したというが、歴史上確認できるのは第12代司教とされるデメトリオス（在職190〜232）以後である。

451年、コプト教会は「カルケドンの公会議」で採用された「イエス・キリストの人性と神性という2つの本質は混同することも分かれることもなく1つの位格の中に有する」とする両性説を拒否し、以来ローマ・カトリック教会やギリシャ正教会から分離した。

コプト教徒は、従来古代エジプト語の系統であるコプト語を話し、ギリシャ文字にいくつかのエジプト文字を加えたコプト文字でその言葉を記したが、アムル・イブン・アル・アース（？〜663）によるエジプト征服以後次第にアラビア語を使用するようになった。またコプト暦はユリウス暦の一種であるため、クリスマスなど祝祭の時期がグレゴリウス暦とは少し異なっている。

➡ アムル・イブン・アル・アース、アラビア語、アレクサンドリア、イエス、エジプト、キリスト教、古代エジプト、暦

暦 (Calendars)

中東地域では、グレゴリウス暦以外にも、宗教や民族によって独自の暦が併用されることが多い。中でも代表的なのは、イスラム圏全域で用いられる「イスラム暦（ヒジュラ暦）」であり、「ラマダン」や「イード」「ハッジ」などの宗教行事はすべてこの

イスラム暦に基づいて具体的な日付が決まる。しかしイスラム暦は太陰暦であるため、グレゴリウス暦とは毎年 11 日程度のずれが生じる。

イランでは、春分の日に新年が始まる独自のイラン太陽暦が用いられており、「ノウルーズ」の祝祭はイラン太陽暦に基づいて行われる。ほかにユダヤ教徒が用いるユダヤ暦、コプト教徒のコプト暦、サマリア人のサマリア暦などがある。

➡ イスラム暦、イード、イラン、コプト教、サマリア人、ノウルーズ、ハッジ、ユダヤ教、ラマダン

コーラン ➡ クルアーン

ゴラン高原 (Golan Heights)

シリア南西部、レバノン、イスラエル、ヨルダンとの国境地帯に広がる高地の名。面積約 1,800km²で、北端には標高 2,814m のシャイフ山が位置する。

ゴラン高原においては、旧石器時代から人類の居住が確認されており、『旧約聖書』では古代イスラエル王国がアモリ人を征服し、ダン族とマナセ族が住んだとされる。その後は歴史的シリアの一部としてアッシリア、バビロニア、アケメネス朝、アレクサンドロス帝国、セレウコス朝といった諸王朝に支配されたが、ヘロデ王国の支配を経てローマ領となる。3世紀のガッサーン朝はゴラン高原を中心地としたが、614 年にササン朝に征服され、一時的なビザンツ帝国の支配を経て 636 年、イスラム教徒アラブ人に征服される。以後はパレスチナと一体となった形でウマイヤ朝、アッバース朝、ファーティマ朝、セルジューク朝、アイユーブ朝などに支配され、16 世紀にオスマン帝国領となる。

1918 年にはシリアの一部としてフランス支配下に入り、独立後もシリア領であったが、1967 年の第三次中東戦争でイスラエルがその 3 分の 2 を占領した。第四次中東戦争でもシナイ半島と並んで主戦場となり、1974 年にはイスラエル占領地の 5％に当たる非武装地帯がシリアに返還され、国連兵力引き離し監視軍（UNDOF）が駐留している。日本も 1996 年から UNDOF に輸送部隊を派遣していたが、2011 年 12 月、シリア情勢の悪化に伴い派遣を終了した。

➡ アイユーブ朝、アケメネス朝、アッシリア、アッバース朝、アラブ人、アレクサンドロス 3 世、イスラエル、イスラム教、ウマイヤ朝、オスマン帝国、シナイ半島、シリア、セルジューク朝、セレウコス朝、第三次中東戦争、第四次中東戦争、バビロニア、パレスチナ、ビザンツ帝国、ファーティマ朝、ヘロデ、ヨルダン、レバノン

コンスタンティノープル
➡ イスタンブール

[**サ**]

サアド朝 ➡ モロッコ

サイイド (Sayyid)

預言者ムハンマド(570頃～632)の子孫一族に対する尊称。地域によっては「シャリーフ」とも呼ばれる。ペルシャ語では「セィエド」。

アラビア語の「サイイド」は本来「主人」を意味し、預言者ムハンマドの子孫以外にも様々な集団の重要人物に対して用いられるほか、目上の者に対する尊称などとしても用いられた。しかし現代アラビア語では、英語の「ミスター」に当たる男性への敬称としても一般に用いられる。

この言葉がムハンマドの子孫に対して用いられるようになったのは10世紀以降とされ、各地のサイイドの長を「ナキーブ」と呼ぶこともある。

地域によっては、サイイド一族を示す独特の装束があり、例えば19世紀初頭のカイロではサイイドは緑色のターバンを身につけ、12イマーム派ウラマーは黒のターバンを用いる。

▶ アラビア語、ウラマー、カイロ、12イマーム派、ターバン、ムハンマド

サイクス・ピコ条約 (Sykes-Picot Agreement)

1916年5月、イギリス、フランス及び帝政ロシアの間で締結された秘密協定で、第一次世界大戦後のオスマン帝国領分割を定めた。

この名称は交渉当事者となったイギリスの中東専門家サー・マーク・サイクス内閣官房次官(1879～1919)と、フランスのシャルル・フランソワ・ジョルジュ・ピコ元ベイルート総領事(1870～1951)の名をとったもの。

この条約ではロシアが、ボスフォラス海峡及びダーダネルス海峡両岸などを、フランスはアナトリア南部からモスル地区までを、イギリスはシリア南部からメソポタミア地域にかけてをその勢力範囲とすることが合意されていた。1917年のロシア革命やファイサル・イブン・フセイン(1883～1933)のシリア占領とフランスによる追放、トルコ革命などによって必ずしもこの条約の通りの領土分割にならなかったものの、結果的に現在のシリア及びレバノンに相当する地域がフランス、パレスチナはイギリスの委任統治領となり、イラクではファイサルを国王とするイラク王国が成立した。

▶ アナトリア、イスタンブール、イラク、オスマン帝国、シリア、トルコ革命、バグダッド、パレスチナ、ファイサル・イブン・フセイン、メソポタミア、レバノン

最後の審判 (Last Judgement)

世界の終末において、すべての死者が復活した上で行われる神の裁きのこと。ユダヤ教、キリスト教及びイスラム教に共通する信仰で、裁きの結果生前善行を行った者は天国に行き、悪人は地獄に堕ちる。キリスト教の場合、「ヨハネの黙示録」第20章などに最後の審判の模様が描かれているが、具体的な内容は各宗派によってかなり異なっている。

イスラム教においては『クルアーン』に、天使イスラフィールが2回目に吹き鳴らすラッパですべての死者

が復活し、各人に自己の行為を記録した帳簿が手渡され、善悪の行為の軽重が天秤で量られる、など、かなり具体的に審判の模様が記される。民間伝承では、各人がムンカルとナキールという２人の天使に尋問されたり、剣の刃より狭い橋を渡り、信仰者は無事に渡るが不信仰者は地獄の奈落へ堕ちるという内容もあり、こうした審判を経て、人は楽園と地獄に分けられる。

地獄では煮えたぎる汁や熱湯、どろどろの膿を飲まされたり、全身の皮膚を焼かれるなどの責め苦を受ける一方、楽園では何の気遣いもなくこんこんと湧き出る泉の側、緑したたる木陰でおいしい果物を心行くまで食べ、美しい乙女を妻として与えられる。しかし最大の喜びは神を見ることであるとされる。

▶ イスラム教、キリスト教、クルアーン、終末、ユダヤ教

ザイド派 (Zaidiyyah)

シーア派の分派。740年、ウマイヤ朝に反乱を起こしたアリ（600頃～661）の曾孫ザイド・イブン・アリ（695～740）を第５代イマームとして支持した集団を母体とする。これに対し「イマーム派」及び「12イマーム」派は、ザイドの異母兄ムハンマド・アル・バーキル（676～733）を第５代イマームとする。

教義的には、イマームの要件として血統だけでなく、戦闘活動の指揮など具体的政治力を重視し、複数のイマームの並立やイマームの不在を肯定し、「隠れイマーム」や終末時の再臨といった考えを否定する。9世紀以降イエメンでは、ザイド派イマームやその宣教者の家系を君主とする、いわゆるザイド派諸王朝がいくつか樹立されており、現在もイエメン人口の40％程度がザイド派と言われる。

▶ アリ、イエメン、イマーム、ウマイヤ朝、隠れイマーム、シーア派、12イマーム派、終末、スンニー派

ザーウィヤ ▶ イスラム神秘主義

サウジアラビア
(Kingdom of Saudi Arabia)

正式名称は「サウジアラビア王国」。アラビア半島の大部分を占め、面積214万9,690㎢（日本の約5.7倍）。人口は2,870.5万人（2012年推計）。首都はリヤド。

サウジアラビアとは「サウド家のアラビア」を意味し、学術上「サウド朝」、あるいは「ワッハーブ王国」と呼ばれることもある。サウド家は過去２回にわたりアラビア半島に国家を樹立しているため、現在のサウジアラビア王国は「第三次サウド朝」と呼ばれることもある。

サウド朝の起源は、アラビア半島中央部ディルイーヤの首長であったムハンマド・イブン・サウド（1687～1765）が、1745年にムハンマド・イブン・アブドゥルワッハーブ（1703～1790）を迎え入れ、彼の教えを受け入れたことに始まる。また、その一族がサウド家と呼ばれるように

なったのもムハンマド・イブン・サウド以後のことである。

その後サウド家の支配地域は急速に拡大し、サウド・イブン・アブドゥルアズィーズ（在位1803〜1814）の時代にはマッカ及びマディーナの二大聖地を含むアラビア半島の大部分を支配下においたが、1818年、オスマン帝国の要請でアラビア半島制圧に乗り出したムハンマド・アリ（1769〜1849）配下のエジプト軍により王国は滅ぼされる。

エジプト軍が撤退すると、サウド・イブン・アブドゥルアズィーズの従弟に当たるトルキー・イブン・アブドゥッラー（1755〜1834）がリヤドを首都として第二次サウド朝を再興するが、その支配はアラビア半島中央部ナジド地方に限られていた。しかし第二次サウド朝は首長位をめぐる内紛から弱体化し、1891年、ラシード家にリヤドを奪われ、首長アブドゥルラフマーン（？〜1928）は息子アブドゥルアズィーズとともにクウェートに亡命する。

現在のサウジアラビアを建国したのはこのアブドゥルアズィーズ・イブン・サウドで、1902年にリヤドを奪回したのを皮切りに次第に支配地域を拡大し、1932年にサウジアラビア王国と改称した。アブドゥルアズィーズのアラビア半島征服においては、イフワーンと呼ばれる一団が重要な役割を果たした。

➡ アブドゥルアズィーズ・イブン・サウド、アラビア半島、イフワーン運動、エジプト、オスマン帝国、クウェート、マッカ、マディーナ、ムハンマド・アリ、ワッハーブ派

サウド家 ➡ サウジアラビア

ササン朝 (Sasanids)

224〜651。あるいは「ササン朝ペルシャ」。イスラム教徒アラブ人が中東全域を征服するまで、イランを中心とする中東東部を支配していた王朝。公用語は中世ペルシャ語で、首都はクテシフォン。

224年、ファールス地方（イラン東南部）を支配していたアルダシール1世（在位224〜241）は、パルティアを滅ぼしてササン朝を創始、230年までにメソポタミア全土を支配した。アルダシールの長子シャープフル1世（在位240頃〜272頃）時代に、東はホラーサーン、システーンから西はシリア及びアナトリアの一部まで領土を拡大、アケメネス朝時代の「シャー・ハン・シャー（諸王の王）」という称号を復活させた。

以後ササン朝は、ローマ帝国、次いでビザンツ帝国と、主にシリア地方の支配をめぐって衝突を繰り返した。5世紀には東方の遊牧民族エフタルの侵入を受けて国内が混乱するが、ホスロー1世（在位531〜579）がエフタルを滅ぼし、ササン朝の最盛期をもたらす。また、ホスロー2世（在位590〜628）時代の602年にはビザンツ帝国領に侵攻し、一時的にパレスチナやエジプトも支配してその領土は最大となった。しかしビザンツ帝国皇帝ヘラクレイオス1世（在位610〜641）のペルシャ侵攻によりア

ナトリア、エジプト、シリアは奪回され、ホスロー2世は死亡した。さらにカワード2世(在位628年)死後は王位争いで弱体化、637年頃のカーディスィーヤの戦い、642年のニハーヴァンドの戦いでイスラム教徒アラブ軍に敗れ、651年に最後の皇帝ヤズデギルド3世(在位632〜651)が暗殺されて滅亡。

➡ アケメネス朝、アナトリア、アラブ人、アラブの大征服、イスラム教、イラン、エジプト、カーディスィーヤの戦い、シリア、パルティア、パレスチナ、ビザンツ帝国、ペルシャ、メソポタミア、ヤズデギルド3世

サダト
(ムハンマド・アンワル・アル・サダト)

1918〜1981。エジプト共和国第3代大統領。アラビア語の実際の発音は「アッサーダート」が近い。

ミヌーフィーヤ県のミト・アブ・アル・クムで、スーダン系エジプト人一家に生まれる。カイロの王立陸軍士官学校卒業後、1938年に通信部隊に配属されるが、イギリス支配からの解放運動に参加し、第二次世界大戦中はエルヴィン・ロンメル(1891〜1944)率いるドイツ・アフリカ軍のスパイとも接触したため逮捕され、軍籍を剥奪される。しかし1944年に脱獄し、ナセル(1918〜1970)とともに自由将校団を結成、1952年のエジプト革命に参加する。1954年には国務大臣に就任し、1958年に「アラブ連合共和国」が設立されると、1959年に連合国務長官、1960年から1968年にかけて人民議会議長を務める。1964年には一時副大統領に任命され、1969年12月19日に再度副大統領に任命されると、1970年9月のナセル大統領急死を受けて大統領代行、次いで10月15日、正式に後継大統領に就任した。

1973年10月6日には、シリアと共同でイスラエルとの第四次中東戦争を開始、初戦でイスラエルに勝利したことから国民的英雄となるが、1977年にはイスラエルのメナヘム・ベギン首相(1913〜1992)の招きでエルサレムを訪問、エジプト・イスラエル間の和平交渉を開始し、翌1978年、アメリカのジミー・カーター大統領(1924〜)の仲介のもと、キャンプ・デービッド和平合意に署名した。これによりベギンとともに1978年のノーベル平和賞を受賞し、1979年には両国間に平和条約が結ばれたが、イスラエルとの単独和平は裏切り行為としてアラブ諸国からの反発を招き、また、経済自由化と外資導入の結果、エジプト社会に急速に貧富の差が広がり、腐敗が横行したことによる国民の不満も高まった。

1981年10月6日、第四次中東戦争開戦記念日の式典に列席中、軍内に浸透していたイスラム原理主義組織「ジハード団」メンバーにより暗殺される。

➡ アラブ連合共和国、イスラエル、イスラム原理主義、エジプト、カイロ、キャンプ・デービッド合意、シリア、スーダン、第二次世界大戦中の中東、第四次中東戦争、ナセル

サダム・フセイン ➡ フセイン

サッファール朝 (Saffarid dynasty)

861〜1495頃。現イラン東部シスターン地方に成立した地方王朝の1つ。「サッファール」は「真鍮細工師」の意味で、地元の自警団を率いていた真鍮細工師ヤアクーブ・イブン・アル・ライス（在位867〜879）がシスターンに独立政権を樹立したためこう呼ばれる。

ヤアクーブ・イブン・アル・ライスはシスターンの支配権確立後アフガニスタンに進出、またターヒル朝を滅ぼしてホラーサーンを奪い、バグダッドにも進撃したが、アッバース朝カリフ、ムウタミド（在位870〜892）の弟ムワッファク（842〜891）の軍に敗れる。後継者となった弟のアムル（在位879〜901）は、アッバース朝カリフから「総督」の称号を得、事実上の君主としてイラン東部のシスターン、ホラーサーン及びファールス地方を支配するが、901年サーマン朝に敗れる。その後サッファール朝はシスターンで王朝を維持するが、サーマン朝との抗争の中で一地方政権に転落し、15世紀末に消滅した。

➡アッバース朝、アフガニスタン、イラン、カリフ、サーマン朝、ターヒル朝、バグダッド、ホラーサーン

サドル (サイイド・ムーサー・アル・サドル、al-Sayyid Musa al-Sadr)

1928〜1978？。イラン出身のシーア派法学者。祖先はレバノン出身という。イランのコムに生まれ、コムの宗教大学、テヘラン大学、イラクのナジャフでイスラム法学を修める。1959年、急激な経済発展の中で取り残され、社会の下層を形成していたレバノンのシーア派住民に宗教指導者として迎えられると、1968年に「シーア派イスラム最高評議会」を設立、ゼネストなどを組織してシーア派住民の生活改善に努めた。

1973年のシリア憲法改正によって、大統領をイスラム教徒とする条項が追加された際には、アラウィー派をシーア派の一部と認める「ファトワー」も出している。1974年には「奪われた者たちの運動」を結成、レバノン内戦が始まるとその武装組織「アマル」を結成した。1978年、2人の従者とともにリビア訪問中消息を断つ。

➡アサド、アマル、アラウィー派、イスラム教、イスラム法、イラク、イラン、シーア派、12イマーム派、レバノン、リビア

サヌースィー教団 (Senussi)

現在のリビアを中心として北アフリカに勢力を持ったイスラム神秘主義教団で、アルジェリア生まれのムハンマド・イブン・アリ・アル・サヌースィー（1787/91〜1859）が1837年、マッカで創始した。ムハンマド・イブン・アリ・アル・サヌースィーは1843年にリビアに移り、リビアを中心に北アフリカ各地に「ザーウィヤ」と呼ばれる拠点を設置、北アフリカの広範な地域に信奉者を得た。教団の勢力拡大の過程で、1902年から1913年にかけては、サハラ地方におけるフランスの拡張政策に抵抗し、1911年にリビアがイタリアに侵略さ

れてからは、創始者の孫で第2代教主アフマド・アル・シャリーフ(1873〜1933)が民衆を率いてイタリアのリビア支配に抵抗した。第一次世界大戦中はオスマン帝国を支援して、エジプトのイギリス軍を攻撃したこともある。

1951年のリビア連合王国独立に際しては第3代教主イドリース・サヌースィー(1890〜1983)が国王となるが、1969年の革命により王政は打倒された。

▶ アフリカ、アルジェリア、イスラム神秘主義、エジプト、オスマン帝国、マッカ、リビア

サービア教徒 (Sabians)

現在のトルコ南東部ハッラーン地方の星辰崇拝者が自称した名称。「偽サービア教徒」と呼ばれることもある。同じ名称が、イラク南部のマンダ人に対しても用いられることがある。

サービア教徒とは、本来は『クルアーン』に言及された啓典の民の1つであるが、830年頃、アッバース朝第7代カリフ、マアムーン(在位813〜833)がビザンツ帝国遠征の途上ハッラーン地方を通過した頃から、ハッラーンの星辰崇拝者がこの名称を用いたとされる。このときマアムーンは、彼らにどの宗教を奉じるか尋ねたが、明確な返答が得られなかった。マアムーンは彼らを偶像崇拝者であると決めつけ、イスラム教徒になるか啓典の民としての宗教を受け入れなければ殺すと言い残して遠征に出向いた。そこで彼らは、『クルアーン』に記されたサービア教徒の名を名乗ることとして現代に至る。

ハッラーンは古代から天体信仰の中心地で、サービア教徒の間には、独自の占星術が伝わっており、天文学者で占星術師のサービト・イブン・クッラ(826〜901)などの科学者、哲学者、翻訳者も輩出している。

▶ アッバース朝、イラク、カリフ、クルアーン、トルコ、ビザンツ帝国

サファヴィー教団 ▶ サファヴィー朝

サファヴィー朝 (Safavids)

1501〜1736。イスラム神秘主義教団の1つ「サファヴィー教団」を基盤としてイランにできた王朝。イランやアゼルバイジャンを中心にイラク、アルメニア、グルジア、トルコ、アフガニスタン、トルクメニスタン、パキスタンの一部などを支配した。

サファヴィー教団は14世紀はじめ、サフィーユ・アル・ディーン・イスハーク(1252/3〜1334)が創始したイスラム神秘主義教団で、アナトリア東部のトルコ系遊牧民の間に多くの支持者を得た。こうした遊牧民は「キズィルバーシュ」と呼ばれ、教団の勢力拡大の上で重要な軍事力となり、1501年、第7代教主イスマイール(1487〜1524)がアクコユンルを滅ぼしてタブリーズでシャーとして即位、同時に12イマーム派を国教とした。

第5代国王、アッバース1世(在位1588〜1629)時代にサファヴィー朝は最盛期を迎え、1597年に新しい首都となったイスファハーンは「世界

の半分」と言われる繁栄を謳歌した。しかしその後反乱やアフガン人の侵入が続き、第9代国王ホセイン（在位1694～1722）は、アフガン族首領ミール・マフムード（1697?～1725）に王位を譲り渡した。これに対しホセインの子タフマースプは、カズヴィーンでタフマースプ2世（在位1722～1732）として即位するがアフガン人の侵攻を受け、イラン北東部のアスタラーバード（ゴルガーン）に逃亡した。

　タフマースプは、カージャール族のナーディル・クリー（1688～1747）の支援を得て、1729年11月にイスファハーンで即位するが、ナーディルは1732年にタフマースプを廃位させてその幼少の息子アッバース3世（在位1732～1736）を即位させ実質的な支配権を得る。さらに1736年にはナーディル自身がナーディル・シャーとして即位し、アフシャール朝を建てたことで、サファヴィー朝は滅びた。

➡ アクコユンル、アゼルバイジャン、アナトリア、アフガニスタン、アルメニア、イスラム神秘主義、イラク、12イマーム派、トルコ、ナーディル・シャー・アフシャール

サブラ・シャティーラの虐殺
➡ レバノン戦争

サマリア人 (Samaritans)

　イスラエルの少数民族。紀元前720年の古代イスラエル王国滅亡後アッシリアの様々な地域からの移民と、現地にとどまったユダヤ人との間に生まれた者を祖先とする。

　「ショメリム（律法を守る人）」あるいは「ベネ・イスラエル」とも呼ばれ、その信仰はユダヤ教と共通する部分が多いが、若干異なる部分もあり、「サマリア暦」と呼ばれる独自の太陰暦を使用する。

　紀元前445年、アケメネス朝治下でユダヤ州知事に任命されたネヘミヤによってサマリア人はエルサレムから追放され、ナブルスのゲリジム山を聖地として現代に至る。

　イスラエル独立後はユダヤ教徒として認定されたが、その人口は減少している。

➡ アケメネス朝、アッシリア、イスラエル、エルサレム、ユダヤ教

サーマン朝 (Samanids)

　873～999。ブハラを首都とし、トルキスタンからホラーサーンにかけての地域を支配した王朝。

　ホラーサーン北東部の地主であったサーマン・フダーは、8世紀にイスラム教に改宗し、その一族は873年にトルキスタン地域の支配を確立した。875年、サマルカンド知事ナスル（在位864～892）がアッバース朝第15代カリフ、ムウタミド（在位870～892）によって正式にトルキスタンの総督に任じられ、次のイスマイール（在位892～907）時代にホラーサーン、シスターンに支配地域を拡大してブハラを首都に定めた。イスマイールは903年にサッファール朝を破り、その後、北は中央アジア、南はペルシャ湾、東はインド国境、西はバ

グダッドに及ぶ一大帝国を作り上げたが、955年に東アフガニスタンでガズナ朝が独立して以後は、ガズナ朝と中央アジアのカラハン朝に攻められて滅亡。

▶ アッバース朝、アフガニスタン、イスラム教、ガズナ朝、カリフ、サッファール朝、バグダッド、ペルシャ湾

サラディン ▶ サラーフッディーン

サラフィー主義 (Salafism)

後世の外来思想の影響を廃し、初期イスラム時代の原則や精神への回帰を目指す思想潮流のこと。「サラフ」とはアラビア語で「先達」を意味する言葉で、預言者ムハンマド（570頃～632）の「最善の世代は私の世代であり、次いでそれに続く世代、次いでそれに続く世代である」という言葉を根拠に、ムハンマドの直弟子から3世代までを指す。サラフィー主義はこの初期3世代の姿勢にならってイスラム教を解釈、実践すべきであるとし、それ以降の学問的展開を否定するスンニー派復古思想を指す。

こうした思想は中世のハンバル派法学者イブン・タイミーヤ（1263～1328）に遡ることができるが、近代においては18世紀のワッハーブ派やアフガーニー（1838/9～1897）がその先駆とされる。その理論はムハンマド・アブドゥ（1849～1905）とその弟子ラシード・リダー（1865～1935）らの雑誌「マナール」によってイスラム世界全体に広まり、以後各地のスンニー派イスラム復興運動に多大な影響を与えている。

▶ アフガーニー、アブドゥ、アラビア語、イスラム法、スンニー派、ハディース、ムハンマド、ワッハーブ派

サラーフッディーン

(al-Malik al-Nasir Salah al-Din Abu al-Muzaffar Yusuf ibn Ayyub al-Ayyubi, Saladin)

1138～1193。アイユーブ朝初代スルタン。在位1169～1193。対十字軍戦争の英雄として、現代でもアラブ世界最大の英雄とみなされている。ヨーロッパでも「サラディン」の名で知られる。

人種的にはクルド人で、イラクのティクリートで生まれた。父ナジム・アル・ディーン・アイユーブ（？～1173）はセルジューク朝の代官であったが、サラーフッディーン誕生直後、モスルでザンギー朝創始者ザンギー（1085？～1146）の配下となった。サラーフッディーンもザンギーの後継者ヌール・アル・ディーン（在位1146～1174）に仕え、1164年からは、叔父シールクーフ（？～1169）とともに3度エジプトに遠征した。

1169年、ファーティマ朝宰相となっていたシールクーフが急死するとその後継者となり、1171年、ファーティマ朝最後のカリフ、アーディド（在位1160～1171）が死亡するとアイユーブ朝を樹立した。1174年、主君であったヌール・アル・ディーンが没するとシリアに勢力を伸ばし、1183年にはエジプトとシリアを統合、さらにイラク北部のモスルを獲得す

ると本格的な対十字軍戦争に乗り出した。

1187年7月にはヒッティーンの戦いで十字軍に大勝し、以後沿岸部の諸都市を次々と陥落させ、同年10月にはエルサレムを奪回した。サラーフッディーンによるエルサレム奪回を契機として第3回十字軍の遠征が行われるが、1192年アッコ攻防戦後に締結された停戦条約においてエルサレムを含むパレスチナの領有権を認めさせ、翌年ダマスカスで死亡。

公正で博愛精神に富む偉大な英雄として、死後多くの文学作品の題材となった。またイギリス製装甲車には「サラディン」と呼ばれる機種があり、イラクのクウェート侵攻の際にはクウェート軍もこの車両を使用していた。他方侵攻を行ったイラクのサダム・フセイン大統領（1937～2006）もサラーフッディーンを尊敬していた。

➡ アイユーブ朝、イラク、エジプト、エルサレム、ザンギー朝、十字軍、シリア、スルタン、ヒッティーンの戦い、ファーティマ朝、フセイン（サダム）

ザンギー朝 (Zangid dynasty)

1127～1251。イラク北部及び北シリアを支配したセルジューク朝アタベク王朝の1つで、イマード・アル・ディーン・ザンギー（1085？～1146）が創始した。

創始者ザンギーは、セルジューク朝下で名目的な存在となっていたカリフの実権を回復しようと武装蜂起したアッバース朝カリフ、ムスタルスィド（在位1118～1135）の軍を破ったことで、1127年にモスルのアタベクに任命された。さらに1128年にはアレッポも支配下に収めた。1137年からは十字軍国家との戦闘を本格化し、1144年にはエデッサを陥落させたが、このことは第2回十字軍が組織される原因となった。

1146年、ザンギーがフランク人宦官に暗殺されると、その領土は息子たちに分割され、北イラクはサイフ・アル・ディーン・ガーズィー（在位1146～1149）、シリアをヌール・アル・ディーン（在位1146～1174）が継承した。ヌール・アル・ディーンはシリア統一と対十字軍戦争を推進したが、1169年、彼がエジプトに派遣したサラーフッディーン（1138～1193）が独立してアイユーブ朝を樹立、1174年のヌール・アル・ディーン死後は、その領土は次第にアイユーブ朝に併合され、滅亡した。

➡ アイユーブ朝、アタベク、アッバース朝、イラク、エジプト、カリフ、サラーフッディーン、十字軍、シリア、セルジューク朝

塹壕の戦い (Battle of Khandaq)

あるいは「ハンダクの戦い」。627年3月31日から2週間続いたマッカ軍によるマディーナ包囲戦のこと。預言者ムハンマド（570頃～632）が、従来アラブで知られていなかった塹壕（アラビア語で「ハンダク」）を用いて防戦したためこう呼ばれる。

「ウフドの戦い」を決定的な勝利にできなかったマッカ軍は2年後、再度マディーナ攻撃を企てた。マッカ

側はアブ・スフヤーン（560〜652）のもとに近隣遊牧民やマディーナから追放されたユダヤ系ナディール族を含む大連合を結成し、軍馬600頭を擁する1万人の軍勢でマディーナを包囲した。マッカ側の動きを察知したムハンマドは、事前に畑の穀物を収穫させ、塹壕を掘って対抗した。塹壕掘削は、改宗ペルシャ人サルマーンの進言を容れたものとされている。

ハーリド・イブン・アル・ワリード（？〜641/2）に指揮されたマッカの騎馬隊は塹壕に阻まれて本来の実力を発揮できず、戦線は膠着状態となった。戦利品の見込みのない戦いに遊牧民は戦線を離脱し、畑の穀物が刈り取られていたため馬の飼料も欠乏し、マッカ軍は2週間後に何らの成果も挙げられずに引き上げた。

▶ ウフドの戦い、ハーリド・イブン・アル・ワリード、マッカ、マディーナ、ムハンマド

ザンジュの乱 (Zanj Rebellion)

869年、イラク南部の黒人奴隷（ザンジュ）が、アリ・イブン・ムハンマドに率いられて起こした大規模な反乱。

868年にバスラに現れたアリ・イブン・ムハンマドは、第4代正統カリフ、アリ（在位656〜661）の末裔と称して宗教運動を始め、イラク南部のザンジュや貧農の支援を得て反乱を開始した。反乱は最初は局地的なものだったが、870年にウブッラとアフワーズを占領し、各地のザンジュを解放して反乱に加えた。871年にバスラを占領し、878年にはバスラ東方に「ムフターラ」と呼ぶ新都市を建設し、そこに独立政権を樹立した。

当時アッバース朝は、サッファール朝のヤアクーブ・イブン・アル・ライス（在位867〜879）と戦闘中であり、ザンジュの乱に対し有効な対策がとれなかった。しかし879年にヤアクーブが死亡すると、カリフ、ムウタミド（在位870〜892）は弟のムワッファク（842〜891）を鎮圧軍司令官に任命し、883年に反乱は鎮圧され、アリは死亡した。

▶ アッバース朝、アリ、イラク、カリフ、サッファール朝

シ

シーア派 (Shia Islam)

イスラム教の主要な分派で、しばしばスンニー派に対置される。その起源は、第4代正統カリフ、アリ（在位656〜661）とその直系の子孫を支持した信徒たちに求められる。

第3代正統カリフ、ウスマーン（在位644〜656）暗殺後、預言者ムハンマド（570頃〜632）の娘婿であるアリが第4代正統カリフに選出されるが、ウスマーンと同じウマイヤ家に属するシリア総督ムアーウィヤ（？〜680）はウスマーン殺害の容疑者引き渡しと処刑を求め、アリに対する忠誠の誓いを拒否した。両者は657年、イラクとシリアの境界にあるスィッフィーンの野で戦うが、結局は調停に合意した。

このとき、反逆者ムアーウィヤと

の調停を受け入れたアリを非難してその陣営を離脱した者たちが、イスラム教における最初の分派「ハワーリジュ派」を形成した。他方このとき、最後までアリを積極的に支持した人々がその後のシーア派の母体となった。シーアという名称は本来アラビア語で「党派」を意味し、「アリの党派」という意味で「シーア・アリ」と呼ばれたものが後に単に「シーア」と呼ばれるようになった。

680年10月10日（イスラム暦61年ムハッラム月10日）、カルバラにおいてアリの子フセイン（626～680）一行が殉教したことはシーア派に大きな衝撃を与え、同時にシーア派としての意識が高められ、団結が強化されたと言われる。そのため、シーア派はムハッラム月10日（アーシューラー）に生まれたと言われることもある。

シーア派はウマイヤ朝のみならず、アリ以前の3人の正統カリフについても多くの場合否定的で、ウマイヤ朝初期にはタウワーブーンの乱やムフタールの乱など、シーア派に支持された反ウマイヤ朝反乱も相次ぎ、最終的にウマイヤ朝を滅ぼしてアッバース朝成立につながったアッバース革命においても、シーア派が主な支持者となった。また、反体制的な少数派として支配政権に弾圧される中で、「タキーヤ」の強調、「隠れイマーム」と「マフディー」としての再臨など、シーア派に特徴的な教義が採用されるようになり、その過程では、「グラート」と呼ばれる過激な教義を主張する者たちも現れた。

シーア派の教義における最大の特徴は、アリの直系の子孫である「イマーム」の崇拝で、このイマーム位が誰に引き継がれたと考えるかによって多くの分派が生じている。またイランでは、第4代イマーム、アリ・ザイン・アル・アービディーン（659～712）は、ササン朝最後の王ヤズデギルド3世（？～651）の娘シャフルバーヌーが産んだと信じられ、民族主義的な色彩も帯びるようになっている。

世界的規模での信徒数では、シーア派は全イスラム教徒の1割程度であるが、イランで国教となっているほか、バーレーンやイラクでは住民の多数を占め、レバノンでもシーア派のアマルやヒズボラが政治勢力として強い影響力を有している。

➡ アーシューラー、アッバース朝、アマル、アラウィー派、アリ、イエメン、イスマイール派、イスラム教、イマーム、イラク、イラン、ウスマーン・イブン・アッファーン、ウマイヤ朝、エジプト、隠れイマーム、カリフ、カルバラの戦い、ササン朝、12イマーム派、シリア、スィッフィーンの戦い、スンニー派、ドルーズ派、ニザール派、バーレーン、ハワーリジュ派、ヒズボラ、ファーティマ朝、フセイン、マフディー、ムアーウィヤ、ムハンマド、レバノン

シェバ ➡ シバ王国

シオニズム (Zionism)

ユダヤ人がパレスチナにユダヤ人国家を建国しようとする運動で、現在のイスラエル建国の思想的基礎と

なった。この名称は、エルサレムの別名である「シオン」（ヘブライ語では「ツィオン」）に由来するもので、1885年、ウィーンの作家ナタン・ビルンバウム（1864～1937）が作ったとされる。

宗教的観念に基づき、個別にパレスチナに移住しようとする運動は、19世紀以前からも各地のユダヤ人の間にあった。ユダヤ人の間では、民族の救済は基本的に神の意思に従うとの考えが強かったが、19世紀半ばから、人間の意思による問題解決を唱える思想がヨーロッパにおいて生まれた。こうした主張を行った先駆者としては、ユダ・アルカライ（1798～1878）やツビ・カリシャ（1795～1874）、モーゼス・ヘス（1812～1875）などが挙げられる。

ロシアにおいては、1880年代に発生したポグロムを契機としてペレツ・スモレンスキン（1840？～1910）、モシエ・レイブ・リリエンブルム（1843～1910）らが帰還運動「ホベベイ・ツィオン（シオンを愛する者）」を開始し、大量のユダヤ人の組織的なパレスチナ移住が始まった。

一方、西ヨーロッパでは、1894年のドレフュス事件に衝撃を受けたテオドール・ヘルツル（1860～1904）が1896年に『ユダヤ人国家』を出版し、その呼びかけで1897年8月、スイスのバーゼルで第1回シオニスト会議が開催され、運動が本格化した。会議は、「シオニズムは公法によって保証されたユダヤ人の故郷をパレスチナに建設する」という趣旨のバーゼル綱領を採択、「世界シオニスト機構」が設置された。

なお、反ユダヤ主義関連書籍には、この第1回シオニスト会議において、ユダヤ民族による世界支配の方策を定めた『シオン賢者の議定書（ユダヤ・プロトコール）』なるものが採択されたとの主張も見られるが、この文書はロシア帝国秘密警察のピョートル・イワノビッチ・ラチコフスキー（1853～1910）がユダヤ人弾圧のために作成した贋作である。

▶ イスラエル、エルサレム、パレスチナ

シナイ半島 (Sinai Peninsula)

エジプト北東部にある、面積約6万km²の半島。シナイという名称は、アッカド語の月の神シンに由来するとの説や、歯を思わせる山脈の形状から、歯を意味するセム語系の「シンヌ」あるいは「セン」に由来するという説がある。

『旧約聖書』によれば、モーセはシナイ山で十戒を授かり、またエジプトを出国したユダヤ人はシナイ半島を40年間さまよったとされている。

第二次中東戦争や第三次中東戦争、第四次中東戦争では、イスラエルとエジプトの主戦場となり、1967年の第三次中東戦争でイスラエルに占領されたが、キャンプ・デービッド合意を経て1982年エジプトに返還、以後観光地としての開発が進んでいる。

▶ アルファベット、イスラエル、エジプト、キャンプ・デービッド合意、第二次中東戦争、第三次中東戦争、第四次中東戦争、モーセ

シナゴーグ (Synagogue)

ユダヤ教において、集団で礼拝や祈祷を行うための会堂のこと。ギリシャ語で集会を意味する「シュナゴゲ」に由来する名称。

シナゴーグの起源は、紀元前586年の「バビロン捕囚」により、ネブカドネザル2世(在位紀元前605～紀元前562)に連行されたユダヤ人たちが、安息日に集まって集団で礼拝したり「トーラー」の研鑽に励んだのが始まりとされる。現在ではほとんどすべてのユダヤ人共同体においてシナゴーグが造られ、礼拝、祈祷以外にもユダヤ人のコミュニティセンターとして飢饉時の救済保護施設、共同体の重要な公的通知所、学習の場や旅人の宿泊施設、さらには集会場や結婚式場としても機能している。

➡ネブカドネザル2世、バビロン捕囚

シバ王国 (Sheba)

紀元前8世紀末頃から紀元後3世紀末まで、現在のイエメンにあった王国の名。『旧約聖書』や『クルアーン』に述べられたシバの女王の伝説で有名。日本では英語表記に従って「シバ」と表記されることが多いが、アラビア語では「サバア」、ヘブライ語では「シェバ」。

首都はマアリブにあり、アラビア半島西岸に沿った交易や灌漑農業で栄えた。最盛期にはアラビア半島南部の多くを支配した。しかし、紀元前後に貿易ルートの変動やベドウィンの侵入が原因で、イエメン地方の政治・経済の中心が内陸オアシス地帯から高原部に移ると、新興国ヒムヤル王国の勢力が強まり、3世紀末にはシバ王国もこれに併合され消滅した。ただし、シバ王国王家の一部が対岸のエチオピアに移住し、20世紀まで断続的にエチオピアを支配したソロモン朝を創始したとの伝説もある。

➡アラビア半島、イエメン、クルアーン、シバの女王、ヒムヤル王国、ベドウィン

ジハード (jihad)

アラビア語の原義は「努力すること」。日本では「聖戦」と訳されるが、必ずしも武力によるイスラム教布教を表すものではなく、イスラム教においては「神の道のために努力すること」と広く解釈されている。

『クルアーン』においては、ジハードという言葉はかなり幅広く解釈でき、戦闘に限らず、神の道のために奮闘努力するという精神的態度と、それを行為として表現したすべてを包含する言葉ととらえられる。他方、十字軍戦争等異教徒との戦闘も、しばしばジハードと呼ばれる。聖戦の意味でのジハードにおいては、戦死者は殉教者として楽園に生まれ変わるとされる。

➡アラビア語、イスラム教、クルアーン、十字軍

シバの女王 (Queen of Sheba)

『旧約聖書』や『クルアーン』、その他中東やエチオピアの伝承に登場するシバ王国の女王。アラブの伝承では「ビルキース」と呼ばれ、ファラシャの間には「マケダ」という名が伝わっている。

『旧約聖書』「列王記上」第10章によれば、シバの女王は難問でソロモンを試そうとしてやってきたが、ソロモンは彼女の質問すべてに答えたため、金や多くの香料を贈って国に帰った。

『クルアーン』第27章（蟻の章）では、当初アッラーではなく太陽を崇拝していたが、ヤツガシラがソロモンの書簡を届けたり、ソロモンがジンを使役して彼女の玉座を一瞬のうちに運んでこさせたりしたことでアッラーへの帰依を決断する次第が語られている。

さらにエチオピアのファラシャに伝わる伝説では、ソロモンが女王に対し王宮に滞在するよう勧めたのに対し、女王は、「私の意志に反して私に触れないようにしてください」と述べた。そこでソロモンは「わかりました。しかし私の持ち物は何ひとつとってはいけません。もしとれば、私のために何かしてもらいます」と述べ、彼女に辛い夕食を出し、ベッド近くの小テーブルに水差しとコップを置いておいた。

女王は夜中に目が覚めると水を飲んだ。そこにソロモンが現れて自分の水を飲んだことを指摘した。女王は「水を飲んだだけです」と言った。ソロモンは「水は世界で一番大切ではないか」と述べた。女王は「もう少し水を飲ませてほしい。そうしたら何でも望むことをかなえてあげる」と述べた。こうして2人は一夜を共にし、女王はその瞬間からイスラエルの神を礼拝すると言った。2人の子は、20世紀まで断続的にエチオピアを支配したソロモン朝の祖先となったという。

現実にはソロモン王の在位は紀元前930年頃までと言われており、イエメンにシバ王国が成立するのはそれより後というのが通説である。

▶ アッラー、イスラエル、クルアーン、シバ王国、ジン、ソロモン、ファラシャ

シャイフ (Sheikh)

「シェイク」と記されることもある。アラブ諸国で用いられる敬称の1つ。本来は年配者に対して用いられるが、イスラム神秘主義教団指導者や聖人、イスラム法学者など宗教的権威を有する人物、部族長、共同体の顔役や名士、さらには何らかの特技に秀でた人物など、様々な対象に用いられる。湾岸首長国においては、首長家の一員に対する公式の尊称としても用いられる。

サウジアラビアでは、ワッハーブ派創始者ムハンマド・イブン・アブドゥルワッハーブ(1703～1790)の子孫が「シャイフ家」を名乗って今日に至る。

▶ イスラム神秘主義、イスラム法、サウジアラビア、ワッハーブ派

邪視 (Evil Eye)

怪我や死、その他の不幸を引き起こすと信じられる魔力を持った視線のことで、中東だけでなくギリシャ、ローマをはじめ広い地域で信じられている。アラビア半島ではくぼんだ目、青い目、片目、眉のつながった者、

中傷する人、乞食、不運につきまとわれる人などの目、蛇の目などが邪視の力を持つと信じられ、その害は動物にも及ぶ。

邪視に見舞われた人間には『クルアーン』の章句を唱えることが一般的であるが、5という数字が邪視を防ぐという信仰もあり、地方によっては5を示すいろいろな記号を壁に書く。

➡ アラビア半島、クルアーン

シャジャラト・アル・ドゥッル
$hajarat al-Durr al-Salihiya Umm Khalil)

？〜1257。「真珠の木」を意味し、「シャジャル・アル・ドゥッル」と記されることもある。イスラム諸国史上唯一の女性スルタンとして、1250年に短期間マムルーク朝初代スルタンとなった。

出自はアルメニア系ともトルコ系ともいわれ、アイユーブ朝スルタン、サーリフ（在位1240〜1249）の奴隷であったが、1239/40年にサーリフの子を産んで解放奴隷となる。

1249年、第7回十字軍がエジプトに侵攻した直後サーリフは死去するが、シャジャラト・アル・ドゥッルはその死を隠してスルタンの名で命令書を発し、1250年のマンスーラの戦いでの勝利を導く。その後、スルタンに即位したトゥーラーンシャー（在位1249〜1250）がマムルークとの争いで殺害され、アイユーブ朝が滅亡すると、マムルーク軍団に推戴されてスルタンとなる。スルタン位は、後に夫となったマムルークのアイバク（在位1250〜1257）に譲るが、両者はその後も共同統治を続けた。しかし1257年、女性関係が原因でアイバクを殺害し、その直後自らも殺された。死の状況については諸説ある。

➡ アイユーブ朝、アルメニア、エジプト、十字軍、スルタン、トルコ、マムルーク、マムルーク朝

シャー・ナーメ ➡ フェルドゥースィー

シャハーダ ➡ 六信五行

ジャーヒズ（アブ・ウスマーン・アムル・イブン・バハル・アル・ジャーヒズ, Abu Uthman Amr ibn Bahr al-Jahiz）

776/7頃〜868/9。アッバース朝時代の文筆家。「ジャーヒズ」とは「出目」という意味のあだ名で、その名の通り容貌はさえず、肌色はかなり黒かったと言われる。本人はアラブの出自を主張していたが、エチオピア系奴隷の子孫とも言われる。

バスラの貧しい家庭に生まれ、少年時代は魚売りをしながらクルアーン学校に通うなどして勉学を続けた。815年頃、信仰と理性の問題を扱った最初の著作が当時のアッバース朝カリフ、マアムーン（在位813〜833）の目に留まり、その招致を受けてバグダッドに移住、以後バグダッドとサーマッラーで著作を次々と発表した。

同時代のペルシャ人の間で広まっていた「シュウービーヤ運動」に対抗する形で、アラブの古詩や伝承を取り入れたアラブ文学を確立、この結果シュウービーヤ運動は終息に向か

った。主著『動物の書』のほか、『黒人が白人より優れていることについて』『女奴隷と男奴隷の書』、アラビア語で最初のトルコ人論『トルコ人の美徳』など約200点の作品を残したが、現存するのは30点ほどしかない。しかしジャーヒズの文章は、現代でもアラビア語散文の手本とされている。

➡ アッバース朝、アラビア語、カリフ、クルアーン、シュウービーヤ運動、バグダッド、ペルシャ

ジャーヒリーヤ時代
(Jahiliyyah, pre-Islamic age)

「ジャーヒリーヤ」とは、アラビア語で「無知」を意味する言葉で、イスラム教以前の時代を否定的に呼んだ言葉。ジャーヒリーヤ時代の始期については明確な定義はないが、5世紀半ばから7世紀初めまでの、イスラム教啓示以前のアラビア半島に対して用いられることが多い。

当時のアラビア半島は部族社会で、家族から部族集団まで様々なレベルで他の集団との抗争が頻発し、宗教的にはアニミズムや偶像崇拝が支配的であった。他方、こうした情勢の中で相互扶助の精神や男気（ムルーワ）、忠誠（ワファー）など、イスラム時代になってもアラブ社会で美徳とされる観念も発達した。また、戦場で戦意を鼓舞したり男女の愛、自然などを謳（うた）うアラビア語詩が発達し、ウカーズの市場などでの詩の競技会を通じてアラビア語が共通語となり、アラブ人というアイデンティティが強まったのもこの時代とされる。

預言者ムハンマド（570頃～632）が啓示を受けた時点で、ジャーヒリーヤ時代は終わったというのが大方のイスラム教徒の認識であるが、エジプトのサイイド・クトゥブ（1906～1966）などのイスラム原理主義者の中には、イスラム法の支配に完全に従っていない世俗的国家を現代のジャーヒリーヤと認識し、それに対する「ジハード」を呼びかける者もある。

➡ アラビア語、アラビア半島、アラブ人、イスラム教、イスラム原理主義、イスラム法、エジプト、ジハード、ムハンマド

シャーフィイー学派 ➡ イスラム法

シャリーア ➡ イスラム法

シャリーフ ➡ サイイド

シャルジャ首長国
(Emirate of Sharjah)

アラブ首長国連邦を構成する7首長国の1つで、面積約2,590㎢、首都はシャルジャ。シャルジャでは約5,000年前から人類の居住が確認されているが、18世紀頃に現首長家カーシミー家が定住し、1727年頃首長国となった。カーシミー家は18世紀後半から19世紀前半にかけて、アラビア湾のみならず、インド洋の海上交易で名を馳せた名門で、ラッス・アル・ハイマ首長家も同族である。かつては真珠採取や交易で栄えたが、1820年には他の4首長国とともにイギリスの保護領となり、1971年にアラブ首長国連邦の構成国として独立

した。
　ドバイ首長国に隣接しているが、インド洋に面した港町のホール・ファッカンやカルバなどの飛び地を有している。ドバイの市街地まで車で30分という地の利から、近年ではドバイのベッドタウンとして発展してきている。
　首都シャルジャは、1998年にユネスコから「アラブ文化の首都1998」に指定された文化遺産都市であり、市内に10ヶ所の美術館や博物館などの文化使節を有し、「政治」のアブダビ、「経済」のドバイに対し「文化」のシャルジャとも称される。ほかに天然ガスも産出する。イランとの間では、アブ・ムーサ島などの領有問題を抱える。

➡ アブダビ首長国、アラブ首長国連邦、イラン、ドバイ首長国

十字軍 (crusades)

　中世西ヨーロッパのキリスト教諸国が、聖地エルサレムをイスラム教国の支配から奪還することを目的に派遣した遠征軍のこと。1096年の第1回十字軍に始まり、1270年のフランス王ルイ9世(在位1226～1270)の遠征まで8回の公式な遠征が行われたが、解釈によってその回数には差異がある。広義には、イベリア半島のレコンキスタ(イスラム教徒に占領されたイベリア半島をキリスト教徒の手に奪回する運動)や、バルト海沿岸で行われた北方十字軍、フランス南部のカタリ派に対するアルビジョワ十字軍等、中東以外への宗教的遠征も十字軍と呼ばれることがある。
　1071年の「マラズギルドの戦い」以来、トゥルクマンにその領土を脅かされていたビザンツ帝国皇帝アレクシオス1世コムネノス(在位1081～1118)は、即位後ローマ教皇庁との関係修復に努め、1095年3月のピアツェンツァの公会議に軍事的援助を求める使者を派遣した。これを受けてローマ教皇ウルバヌス2世(在位1088～1099)は、1095年11月27日、フランスのクレルモンフェランでクレルモン公会議を開催、十字軍への参加を呼びかけた。
　第1回十字軍は1099年7月15日にエルサレムを占領、エデッサ伯国、トリポリ伯国、アンティオキア公国及びエルサレム王国の4つの十字軍国家を建設した。1144年、イマード・アル・ディーン・ザンギー(1085～1146)によりエデッサ伯国が滅ぼされると第2回十字軍が組織されたが、特段の成果をあげることができなかった。1187年10月、アイユーブ朝スルタン、サラーフッディーン(在位1169～1193)がエルサレムを占領すると第3回十字軍が招集され、イギリスのリチャード1世(在位1189～1199)などが参加してサラーフッディーンとの激闘を繰り広げたが、地中海沿岸諸都市の支配権を確保するにとどまった。
　第4回十字軍はビザンツ帝国の首都コンスタンティノープルを占領し、ラテン帝国を樹立する。第5回十字軍はエジプト遠征を行って失敗した。神聖ローマ帝国皇帝フリードリヒ2

世（在位1220〜1250）率いる第6回十字軍は、アイユーブ朝スルタン、カーミル（在位1218〜1238）との交渉によってエルサレムを回復したが、フリードリヒと対立するローマ教皇はこれを認めず、エルサレムも短期間でイスラム教徒に奪回された。エルサレムが再度イスラム教徒に奪回されたため、フランス王ルイ9世に率いられた第7回十字軍が組織されるがエジプト遠征に失敗、第8回十字軍はやはりルイ9世に率いられてチュニスに向かったがルイ9世は死亡し、これにより公式の十字軍は終了した。

　十字軍は、当時のローマ・カトリック諸国にとっては聖戦とみなされたが、中東諸国にとっては侵略軍であり、特に第1回十字軍はユダヤ人や土着キリスト教徒も含めた異教徒の大虐殺を行っている。

▶ アイユーブ朝、イスラム教、エジプト、エデッサ伯国、エルサレム、エルサレム王国、キリスト教、サラーフッディーン、トゥルクマン、ビザンツ帝国、フリードリヒ2世、マラズギルドの戦い、ラテン帝国

十字軍国家 ▶ 十字軍

12イマーム派 (Twelver Shiism)

　シーア派の最大宗派で、第11代イマーム、ハサン・アル・アスカリー（846〜874）の息子ムハンマド・イブン・アル・ハサン（869頃〜？）を「隠れイマーム」と信じる一派。1501年に成立したサファヴィー朝以来、イランでは国教となっており、イラク、アゼルバイジャンでも人口の多数を占める。ほかにレバノン、アラビア半島東部などにも信者を持つ。

　12イマーム派によれば、イマーム位はアリ（在位656〜661）からハサン、フセイン、アリ・ザイン・アル・アービディーン、ムハンマド・アル・バーキル、ジャアファル・アル・サーディク、アリ・アル・リダー、ムハンマド・アル・ジャワード、アリ・アル・ハーディ、ハサン・アル・アスカリーの順に引き継がれ、ハサン・アル・アスカリーは874年に没した。しかし信者たちはハサン・アル・アスカリーにはムハンマドという子がおり、父の死と同時に隠れイマームとなったと信じた。このムハンマドこそ「終末」に「マフディー」として再臨する者であり、「待ち望まれている者」という意味で「ムハンマド・アル・ムンタザル」と呼ばれる。

　12イマーム派の教理では、ムハンマド・アル・ムンタザルは940年まで代理人を通じて自らの意思を伝えていたので、この期間を「小ガイバ」、それ以後を「大ガイバ」として区別し、イマームの再臨までイスラム法学者がイマームを代行することとなっている。

▶ アゼルバイジャン、アラビア半島、アリ、イマーム、イラク、イラン、隠れイマーム、サファヴィー朝、シーア派、マフディー、レバノン

シュウービーヤ運動 (Shu'ubiya)

　アッバース朝下において生じた、アラビア語以外の言語で著述を行お

うとする運動。

『クルアーン』の言語であるアラビア語の権威は、それまでイスラム圏において絶対的なものであり、イスラム教に入信した他の民族もアラビア語による著述を行っていたが、9世紀頃から、主として中央アジアのイラン人官僚たちの間から、自分たちの言語を再評価する動きが生じた。この動きは10世紀に顕著となり、ペルシャ詩人の父とも呼ばれるルーダキー（？〜940）やフェルドゥースィー（934〜1025）などが優れた作品を残した。こうした動きに対しアラビア語文学の側でも独自の人文学を確立する動きが生じ、また一部の法学者から異端とみなされたこともあり、シュウービーヤ運動は終息した。

▶ アッバース朝、アラビア語、イスラム教、イラン、フェルドゥースィー

終末 (end time)

ユダヤ教、キリスト教及びイスラム教における世界の終わりの時。これらの宗教によれば、世界はある時点で神によって創造されたものであり、定められた時に最後を迎えると考える。ただし、その時期を知ることは人間にはできない。

『旧約聖書』や『新約聖書』には、終末時に起こる事象が列挙されており、メシェクとトバルの太守であるゴグとマゴグが、ペルシャやエチオピアなどとともにイスラエルに攻め寄せてハルマゲドン（最終戦争）が起こるが、彼らは打ち破られる。ユダヤ教においてはその際、最後の審判が行われた後、神の栄光が回復され、善なるユダヤ人たちはエルサレムに神殿を再建して平和に暮らすと信じられている。

キリスト教においては、終末においてイエス・キリスト（紀元前4頃〜紀元後30頃）が再臨すると信じられ、ハルマゲドン、「ダニエル書」や「ヨハネの黙示録」が述べる獣の出現のほか、宗派によっては偽キリストの出現、神の千年王国の出現、携挙の発生などを主張するものもある。

イスラム教でもキリスト教の観念をほぼ引き継いでおり、怪獣が姿を現し、ゴグとマゴグが暴れ出し、偽キリストである「ダッジャール」が現れて一定期間地上を支配した後、再臨したイエスに殺害され、さらに「マフディー」が現れて、様々な天変地異の後、「最後の審判」が行われる。

▶ イエス、イスラム教、エルサレム、キリスト教、最後の審判、ペルシャ、マフディー、ユダヤ教

祝祭 (feast)

中東諸国には様々な宗教・宗派や民族がおり、それぞれの国の祭日だけでなく固有の祝祭を祝うことが多い。

イスラム教においては、「イード・アル・フィトル」と「イード・アル・アドハー」の2つの「イード」に加え、「マウリド・アル・ナビー（預言者聖誕祭）」も多くの国で祝われる。シーア派においては「アーシューラー」「ガディール・アル・フンム」「アルバイーン」も重要な祝祭である。

クリスマスや復活祭は、中東諸国のキリスト教徒にとっても重要な祝祭であるが、中東の宗派は多くの場合独自の暦を用いているので、グレゴリウス暦における期日とは異なることが多い。

イスラエル国民の多数を占めるユダヤ教徒は、通常5つの大祭と2つの小祭を祝う。大祭としては、モーセに率いられた出エジプトを記念する「過ぎ越しの祭（ペサハ）」、シナイ山で十戒が授けられたことをしのぶ「ペンテコスト」、シナイ半島での放浪の生活をしのぶ「仮庵の祭（スコット）」「ローシュ・ハシャナー（新年）」と「ヨム・キップール（贖罪の日）」である。2つの小祭のうち「ハヌカ」は、シリア王アンティオコス4世（在位紀元前175〜紀元前164）に対するマカベア家の勝利と、前165年の第二神殿の再奉献を記念したものである。もう1つの「プリム」は、アケメネス朝ペルシャの王妃エステルによってユダヤ人が危機から救われたことを記念するものである。

ほかにイランでは春分の日の「ノゥルーズ」、エジプトでは春の到来を祝う「シャンム・アル・ナスィーム」など、それぞれの国の伝統的な祝祭があり、地域によっては各地の聖者の記念日も祝日となる。

➡ アケメネス朝、アーシューラー、イスラム教、イード、イラン、エジプト、キリスト教、シリア、ノゥルーズ、マウリド・アル・ナビー、モーセ、ユダヤ教

ジュハー ➡ ナスレッディン・ホジャ

シュメール (Sumer)

古代において、メソポタミア南部地域に対し用いられた名称で、転じてその地域に興った都市文明及び民族の名称ともなった。

シュメールという呼称は、同時代にメソポタミアにいたアッカド人が用いたもので、シュメール人は世界最古の都市文明を築いた。考古学的には、紀元前4000年紀末のウルク期前期が真の意味での都市成立の頃と言われ、以後紀元前2350年頃までは都市国家が並立していたが、アッカド王サルゴン（在位紀元前2334頃〜紀元前2279頃）によって、シュメールの諸都市は征服される。しかしアッカド王シャル・カリ・シャッリ（在位紀元前22世紀頃）の頃、グティ人の侵入などによりメソポタミアは分裂状態となり、2100年にはウル・ナンム（在位紀元前2112？〜紀元前2095？）が、シュメール人によるウル第三王朝を創始した。

ウル第3王朝はシュメール人最後の王朝で、地中海沿岸からイラン高原まで、アッカドとほぼ同じ版図を支配した。第2代シュルギ（在位紀元前2094？〜紀元前2047？）時代にこの王朝は最盛期を迎え、シュルギは四方世界の王を名乗り、アッカド王ナラム・シン（在位紀元前2155頃〜紀元前2119頃）以降初めて自らを神格化した。またシュルギは標準度量衡を設定し、統一暦を導入し、官僚制度を整えた。

シュルギ死後王朝は衰退を始め、第5代イビ・シン王（在位前2028〜

2004)の治世24年にエラム人がウルを征服、イビ・シンを捕虜としたことで王朝は滅亡した。

シュメール人は世界最古の楔形文字を使用し、その体系を作り上げたことから、シュメール語はウル第三王朝滅亡後もメソポタミアで使用された。

▶ アッカド、イラン、メソポタミア

巡礼 (pilgrimage)

特定の聖地を巡る、宗教的意味を持つ旅行のこと。巡礼は多くの宗教で行われており、中東にはエルサレムやベツレヘムなど、キリスト教の聖地も多く所在する。

イスラム教においては、巡礼月にマッカに巡礼する「ハッジ（大巡礼）」が、イスラム教徒が果たすべき五行の1つとなっている。巡礼月以外の時期の巡礼は「ウムラ（小巡礼）」と呼ばれる。ハッジを行ったイスラム教徒は、「ハージッ」という称号を付けて呼ばれる。

▶ イスラム教、エルサレム、キリスト教、ハッジ、マッカ、六信五行

シリア (Syrian Arab Republic)

正式名称は「シリア・アラブ共和国」。面積は約18.5万km²。人口は2,111.7万人（2012年推計）。首都はダマスカス。

本来「シリア」という名称は、現在の「シリア・アラブ共和国」だけでなくレバノン、ヨルダン及びパレスチナを含む領域に対し用いられてきており、この場合のシリアは「歴史的シリア」、あるいは「大シリア」と呼ばれる。その語源は、ギリシャ人がレバノンの都市スールにちなんで「スーリーヤ」と呼んだとも、「アッシリア」に由来するとも言われ、現在のシリア・アラブ共和国の領域は、20世紀初めのフランスの委任統治時代に画定された。

歴史的シリアの領域は、古来古代エジプトやメソポタミア、アナトリアに生じた大帝国の影響を強く受けており、多くの古代帝国に支配されてきた。紀元前538年にはアケメネス朝がシリアを含む西アジア地域を支配し、アケメネス朝滅亡後はアレクサンドロス帝国の一部となる。さらにディアドコイ戦争やプトレマイオス朝とのシリア戦争を経てセレウコス朝に支配されるが、紀元前64年にはローマ帝国の一地方となった。

3世紀には、シリア東部にあった隊商都市パルミュラが一時勢力を伸ばしたが、273年にローマ帝国に滅ぼされ、ローマ帝国分裂後はビザンツ帝国の支配を受けた。636年にはイスラム教徒アラブ人に征服され、661年にダマスカスがウマイヤ朝の首都となるとシリア地方は繁栄した。しかしアッバース朝時代には帝国の中心がバグダッドに移り、さらに11世紀からの十字軍戦争の舞台となり、また1260年のモンゴルの侵略を受けたことでこの地域は衰えた。

1516年からはオスマン帝国に支配され、第一次世界大戦終結後、オスマン帝国が解体されると、歴史的シリアはイギリスとフランスに分割統治

され、現在のシリア、レバノン、ヨルダン、パレスチナの領域が区画された。

シリアはレバノンに遅れて1946年に独立したが政情不安が続き、1949年以来クーデターが相次いだ。しかし1970年11月、無血クーデターを起こしたアラウィー派のハーフィズ・アル・アサド大統領（1930〜2000）は2000年に死去するまで政権を維持し、その死後は次男バッシャール・アル・アサド（1965〜）が後継大統領となった。2011年に発生した「アラブの春」の中、シリアでも民衆の武装蜂起が発生し、以来内戦状態となっている。2014年6月までに死者は16万人を超え、900万人以上が難民となって国内外に避難している。こうした中、2014年6月に行われた大統領選挙では、現職のバッシャール・アル・アサド大統領の三選となった。

▶ アケメネス朝、アサド、アッシリア、アナトリア、ウマイヤ朝、オスマン帝国、セレウコス朝、ディアドコイ戦争、バグダッド、パルミュラ、パレスチナ、ビザンツ帝国、プトレマイオス朝、モンゴル帝国、ヨルダン、レバノン

シルクロード (Silk Road)

中国と西方世界を結ぶ東西交易路の総称で、中国の特産品である絹にちなんでドイツの地理学者リヒトホーフェン（1833〜1905）が名づけた。日本では「絹の道」と訳される。その東側出発点については諸説あり、日本の奈良県とする見解もあるが、中国政府は2007年4月に洛陽と認定している。西側の出発点はトルコのアンタキヤとされる。

シルクロードは1本の確定した交易路ではなく、内陸部を網の目のように覆う多くの経路を含んでいる。近年では、西域砂漠地帯の都市国家群を経由する「オアシスの道」、遊牧騎馬民族の移動経路である「草原の道」、さらに南方海上交易路としての「海の道」の3つの幹線路をシルクロードの中心的経路とすることが多い。「オアシスの道」は狭義のシルクロードで、タクラマカン砂漠に点在するオアシスをつなぎ、2つあるいは3つの主要経路がある。この経路沿いには敦煌、楼蘭、パルミュラなど多くの遺跡が残る。

▶ トルコ、パルミュラ

ジン (jinn)

中東地域及び他のイスラム世界で知られている超自然的存在。日本では「精霊」「魔神」とも訳される。

ジンの存在は、イスラム教以前からアラビア半島で信じられており、地域によってはジンを崇拝の対象とすることもあった。イスラム教においても、『クルアーン』や「ハディース」に言及がある。それらによると、人間が土から創られたのに対しジンは炎から作られ、古代イスラエルではソロモン王の配下として使役されたなどの記述もある。

民間伝承においては、ジンには人間に害をもたらすものと人間を助けるものとがあり、通常は目に見えないが、人間の前に姿を現すときには

動物や人間などの形をとる。また人間と恋愛したり結婚したりすることもあり、中東諸国では現代でも時折ジンと結婚したとされる人物を見かける。ジンの害を防ぐには鉄製品を身につけたり、「バスマラ」（「慈悲深く慈愛あまねき神の御名において」という意味で、ファーティハの冒頭の文句）を唱えたりする。

なお、アラビア語で「狂人」を意味する「マジュヌーン」という語は、語源的には「ジンに憑かれた者」を意味する。

▶ アラビア語、アラビア半島、イスラエル、イスラム教、クルアーン、ソロモン、ハディース、ファーティハ

神殿の丘 (Temple Mount)

あるいは「モリヤの丘」。アラビア語で「ハラム・アル・シャリーフ」。エルサレム旧市街にあり、「アル・アクサー・モスク」「岩のドーム」「嘆きの壁」など、ユダヤ教とイスラム教双方の聖地が混在する。

ユダヤ教徒は、この場所で神が世界を創造し、アダムを創り、またアブラハムがイサクをささげた場所と信じており、さらにエルサレム神殿のあった場所でもある。

1516年、エルサレムを支配したオスマン帝国は、19世紀まで非イスラム教徒を神殿の丘に上がらせないようにしていた。1967年、イスラエルが東エルサレムを占領した後も、聖地の管理はイスラム教徒に委ねられているが、神殿の丘にエルサレム神殿を再建することで「最後の審判」をもたらすことができると信じる根本主義キリスト教宗派が「アクサー・モスク」や「岩のドーム」破壊を計画する事件が何度か報じられている。また、2000年9月、当時のリクード党首アリエル・シャロンが神殿の丘を訪問したことは、第二次インティファーダの直接の原因となった。

▶ アクサー・モスク、アダムとイヴ、アブラハム、アラビア語、イスラエル、イスラム教、岩のドーム、インティファーダ、エルサレム、オスマン帝国、嘆きの壁

新バビロニア (Neo-Babylonia)

紀元前625～紀元前539。バビロニアからシリアにかけての領域を支配した古代国家で、「カルデア」とも呼ばれる。首都はバビロン。

カルデア人将軍ナボポラッサル（在位紀元前625～紀元前605）は、紀元前625年にアッシリアからバビロンを奪取し、新バビロニアを建国した。その後ナボポラッサルはメディアと協力して紀元前612年にアッシリアを滅ぼし、以後はエジプトとの抗争を続ける。

第2代国王ネブカドネザル2世（在位紀元前605～紀元前562）は、パレスチナにあったユダ王国を滅ぼし、ユダヤ人の「バビロン捕囚」を行った。ネブカドネザルは世界の7不思議の1つ、バビロンの空中庭園の建設でも有名で、『旧約聖書』にも何ヶ所かで言及されている。

その後は国内情勢が不安定となり、紀元前539年、アケメネス朝に滅ぼされる。

➡エジプト、シリア、ネブカドネザル2世、バビロニア、バビロン捕囚、パレスチナ、メディア

ス

スィッフィーンの戦い ➡アリ

スエズ運河 (Suez Canal)

地中海のポートサイドから紅海のスエズを結ぶエジプトの運河で、1869年開通。全長163km。

地中海と紅海を運河で結ぶ構想は古代エジプト時代からあり、実際にアケメネス朝ダレイオス1世（在位紀元前522～紀元前486）は、ナイル川の支流にあるブバスティスの町からいくつかの湖を経由して紅海に至る運河を掘削した。またプトレマイオス朝時代やローマ時代、さらには7世紀のエジプト総督アムル・イブン・アル・アース（？～663）の時代に、ナイル川から紅海に至る運河が整備されたが、その後埋まってしまった。

1798年にエジプトに上陸したナポレオン・ボナパルト（1769～1821）は運河の再開を計画し、自らスエズに赴いて技師たちに測量を行わせたが、その結果は地中海の水面が紅海より約10m低いため運河は不可能とのことであった。しかしこの測量結果は誤りで、1831年から外交官としてカイロに駐在していたフェルディナン・ド・レセップス（1805～1894）は退官後スエズ運河会社を設立、ムハンマド・アリ朝第4代総督サイード（在位1854～1863）より掘削許可を得て、1859年より工事を開始した。

完成後の1869年11月17日から4日間にわたって行われた落成式には、フランス皇后ウージェニー（1826～1920）、オーストリア皇帝フランツ・ヨーゼフ1世（在位1848～1916）はじめ、ヨーロッパ諸国の要人他約1,000人が招かれ、イタリアの作曲家ジョゼッペ・ヴェルディ（1813～1901）はこの落成式に合わせて歌劇「アイーダ」を作成しようとしたが結局間に合わなかった。

1875年、エジプトは財政危機のためスエズ運河会社の保有株式を手放し、これをイギリスが買い取った。さらにイギリスは1882年の「アラービー運動」に軍事介入してエジプト全土を占領し、スエズ運河地帯も支配下に収めた。

1956年7月には、ナセル大統領（1918～1970）によるスエズ運河国有化が原因で第二次中東戦争が発生、さらに1967年の第三次中東戦争の結果、運河は長期にわたって封鎖されたが、1975年に再開した。

➡アケメネス朝、アムル・イブン・アル・アース、アラービー運動、エジプト、古代エジプト、第二次中東戦争、第三次中東戦争、ナイル川、ナセル、ナポレオン・ボナパルト、プトレマイオス朝、ムハンマド・アリ朝

スカーフ ➡ベール

過ぎ越しの祭 ➡祝祭

スーダン（Republic of Sudan）

アフリカ北東部、エジプトの南にある国家。正式名称は「スーダン共和国」。面積は188.6万km²、人口3,089.4万人（2008年人口調査）。首都はハルツーム。

アラビア語の「スーダーン」は、本来サハラ以南のサバンナ地帯を指す名称で、現在のスーダン及び南スーダンだけでなく、ガーナやマリなどの西アフリカ地域も含んでいた。現在のスーダンについては、北部ヌビア地域で、古代エジプト時代からヌビア人が居住していたことが確認されている。

古代エジプト古王国時代（紀元前2755頃～紀元前2255）にはエジプトがヌビアに侵入し、紀元前1570年の第18王朝時代に、ヌビアはエジプトの領土になった。しかし紀元前9世紀頃からは、ヌビア地域に興った「ナバタ王国」が勢力を増し、紀元前8世紀にはエジプトのテーベを攻略、約70年間エジプトを支配した。「ナバタ王国」は紀元前6世紀半ばに首都をメロエに移し、「メロエ王国」と呼ばれたが、4世紀に「アクスム王国」に滅ぼされた。その後6世紀にはドンゴラを中心とするキリスト教国「ムカッタ王国」が成立し、14世紀前半にエジプトのマムルーク朝が侵入してくるまで存続した。

他方、現在のハルツーム近郊にあるソバには、キリスト教の「アルワ王国」が成立していたが、1500年頃、青ナイル流域のセンナールを中心とする黒人国家フンジュに滅ぼされた。フンジュを建国したアマーラ・ドゥーンカス（在位1504頃～1533/4）はイスラム教に改宗し、後継者は代々「スルタン」を名乗った。しかし、18世紀後半になると部族間紛争などで衰退し、1822年にムハンマド・アリ朝のエジプトに占領された。

これに対し西部ダルフール地方においては、13世紀頃成立した「ダジョ朝」以来「トンジュル朝」「ケイラ朝」といった独立王朝の支配が続いていた。

こうした状況の中、自らを「マフディー」と称するムハンマド・アフマド（1844～1885）が1881年に蜂起し、1885年1月にはイギリスのスーダン総督チャールズ・ジョージ・ゴードン（1833～1885）を殺害してハルツームを占拠、独立国家を樹立した。後年のスーダンの領土は、この「スーダン・マフディー国」によりほぼ確定した。しかし1898年、イギリスの攻撃でスーダン・マフディー国は崩壊し、以後スーダンはイギリスとエジプトの共同統治下に置かれる。ダルフールについては、イギリスは当初ケイラ朝王家に属するアリ・ディナール（1856～1916）をスルタンに据えたが、第一次世界大戦中アリが反乱を起こしたため、これを鎮圧し、1916年にイギリス植民地下のスーダンに編入した。

1953年になって、イギリスとエジプトは、3年以内にスーダンに自治権を認めることに合意、これを受けて最初の国会議員選挙が行われた。1955年、スーダン国会は国民投票の

結果を受けてスーダンの独立宣言を行い、56年1月1日、スーダン共和国が正式に成立した。しかしイギリス支配下のスーダンでは南部と北部の交流が禁止されていたこともあり、独立直前の1955年には最初の内戦が発生している。

1958年、独立後最初の選挙ではウンマ党が圧勝したが、同年、親エジプト派のイブラヒーム・アブード将軍(1900〜1983)がクーデターにより大統領に就任した。しかし1963年から南部で反乱が起こり、1964年にアブード大統領は失脚、一時国家最高委員会が政権を握ったが、1969年には、ヌメイリ大佐(1930〜2009)率いる青年将校のクーデターが起こり、大統領となったヌメイリが1983年にイスラム法の導入を行ったことで南部の反乱が激化し、再度内戦状態となった。

1985年4月の軍事クーデターでヌメイリ大統領は亡命、1986年には選挙によりサーディク・マフディー(1935〜)が首相に就任するが、1989年6月にオマル・アル・バシール将軍(1944〜)率いる軍事クーデターが発生、1993年にバシール将軍が大統領に就任して現在に至る。

2005年には南部で反乱を主導していた「スーダン人民解放軍(SPLA)」との和解が成立し、この和解に基づいて2011年1月に行われた南部での住民投票により、南部は「南スーダン共和国」として分離独立した。一方、西部ダルフールでは2003年より「正義と平等運動(JEM)」を中心とする勢力との内戦が続いている。

▶ アフリカ、イスラム法、エジプト、オスマン帝国、古代エジプト、スーダン内戦、スーダン・マフディー国、スルタン、スンニー派、ダルフール、ヌビア、マフディー、マムルーク朝、南スーダン、ムハンマド・アフマド、ムハンマド・アリ朝

スーダン内戦 (Civil War in Sudan)

スーダンにおいて黒人が多数を占める南部と、イスラム教徒アラブ人主体の北部との間で何度か発生した武力紛争を指す。

スーダンでは、イギリス統治時代に南北の交流が禁止されていたこともあり、北部と南部の差異は大きく、独立前の1955年にも最初の内戦が発生している。

独立後も、政権の中枢を北部・中部出身のアラブ系イスラム教徒が握ってきたことに南部の住民が反発して軍事衝突が起き、1963年には軍事組織「アニャニャ」が結成されて衝突が激化したが、1972年、南部議会の設置など大幅な自治権を認めるアディスアベバ協定によりいったん鎮静化した。しかし、ヌメイリ大統領(1930〜2009)が1980年に南部議会の廃止、次いで1983年に南部へのイスラム法適用を宣言したため、ギャラン大佐(1943〜2005)を指導者とする「スーダン人民解放軍(SPLA)」が戦闘を再開した。この内戦は2005年1月、ナイロビでの包括和平協定署名により終結し、ギャラン大佐は副大統領に就任した。その後2011年1月に行われた南部での住民投票によ

り、南部は「南スーダン共和国」として分離独立した。

➡ イスラム教、イスラム法、スーダン、南スーダン

スーダン・マフディー国
(Mahdist state in Sudan)

1885～1898。「マフディー」を称するムハンマド・アフマド（1843？～1885）が現在のスーダンに建国した国家。首都はオム・ドゥルマン。

1881年6月、イスラム神秘主義教団の1つ、「サンマーニ教団」指導者であったムハンマド・アフマドは、自らマフディーであると宣言し、当時スーダンを支配していたエジプトに対し、「マフディー戦争」と呼ばれる戦闘を開始した。エジプトはスーダンにおいて敗退を重ねる一方、1882年にはイギリスに軍事占領されたことから、以後イギリスがマフディー軍との戦闘を継続した。イギリスは1884年にチャールズ・ジョージ・ゴードン（1833～1885）をスーダン総督に任命するが、1885年1月にハルツームは陥落、ゴードンも戦死した。

ムハンマド・アフマドはハルツーム陥落後、隣接するオム・ドゥルマンを首都とするマフディー国家を設立するが、同年6月に死亡。後継者の座をめぐる争いを経て、1891年にアブドゥッラー・イブン・ムハンマド（1846？～1899）が「カリフ」と呼ばれる後継者となる。アブドゥッラーは1889年にエジプト侵攻を試みるが失敗。さらに1895年よりホレイショ・ハーバート・キッチナー（1850～1916）率いるイギリス・エジプト合同軍の攻撃を受け、1898年マフディー国は滅亡、スーダンは以後イギリスと、イギリスに支配されたエジプトとの共同統治下に置かれた。

➡ イスラム神秘主義、エジプト、カリフ、スーダン、マフディー、ムハンマド・アフマド

スファルディ
➡ アシュケナズィとスファルディ

スーフィズム ➡ イスラム神秘主義

スライマーン ➡ ソロモン

スルタン (Sultan)

中東諸国における君主の称号の1つ。本来は「権威」や「力」「支配」を意味するアラビア語であるが、11世紀以降、多くのスンニー派国家の君主がこの称号を用いた。

史上最初に「スルタン」の称号を用いたのはガズナ朝マフムード（在位998～1030）で、セルジューク朝創始者トゥグリル・ベグ（在位1038～1063）が1055年、アッバース朝カリフの要請でバグダッドに入城以来、同朝君主が代々この称号を用いた。当初は、形式上カリフの承認を得て用いられる称号であったが、1157年、第8代スルタン、アフマド・サンジャル（在位1118～1157）が死去してセルジューク朝が分裂状態になると、ルーム・セルジューク朝やホラズム・シャー朝の君主もスルタンを自称し、やがてこの称号はスンニー派

世界の政治権力者の称号として一般化した。現在中東では、オマーン国王がスルタンの称号を用いている。

▶ アッバース朝、アラビア語、オマーン、ガズナ朝、カリフ、スンニー派、セルジューク朝、ルーム・セルジューク朝

スルタン・カリフ制
(Sultan-Caliphate)

オスマン帝国スルタンがカリフも兼務するという制度。1517年、オスマン帝国第9代スルタン、セリム1世（在位1512〜1520）がエジプトのマムルーク朝を征服した際、マムルーク朝の庇護下にあった名目上のアッバース朝カリフ、ムタワッキル3世（在位1508〜1517）よりカリフ位を禅譲されたことに始まるとされる。これによりオスマン帝国スルタンは、全世界のイスラム教徒に対する宗教的権威として認められたが、同時代の文書によっては、この事実は確認できないため、後世に成立したものとの見解もある。

1918年からのトルコ革命の結果、トルコではスルタン制もカリフ制も廃止されたことから、以後イスラム世界では公式に認められたカリフが存在しない状態となっている。

▶ アッバース朝、エジプト、オスマン帝国、カリフ、スルタン、トルコ、トルコ革命、マムルーク朝

スレイマン1世
(Suleyman the Magnificent)

1494〜1566。オスマン帝国第10代スルタン。在位1520〜1566。「壮麗王」あるいは「立法者」と称される。46年の在位期間中ヨーロッパに10回、アジアに3回の遠征を行い、オスマン帝国の最盛期をもたらした。

1520年、セリム1世（在位1512〜1520）の後継者として即位すると、1521年にベオグラードを占領、1522年にはロードス島を征服し聖ヨハネ騎士団をマルタに退去させ、さらに1526年のモハーチの戦いでハンガリー王ラヨシュを戦死させるなどしてヨーロッパ側の領土を拡張し、1529年9月27日から10月15日までウィーンを包囲した（第一次ウィーン包囲）。一方、北アフリカにおいては、1529年にアルジェリアを占領、1534年から1年半にわたるイラン、イラクへの遠征を敢行し、バグダッドとアゼルバイジャンを領有した。

1538年のプレヴェザの海戦ではキリスト教徒連合軍を破り、北アフリカ沿岸部を支配下に置いた。さらに紅海やインド洋にも艦隊を派遣し、ポルトガルと海上覇権を争った。

国内では統治機構の整備に努め、帝国内に統一的な法律と行政制度を確立した。また学問や学術の保護者としても知られ、建築家ミマール・スィナン（1489〜1588）も登用している。

▶ アゼルバイジャン、アフリカ、アルジェリア、イラク、イラン、オスマン帝国、セリム1世、バグダッド、プレヴェザの海戦

スンナ(sunna)

本来は「慣行」「慣習」を意味するアラビア語であるが、イスラム教においては預言者ムハンマド(570頃〜632)が日常行っていた慣行や言動、

特定の問題に関する判断などの総体を意味する。

こうしたスンナは「ハディース」によって伝えられており、イスラム法においては『クルアーン』に次いで権威のある行動の指針であり、イスラム教徒はこの預言者のスンナに従うことが義務となっている。

➡ イスラム教、イスラム法、クルアーン、ハディース、ムハンマド

スンニー派 (Sunni Islam)

イスラム教における二大宗派の1つ。学術上は「スンナ派」と呼ばれ、日本では「正統派」と訳されることもある。世界のイスラム教徒人口の9割を占める主流派ではあるが、スンニー派の法学理論はハワーリジュ派やシーア派など、初期の分派に対抗する形で形成されてきた。

スンニー派は、基本的にはイスラム共同体の団結を重視し、4人の正統カリフを承認する。イスラム法学上「ハナフィー派」「シャーフィイー派」「マーリク派」及び「ハンバル派」の4つの法学派と、6つの「ハディース」集を認める。厳格なハンバル派を除いて、一般にイスラム神秘主義にも寛容である。

➡ イスラム教、イスラム神秘主義、イスラム法、カリフ、シーア派、ハディース、ハワーリジュ派

セ・ソ

西岸 ➡ ヨルダン川西岸

ゼノビア (Zenobia)

?～273?。シリアの都市国家パルミュラの女王。パルミュラに定着した砂漠の豪族の娘とされる。幼児から狩猟に長じ、古典を修め、数ヶ国語に通じていた。プトレマイオス朝最後の女王クレオパトラ7世(在位紀元前51～紀元前30)に傾倒し、自らその子孫と信じていた。

長じてパルミュラ王オダイナト(?～267)の后(きさき)となるが、乗馬を好み、260年頃オダイナトが行ったササン朝遠征にも同行した。267年、オダイナトと先妻との子が甥のマエオニウスに殺害されると、マエオニウス一派を鎮圧し、自らの子ワハバッラート(在位267～273)を王位に就け、「東方の女王」を名乗ってローマ帝国からの独立を図った。270年にはエジプトやアナトリア中央部までを占領するが、273年、ローマ皇帝アウレリアヌス(在位270～275)に敗れ、パルミュラは占領される。ゼノビアはなおも抵抗を続け、ササン朝に救援を求めようとしたがユーフラテス河畔でローマ軍に捕らえられる。

ゼノビアの最期については、ローマに連れられる途上、食を絶って死亡したというものと、アウレリアヌスの凱旋式(がいせん)でさらしものにされた後、余生をローマ郊外で過ごしたというものとがある。

➡ アナトリア、アレクサンドリア、エジプト、クレオパトラ7世、ササン朝、パルミュラ、プトレマイオス朝

セリム1世 (Selim Ⅰ)

セリム1世

1467〜1520。オスマン帝国第9代スルタン。在位1512〜1520。「冷酷者」あるいは「卓越者」と呼ばれる。その治世下でオスマン帝国はアジア、ヨーロッパ及びアフリカの三大陸にまたがる世界帝国に躍進した。

1512年、父バヤズィット2世（在位1481〜1512）を退位させてスルタンに即位すると、1514年8月のチャルデランの戦いでサファヴィー朝に勝利、1516年にはエジプト遠征に向かい、同年8月、マルジュ・ダービクの戦いでマムルーク朝を破る。1517年には、カイロ近郊にあるムカッタムの戦いでマムルーク朝を滅亡させ、マッカ、マディーナの支配者としても認められる。さらに、カイロにいた名目上のアッバース朝カリフ、ムタワッキル3世（在位1508〜1517）をイスタンブールに連行し、後世にはこの際カリフ位を譲渡されたと言われるようになった。

エジプトから帰還後、ロードス島遠征準備中の1520年9月20日死亡。

➡ アッバース朝、イスタンブール、エジプト、オスマン帝国、カイロ、カリフ、サファヴィー朝、スルタン、マッカ、マディーナ、マムルーク朝

セルジューク朝 (Seljuqids)

1038〜1194。現在のイラン、イラクを中心にシリア、アフガニスタン、トルコの一部までを支配した王朝。トゥルクマンの族長セルジュークを祖とする一家が建国したためセルジューク朝と呼ばれる。首都はイランのニシャプール。その後イラク、キルマーン、アナトリアにも分家の建てた王朝が生まれたため、ニシャプールを首都とする王朝を「大セルジューク朝」と呼んで区別することもある。

セルジューク朝の創設は、1038年、セルジュークの子孫トゥグリル・ベク（在位1038〜1063）がニシャプールに入城したことによる。トゥグリル・ベクは1040年ダンダーンカーンの戦いでガズナ朝を破り、ホラーサーンの覇権を確保、1055年にはバグダッドに入城してアッバース朝カリフより「スルタン」の称号を授与された。

第2代スルタン、アルプ・アルスラン（在位1064〜1072）は各地に遠征して領土を拡大し、1071年マラズギルドの戦いでビザンツ帝国を破り、皇帝ロマヌス4世ディオゲネス（在位1068〜1071）を捕虜とした。

セルジューク朝は、イラン人宰相ニザーム・アル・ムルク（1018/19/20〜1092）を登用した第3代スルタン、マリク・シャー（在位1072〜1092）時代に最盛期を迎え、その領土はシリア、アナトリアから中央アジアにまで及んだが、1092年ニザーム・アル・ムルクがニザール派（暗殺教団）に暗殺され、マリク・シャーも病没するとその息子たちの間で後継者争いが激化し、以後は各地にアタベク王朝や各地の領主が乱立する分裂状態となった。

➡ アタベク、アッバース朝、アフガニスタン、イラク、イラン、ガズナ朝、シリア、スルタン、トゥルクマン、トルコ、ニザーム・アル・ムルク、ニザール派、ビザンツ帝国、マラズギルドの戦

い、マリク・シャー

セレウコス朝 (Seleucid Empire)

紀元前305〜紀元前64。アレクサンドロス3世(紀元前356〜紀元前323)死後、歴史的シリアの大部分を支配した王朝。「セレウコス朝シリア」とも呼ばれる。

アレクサンドロス3世死亡時にバビロニア総督を務めていたセレウコス(紀元前358頃〜紀元前281)は、当初有力武将アンティゴノス(紀元前382〜紀元前301)の配下であったが、その後エジプトのプトレマイオス1世(在位紀元前305〜紀元前282)の許に身を寄せ、紀元前312年、プトレマイオスの支援でバビロニア総督に返り咲いた。紀元前305年にアンティゴノスが王を名乗ると、セレウコスも王として即位、東方遠征を行ってイランからインドまでの領土を支配した。紀元前301年には、イプソスの戦いでアンティゴノスに勝利し、続いてアナトリア西部からトラキア地方を支配していたリュシマコス(在位紀元前306〜紀元前281)を破り、その結果アレクサンドロス3世の遺領のうち、アジア部分のほとんどすべてを支配した。

紀元前281年、セレウコスが暗殺されると、セレウコス朝とプトレマイオス朝は、「歴史的シリア」やキリキアをめぐって何度も争い(シリア戦争)、東方では紀元前250年頃、バクトリアやパルティアが自立するなどしてセレウコス朝の領土は大幅に縮小した。

紀元前223年に即位したアンティオコス3世(在位紀元前223〜紀元前187)は国内の反乱勢力の多くを鎮圧、東方でパルティア及びバクトリアを破り、第5次シリア戦争でプトレマイオス朝に勝利して領土を回復するが、カルタゴの敗将ハンニバル(紀元前247〜紀元前183/2)を受け入れて共和政ローマと対立、紀元前190年マグネシアの戦いで敗れる。

紀元前142年にはパレスチナでハスモン朝が独立、紀元前140年にはメソポタミアがパルティアの支配下に置かれるなど、その後領土が縮小し、紀元前83年、セレウコス朝はアルメニア王ティグラネス2世(在位紀元前95頃〜紀元前55)の支配下に入った。しかしティグラネスはローマに敗れ、セレウコス朝も紀元前64年、グナエウス・ポンペイウス(紀元前106〜紀元前48)に敗れてローマの属州となった。

➡ アルメニア、アレクサンドロス3世、イラン、カルタゴ、シリア、ディアドコイ戦争、バクトリア、ハスモン王国、パルティア、パレスチナ、ハンニバル、プトレマイオス朝

千夜一夜物語 ➡ アラビアン・ナイト

象の年 (Year of Elephant)

西暦6世紀半ば頃、マッカに象の大軍が侵攻したとされる年。一般には、預言者ムハンマド(570頃〜632)はこの年に生まれたと信じられている。

『クルアーン』第105章(「象章」)では、このときアッラーが象の上に鳥

の群れを遣わし、焼き土の礫（つぶて）を投げつけさせたため象は食い荒らされた茎のようになったという。歴史的には、ヒムヤル王国のアブラハ（？～560頃）が象を率いてマッカに攻め込んだ史実があるが、それはムハンマドが生まれたと思われる西暦570年頃より40年ほど前である。

➡ アッラー、アブラハ、クルアーン、ヒムヤル王国、マッカ、ムハンマド

祖国解放戦争 ➡ トルコ革命

ソ連のアフガニスタン侵攻
(Soviet war in Afghanistan)

アフガニスタンの共産主義政権を支援するため、1979年12月24日から1989年2月まで、ソ連が行ったアフガニスタンへの軍事介入のこと。ソ連軍及びアフガニスタンの共産主義政権に対し、「ムジャーヒディーン」と呼ばれるゲリラ勢力が抵抗を続けたため、ソ連軍は最終的に撤退を余儀なくされた。

アフガニスタンでは1978年4月27日、共産主義政党である「アフガニスタン人民民主党（PDPA）」がクーデターで実権を握り、同党のヌール・ムハンマド・タラキー書記長（1917～1979）が大統領に就任、国名も「アフガニスタン民主共和国」と改称した。しかしその直後から、アフガニスタン各地のイスラム勢力が新政府に対する武装蜂起を開始、これに対し共産主義政権はソ連との関係をいっそう強化した。他方、アフガニスタン人民民主党内部でも権力争いが続き、1979年にはハーフィズッラー・アミーン副首相（1929～1979）が新たな大統領に就任した。

新大統領のアミーンは国内のイスラム勢力の抵抗に対処するため、ソ連に支援を要請、ソ連はまず12月24日、3個師団規模の部隊を送ってカブールとその周辺地域の飛行場をすべて制圧した。しかしソ連は、27日にはアミーンを殺害し、バブラク・カルマル（1929～1996）を大統領兼首相、そしてアフガニスタン人民民主党書記長に就任させた。

ソ連はアフガニスタン政府からの要請により出兵したと主張したが、翌1980年1月14日の国連総会ではソ連非難決議が採択され、この年に予定されていたモスクワ・オリンピックを多くの国がボイコットするに至った。その後はソ連軍及び共産主義政権と、多数のムジャーヒディーン勢力との内戦が継続するが、アメリカをはじめとする西側諸国のムジャーヒディーン支援もあって、ソ連は最終的に1万5,000人の死者を出し、1989年に撤退した。

アフガニスタンのムジャーヒディーンには、ウサーマ・ビン・ラーディン（1957/8～2011）を含むアラブ・イスラム諸国からの義勇兵も数多く参加し、中には自国に帰って戦闘的なイスラム主義団体を組織した者も多い。こうした者たちは、帰国後本国で「アフガン」と呼ばれた。

➡ アフガニスタン、ウサーマ・ビン・ラーディン、ムジャーヒディーン

ゾロアスター教 (Zoroastrianism)

イラン生まれのゾロアスターが創始したとされる宗教で、現在はイランだけでなくインドにも信者がいる。その神の名から「マズダ教」、また火を崇拝することから「拝火教」とも呼ばれる。

ゾロアスターの生没年、生地については諸説あるが、ゾロアスターは善神「アフラ・マズダ」と、対立する悪神「アングラ・マインユ(アフリマン)」との戦いという二元論的な教義を唱え、そのいずれの側につくかは人間の選択に委ねられるが、生前の行いにより死後地獄に行くか天国に行くかが決まるとする。また、世界の終末には救世主が現れて正邪の審判を行うなどの世界観や終末論、天国と地獄の概念などはユダヤ教やキリスト教、ひいてはイスラム教にも影響を与えている。

➡ イスラム教、イラン、キリスト教、終末、ユダヤ教

ソロモン (Solomon)

?〜930頃。古代イスラエルの王で、アラビア語では「スレイマーン」。その生涯は『旧約聖書』の「サムエル記下」及び「列王記上」に詳しいが、『クルアーン』でも「アッラー」の預言者として登場する。

ソロモンは、イスラエル王ダビデとバト・シェバとの第2子として生まれ、紀元前960年頃、後継のイスラエル王となった。「列王記上」第3章では、夢で神から何でも望むものを与えると告げられ、知恵を求めたとされ、古来賢者として知られる。「サムエル記下」によれば、イスラエルを12の行政区に分割したあと、その領土を「ユーフラテス川からペリシテ人の地方、さらにエジプトとの国境に至るまで」広げ、「カナン」の地に残ったイスラエル人以外の人々を奴隷にし、テュロス(現レバノンのスール)の王ヒラムと同盟を結んだ。また7年の歳月をかけ、ヒラムの協力を得てエルサレムに荘厳な神殿を建設し、神に献じたが、死後王国は南北に分裂した。

ユダヤ人に伝わる伝説では、神の秘密の名が彫られた指輪の力で悪魔アスモデウスを使役し、動物の言葉も理解できたという。アラブの伝説では、ソロモンが使役したのはジンであり、全軍がその上に立っていられるくらい広い、空飛ぶ絹の絨毯を持っていたともいう。

➡ イスラエル、エジプト、カナン、クルアーン、ダビデ、ペリシテ人

ソロモン作戦 ➡ ファラシャ

タ

タァズィーエ ➡ フセイン

大アヤトラ ➡ アーヤトッラー

第一次世界大戦中の中東
(Middle East during World War Ⅰ)

1914年7月、サラエヴォでのオー

ストリア皇太子フランツ・フェルディナンド大公(1863〜1914)暗殺事件(サラエヴォ事件)が直接の引き金となって、第一次世界大戦が発生した。オスマン帝国は同年11月、同盟国側で参戦したことから、中東においてはオスマン帝国領であったイラク、シリア、パレスチナ、さらにはロシアとオスマン帝国との国境が主な戦場となった。

　オスマン帝国が参戦するとイギリスはエジプトを保護国化し、イラクでは1914年11月、イギリス・インド合同軍がアバダンに上陸、バスラを占領した。これに対しオスマン帝国は1915年2月にエジプト攻撃を試みたが撃退される。一方連合国は1915年4月にガリポリ半島への上陸作戦を実施、メソポタミア方面ではタウンゼント少将(1861〜1924)指揮下の軍隊が1915年6月にアマーラを占領、10月にはバグダッドを目指して進撃を開始した。しかしガリポリの連合軍は、ケマル・パシャ(後のアタチュルク、1881〜1938)らの抵抗を受けて撤退を余儀なくされ、メソポタミアでも11月には全部隊がクートでハリール・パシャ(1882〜1957)の軍に包囲され、1916年4月に無条件降伏した。

　一方、オスマン帝国内のアラブ民族主義者は、第一次世界大戦をトルコ支配からの解放の機会とみなし、イギリスからの働きかけもあって、1916年から「アラブの反乱」が始まった。

　1917年になるとメソポタミア方面のイギリス軍が攻勢を強め、3月にはバグダッドが陥落、パレスチナ方面では7月にアラブの反乱軍がイギリスのロレンス少尉(1888〜1935)の協力も得てアカバを占領した。さらに12月にはイギリスのアレンビー将軍(1861〜1936)がエルサレムを占領した。翌1918年になると、ロシア革命のためロシア方面の戦闘は終息したが、パレスチナ及びメソポタミア双方からの攻勢を受けてシリア及びイラクの領域を奪われ、オスマン帝国は10月30日、無条件降伏した。

　第一次世界大戦の結果、サン・レモ会議及びサイクス・ピコ条約により、イラク、パレスチナはイギリス、レバノン及びシリアはフランスの委任統治下となり、オスマン帝国は解体された。残された領域の多くも一時連合国に占領されたが、ケマル・パシャは祖国解放戦争を率いて現在のトルコ共和国の国土を回復した。

　オスマン帝国の領域外では、イランがトルコ、ロシア及びイギリスの侵入を受け、リビアのサヌースィー教団はオスマン帝国を支援してエジプトに攻め込もうとしたが、アフガニスタンや、フランス支配下のマグレブ諸国、スーダン及びペルシャ湾岸首長国は比較的平穏であった。

🔲 アフガニスタン、アラブの反乱、アラブ民族主義、イラク、イラン、エジプト、エルサレム、オスマン帝国、サイクス・ピコ条約、サヌースィー教団、シリア、スーダン、トルコ、バグダッド、パレスチナ、ファイサル・イブン・フセイン、フセイン・マクマホン書簡、ペルシャ湾、マグレブ、メソポタミア、レバノン、ロ

レンス

第一次中東戦争
(First Arab-Israeli War)

1948年、イギリスのパレスチナ委任統治終了と、イスラエルの独立宣言を機に始まったアラブ諸国とイスラエルとの最初の戦争。イスラエルは「独立戦争」と呼ぶ。

1948年5月14日、イギリスによるパレスチナ委任統治が終了した数時間後、イスラエルは独立を宣言、同時にシリア、レバノン、エジプト、トランスヨルダン、サウジアラビア及びイラクの軍隊がパレスチナ地域に進撃し、戦争となった。

戦争は休戦を挟んで1949年2月まで続き、最終的にはイスラエルが、イギリス委任統治領パレスチナの約77%を占領する形で停戦した。一方東エルサレムを含むヨルダン川西岸地区はヨルダン、ガザ地区はエジプトが支配し、エルサレムは東西に分断された。

この戦争では70～80万人のパレスチナ人が難民として故郷を追われることになり、アラブ側はこの結果を「ナクバ（災害）」と呼ぶ。

➡ イスラエル、イラク、エジプト、エルサレム、ガザ地区、サウジアラビア、シリア、パレスチナ、ヨルダン、ヨルダン川西岸、レバノン

第一次内乱 (First Civil War)

第3代正統カリフ、ウスマーン（在位644～656）暗殺からウマイヤ朝成立までのイスラム共同体におけるイスラム教徒アラブ人間の内乱。ウスマーン死後、アリ（在位656～661）が第4代正統カリフに選出されるが、預言者ムハンマド（570頃～632）の未亡人アーイシャ（614～678）やタルハ（？～656）、ズバイル・イブン・アウワーム（594～656）らはこれを認めず、またシリア総督ムアーウィヤ（？～680）もアリに敵対した。こうした状況の中、アリは656年、「ラクダの戦い」でアーイシャらの軍を破る。次いでムアーウィヤ軍とは657年にスィッフィーンで戦うが、決着がつかないまま停戦となった。

アリは661年、「ハワーリジュ派」に暗殺され、ムアーウィヤがダマスカスで正式にカリフに就任したことで、内乱は終結した。

なお、683年には、預言者ムハンマド（570頃～632）の姻戚に当たるアブドゥッラー・イブン・ズバイルがマッカでカリフ位を宣言したことから再び内乱となるが（第二次内乱）、アブドゥッラー・イブン・ズバイルは692年に殺害され、内乱は終結した。

➡ アーイシャ、アラブ人、アリ、イスラム教、ウスマーン・イブン・アッファーン、ウマイヤ朝、カリフ、スィッフィーンの戦い、ダマスカス、ハワーリジュ派、マッカ、ムアーウィヤ、ムハンマド、ラクダの戦い

第三次中東戦争
(Third Arab-Israeli War)

1967年6月に発生した、エジプト、シリア、ヨルダンを中心とするアラブ諸国とイスラエルとの戦争。イスラエルは「6日戦争」と呼ぶ。

パレスチナ解放勢力による対イス

ラエル攻撃の高まりや、ヨルダン川の水利をめぐるシリア・イスラエル間の緊張の高まりなどを背景に、ナセル・エジプト大統領（1918〜1970）は1967年5月22日、イスラエルに出入りするすべての船舶に対し、シナイ半島先端にあるチラン海峡を封鎖すると宣言した。さらに26日、ナセルはイスラエルを破滅させる意向を発表、30日には「ヨルダン・エジプト共同防衛条約」が調印された。

こうしたアラブ側の行動に対し、イスラエルは6月5日に先制攻撃を開始、10日の停戦までにイスラエルは東エルサレムを含むヨルダン川西岸地区、ガザ地区、シナイ半島、ゴラン高原を占領した。この結果をアラブ諸国は、「ナクサ（損失）」と呼んでいる。

同年11月、国連安全保障理事会は、イスラエルは占領地を返還し、アラブ側はイスラエルと和平を締結するという内容の「国連安全保障理事会決議第242号」が採択された。この決議は現在に至るまでの中東和平プロセスの基本枠組となっている。

➡️イスラエル、エジプト、エルサレム、ガザ地区、国連安全保障理事会決議第242号、ゴラン高原、シナイ半島、シリア、ナセル、パレスチナ、ヨルダン、ヨルダン川西岸

第二次世界大戦中の中東
(Middle East during World War Ⅱ)

1939年9月の第二次世界大戦開戦時、中東諸国の多くはヨーロッパ列強の支配下にあった。当時中東にあった独立国のうち、トルコ及びアフガニスタンは中立を保ったが、イラクでは開戦後の1941年4月に親独政権が誕生したため、イギリスは同年5月にイラクを占領した。同年イギリスとソ連はイランにも進駐し、親独的態度を示していたレザー・シャー・パフラヴィー（在位1925〜1941）を退位させた。

フランスの統治下にあったレバノン及びシリアは、一時ヴィシー政権下に置かれたが、1941年7月以後はシャルル・ド・ゴール（1890〜1970）率いる自由フランス軍の支配を受けるようになった。

北アフリカにおいては、エジプトは形式的に独立していたものの、イギリスの意向で連合軍として参戦した。これに対し当時イタリアの植民地であったリビア、ヴィシー政権下のチュニジアは北アフリカ戦線における主戦場となり、ロンメル将軍（1891〜1944）率いるドイツ軍とイタリア軍は1941年4月からエジプトに進出したが、アレクサンドリア西方127kmのエル・アラメインで阻止され、1942年11月8日には連合軍がアルジェリアに上陸、東西から挟撃された枢軸国は1943年5月に北アフリカから撤退した。

その間、イギリス委任統治領パレスチナのパレスチナ人指導者アミーン・アル・フセイニー（1893/5/7〜1974）やエジプトのナセル（1918〜1970）、サダト（1918〜1981）など、ナチス・ドイツと協力することで独立を勝ち取ろうとする者もいた。

➡️アフガニスタン、アルジェリア、イラク、イ

ラン、エジプト、シリア、チュニジア、トルコ、パレスチナ、フセイニー、リビア、レバノン

第二次中東戦争
(Second Arab-Israeli War)

1956年10月、ナセル・エジプト大統領（1918〜1970）が行ったスエズ運河国有化宣言を契機に、イギリス、フランス及びイスラエルがエジプトを攻撃した戦争。「スエズ動乱」「スエズ戦争」「スエズ危機」とも呼ばれる。

1956年7月26日、ナセルはスエズ運河を一方的に国有化した。これに対し、イギリスのアンソニー・イーデン首相（1897〜1977）は、運河地帯を国際管理下に置くことをエジプトと交渉したが暗礁に乗り上げ、フランスとともに運河地帯の占領を画策する。当時シナイ半島南端部のチラン海峡をナセルに封鎖され、紅海への出口を閉ざされていたイスラエルもこれに加わり、3ヶ国が共同でエジプト攻撃を計画した。

1956年10月29日、イスラエルのパラシュート部隊がシナイ半島のミトラ峠近くに降下して作戦行動を開始し、エジプト軍は各所で撃破された。これを受けてイギリスは、両国がスエズ運河地帯から撤収するよう求めたが、ナセルがこれを拒否したため11月1日、イギリスとフランスはポートサイードを攻撃した。しかし、アメリカのアイゼンハワー大統領（1890〜1969）がソ連のブルガーニン首相（1895〜1975）とも歩調を合わせて、停戦と3ヶ国軍の即時全面撤退を通告し、11月2日には即時停戦を求める国連総会決議第997号が採択されたこともあり、イギリスとフランスは11月6日に、イスラエルも8日に停戦を受諾した。エジプトは軍事的には終始劣勢であったが、アメリカとソ連の後ろ盾で3ヶ国の侵略を撃退した形となり、ナセルは一躍アラブ諸国の英雄となった。

▶ イスラエル、エジプト、シナイ半島、スエズ運河、ナセル

第二次内乱 ▶ 第一次内乱

第二次レバノン戦争 ▶ レバノン戦争

第四次中東戦争
(Forth Arab-Israeli War)

1973年10月6日、ユダヤ教の祝日である「贖罪の日（ヨム・キップール）」に際し、エジプトとシリアがイスラエルを奇襲したことで始まった戦争。アラブ側は「ラマダン戦争」「10月戦争」、イスラエルは「ヨム・キップール戦争」とも呼ぶ。

当初、南部戦線ではエジプト軍がスエズ運河を渡河してシナイ半島に侵入、北部ではシリアがゴラン高原に侵攻した。不意打ちを受けたイスラエルは、エジプトの対空ミサイル網の展開もあって苦戦を強いられ、北部ではシリア軍戦車部隊の進撃を許したが、11日より反撃を開始、シリア軍を押し戻し、対エジプト戦線ではスエズ運河西岸に侵出してシナイ半島内のエジプト軍を包囲した状態で休戦となった。

戦後、サダト・エジプト大統領

（1918〜1981）は、緒戦の勝利を基盤としてイスラエルとの和平路線に踏み出し、この動きがキャンプ・デービッド合意、さらにエジプト・イスラエル間の平和条約調印へと発展した。また、この戦争を機に、アラブ産油国が反アラブ諸国への石油供給削減を打ち出し、第一次石油ショックが起きた。

他方イスラエルでは戦後、アラブ側の奇襲に備えることのできなかった政府への批判が高まり、1974年4月にゴルダ・メイア首相（1898〜1978）は辞任した。

➡イスラエル、エジプト、キャンプ・デービッド合意、ゴラン高原、シナイ半島、シリア、スエズ運河、中東戦争、メイア

ダーウード ➡ダビデ

タキーヤ (taqiya)

「信仰の秘匿」の意味。個人あるいは特定の宗派集団が、その信仰を理由に生命、財産等に危害を受ける恐れがある場合、自らの信仰を隠す行為。一般的には12イマーム派などのシーア派やドルーズ派に特徴的な教義とされるが、スンニー派においても認められる。

特に12イマーム派においては、「タキーヤ」とは、『クルアーン』や歴代イマームたちの言動にも根拠を有する正当な信仰上の行為であり、対抗できる可能性がないことが確実で、かつ生命に関わるような大きな脅威に直面した際、タキーヤは義務的なものと解釈されている。

➡イマーム、クルアーン、シーア派、12イマーム派、スンニー派、ドルーズ派

ダッジャール ➡終末

タバコ・ボイコット運動
(Tabacco Protest Movement)

1891年から翌年にかけて、カージャール朝時代のイランで、外国人へのタバコ専売権譲渡に対し、ウラマーや民衆が行った抗議運動のこと。

1890年3月、カージャール朝国王ナーセロッディーン・シャー（在位1848〜1896）はイギリス人タルボットに対し、イランにおけるタバコ生産・売買・輸出の専売利権を50年間譲渡した。同年9月にはこの専売権はイギリス系のペルシャ帝国タバコ会社に転売された。その内容はペルシャ帝国タバコ会社に非常に有利な内容であったため、1891年2月、イスタンブールのペルシャ語紙によりその内容が公表されると、イラン国内で主として商人層から利権反対請願が次々に寄せられ、以後抗議行動は全国の主要都市に拡大した。

「マルジャア・アル・タクリード」のモハンマド・ハサン・スィーラーズィー（1814〜1896）をはじめとする聖職者も人々に喫煙停止を訴えた結果、政府は1892年1月、利権の全面撤回を約束した。

➡イラン、ウラマー、カージャール朝、ペルシャ語、マルジャア・アル・タクリード

ターハー・フセイン (Taha Hussein)

1889〜1973。エジプトの学者、作家、

教育大臣。20世紀前半のエジプトを代表する知識人の1人。

上エジプトのイズベト・エル・キロに、13人兄弟の7番目に生まれる。3歳のとき、医師の誤った治療で盲目となるが、地元のクルアーン学校に通い、短期間で『クルアーン』を暗記して教師を驚かせたという。

1902年にアズハルに進学するが、その保守的な校風に反発して退学、1908年に世俗的なカイロ大学が設立されるとこちらに移り、1914年にカイロ大学から博士号を得る。卒業後はフランスへの国費留学生となり、モンペリエ大学で修士号、ソルボンヌ大学で博士号を得た。モンペリエ大学ではスザンヌ・ブレソー(1895～1989)と知り合って結婚し、1919年の帰国後、カイロ大学で歴史学教授兼アラビア文学教授を務める一方、エジプトの高等教育の充実や近代化に向けた評論活動にも奔走した。

しかし、1926年の評論で「ジャーヒリーヤ時代」の詩文の信憑性に疑問を投げかけたことが原因となり、1931年にカイロ大学を解雇され、カイロ・アメリカ大学に移った。1950年から1952年にかけては教育大臣を務め、初等教育の無償化やクルアーン学校の小学校化など多くの改革を行った。小説家としても多くの作品を残し、代表作『アイヤーム(日々)』は海外でも有名である。

エジプトでは、1860年代から1940年代まで「ナフダ(ルネサンスの意味)運動」と呼ばれる文化活動が興ったが、ターハー・フセインはその中でエジプト民族主義を強調し、イスラム教以前の文明に戻ることを強調した。死後の1973年、国連人権賞を受賞した。

▶ アズハル、イスラム教、エジプト、クルアーン、ジャーヒリーヤ時代

ターバン (turban)

中東やインドなどで頭部に巻く布状の巻きもの。アラビア語では「イマーマ」。預言者ムハンマド(570頃～632)の時代からオスマン帝国時代までほぼ中東全域で一般的に用いられていた。

ターバンは、オスマン帝国領内ではマフムート2世(在位1808～1839)時代に廃止されたが、エジプト南部、スーダン、アフガニスタン、オマーン、イエメンなどでは現代でも着用する者が多く、それ以外の国でもウラマーなどが着用している場合がある。

ターバンの色や巻き方については、

黒ターバン(サイイド)をかぶったヒズボラのナスル・アッラー書記長 *

着用者の社会的地位を反映する場合もあり、例えば「サイイド」は緑色あるいは黒のターバンを用い、アズハル出身のウラマーは白のターバンを巻く。

▶ アズハル、アフガニスタン、アラビア語、ウラマー、エジプト、オスマン帝国、カイロ、サイイド、12イマーム派、スーダン、ムハンマド

ダビデ (David)

紀元前1004～紀元前965。古代イスラエルの伝説の王で、アラビア語では「ダーウード」。イスラム教においても預言者とみなされる。その事績は『旧約聖書』の「サムエル記上・下」及び「列王記上」に詳しい。

羊飼いをしていた少年時代に当時の王サウルの宮廷に召し出され、ペリシテ人の巨人ゴリアテを倒すなどたちまち頭角を現した。しかしダビデの人気が高まると、サウルはダビデを殺そうとしたため、ペリシテ人都市国家ガトの王アキシの許へ逃亡した。サウルが死亡すると、ヘブロンでユダ王国を建設、その後北イスラエルの王にも即位し、ペリシテ人を撃破、首都エルサレムを建設し、行政組織を整えた。

ダビデ王の時代、その領土は、北はアンチ・レバノン山から南はアカバ湾にまで広がったが、晩年は長子アブサロムの反乱も起きた。

ダビデは8人の妻と10人の妾を持ち、約20人の子がいたが、ダビデの死後はその1人ソロモンが王位を継承した。

▶ イスラエル、エルサレム、ソロモン、ペリシテ人

ターヒル朝 (Tahirids)

821～873。イラン北東部ホラーサーンの総督であったターヒル・イブン・フセイン（在位821～822）が開いた王朝。

アッバース朝第7代カリフ、マアムーン（在位813～833）は、821年、自身のカリフ就任に貢献したターヒルをホラーサーン地方の総督に任命する。この総督職は、形式的にはアッバース朝カリフに任命されていたが、以後はターヒルの子孫が世襲で総督職を務め、事実上の独立政権となった。アッバース朝のサーマッラー遷都後、ターヒル家はバグダッド総督も歴任したが、873年、サッファール朝に首都ニシャプールを占領され、滅びた。

▶ アッバース朝、イラン、カリフ、バグダッド

ダビデ像（ミケランジェロ作、フィレンツェ・アカデミア美術館蔵）

ダマスカス (Damascus)

シリア・アラブ共和国の首都。アラビア語では「ディマシュク」。メソポタミアとエジプトの中間に位置し、古代から交通の要衝として栄えた。「世界一古くから人が住み続けている都市」とも言われる。

紀元前11世紀には「アラム王国」の都として発展したが、アラム人は統一国家を作ることができず、ダマスカスを含む「歴史的シリア」はアッシリア、バビロニアなどの諸王朝の支配を受ける。紀元前64年からはローマに支配され、ローマ帝国分裂後はビザンツ帝国の領域となる。しかし635年、ダマスカスはイスラム教徒アラブ人に占領され、661年からウマイヤ朝の都として栄える。

アッバース朝時代には一地方都市となるが、1092年、セルジューク朝スルタン、マリク・シャー(在位1072～1092)の死によってシリア・セルジューク朝が独立するとその首都となる。以後はブーリー朝の支配や十字軍の攻撃を経て、1154年ザンギー朝のヌール・アル・ディーン(在位1146～1174)に征服され、ザンギー朝の首都となるが、ヌール・アル・ディーン死後アイユーブ朝に奪われる。アイユーブ朝による支配は、1260年のモンゴル帝国の侵入によって終了し、モンゴルの撤退後はマムルーク朝の地方都市となる。1516年のマルジュ・ダービクの戦い後は、ムハンマド・アリ朝に支配された一時期を除き、1918年までオスマン帝国に統治された。

1918年10月1日、オスマン帝国に反乱を起こしたアラブ軍やイギリス軍に属するオーストラリア人部隊の兵士がダマスカスに入城し、1920年には、フセインの子ファイサル・イブン・フセイン(1883～1933)を国王とするシリア王国の建設が宣言された。しかし同年7月、ファイサルはフランスに追われ、ダマスカスはフランス委任統治領シリアの首都となった。その後1946年のシリア独立以来、ダマスカスはシリアの首都となっている。

➡ アイユーブ朝、アッシリア、アラム人、エジプト、オスマン帝国、シリア、セルジューク朝、ティムール、バビロニア、ファイサル・イブン・フセイン、マムルーク朝、マリク・シャー、ムハンマド・アリ朝、メソポタミア

ダヤン (モシェ、Moshe Dayan)

1915～1981。イスラエルの軍人、政治家。

ティベリアス湖近くのキブツに生まれる。14歳のとき、ユダヤ軍事組織「ハガナー」に参加し、テルアビブで建設現場の労働者として働きながら「ヒスタドルート(労働総同盟)」文化部が運営する人民大学に学ぶ。その後ナハラル近くのシムロンへの入植に参加、そこでの夜警、ユダヤ人入植地警察としての勤務を経て、1939年8月にはハガナーの野戦戦術教官となる。同年10月には武器不法所持のため逮捕されるが、1941年2月に釈放され、ハガナー軍設立とともに中隊長となる。同年6月には、ヴィシー政権下にあったレバノンでの作戦で左目を失い、以後左目に黒パッチ

ダヤン

をつけるが、これは彼のシンボルともなった。

第一次中東戦争ではエルサレム前線の司令官を務め、1953年イスラエル軍参謀長に就任、1956年の第二次中東戦争ではシナイ軍事作戦を指揮した。

1958年に退役すると、1959年に国会議員に当選し、1964年まで農業大臣を務めた。エジプトとの緊張が高まった1967年6月には急遽国防大臣に就任し、その直後の第三次中東戦争を大勝利に導く。しかし1973年の第四次中東戦争の際にはアラブ側の奇襲を許した責任を問われ、1974年に国防大臣を辞任した。

その後1977年にはメナヘム・ベギン首相（1913〜1992）の内閣で外務大臣に任命され、エジプトとの平和条約締結に際しては交渉役を果たしたが、同年、ベギン政権がヨルダン川西岸における入植地を拡大したことなどに抗議して辞任、1981年にテルアビブで死去した。

➡ イスラエル、エジプト、エルサレム、シナイ半島、第三次中東戦争、第四次中東戦争、ヨルダン川西岸、レバノン

ダラズィー ➡ ドルーズ派

タリーカ ➡ イスラム神秘主義

タリバーン (Taliban, Taleban)

アフガニスタン内戦の中、一時支配的となった政治勢力。より正確には「ターリバーン」で、アラビア語で「学生」を意味する「ターリブ」の複数形。結成当初、構成員の大部分がパキスタンにある神学校の学生だったことからこう呼ばれた。指導者はムハンマド・オマル（1959？〜）。

タリバンの活動が最初に報告されたのは1994年春、シンゲサルの住民からの訴えに応え、10代の少女2人を誘拐して暴行したある軍閥司令官に対する懲罰行動を行ったものとされる。以後タリバンは、他の軍閥との抗争の中で急速に勢力を拡大し、1996年9月には首都カブールを制圧し、対抗する「北部同盟」支配下にあった北東部を除き、アフガニスタンのほとんどを支配下に収めた。しかし、当時タリバン政権を承認したのはサウジアラビア、アラブ首長国連邦及びパキスタンのみで、この間イスラム法の厳格な適用、女性の就労や就学の規制、「カーイダ」指導者ウサーマ・ビン・ラーディン（1957/8〜2011）の庇護、さらに2001年にはバーミヤンの大仏を偶像であるとして破壊するなどしたため、国際社会からは否定的な評価を得た。

2001年9月11日、カーイダによるアメリカの同時多発テロに続き、アメリカ軍がタリバン政権に攻撃を開始したことから、敵対勢力である北部同盟に政権を奪われ、指導者ムハンマド・オマルも消息不明となっている。

➡ アフガニスタン、アラビア語、アラブ首長国連邦、ウサーマ・ビン・ラーディン、カーイダ、サウジアラビア

ダール・アル・イスラム (dar al-Islam)

イスラム教の世界観に基づく領域概念で「イスラムの家」を意味する。

本来はイスラム法が適用される地域を「ダール・アル・イスラム」と呼び、それ以外の地域を「ダール・アル・ハルブ（戦争の家）」と呼んで区別した。ダール・アル・イスラムではイスラム法が適用され、キリスト教徒やユダヤ教徒をはじめとする非イスラム教徒にも保護が与えられる。これに対しダール・アル・ハルブは、本来ダール・アル・イスラムと交戦状態にある領域を意味し、そこでは非イスラム教徒の法律が適用され、外国人の安全も異教徒の保護も保障されない地域とされた。

➡ イスラム教、キリスト教、ユダヤ教

ダルフール (Darfur)

スーダン西部の地名で、「フールの里」を意味する。面積は約51万km²。

この地域はアフリカ内陸部の交易路の要衝として、象牙、ダチョウの羽根、奴隷などの交易の中心地として栄えてきた。13世紀頃には南部を中心とする「ダジョ朝」が成立し、以後「トンジュル朝」や「ケイラ朝」といった独立王朝が支配していたが、1874年、バハル・アル・ガザールの実力者ズベイルがエジプト副王イスマイール（在位1863〜1879）よりパシャの称号を得て同地域を征服し、オスマン帝国領に編入した。1889年よりスーダンを支配したイギリスは、ケイラ朝の子孫アリ・ディナール（1856〜1916）をこの地域のスルタンとした。しかし第一次世界大戦中、アリ・ディナールがオスマン帝国側についたため、イギリスは1916年にその領土をスーダンに編入した。

2003年2月からは、黒人イスラム教徒を主体とする反政府勢力「正義と平等運動（JEM）」などが、アラブ人主体の中央政府に対する武装蜂起を開始し、内戦が続いている。

➡ アフリカ、アラブ人、エジプト、オスマン帝国、スーダン、スルタン

ダレイオス1世 (Dareios I)

?〜紀元前486。アケメネス朝第4代皇帝で、その最盛期を築いた。在位紀元前522〜紀元前486年。

アケメネス朝王家においては傍系の出自であるが、マゴス僧ガウマータ（?〜紀元前522）がカンビセス2世（?〜紀元前522）の弟スメルディスを僭称して王位を簒奪した際、これを殺害した7人の中心人物となり、その後即位した。

統治開始当初は各地に反乱が起きたが、国内が安定すると帝国の機構改革に取り組み、国内を20の州に分

け、幹線道路をつくって駅伝制を整え、金・銀2種の通貨を鋳造するなどアケメネス朝の基本的な統治制度を整備した。帝国内の諸民族に対してはそれぞれの宗教を尊重する政策をとる一方、東はインダス川までの地域や北西のカフカス山脈の周辺地域を征服した。

紀元前499年にはアナトリア西部のギリシャ都市で反乱（ミレトスの反乱）が起き、この反乱をギリシャが支援したことでギリシャ遠征を決意、第一次ペルシャ戦争と第二次ペルシャ戦争を指揮するがいずれも失敗に終わり、3回目の遠征の準備中死亡した。

▶ アケメネス朝、アナトリア

チ・ツ・テ

チャドル ▶ ベール

中東戦争(Middle East Wars)

アラブ諸国とイスラエルの間の4回にわたる戦争の総称。1982年のイスラエルのレバノン侵攻を第五次中東戦争と呼ぶこともある。

第一次中東戦争をイスラエル側は「独立戦争」と呼び、1948年5月から1949年2月まで続いた。第二次中東戦争は1956年7月、エジプトのナセル大統領が行ったスエズ運河国有化宣言に対抗したイギリスとフランスが、イスラエルとともにエジプトを攻撃したもので、第三次中東戦争は1967年6月、イスラエルとアラブ諸国の間で行われた。第4次中東戦争は1973年10月、エジプトとシリアが共同してイスラエルに戦端を開いた。

▶ イスラエル、エジプト、シリア、スエズ運河、第一次中東戦争、第二次中東戦争、第三次中東戦争、第四次中東戦争、ナセル

チュニジア(Republic of Tunisia)

正式名称は「チュニジア共和国」。北アフリカのほぼ中央部に位置し、面積16.4万km²、人口は1,070.4万人（2012年推計）。首都はチュニス。アフリカ大陸最北にある国でもある。

チュニジアの歴史は、フェニキア人が建国したカルタゴに始まる。カルタゴの建設は紀元前814年のこととされ、以後地中海沿岸各地に植民都市を建設し、紀元前6世紀には地中海世界で主要国家の1つとなっていた。しかし、紀元前3世紀から始まる3度のポエニ戦争でカルタゴはローマに敗れ、紀元前146年に滅亡した。

ローマに占領されたカルタゴは、その後ローマの属州「アフリカ」となり、この属州の名が後に大陸全体の名前に用いられるようになった。ローマ帝国支配下で再建されたカルタゴであったが、439年には、北アフリカに侵入したゲルマン人の一派ヴァンダル族により占領される。その後ビザンツ帝国皇帝ユスティニアヌス1世（在位527〜565）は533年、カルタゴを含む北アフリカの一部を占領したが、698年のイスラム教徒アラ

ブ人の侵入により、以後この地域はイスラム諸王朝に支配されるようになる。

ウマイヤ朝及びアッバース朝下で、チュニジアは「イフリーキヤ」と呼ばれたが、帝国の中心部から離れていたこともあって現地の総督が次第に自治権を強め、800年には独立王朝であるアグラブ朝が創設される。アグラブ朝時代に、チュニジアは首都カイラワーンを中心に繁栄し、北アフリカ随一の強国となった。以後ファーティマ朝（909〜973）、ベルベル人のジリ朝（972〜1148）、次いでハフス朝（1207〜1574）に支配され、1574年にオスマン帝国領となる。

オスマン帝国下のチュニジアは、スルタンに任命された総督（パシャ）の支配下に置かれたが、1705年には、オスマン帝国属州統治者（ベイ）が事実上の独立王朝フセイン朝を樹立する。フセイン朝下の1861年にはイスラム国家として初めて憲法を発布するなど近代的改革を実施したが、1883年にはフランスの保護国となる。

20世紀になると「チュニジア建国の父」と呼ばれるハビーブ・ブルギバ（1903〜2000）を中心にフランスからの独立運動が起こり、1956年、ベイを国王とする「チュニジア王国」として独立、1957年には共和制に移行し、1959年にはブルギバが初代大統領に選出された。ブルギバは一夫多妻制の廃止、宗教法廷の閉鎖、宗教教育の普通教育への統合など世俗的国家を目指す改革を多数実施したが、1987年、事実上の無血クーデターでベン・アリ（1936〜）が大統領に就任した。

ベン・アリは、その後20年以上大統領を務めたが、2011年1月、「ジャスミン革命」と呼ばれる民衆の抗議運動により辞任、サウジアラビアに亡命した。

➡ アフリカ、オスマン帝国、カルタゴ、サウジアラビア、ファーティマ朝、フェニキア、ポエニ戦争

ツタンカーメン (Tutankhamen)

古代エジプト新王国第18王朝のファラオ。在位紀元前1332〜紀元前1322。

太陽神アテンを信仰したアメンホテプ4世（在位紀元前1353〜紀元前1336）の子と言われ、ツタンカーメンも誕生時には、アテン神の名をとって「ツタンカーテン（トゥート・アンク・アテン）」と名づけられた。アメンホテプ4世死後10歳で即位するが、アメン神官団の圧力により「ツタンカーメン（トゥート・アンク・アメン）」と改名し、19歳で死去した。彼の死後、后のアンケセナーメンはヒッタイトの王子ザナンザを婿としてエジプトに迎えようとしたが、この王子は国境近くで暗殺された。

1922年、ルクソールにある王家の谷でハワード・カーター（1874〜1939）がその墳墓を発見し、墓の中の豪華な棺や副葬品の数々は現在エジプト考古学博物館に陳列されている。またこの発掘に関わった人物が次々と死亡し、「ファラオの呪い」と呼ばれたことでも知られている。

➡️ アメンホテプ4世、古代エジプト、ヒッタイト、ファラオ

ディアドコイ戦争
(Wars of the Diadochi)

アレクサンドロス3世(紀元前356～紀元前323)死後、その領土の支配権をめぐって行われた後継者間の争いで、紀元前281年まで続いた。

紀元前323年、アレクサンドロス3世が急死すると、異母弟アリダイオス(紀元前359頃～紀元前317)がフィリッポス3世として即位し、妊娠中であった妻ロクサネ(?～紀元前310)の子が男児であれば彼を共同統治者とするとの決定がなされた。ロクサネが産んだ子は男児であったため、この男児をアレクサンドロス4世(紀元前323～紀元前309)としてフィリッポス3世との共同統治が始まったが、領内各地の総督となっていたアレクサンドロス3世の武将たちが各地で相互に戦闘を開始し、マケドニア本国における王家の内紛も加わってマケドニア王家は断絶した。

紀元前306年には、当時アナトリアからシリア、メソポタミアにかけての地域を支配していたアンティゴノス(紀元前382～紀元前301)がマケドニア王を宣言し、翌年、エジプトの支配を確保していたプトレマイオス(紀元前367～紀元前282)、カッサンドロス(紀元前350～紀元前297)、セレウコス(紀元前358～紀元前281)、リュシマコス(紀元前360～紀元前281)らも、それぞれの支配地域で相次いで王を宣言した。しかし紀元前301年、アンティゴノスはイプソスの戦いで戦死し、その領土は他の王国によって分割され、シリア、バビロニア、イラン高原、アナトリア東部を支配するセレウコス朝、キプロス、エジプトを支配するプトレマイオス朝、マケドニア本国を支配するカッサンドロス朝、トラキアとアナトリア西部を支配するリュシマコス朝が成立した。紀元前281年のコルペディオンの戦いでセレウコスはリュシマコスを敗死させ、アレクサンドロス帝国の大部分を勢力下に置く最大勢力となった。

ディアドコイ戦争終了後も、セレウコス朝とプトレマイオス朝の戦闘は断続的に続いた。

➡️ アナトリア、アレクサンドロス3世、イラン、エジプト、シリア、セレウコス朝、バビロニア、プトレマイオス朝、メソポタミア

ティグリス・ユーフラテス川
(the Tigris and the Euphrates)

ティグリス川はトルコ東部トロス山脈を水源とし、トルコからイラクを流れ、ユーフラテス川と合流する。ユーフラテス川は同じくトルコ東部を水源とし、シリアを経てイラクを流れる。両河川は、合流後シャット・アル・アラブ川と呼ばれるようになってペルシャ湾に注ぐ。合流するまでの長さはティグリス川が約1,900km、ユーフラテス川が約2,800km。両河川の流域では人類史の早い時期から農耕文明が発達し、古代メソポタミア文明の発祥地となったため、歴

史的にはしばしばティグリス・ユーフラテス川と併記される。

シャット・アル・アラブ川は、従来イランとイラクの国境となっているが、水面のどの部分を具体的な国境と定めるかについては両国間に争いがあり、これがイラン・イラク戦争の原因の一つとなった。

▶ イラク、イラン、イラン・イラク戦争、シリア、トルコ、メソポタミア

ティムール (Timur, Timour, Tamerlane)

1336〜1405。ティムール帝国創始者。ヨーロッパでは「タメルラン」とも呼ばれる。

チャガタイ・ハン国の有力部族バルラス部に生まれ、1380年までにトルキスタン地方での支配権を確立、その後4回にわたる西征（1381〜1384）や3年戦役（1386〜1388）、5年戦役（1392〜1396）、さらにインド遠征（1398〜1399）や7年戦役（1399〜1404）といった征服戦を継続し、最終的には中央アジアを中心に、シリア東部から中国国境にまで達する広大な帝国を一代で築いた。1405年、明に遠征する途上、オトラルで死去した。

ティムールはチンギス・ハン（1162頃〜1227）の家系に属する女性をめとったが、生涯「ハン」を称することはなく「アミール」と呼ばれていた。また、本人は文盲であったが、各地から文人、学者、芸術家などを首都サマルカンドに集め、サマルカンドの文化的繁栄の基礎を作った。

▶ シリア、ティムール帝

ティムール帝国 (Timurid dynasty)

1370〜1507。ティムール（1336〜1405）が創始した遊牧民国家で、中央アジア地域からイラン、アフガニスタンなどを主要な領土とした。首都はウズベキスタンのサマルカンド、その後ヘラート。

ティムールは1370年頃バルフで皇帝を宣言し、サマルカンドを首都にティムール帝国を樹立した。ティムールはその後も征服活動を展開して中央アジアやイラン、インドなどへ遠征し、現在のシリア東部から中国国境までの広い地域を一代で征服した。1405年、ティムールが急死すると後継者争いが起きるが、1409年、シャー・ルフ（在位1409〜1447）が内戦を制して即位、ヘラートを新たな首都とする。

シャー・ルフの統治下、ヘラートはティムール朝ルネッサンスと呼ばれる文化活動の中心地となったが、マムルーク朝やオスマン帝国が独立を回復し、カラコユンルにアゼルバイジャンを侵されるなど領土の縮小が続いた。1469年に第7代君主アブ・サイード（在位1451〜1469）が死ぬと、サマルカンド政権とヘラート政権に分裂し、ウズベク・ハン国のシャイバーニー・ハン（1451〜1510）が1501年にサマルカンド、1507年にヘラートを占領したことでティムール帝国は滅びた。

▶ アゼルバイジャン、アフガニスタン、イラン、オスマン帝国、カラコユンル、シリア、テ

ィムール、マムルーク朝

ディルムン (Dilmun)

　古代において、バーレーンを中心にペルシャ湾岸地域で栄えた国家の名。ディルムンの名は紀元前4000年紀末のシュメールの粘土板に最初に現れ、紀元前6世紀の新バビロニアの文書に最後の記述がある。その間ディルムンは、古代メソポタミアとインダス文明とを中継する貿易で栄えたと推定されている。その地理的範囲は正確には不明であるが、現在のバーレーンを中心に、アラビア半島東岸やペルシャ湾内を支配下に置いていたものと考えられている。

　古代メソポタミアの叙事詩「ジウスドラの洪水物語」では、大洪水の後不死となったジウスドラはディルムンに住んだと述べられており、楔形文字はディルムンで発明されたとの伝承もある。

➡ アラビア半島、バーレーン、ペルシャ湾、メソポタミア

ト

トゥアレグ人　➡ ベルベル人

ドゥッラーニ朝　➡ アフガニスタン

東方問題　➡ オスマン帝国

トゥルクマン (Turkmen)

　中東のトルコ系民族のうちオグズ族に属する集団で、「オグズ・トゥルクマン」と呼ばれることもある。11世紀初めのトルコ人辞書編纂者マフムード・アル・カーシュガリーによれば、「トゥルクマン」とはペルシャ語で「トルコに似たもの」の意味で、セルジューク朝、オスマン帝国の王家もトゥルクマン出身である。

　トゥルクマンはウイグル族に圧迫され、アラル海の北方まで進出し遊牧生活を営んでいたが、10世紀後半にイスラム教に改宗、同族であるセルジューク朝の勃興に伴ってイラン、イラク方面に移動した。11世紀後半にはアナトリアやシリアにも進出し、セルジューク朝以後もアナトリア諸侯国の多くやカラコユンル、アクコユンルを建て、イランのサファヴィー朝建国にも参加した。

➡ アクコユンル、アナトリア、アナトリア諸侯国、イスラム教、イラク、イラン、オスマン帝国、カラコユンル、サファヴィー朝、シリア、セルジューク朝

トゥールーン朝 (Tulunid dynasty)

　868〜905年にかけて、エジプトを支配した王朝。エジプトにおいては、イスラム時代最初の独立王朝で、最盛期には現在のシリアやイラクの一部にまで支配領域を広げた。

　創始者アフマド・イブン・トゥールーン(835〜884)はトルコ系のマムルークで、エジプト総督である義父の名代としてエジプトに派遣された。その後アッバース朝の混乱に乗じ、アッバース朝カリフの宗主権は認めながらも事実上の独立政権を樹立し、

877年にはパレスチナからシリア北部のキリキア地方まで支配領域に加えた。アフマドの後継者フマーラワイヒ（在位884〜896）は、カリフに貢納することでこれらの領域の支配を承認され、この時代にトゥールーン朝は最盛期を迎えたが、フマーラワイヒの死後衰退し、905年にアッバース朝に征服されて滅びた。

➡ アッバース朝、アフマド・イブン・トゥールーン、イラク、エジプト、カリフ、シリア、パレスチナ、マムルーク

ドバイ首長国 (Emirate of Dubai)

アラブ首長国連邦を構成する7首長国の1つ。面積は3,885km²で、アラブ首長国連邦ではアブダビ首長国に次ぐ広さを持つ。

現在のドバイの基礎は、1830年代にバニ・ヤース族のマクトゥーム・ビン・ブッティ等に率いられたブー・ファラハ族がアブダビからドバイに移り、首長国を建国したことに始まる。以後マクトゥームの子孫であるマクトゥーム家が首長として現代に至る。首都ドバイは、以前は漁業、真珠採取などを産業とする小規模な町であったが、1966年の海底油田発見後は、ラーシド首長（1958〜1990）の下で石油収入を梃子とした国内開発を強力に進め、現在ドバイは中東における貿易・商業の中心地となっている。

2006年にはムハンマド・ビン・ラーシド首長（在位2006〜）が即位するが、2008年後半にアメリカのサブプライムローン問題が原因となって、2009年11月には、ドバイ政府が欧米系の金融機関に対して、政府系不動産開発会社の「ナキール」社とその持ち株会社の「ドバイ・ワールド」社の債務約590億ドルの支払い猶予を求めると発表したため、「ドバイ・ショック」と呼ばれる金融危機が世界に波及した。

➡ アブダビ首長国、アラブ首長国連邦

トプカプ宮殿 (Topkapi Palace)

15世紀後半、イスタンブールに建設されたオスマン帝国の宮殿。現在は博物館となっている。

宮殿の建設は1472年に始まり、1478年に完成したが、その後も増改築が繰り返された。「トプカプ」という名称は「大砲門」を意味し、門に大砲が置かれていたことによるが、この呼び名は19世紀以降に用いられたもので、それまでは「サライ・ヒュマーユーン（帝室宮殿）」と呼ばれた。スルタンの王宮がドルマバフチェ宮殿に移る1853年まで、歴代スルタンの居城として用いられ、ハレムではスルタンとその子供たち、多数の女官、宦官が生活した。オスマン帝国の最高意思決定機関である御前会議や外国の使節との謁見も宮殿内で行われた。トルコ共和国成立後の1924年、トプカプ宮殿は博物館となり、一般に開放された。現在では世界遺産に登録されている。

➡ オスマン帝国、スルタン、トルコ、ハレム

トルコ (Republic of Turkey)

正式名称は「トルコ共和国」。アナ

トリアとバルカン半島の一部を領土とし、面積78.4万km²、人口7,450.8万人（2012年推計）。首都はアンカラ。

現在トルコ領の大部分を占めるアナトリアでは、旧石器時代から人類の居住が確認されており、ヒッタイトをはじめ多くの国家が興亡を繰り返した。1071年のマラズギルドの戦いでビザンツ帝国がセルジューク朝に敗れると、「トゥルクマン」が次第にアナトリアに進出し、トルコ化が進んだ。最終的には1453年のコンスタンティノープル陥落によりビザンツ帝国は滅亡、アナトリア全域がオスマン帝国に支配されるようになった。オスマン帝国は、最盛期にはアナトリアのみならずハンガリーまでの東欧、アルジェリアまでの北アフリカ沿岸、イラクまでの中東地域やアラビア半島沿岸部、黒海沿岸のクリミア半島までの広大な領域を支配していたが、17世紀以降はオーストリアやロシアとの相次ぐ戦争で敗退を続け、最終的に第一次世界大戦によりその領土の大部分を失った。

現在のトルコ共和国の領域は、1919年にムスタファ・ケマル（後のアタチュルク、1881～1938）が主導した「トルコ革命」を経て、1923年のローザンヌ条約により確定したもので、1922年にスルタン制は廃止され、1923年より共和国となった。

▶ アタチュルク、アナトリア、アフリカ、アラビア半島、アルジェリア、イスタンブール、イラク、オスマン帝国、スルタン、セルジューク朝、第一次世界大戦中の中東、トゥルクマン、トルコ革命、ビザンツ帝国、ヒッタイト、マラズギルドの戦い

トルコ革命 (Turkish Revolution)

1818年から1822年にかけて、第一次世界大戦後のトルコで行われた一連の「祖国解放闘争」のこと。広義にはその前後トルコ共和国が行った諸改革を指すこともある。

第一次世界大戦が終わると、オスマン帝国に残された領土であるアナトリアは連合国の占領下に置かれた。連合国の1つギリシャは大ギリシャ主義を掲げ、1919年5月、イズミールを占領しアナトリア内陸部に進撃した。これに対し、1920年4月、アンカラでトルコ大国民議会が開設され、議長にケマル・パシャ（後のアタチュルク、1881～1938）が就任、国民政府が組織された。

イスタンブールではスルタン、メフメト6世（在位1918～1922）が反ケマルの立場をとり、軍隊を差し向けたため、国民政府軍はスルタン軍とも戦うこととなった。しかしトルコ国民政府軍は1921年のイノニュの戦い、サカリヤの戦いを経て戦局を好転させ、1922年には大攻勢に出てギリシャ軍をイズミールから放逐、1923年7月には連合国との間にローザンヌ条約を締結し、トルコの独立を内外に承認させた。

▶ アタチュルク、アナトリア、イスタンブール、スルタン、第一次世界大戦中の中東、トルコ

トルコ人 (Turks)

狭義には現在のトルコ共和国国民

を指す言葉であるが、広義にはユーラシア大陸中央部から中東にかけて居住するトルコ系言語を母語とする諸民族全体を指す。後者の意味でのトルコ人は、本来モンゴル高原あるいはその周辺を故地とするとされ、中国古代の史書には「丁零」などと表記されている。「匈奴」についてもトルコ系との説がある。

こうしたトルコ系諸民族のうち、パミール以西に進出していたオグズ族がウイグル人に圧迫されて西方に移住した。彼らはイスラム圏において「トゥルクマン」と呼ばれるようになり、当初「グラーム」、あるいは「マムルーク」としてイスラム世界に到来し、グラームやマムルークの出身者がイスラム圏諸地域で活躍し始めるとその同系の遊牧民が中央アジアからトルキスタンに多数移住するようになった。トゥルクマンは移動の過程でイスラム教スンニー派に改宗し、以後ホラーサーンを拠点にセルジューク朝を建設、さらにその一部はビザンツ帝国領アナトリアにも侵攻してルーム・セルジューク朝、次いでオスマン帝国を建設した。

▶ アナトリア、イスラム教、オスマン帝国、スンニー派、セルジューク朝、トゥルクマン、トルコ、ビザンツ帝国、マムルーク、ルーム・セルジューク朝

ドルーズ派 (Druze)

11世紀初頭、イスマイール派から分離した宗派で、信者はレバノン、シリア及びイスラエルを中心に居住する。「ドルーズ」という名称は、宗派成立初期において、11世紀初頭にレバノン南部で宣教したムハンマド・ダラジーに由来するというのが通説だが、ドルーズ派自身は長く「ムワッヒドゥーン(一神教徒)」と自称していた。

その教義は外部には秘匿されているため詳細は不明だが、ファーティマ朝第6代カリフ、ハーキム(在位996〜1021)こそ「最後の審判」で再来する「マフディー」であるとする点に特徴がある。危害を加えられる恐れがある場合「タキーヤ」を認めるなど、イスラム教のシーア派と類似する教義もあるが、人間の輪廻転生を信じる、『クルアーン』に代わる独自の聖典『ヒクマ・シャリーファ』を持つ、礼拝はマッカに向かわず、巡礼の義務もなく、断食も基本的に行わないなど、イスラム教徒に課せられた「六信五行」から外れた内容を実践する。そのため、一般的にはイスラム教とは異なる宗派とされるが、レバノンではイスラム教の一派とみなされ、タヌーフ家やマアン家、シハーブ家などのドルーズ派名家は、過去レバノンを支配してきた

▶ イスマイール派、イスラエル、イスラム教、エジプト、カリフ、シーア派、シリア、タキーヤ、ハーキム、ファーティマ朝、マフディー、レバノン、六信五行

ナ

ナイル川 (Nile)

アフリカ大陸北東部を南から北に

流れる世界最長の河川で、全長 6,825 km、流域面積は約 310 万km²。アフリカ中央部にある湖群高原を水源とする白ナイル川と、エチオピア高原を水源とする青ナイル川及びアトバラ川がスーダンの首都ハルトゥーム付近で合流し、アスワンまでに 6 つの急流を作った後エジプト国内を北上、カイロ北方でいくつもの支流に分かれて世界最大のナイル・デルタを形成しつつ地中海に注ぐ。

古代世界において「エジプト」という名称は、このナイル川の流域を指す言葉であり、その東部は「アラビア」、西部は「リビア」と呼ばれていた。またナイル・デルタ地域は「下エジプト」、それより南部は「上エジプト」と呼ばれていた。

白ナイル川は年間を通じほぼ一定の水量を供給するのに対し、青ナイル川とアトバラ川の水量はエチオピア高原のモンスーンの影響で年間を通じて大きく変動するため、下流のナイル川も毎年 7 月頃氾濫(はんらん)を起こしていた。その際上流の肥沃(ひよく)な土が運ばれるため、水の引いた後の土地は良質な耕作地となった。古代エジプト文明は、この肥沃な土壌による耕作が基礎となっており、ヘロドトス（紀元前 484 頃〜紀元前 425）は「エジプトはナイルの賜(たまもの)」と呼んだ。

ナイル川は上エジプトと下エジプト間の交易においても主要な交通路として利用され、ナイル川と紅海をつなぐ、現在のスエズ運河に相当する水路も古代に築かれていたことがある。

▶ アスワン、エジプト、カイロ、古代エジプト、スエズ運河、スーダン、リビア

ナギーブ・マフフーズ
(Naguib Mahfouz)

1911〜2006。エジプトの作家。1988 年、アラビア語作家として初のノーベル文学賞を受賞した。

カイロの商家に生まれ、カイロ大学卒業後文化省に勤務するかたわら執筆を続け、34 の小説、350 以上の短編を発表した。出身地であるカイロの旧市街を舞台にした作品が多く、「エジプトのバルザック」とも呼ばれる。作品の多くが映画化される一方、1959 年の『ゲベラウィの子供たち』がエジプトで発売禁止となるなど、その作品が反イスラム的と非難されることもあり、1994 年には、カイロの自宅前で、過激なイスラム原理主義組織「イスラム団」メンバーに首などを刺される事件も起きた。

2006 年に死去した際は国葬が行われた。代表作に『バイナ・アル・カスライン』『カイロ三部作』『ゲベラウィの子供たち』『渡り鳥と秋』『蜃気楼』『ハン・ハリーリー物語』『ミダック横丁』など。

▶ アラビア語、イスラム原理主義、エジプト、カイロ

ナクシュバンディー教団
(Naqshbandi order)

代表的な「イスラム神秘主義教団」の 1 つ。中東のみならずバルカン半島、中央アジア、南アジア、東南アジア、東アジアまでの広い地域に信者

を持ち、各地に多くの分派がある。

アブドゥルハーリク・グジュドゥワーニ（？〜1179/80）を始祖とするが、教団として組織されたのは1200年頃とされる。当初はホージャガーン教団と呼ばれた。しかし、第7代教主バハーウ・アル・ディーン・ナクシュバンド（1318〜1389）以降その名にちなんで「ナクシュバンディー教団」と呼ばれるようになった。その特徴は、イスラム神秘主義教団にありがちな奇跡の強調よりもイスラム法を重視し、声に出さない沈黙の「ズィクル」を行うことなどにあるが、近代では政治参加の傾向が強くなり、北コーカサスでのシャイフ・マンスールの反乱（1785〜1791）、中央アジアでのチルチク蜂起（1870年代）、クルディスタンでのウバイドッラーの反乱（1880年）、トルコでのシェイク・サイードの反乱（1925年）などに多数の信徒が参加している。

➡ イスラム神秘主義、イスラム法、トルコ

ナクバ ➡ 第一次中東戦争

嘆きの壁（Wailing Wall, Western Wall）

エルサレム旧市街「神殿の丘」の西側にあるユダヤ教徒の聖地。紀元前20年、エルサレム神殿下部に当時の王ヘロデ（在位紀元前37〜紀元前4）が建てた石壁の名残で「西の壁」とも呼ばれる。ユダヤ教徒はこの壁の前で神殿の破壊を思いつつ祈り、また願いごとを書いた紙を石の隙間に差し込む。他方イスラム教徒は、預言者ムハンマド（570頃〜632）が夜の旅を行った際、マッカから乗ってきた動物「ブラーク」をつないだ場所と信じている。

691年、ウマイヤ朝第5代カリフ、アブドゥルマリク（在位685〜705）が神殿の丘に「岩のドーム」を建てて以来、嘆きの壁もイスラム教徒に管理されていた。1099年、第1回十字軍がエルサレムを征服すると、この地域はテンプル騎士団に委ねられたが、1187年、アイユーブ朝スルタン、サラーフッディーン（在位1169〜1193）によるエルサレム奪回で管理はイスラム教徒の手に戻った。

イスラム教徒の管理下において、ユダヤ教徒は壁の前で祈る権利は認められていたが、その際は様々な条件が付けられていた。しかし19世紀末以降、多くのユダヤ人がパレスチナに移住し、こうした制限を取り払おうとしたため、1919年以来双方の衝突が増え、1929年8月には、シオニストのユダヤ人青年が壁の前でイスラエル国旗を振り、イスラエル国歌を歌ったことが原因となり、パレスチナ全土でユダヤ人襲撃事件（嘆きの壁事件）が起きた。

第一次中東戦争の結果、嘆きの壁

嘆きの壁 ＊

を含むエルサレム東部はヨルダンの支配下となるが、1967年の第三次中東戦争によりイスラエルが占領、壁の前にあったイスラム教徒の住居は撤去された。

▶ アイユーブ朝、イスラエル、イスラム教、岩のドーム、ウマイヤ朝、エルサレム、カリフ、サラーフッディーン、十字軍、神殿の丘、スルタン、第一次中東戦争、第三次中東戦争、パレスチナ、ブラーク、ヘロデ、マッカ、ムハンマド）、ユダヤ教、ヨルダン、夜の旅と昇天

ナジュディー派 ▶ ハワーリジュ派

ナスレッディン・ホジャ
(Nasreddin Hoca)

中東イスラム圏に伝わる頓知話の主人公の名で、「ナスレッディン・ホジャ」はトルコ語での呼び名。ペルシャ語では「モッラー・ナスロッディーン」、アラビア語では「ジュハー」として知られる。

ジュハーは7世紀後半から8世紀前半にクーファにいたアラブ人とされ、その笑い話はすでに9世紀にはアラビア語圏に広まっていた。一方ナスレッディン・ホジャは13世紀あるいは15世紀前後にアナトリアに実在した人物とされており、コンヤの西北、アクシェヒルにその霊廟とされるものもあるが、後代に様々な滑稽譚や笑い話がこの人物に帰せられた結果、現代では、鋭い機知や頓知を発揮する一方、ときにとんでもないへまをするような人物として伝わっている。日本で言えば一休や彦一、あるいは吉四六に相当する人物と言える。

▶ アナトリア、アラビア語、アラブ人、トルコ

ナセル (ガマール・アブドゥルナセル、Gamal Abdel-Nasser)

1918～1970。エジプトの軍人、政治家、エジプト共和国第2代大統領。一般に「ナセル」と表記されるが、本人の名は「ガマール（正則アラビア語では「ジャマール」）」であり、「ナセル（ナーセル）」は父の名「アブドゥルナセル」の一部をとったものである。

アレクサンドリアに郵便局長の子として生まれる。1939年、陸軍士官学校卒業後スーダンで勤務し、第二次世界大戦中はエルヴィン・ロンメル将軍（1891～1944）率いるドイツ軍のエジプト侵攻と同時に、イギリスに対する軍事クーデターを行おうと計画したこともある。1948年の第一次中東戦争ではイスラエル南部のファルージャ・ポケットで奮戦して英

ナセル

雄となるが、負傷して帰国、その後「自由将校団」を結成し、実質的指導者となる。1952年7月23日、自由将校団のクーデター（エジプト革命）により国王ファールーク1世（在位1936～1952）が追放され、翌年共和政に移行すると副首相兼内相に就任、1954年2月と同年4月の2回首相に就任する。この間ナセルと名目上の指導者ムハンマド・ナギーブ大統領（1901～1984）の対立が次第に深まり、同年11月14日、ナセルはナギーブ大統領を解任して革命指導評議会議長に就任、1956年6月25日には大統領に就任した。

国内的には、1952年の農地改革、主力産業や銀行の国有化など、社会主義的政策を推進し、外交面では汎アラブ主義に基づいてアラブ諸国間の団結を唱え、非同盟主義を唱えて1955年の第1回アジア・アフリカ会議（バンドン会議）に出席、第三世界における指導者の1人となった。1956年7月26日には、スエズ運河の国有化を宣言したが、このことが原因で10月に第二次中東戦争が勃発した。エジプトは軍事的には劣勢であったが、アメリカとソ連の圧力でイギリス、フランス及びイスラエルが撤退する形となり、ナセルは一躍アラブ世界の英雄となった。しかし、1958年に成立したアラブ連合共和国は1961年に崩壊、1962年9月から始まったイエメン内戦への介入、さらに第三次中東戦争の惨敗などが相次ぐ中、ヨルダン内戦の仲裁中、心臓発作により死亡した。

▶アラブ連合共和国、アレクサンドリア、イエメン、イエメン内戦、イスラエル、エジプト、スエズ運河、第一次中東戦争、第三次中東戦争、第二次世界大戦中の中東、第二次中東戦争、ヨルダン内戦

ナツメヤシ (date palm)

ヤシ科の常緑樹で、中東の代表的な栽培植物の1つ。その実は栄養価が高く、長期保存も可能なため、この地域においては古来重要な食料となってきた。実だけでなく、樹液は燃料、幹や枝は建材や家具、道具の材料、葉はカゴや入れ物、繊維は紐や綱と、樹木全体が様々な用途に利用され、中東地域の人々の生活を支えてきた。

ナツメヤシは『クルアーン』や「ハディース」においても称えられ、預言者ムハンマド（570頃～632）がナツメヤシを食べて「ラマダン」の断食を終えたことから、今でも日没後のラマダン最初の食事（イフタール）のはじめにナツメヤシを食べるのが習慣となっている。

ユダヤ教における「スコット（仮庵の祭）」や、キリスト教における「棕櫚の聖日」の行事でも、ナツメヤシの葉が使用される。

▶キリスト教、クルアーン、ハディース、ムハンマド、ユダヤ教、ラマダン

ナーディル・シャー・アフシャール (Nadir Shah Afshar)

1688～1747。あるいは「ナーディル・クリー」。「アフシャール朝」創始者で初代皇帝。在位1736～1747。一代でアナトリア東部からイラン、中

央アジア、インドにまたがる広大な領域を征服した。

マシュハドの北方、ダッレ・ギャズで、トルコ系アフシャール族の一員に生まれる。当時イランを支配していたサファヴィー朝は、反乱やアフガン人の侵入により弱体化しており、1722年にはアフガン族首領ミール・マフムード（1697?～1725）に王位を奪われる。こうした状況において、サファヴィー朝のタフマースプ2世（在位1722～1732）は、当時ホラーサーンを支配していたナーディル・クリーに支援を求め、ナーディル・クリーは1729年11月、イスファハーンに進軍してアフガン人を駆逐する。しかし1732年にはタフマースプ2世を廃位させ、幼少の息子アッバース3世（在位1732～1736）を即位させて実質的な支配権を得る。その後、ナーディルは西方でオスマン帝国に奪われていた領土をほぼ回復し、1736年にはアッバース3世を廃位させ、自らナーディル・シャーとして即位、マシュハドを首都にアフシャール朝を建てたことで、サファヴィー朝は滅びた。

その後も1739年のインド遠征でムガール帝国を破り、一時デリーを占領するなど、その支配地域を拡大したが、晩年のナーディル・シャーは強い残虐性を示すようになり、1747年、ホラーサーンのクルド人反乱鎮圧のために遠征中、家臣に殺害された。

ナーディル・シャーの死後は甥のアーディル・シャー（在位1747～1748）が後継者となるが、その領土は急速に縮小し、アフシャール朝はホラーサーン南部の一地方勢力に衰退した。

➡ アナトリア、イラン、オスマン帝国、クルド人、サファヴィー朝

ナバタイ人 (Nabatean)

現在のヨルダン南部から、ヒジャーズ地方（アラビア半島の紅海沿岸北部）にかけて、ペトラを中心とする王国を築いた民族。人種的にはアラブ人と考えられている。

ナバタイ人は紀元前6世紀初期に現れて死海の南岸に定住し、ペトラを中心とする王国を築いた。ペトラは、アラビア半島南部にあったシバ王国と地中海を結ぶ交易路上の都市として栄え、アレタス4世（在位紀元前9～40）時代にはダマスカスからヒジャーズ地方のマダイン・サーレハまでを支配下に収めた。しかしアレタス4世の死後ナバタイ王国は衰退し、106年にはローマ帝国属領「パレスチナ・テルティア」となった。

ペトラやマダイン・サーレハには、ナバタイ人が作った大規模な遺跡が残る。

➡ アラビア半島、アラブ人、シバ王国、ダマスカス、ヨルダン

ナフダ (al-Nahda, Arab Renaissance)

本来アラビア語で「覚醒」を意味する言葉であるが、転じて近代アラブの文芸・思想革新運動を指す言葉となり、「ルネッサンス」の訳語として用いられることもある。

一般的には19世紀末から20世紀初頭にかけて、レバノンやシリアのキリスト教徒知識人が行ったアラビア語文芸運動と、ムハンマド・アブドゥ（1849〜1905）に代表されるイスラム改革運動の2つの文化的運動を総称して用いられる。こうした思想的運動は、第一次世界大戦後のアラブ民族主義の勃興にも大きな影響を与えた。

➡ アラビア語、アラブ民族主義、キリスト教、シリア、ムハンマド・アブドゥ、レバノン

ナポレオン・ボナパルト
(Napoléon Bonaparte)

1769〜1821。フランス革命期の軍人で、1804年、皇帝ナポレオン1世として即位（在位1804〜1814、1815年に一時復位）。フランス革命後の混乱を収拾して周辺諸国に対するナポレオン戦争を遂行、イギリスを除くヨーロッパの大半を勢力下に置いたが、最終的に敗北し、セントヘレナ島に流されてそこで死亡した。

地中海のコルシカ島に生まれ、フランス革命後の混乱の中で軍人として頭角を現し、1797年にはオーストリアに勝利し、英雄として帰国した。翌年の1798年7月、ナポレオンは、イギリスとインドとの連絡を絶つためエジプト遠征を実施、軍はエジプトに上陸し、ピラミッドの戦いで勝利してカイロに入城した。しかしその直後、アブキール湾の海戦でネルソン提督（1758〜1805）率いるイギリス艦隊にフランス艦隊が大敗し、ナポレオン軍はエジプトに孤立してしまった。

「書斎のナポレオン」（ジャック＝ルイ・ダヴィッド画、ワシントン・ナショナル・ギャラリー蔵）

12月にはイギリスの呼びかけにより第二次対仏大同盟が結成され、1799年にはオーストリアにイタリアを奪還されたこともあり、ナポレオンは、自軍をエジプトに残したまま8月22日、単身帰国した。残されたフランス軍は1801年8月、イギリス・オスマン帝国連合軍に降伏し、その後イギリス軍も撤退した。この結果、エジプトは一時権力の空白状態となり、ムハンマド・アリ（1769〜1849）の台頭を招く。

➡ エジプト、カイロ、トルコ、ピラミッド、ムハンマド・アリ

名前

中東のアラブ諸国では、レバノンとチュニジアを除き、公式には苗字というものが本来存在しない。しかも同じ名前が多いため、伝統的に「クンヤ」や「ナサブ」「ラカブ」「ニスバ」

と呼ばれる識別法が用いられ、時にはこれらが、事実上苗字としての役割を果たしていることもある。

クンヤとは子供の誕生後、父の場合その子の名に「アブ」、母は「ウンム」を付けて呼ぶもので、伝統的には本人の名の前に置かれてきた。ナサブは、父の名に男児は「イブン」、女児は「ビント」を付けるもので、イブン・スィーナーやアブ・ヌワースなど、これらが通り名となることも多い。現代も湾岸諸国やヨルダン王家などは、本人の名に「ビン」を付け、父の名、さらに祖父の名を続けることが一般に行われるが、他の諸国では、単に本人の名に父の名を続けることが多く、欧米等で本人の名と父の名が混同されることもある。例えばサダム・フセイン元イラク大統領の場合、本人の名はサダムで、「フセイン」は父の名である。

ラカブとは身体的特徴や性格などから付けられる一種のあだ名で、アッバース朝時代の文筆家「ジャーヒズ」は「出目」という意味のラカブが通り名となったものである。ニスバは本人または祖先の誰かの職業や出身地名などで、名前の最後に付けられる。フワーリズミーの場合は、出身地ホラズムに由来するニスバで知られている。湾岸諸国の王家では、「アール・サウド」「アール・ハリーファ」など、著名な祖先の名に「家族」を意味する「アール」を付けたニスバが用いられ、これが事実上の苗字となっている。

中東でもイラン、トルコ、イスラエルといった非アラブ諸国、アラブ諸国でもチュニジアとレバノンについては、法律で苗字を持つことが義務づけられている。

▶ アブ・ヌワース、イスラエル、イブン・スィーナー、イラク、イラン、ジャーヒズ、チュニジア、トルコ、フセイン (サダム)、フワーリズミー、ヨルダン、レバノン

[ニ]

ニケーア公会議
(First Council of Nicaea)

325年、アナトリアのニケーア（現在のイズニーク）で開催された、キリスト教世界初の「公会議」。公会議とは、各地の教会代表者が一堂に会して教義や典礼、教会法などについて統一的見解を得るための会議であり、ニケーアでは787年にも公会議が開催されていることから、325年のものは「第1ニケーア公会議」とも呼ばれる。

当時アレクサンドリア司教区では、三位一体説を説く司教アレクサンドロス（?～328）と、イエスは神の被造物であって神そのものではないとする司祭アリウス（250/6～336）との見解が対立し、論争がキリスト教世界全体に広がる様相を呈していた。そこでローマ皇帝コンスタンティヌス1世（在位306～337）の命により、ニケーアで史上初めての公会議が開催されることとなった。

会議ではアレクサンドロスの秘書

アタナシウス（296頃〜373）が反アリウス派の論客として活躍し、最終的に「神の子は父なる神と同質である」とする一条を盛り込んだニケーア信条が採択された。アリウスらはこの信条への署名を拒んだため追放された。アタナシウスは328年にアレクサンドリア司教に就任するが、コンスタンティヌス1世自身はむしろアリウス派に傾倒していたため、アタナシウスはその後5回追放され、アリウス派もその後数十年にわたって勢力を維持した。

▶ アレクサンドリア、キリスト教

ニケーア帝国 (Empire of Nicaea)

1204年、第4回十字軍にコンスタンティノープルを占領された後、ビザンツ帝国皇帝アレクシオス3世アンゲロス（在位1195〜1203）の義理の息子テオドロス・ラスカリス（1174/5〜1221/2）がニケーアに逃げ延びて建てた王国。後にコンスタンティノープルを奪還してビザンツ帝国を再興する。

当時コンスタンティノープルには、十字軍の建てた「ラテン帝国」が建国されており、またビザンツ皇帝一族のアレクシオス（1182〜1222）はトレビゾンドに「トレビゾンド帝国」を建国していた。アナトリア西部での支配権を確立したテオドロスは、1208年に皇帝として即位するが、これに対しルーム・セルジューク朝に亡命していたアレクシオス3世は帝位を争い、両者は1211年マイアンドロス河畔で戦う。戦いはニケーア帝国が勝利し、以後アレクシオス3世は修道院に幽閉される。ラテン帝国には1211年10月15日、リンダコス河畔の戦いで敗れるが、ニュンファイオンの和約によりラテン帝国はアドラミュッティオンまでのアナトリア北西部を、そこからルーム・セルジューク領までをニケーア帝国が領有することとなった。しかし1214年、テオドロスはトレビゾンド帝国の領土を侵食し、シノペ西方、ヘラクレイア及びアマストリスを併合、黒海南岸にも地盤を築く。

テオドロスの後継者ヨハネス3世ヴァタツェス（在位1222〜1254）は、アナトリアをほぼ制圧し、1259年に共同皇帝となったミカエル8世パレオロゴス（在位1259〜1261）は、1261年にコンスタンティノープルを奪還し、同年ビザンツ帝国皇帝として即位した。

▶ アナトリア、十字軍、ビザンツ帝国、ラテン帝国、ルーム・セルジューク朝

ニザーム・アル・ムルク

(Nizam al-Mulk al-Hasan ibn Ali al-Tusi)

1018/19/20〜1092。セルジューク朝の宰相で、大幅な国内改革を行い、セルジューク朝最盛期を支えた。

ホラーサーン地方トゥースに生まれ、当初はガズナ朝に仕えていたが、後にセルジューク朝に移ると、アルプ・アルスラン（在位1063〜1072）の宰相に取り立てられる。アルプ・アルスラン死後も、18歳で即位したマリク・シャー（在位1072〜1092）の「アタベク」として絶大な権力をふる

い、中央や地方の行政組織を整備し、徴税機構を確立し、軍人に対しては村落の徴税権を報酬として与えるなどの諸改革を実施、さらに自らの名にちなんで「ニザーミーヤ学院」と呼ばれる官吏養成校を各地に建設した。「ニザール派(暗殺教団)」に対しては敵対し、1092年10月、イスファハーンからバグダッドへの途上ニザール派に暗殺された。史上最初のニザール派の犠牲者とも言われる。著書『統治の書』は、政治の理想と現実をわかりやすく説いた指南書で、ペルシャ語の散文としても評価されている。彼の子孫からは宰相8人が誕生している。

▶ イラン、ガズナ朝、セルジューク朝、ニザール派、バグダッド、マリク・シャー

ニザール派 (Nizari)

イスマイール派の分派で、ファーティマ朝第8代カリフ、ムスタンスィル(在位1036〜1094)の長子ニザール(1045〜1097)を「イマーム」として支持した一派。「暗殺教団」と呼ばれることもある。

イランのコムに生まれたハサン・アル・サッバーハ(1050年代〜1124)は、1090年にダイラム地方にあるアラムート要塞を奪取し、1094年にムスタンスィルが死去するとニザールがイマームであると主張し、自分はその代理人を称してニザール派を創始した。当初ニザールは「隠れイマーム」として「ガイバ」の状態にあるとされたが、後にはニザールの子孫がイマームとしてアラムートにいることとされた。

ハサンは指導者への絶対服従を要求する教義をまとめる一方、アラムートを中心に各地に山城を建設、他方「フィダーイー」と呼ばれる暗殺者を用いた暗殺などでセルジューク朝や十字軍に抵抗した。こうしたフィダーイーはハシーシュ(大麻)を使用していると信じられたことから、「ハシーシュ」が転じて英語の「assassin(暗殺者)」となった。12世紀にはアレッポ王リドワーン(在位1095〜1113)と結託してその施政に大きな影響力を持ち、またアイユーブ朝スルタン、サラーフッディーン(在位1169〜1193)をも脅かした。

しかし、第4代指導者ハサン2世が暗殺されると、その子ムハンマド2世は自らが「イマーム」であると宣言し、さらにその後継者ハサン3世はスンニー派の信仰に戻ろうとするなど、教義が混乱し、こうした中でフラグ率いるモンゴル帝国軍の攻撃を受け、1256年アラムートは陥落した。以後ニザール派イマームはイランに移り、カージャール朝より「アガ・ハーン」の称号を得て、代々アガ・ハーンを名乗るようになった。現在、アガ・ハーン4世(1936〜)はパキスタンに居住している。

▶ アイユーブ朝、イスマイール派、イマーム、イラン、隠れイマーム、カージャール朝、サラーフッディーン、十字軍、スルタン、スンニー派、セルジューク朝、ファーティマ朝、フラグ、モンゴル帝国

日章丸事件 (Nisshomaru affair)

イランにおいて、モサデク首相（1880〜1967）が主導した石油国有化時代、出光石油がイギリスの経済制裁の呼びかけに抗してイランの石油を買いつけ、タンカー日章丸を派遣した出来事。

モサデク首相の石油国有化政策に対し、イギリスは経済制裁を呼びかけ、1952年6月には、イタリアの石油会社にチャーターされてイランの原油を積み出したローズマリー号がアデンで拘束される事件も起きた。

しかし出光石油は1953年2月にイラン石油会社と石油買い付けで合意し、同年3月タンカー日章丸を出航させた。日章丸は4月にイランのアバダンに到着し、イラン側から非常な歓迎を受けた。

➡ イラン

ニハーヴァンドの戦い ➡ ササン朝

ヌ・ネ・ノ

ヌサイリー派 ➡ アラウィー派

ヌビア (Nubia)

エジプト南部からスーダン北部のナイル川流域を指す地名。

この地域では、紀元前2000年頃から、ケルマ王国が存在していたが、紀元前1520年、古代エジプト新王国第18王朝のトトメス1世（在位紀元前1526〜紀元前1513）に征服される。エジプトが引き上げた後、この地域に興ったクシュ王国は、紀元前767年に上エジプトに侵入、第25王朝を建てた。紀元前671年にアッシリアがエジプトに侵攻するとクシュ王国はエジプトから撤退し、その後本拠地をメロエに移したが、350年頃、この地域はエチオピアのアクスム王国の侵略を受け、以後バジュラーシュを首都としたノバティア、ドンゴラを首都としたムクリア、ソーバを首都としたアロディアの3つの王国に分裂した。これらの諸国はいずれもキリスト教を受容し、7世紀にはムクリアが強大となり、イスラム教徒アラブ人の南下を防いだが、14世紀にはこれも崩壊した。

19世紀になってヌビア地方は、エジプトのムハンマド・アリ（1769〜1849）のスーダン征服によりエジプト支配下に入る。1956年、エジプト共和国成立時にスーダンがエジプト・イギリスの共同支配から脱したことで、ヌビア地方もエジプトとスーダンに分断された。

➡ アクスム王国、アッシリア、アラブ人、イスラム教、エジプト、キリスト教、古代エジプト、スーダン、ナイル川、ムハンマド・アリ

ヌミディア (Numidia)

北アフリカ西部、「カルタゴ」と「マウレタニア」の中間地域の古名で、現在のアルジェリア東部に当たる。またそこにあった王国に対するローマ側の呼び名でもある。ギリシャ語では「ノマデス」で、英語の「nomad（遊牧民）」の語源となった。

北アフリカの半遊牧民については、紀元前4世紀末頃からギリシャ語史料に記されており、当時からその優れた騎馬技術で知られていた。紀元前3世紀頃になると、ヌミディアは東部の「マサエシュリ王国」と西部の「ムティギティ王国」に二分され、第二次ポエニ戦争においては東部の王ガイア（あるいはガラ）がハンニバルにヌミディア騎兵を提供し、彼らの活躍はハンニバル軍の進撃に大きく貢献した。

紀元前206年になると、西部の王シュファクス（？〜紀元前203/2）が東部を征服しヌミディアを一時統一する。しかし、ローマの武将スキピオ・アフリカヌス（紀元前236〜紀元前183）は、第二次ポエニ戦争を遂行するに際し東部王ガイアの子マシニッサ（紀元前238〜紀元前148）に協力し、紀元前204年にシュファクスを捕らえ、マシニッサがヌミディア全土の王となった。マシニッサはザマの会戦でもスキピオに協力し、その勝利に貢献した。

その後ヌミディアはマシニッサの下でカルタゴを圧迫するようになり、それが第三次ポエニ戦争の原因となってカルタゴは滅亡、マシニッサはカルタゴ領も取り込んで、その領土は西のマウレタニアから東端はリビア東部のキレナイカにまで達した。

紀元前112年、ヌミディアの兵士がローマ人を殺害したことが原因でヌミディア王ユグルタ（在位紀元前118〜紀元前106）とローマの間でユグルタ戦争が勃発、ローマはマウレタニア王ボックス1世（在位紀元前60頃〜紀元前46）の協力なども得てユグルタを捕らえたことから、ヌミディア西部はマウレタニアに支配された。さらに、紀元前49年ユリウス・カエサル（紀元前100〜紀元前44）とポンペイウス（紀元前106〜紀元前48）らの内戦が発生すると、当時のヌミディア王ユバ1世（在位紀元前60頃〜紀元前46）は元老院派を支持し、紀元前46年、メテッルス・スキピオ（紀元前100/98頃〜紀元前46）とともにタプススでカエサルと戦い、敗れて自殺、カエサルはヌミディアをローマ属州「アフリカ・ノヴァ」として併合した。

▶アフリカ、カエサル、カルタゴ、ハンニバル、ポエニ戦争、マウレタニア、リビア

ネブカドネザル2世
(Nebuchadnezzar)

？〜紀元前562。新バビロニア（カルデア）王。在位紀元前605〜紀元前562。ユダ王国を滅ぼして「バビロン捕囚」を行ったことで知られる。

新バビロニアの創始者ナボポラッサル（？〜紀元前605）の長男に生まれ、紀元前605年には自ら軍を指揮してカルケミシュの戦いでエジプト軍を破った。即位後は西方のシリア、パレスチナ、エジプト、アラブ人との戦争を続け、紀元前597年にはエルサレムを攻略して多くの捕虜をバビロンに連れ去った（第一次バビロン捕囚）。その後もバビロニア及びユダで反乱が相次いだため、紀元前586年にはさらに多くのユダヤ人をバビ

ロニアに連れ去った（第二次バビロン捕囚）。メディア人の妻アミティス（紀元前630頃～紀元前565）のため、バビロンの空中庭園を建造させたと言われ、『旧約聖書』の「ダニエル書」には、ネブカドネザルがそのおごりのため一時理性を奪われ、野の獣とともに暮らしたと述べられている。なお、イラクのサダム・フセイン元大統領（1937～2006）は、自らをネブカドネザル2世になぞらえていた。

▶ アラブ人、イラク、エジプト、エルサレム、シリア、新バビロニア、バビロニア、バビロン捕囚、パレスチナ、フセイン（サダム）、メディア

ノゥルーズ (nowruz)

イラン、アフガニスタン、クルド人等の祝日で、春分の日の祝い。イラン太陽暦では新年になる。ノゥルーズは「新しい日」を意味し、ゾロアスター教起源の祝祭であるが、現在のイラン・イスラム共和国でも伝統的な祝日となっている。

クルド語では「ネウロズ」となり、伝説ではクルド人の祖先カワが暴君デーハクを殺した日であり、またメディアがアッシリアを滅ぼした日ともされる。

イランにおいては、イラン暦最後の火曜日の夕方、灌木を燃やしてその上を飛び越える行事に始まり、イラン暦新年の13日目まで続く。またイラン独自の行事として、アラビア文字の「スィーン」で始まる名前のものを7つ集めて飾る習慣がある。

▶ アッシリア、アフガニスタン、イラン、クルド人、ゾロアスター教、メディア

[ハ]

バアス党 (Arab Bath Socialist Party)

ミシェル・アフラク（1910～1989）、サラーフ・アル・ディーン・アル・ビタール（1912～1980）らが1947年、シリアで結成した「アラブ・バアス社会主義党」の略称で、「バアス」とは本来「誕生」を意味するアラビア語であるが、ここでは「再生」の意味でも用いられている。

1947年の第1回党大会では党綱領が採択され、アフラク党首、ビタール書記長のもとに執行委員会が設立された。国境を越えた汎アラブ主義政党として民族指導部を党の最高位に、その下に各国支部たる地域指導部を置き、シリアのみならずイラク、ヨルダン、レバノン、バーレーンでもバアス党の活動が見られた。イラクでは1963年2月8日、シリアでも同年3月8日のクーデターで、それぞれのバアス党地域指導部が実権を握ったが、その後の内部対立の中で民族指導部の地位は形骸化し、実質的な権限は各国の地域指導部が握るようになった。イラクのバアス党政権は2003年のイラク戦争で崩壊し、現在バアス党が政権を維持しているのはシリアのみである。

▶ イラク、イラク戦争、シリア、バーレーン、ヨルダン、レバノン

バアル (Ba'al)

　古代の西アジア一帯で、セム語系諸民族によって崇拝された神の名。「バアル」は本来「主人」を意味し、特定の神でなく各地の主神に対して用いられた名とも言われる。『旧約聖書』でも、「列王記」その他で異教の神として言及され、古代イスラエル王アハブがバアルを崇拝したなどの記述がある。

　バアル信仰はフェニキア人の植民都市として始まったカルタゴにも伝播し、第二次ポエニ戦争時におけるカルタゴの名将ハンニバル(紀元前247～紀元前183/2)の名は「バアルに恵まれた者」を意味し、父ハミルカル・バルカ(紀元前275頃～紀元前229/8)はハンニバルをスペインに随行するに際しバアル神殿に連れて行き、生涯ローマを敵とすることを誓わせたという。ジュピター神殿で有名なレバノンのバールベックも語源は「ベカーのバアル」を意味する。

➡ イスラエル、カルタゴ、ハンニバル、フェニキア、ポエニ戦争、レバノン

バイバルス (Baybars)

　1223～1277。マムルーク朝第5代スルタン。在位1260～1277。マムルーク朝の国家体制を確立し、十字軍やモンゴル帝国との戦いを積極的に遂行した。マムルーク朝で最も傑出したスルタンと言われる。

　青年時から右目は白内障であったが、背の高い偉丈夫で、マムルークとして買い取られ、アイユーブ朝第7代スルタン、サーリフ(在位1240～1249)の親衛隊員として頭角を現す。1250年には、マムルーク部隊を指揮して第7回十字軍を撃退し、マムルーク朝樹立に当たっては、アイユーブ朝最後のスルタン、トゥーランシャー(在位1249～1250)殺害にも関与したと言われる。

　その後マムルーク朝スルタン、アイバク(在位1250～1257)と対立してダマスカスに逃れるが、1260年、第4代スルタン、クトゥズ(在位1259～1260)と和解してカイロに戻り、クトゥズとともにアイン・ジャールートの戦いでモンゴル軍を撃破する。その後エジプトへの帰路クトゥズを殺害、自らスルタンとなる。即位後はキプチャク・ハン国と結んでイル・ハン国や十字軍勢力との戦闘に邁進し、1268年5月には十字軍国家の1つアンティオキア公国を滅ぼした。

　17年の在位中38回の戦いを行い、その半分を自ら指揮した。領域内にあったニザール派の山城を1273年までにすべて占領し、国内では宿駅を整備し、伝書鳩と馬による駅伝制度を確立する一方、アッバース朝末裔のムスタンスィル2世(在位1261～1262)をカイロに出迎えてカリフとして遇し、スンニー派4法学派を公認するなど、宗教面でも体制を整えた。1277年7月、ダマスカスで死亡したが、死後は、彼を主人公とした『バイバルス武勇伝』も生まれた。

➡ アイユーブ朝、アッバース朝、イル・ハン国、カイロ、カリフ、十字軍、スルタン、スンニー派、ダマスカス、ニザール派、マムルーク朝、モンゴル帝国

ハーキム (al-Hakim bi-Amr Allah Abu Ali al-Mansur ibn Nizar)

985〜1021。ファーティマ朝第6代カリフ。在位996〜1021。夜間ロバで彷徨（ほうこう）するなど数々の奇行で知られ、ユダヤ・キリスト教徒に対する迫害や極端な規制を実施する一方、「ダール・アル・イルム（知恵の館）」を建設するなどして学芸を保護した。ドルーズ派はハーキムを「隠れイマーム」とみなす。

スラヴ系キリスト教徒を母として生まれる。11歳で即位すると、キリスト教徒やユダヤ教徒に対し、一目で見分けられるよう特別な服装を強要し、また彼らが馬に乗ったりイスラム教奴隷を売買したりすることを禁じた。市民に対しては厳しい禁酒措置を導入し、モルヘイヤなど特定の食品の禁止、女風呂の禁止、一切の歌舞音曲の禁止など多くの規制を課し、違反者は厳しく罰した。さらに1009年にはエルサレムの聖墳墓教会を破壊した。

一方、1005年にはイスマイール派教義の普及と学術の奨励を目的として「ダール・アル・イルム」を建設、アリ・イブン・ユーヌス（950頃〜1009）やアル・ハサン・イブン・アル・ハイサム（965〜1040）など内外の学者を優遇した。また、自ら天文観測を行うこともあったという。

1021年2月13日の夜、従者たちを残して東の砂漠に向かったまま姿を消した。実姉シット・ムルクが何者かと共謀して殺害したとの説もあるが、見つかったのは衣服のみで死体は発見されなかった。そのためこれを「ガイバ」であるとする者たちが現れ、後のドルーズ派に発展した。

▶ イスマイール派、イスラム教、エルサレム、隠れイマーム、カリフ、キリスト教、ドルーズ派、ファーティマ朝、ユダヤ教

白色革命 ▶ イラン・イスラム革命

バグダッド (Bagdad)

イラク共和国の首都。アッバース朝第2代カリフ、マンスール（在位754〜775）が新首都としてティグリス川西岸に建設した。工事開始の日時は西洋占星術によって決定され、762年7月30日に着工、764年に完成した。当時のバグダッドは三重の壁に囲まれた直径約2.3kmの円形都市で、中心部に王宮があり、「マディーナ・アル・サラーム（平安の都）」と名づけられた。

しかし、その後ティグリス川東岸にもいくつか王宮が作られるようになったことや、アミーン（在位809〜813）とマアムーン（在位813〜833）のカリフ位争いで円形都市が荒廃したことから、市の中心はティグリス川東岸に移った。

第7代カリフに即位したマアムーンは、バグダッドの復興にも努め、人口150万人の大都市となった。しかし10世紀頃からアッバース朝の国力が低下すると、しばしば戦乱に巻き込まれ、さらにファーティマ朝が建設したカイロに政治的・経済的中心の座を奪われ、また1258年モンゴル軍にカリフが殺害されたことで衰

退を続け、オスマン帝国時代には一地方都市となった。第一次世界大戦後はイラク王国、次いでイラク共和国の首都となって繁栄を取り戻している。

▶ アッバース朝、イラク、オスマン帝国、カイロ、カリフ、ファーティマ朝、モンゴル帝国

バクトリア (Bactria)

イラン北東部から現在のアフガニスタン、タジキスタン、ウズベキスタン、トルクメニスタンの一部を含む地域の名称であり、またこの地域にあった王国の名でもある。

この地域には紀元前8世紀からイラン系の民族が住んでいたが、紀元前6世紀にはアケメネス朝キュロス2世（在位紀元前550〜紀元前529）に征服された。バクトリアはゾロアスターの出身地とも言われ、アケメネス朝時代にはゾロアスター教の中心地の1つとして栄えたが、アレクサンドロス帝国に支配された後セレウコス朝の領土となる。しかし紀元前256年、バクトリア太守のディオドトス（在位紀元前256〜紀元前240）が独立し、首都をバルフとする「グレコ・バクトリア王国」を建てた。王国は一時はインド西北部にも領土を拡張したが、その後パルティアとの抗争が続き、紀元前130年までに大月氏に滅ぼされた。その後この地域はクシャン朝、遊牧民エフタル、ササン朝の支配を経て、イスラム教徒アラブ人に征服された。

▶ アケメネス朝、アフガニスタン、アラブ人、イスラム教、イラン、ササン朝、セレウコス朝、ゾロアスター教、パルティア

白羊朝 ▶ アクコユンル

ハザラ人 (Hazara)

アフガニスタン中央部、「ハザラジャート」と呼ばれる山岳地帯を中心に居住する中東の少数民族。アフガニスタンでは人口の約6％を占める。人種的にはモンゴロイドで、「ハザラギー」と呼ばれる独自の言語を持つ。その大部分はサファヴィー朝下で12イマーム派に改宗した。「ハザール」という言葉が「1,000」を意味するため、千騎を単位に軍団を編成したチンギス・ハン（1162頃〜1227）の兵士の子孫とも言われる。

ハザラジャートは周囲から隔絶されていたこともあり、ハザラ人は実質的に独立状態を維持していたが、1893年、ドゥラーニ朝のアブドッラフマーン・ハーン（在位1880〜1901）に征服され、以来アフガニスタンの一部となっている。

▶ アフガニスタン、サファヴィー朝、12イマーム派

ハサン (Abu Muhammad al-Hasan ibn Ali ibn Abi Talib)

625頃〜670頃。第4代正統カリフ、アリ（在位656〜661）と預言者ムハンマド（570頃〜632）の娘ファーティマ（？〜633）との長子でフセイン（626〜680）の兄。シーア派では第2代イマーム。

661年、父アリの暗殺を受け、一時カリフに即位した。当初はシリアの

ムアーウィヤ（？〜680）と戦う姿勢を見せたが数ヶ月後に和解し、年金と引き換えにカリフ位を放棄した。その後マディーナに隠棲し、安逸（あんいつ）な生活を送ったと言われる。

「サイイド」の中でも、ハサンの子孫の系統は「ハサニー」と呼ばれている。

➡ アリ、イマーム、カリフ、サイイド、シーア派、シリア、フセイン、マディーナ、ムアーウィヤ、ムハンマド

ハサン・サッバーハ ➡ ニザール派

ハーシム家 ➡ ムハンマド

パシュトゥーン人（Pashtuns）

あるいは「アフガン人」。アフガニスタン、パキスタン等に居住する民族で、「ギルザイ系」と「ドゥラーニ（アブダリ）系」に大別される。アフガニスタンでは人口の約40％を占める。彼らの言語「パシュトゥー語」は、インド・ヨーロッパ語族であるが、パシュトゥーン人自身は預言者ムハンマド（570頃〜632）の教友カイスの子孫を自称している。

ギルザイ系とドゥラーニ系は、16世紀にカンダハルをめぐる土地争いを行っており、1709年にはカンダハルのギルザイ族長ミール・ワイス（1673〜1715）がサファヴィー朝支配に反乱を起こし、1722年にはその子ミール・マフムード（1697？〜1725）がその王位を奪い、サファヴィー朝滅亡の一因をもたらした。

ドゥラーニ系のアフマド・シャー（1722？〜1773）は、一時アフガニスタンを支配したアフシャール朝のナーディル・シャー・アフシャール（1688〜1747）に従っていたが、1747年、ナーディル・シャー死後王に選ばれる。アフマド・シャーはすべてのパシュトゥーン部族を糾合（きゅうごう）し、パキスタンの大半を支配した上、1761年までにはデリーとカシミールも手中にして最初のアフガン帝国を築いた。以後ドゥラーニ朝がアフガニスタンを支配するが、1893年にイギリスが引いたデュランド・ラインにより、パシュトゥーン人はアフガニスタンとパキスタンに分離されて現在に至る。

➡ アフガニスタン、教友、サファヴィー朝、ナーディル・シャー・アフシャール、ムハンマド

バスマラ ➡ ファーティハ

ハスモン王国（Hasmonean dynasty）

紀元前140〜紀元前37。エルサレム神殿祭司を務めていたハスモン家が、「マカビ反乱」を経てパレスチナに樹立したユダヤ人国家。最盛期にはソロモン王時代の古代イスラエルに匹敵する領土を支配した。

紀元前167年、セレウコス朝アンティオコス4世エピファネス（在位紀元前175〜紀元前164）がエルサレム神殿において異教の神への供犠（くぎ）を行ったことから、マカビ反乱と呼ばれるユダヤ人の反乱が発生、最終的にセレウコス朝を撃退した。紀元前140年、反乱を指導したハスモン家のシモン（？〜紀元前135）が大祭司兼

民族支配者として承認され、この地位は、真のメシアが現れるまでハスモン家が世襲することとなった。

ハスモン王国は、アレクサンドロス・ヤンナイオス(在位紀元前103～紀元前76)時代に最大の領土を獲得するが、彼が王の称号を用いるようになったため民衆の反乱も生じた。アレクサンドロス・ヤンナイオス死後は妻サロメ・アレクサンドラ（在位紀元前76～紀元前67）が女王となるが、その2人の息子アリストブロス2世（在位紀元前67～紀元前63）とヨハネ・ヒルカノス2世（？～紀元前30）の後継争いが生じ、共和制ローマのグナエウス・ポンペイウス（紀元前106～紀元前48）の介入を受けて、紀元前63年にヒルカノス2世が即位した。しかし紀元前40年、アリストブロス2世の遺児アンティゴノス（？～紀元前37）がパルティアの支援を得て王位を回復するという混乱の中、紀元前37年には、ヒルカノスの下でガリラヤ知事に任じられていたヘロデ（紀元前74/3～紀元前4）がローマの後ろ盾を得て自らユダヤ王となり、ハスモン王国は滅亡した。

➡ イスラエル、エルサレム、セレウコス朝、ソロモン、パルティア、パレスチナ、ヘロデ

ハッジ (hajj)

マッカのカアバ神殿への巡礼のうち、ヒジュラ暦12月に当たる「ズー・アル・ヒッジャ」月8日から10日の時期に行われるものを呼ぶ。「大巡礼」と訳されることもある。他の時期に行われる巡礼は「ウムラ（小巡礼）」と呼んで区別する。

イスラム教においては、信者が行うべき五行の1つとなっているが、実際には実行できる体力と財力のある者だけが行えばよく、ハッジを行った人物は「ハージジ」という称号を付けて呼ばれる。

ハッジにおいて、すべての巡礼者はマッカに近づくと身を浄め、「イフラーム」と呼ばれる巡礼用の衣装に着替え、黒石のはめ込まれている角を出発点としてカアバ神殿を7周回る「タワーフ」、サファーとマルワの丘の間を3往復半する「サアイ」など定められた行事を行い、10日の「イード・アル・アドハー（犠牲祭）」の後、巡礼者は鬚を剃り、髪を切る。

➡ イスラム教、イード、カアバ神殿、巡礼、ヒジュラ、マッカ、ラマダン、六信五行

バッターニー (アブ・アブドゥッラー・ムハンマド・イブン・ジャービル・アル・バッターニー、Abu Abd Allah Muhammad ibn Jabir al-Battani al-Harrani al-Sabi)

858頃～929。イスラム圏最大の天文学者とも言われ、ヨーロッパでは「アルバテニウス」、あるいは「アルバテグニウス」として知られる。

現在のトルコ南東部に当たるハッラーンで、シリアの王族に生まれる。一生の大半をユーフラテス河畔のラッカで過ごし、877/8年以来天文観測を行った。プトレマイオス（85頃～165頃）の『テトラビブロス』を研究した結果、同書に述べられた星の位置が実際と食い違っていることを発

見して補正し、太陽と月の見かけの大きさの変化から金環蝕が生じる可能性にも言及した。三角関数にも造詣が深く、球面三角法の基本関係を明らかにした。929年サーマッラーで死去。その著書はラテン語に訳され、16世紀のコペルニクス（1473〜1543）やティコ・ブラーエ（1546〜1601）にも影響を与えた。ほかに西洋占星術に関する著作も知られる。

➡ シリア、トルコ、バグダッド

ハディージャ
(Khadija bint Khuwaylid)

555〜619。預言者ムハンマド（570頃〜632）の最初の妻。ハディージャにとっては3回目の結婚で、当時25歳のムハンマドより15歳年上だった。

クライシュ族アサド家出身で、前夫と死に別れた後、交易を営んでいた。ムハンマドは彼女に雇われてシリアと交易する隊商を指揮し、その際ムハンマドの人柄を見込んだハディージャの方が結婚を申し入れたと言われる。夫婦仲は良好で、2男4女が生まれたが男児はいずれも夭折した。

ムハンマドがヒラー山の洞窟で啓示を受けたときには最初の信者となり、その後もマッカで迫害されたムハンマドを支え続けた。彼女の死は、ムハンマドがマディーナへのヒジュラを決意する一因ともなったという。ハディージャは、死後「信徒の母」とも呼ばれるようになり、現代でもイスラム教徒にとって理想の信徒であり理想の女性とされる。

➡ イスラム教、クライシュ族、シリア、ヒジュラ、マッカ、マディーナ、ムハンマド

ハディース (Hadith)

「伝承」を意味するアラビア語で、イスラム教においては預言者ムハンマド（570頃〜632）の言行（スンナ）に関する伝承を意味する。

632年、預言者ムハンマドが他界したことで、イスラム共同体は生活の指針たるアッラーからの啓示を得られなくなった。そこで信者たちは、預言者の生前の言動にその指針を求めようとした。ハディースは、預言者がどのような言動を行ったかという内容と同時に、それが誰を通じて伝えられたかという経路（イスナード）をも含めたもので、その蒐集を公式に命じたのはウマイヤ朝第8代カリフ、ウマル2世（在位717〜720）と言われる。その結果何種類かのハディース集が編纂され、スンニー派ではブハーリーの『アル・サヒーフ』をはじめ6つの伝承集がもっとも権威あるものとされる。

➡ アッラー、アラビア語、イスラム教、ウマイヤ朝、カリフ、スンナ、スンニー派、ムハンマド

ハディル ➡ ヒドル

ハトシェプスト (Hatshepsut)

古代エジプト新王国第18王朝の女王。在位紀元前1479〜紀元前1458頃。

トトメス1世（在位紀元前1506〜紀元前1493）の娘として生まれる。夫

トトメス2世（在位紀元前1493〜紀元前1479）死去後、トトメス2世の庶子トトメス3世（紀元前1479〜紀元前1425）が後継ファラオとして即位するが、幼少であったためハトシェプストが自らファラオを称してトトメス3世と共同統治を行った。共同統治は20年以上続いたが、実際にはハトシェプストが実権を握っていた。その治世中プント（現在のスーダン、あるいはソマリア）遠征を行ったことで名高い。ルクソールにはその葬祭殿が残る。

治世22年頃トトメス3世が単独で王位に就くと、神殿などのハトシェプスト女王の図像や名前を消して記録の抹消を図った。2007年には、1903年にルクソールで発見された女性のミイラがハトシェプストであることが確認された。

▶ 古代エジプト、スーダン、ファラオ

バドルの戦い (Battle of Badr)

624年3月中旬に行われたムハンマド（570頃〜632）軍とマッカ軍の最初の大規模な戦い。この戦いでの勝利により、ムハンマドはマディーナにおける地位を確立した。

624年3月、マッカの隊商がシリアから帰還するとの報に接したムハンマドは、この隊商を略奪すべく300名程度の部隊を編成した。マッカのアブ・ジャフル（?〜624）はこれを知って急遽950名の軍を率い援護に向かった。隊商は迂回路をたどったため無事であったが、両軍はマディーナ南西のバドル付近で対峙し、ムハンマド軍はバドルの水場を占拠した。

当時の習慣に従い、戦いに先立って双方からそれぞれ3人が選ばれて決闘を行ったが、ムハンマド軍の2人が相手を切り殺し、最後の1人は引き分けた。戦い自体もムハンマド軍が勝利し、マッカ側は指揮官アブ・ジャフルも含め70人の死者を出した。後世になると、天使がムハンマド軍に加勢したとの伝説も生まれた。

▶ シリア、マッカ、マディーナ、ムハンマド

バハイ教 (Bahaism, Bahai Faith)

バーブ教から派生した宗教で、現在はイスラエルのハイファに本拠地を置き、世界中に約500万人の信者を持つ。

1848年の武装蜂起の後、多くのバーブ教徒がホセイン・アリ（1817〜1892）に従い、ホセイン・アリは1863年、追放先のバグダッドで自らセイエッド・アリ・モハンマド（1819〜1850）が予言した神の預言者であると宣言、「バハーウッラー」と名乗ってバハイ教を創始した。バハイ教はイスラム教だけでなく、キリスト教やゾロアスター教など、それまでのすべての宗教を統合するものとされ、バハーウッラーの『至聖の書』が『クルアーン』や『バヤーン』に代わる聖典とされた。

オスマン帝国は1868年、バハーウッラーをパレスチナのアッコへ追放したが、その後布教を許され、バハーウッラーの長男アブドル・バハー

アブドル・バハー

(1844〜1920)の時代に世界に広まった。日本では、戦前に大本教と提携して活動していたことがある。

➡ イスラエル、オスマン帝国、キリスト教、クルアーン、ゾロアスター教、バーブ教、パレスチナ

バビロニア (Babylonia)

古代メソポタミアにおいて、「シュメール」と「アッカド」を合わせた地域の呼び名。またこの地域に成立した王朝のこと。

バビロン第1王朝は紀元前1894年頃、バビロンを占領したアムル人スムアブム王（在位紀元前1894〜紀元前1881）が建て、第6代ハンムラビ王（在位紀元前1792〜紀元前1750頃）は紀元前1755年にメソポタミアを統一した。ハンムラビは『旧約聖書』の「創世記」第14章では「アムラベル」と呼ばれ、282条のハンムラビ法典を整理したことで知られる。しかしハンムラビ死後カッシート人の侵入があり、各地でも反乱が相次ぎ、ペルシャ湾沿岸地域には海の国（バビロン第2王朝）が成立するなど国土は分裂し、紀元前1600年頃、第11代サムスディタナ時代にヒッタイト王ムルシリ1世（在位紀元前1620〜紀元前1590頃）により滅ぼされた。

その後バビロニアではカッシート人のバビロン第3王朝やイシン第2王朝（バビロン第4王朝）が成立するが、アラム人の侵入によってバビロンなどバビロニア地方の主要都市が攻撃され、いわゆる暗黒時代に入る。

➡ アッカド、アラム人、シュメール、ヒッタイト、ペルシャ湾、メソポタミア

バビロン捕囚 (Babylonian captivity)

紀元前586年、新バビロニア王ネブカドネザル2世（在位紀元前605〜紀元前562）が、ユダ王国を滅ぼした際、住民多数をバビロンに連行した事件のこと。

この事件については『旧約聖書』の「エゼキエル書」などにも記されており、バビロンではユダ族が中心となって民族の団結を図ったため、この頃から民族名として「ユダヤ人」と呼ばれるようになった。バビロンでの生活は、ユダヤ暦における月名など、現代のユダヤ教にも多くの影響を残している。

紀元前539年、新バビロニアを滅ぼしたアケメネス朝のキュロス2世（在位紀元前559〜紀元前530）はユダヤ人のパレスチナへの帰還を認め、捕囚は終了した。

➡ アケメネス朝、新バビロニア、ネブカドネザル2世、バビロニア、パレスチナ、ユダヤ教

バーブ教 (Babism)

イランの商人セイエード・アリ・モハンマド（1819〜1850）が創始した宗教。「バーブ」とは本来「門」の意味であるが、転じて「隠れイマーム」と通信できる代理人のこととして用いられた。1844年、アリ・モハンマドは自らを「バーブ」であると宣言、イマームの再臨が近いと説いたが、当時のカージャール朝は1847年に彼を逮捕し、アゼルバイジャン西部に幽閉した。しかし、幽閉中アリ・モハンマドは、彼自身がイマームであり「マフディー」であると宣言し、イスラム法廃止を宣言、『クルアーン』に代わるものとして『バヤーン』を提示し、新しい暦や祈りの対象を定めた。

彼の信徒は1848年から各地で相次いで武装蜂起するが鎮圧され、アリ・モハンマドも1850年に処刑された。さらに1852年には、バーブ教徒が当時の国王ナーセロッディーン・シャー（在位1848〜1896）暗殺を試みたため激しい弾圧・処刑を受け、イラン国内ではほぼ壊滅した。残った信徒の多くはオスマン帝国に逃れ、この集団からバハイ教が生まれた。

➡ アゼルバイジャン、イスラム法、イマーム、イラン、オスマン帝国、隠れイマーム、カージャール朝、クルアーン、バハイ教、マフディー

パフラヴィー朝 (Pahlavi dynasty)

1925〜1979。レザー・シャー・パフラヴィー（1878〜1944）が1925年に創始したイランの王朝。

カージャール朝時代、コサック部隊隊長を務めていたレザー・ハーン大佐は1921年にクーデターを起こして政権を握り、さらに1925年にはレザー・シャー・パフラヴィー（在位1925〜1941）としてパフラヴィー朝を開いた。

レザー・シャーは、イランで初めて国家規模の徴兵制を施行、帝政ロシアやイギリスとの不平等条約を破棄し、国名もそれまでのペルシャからアーリア人の国を意味するイランに変更した。しかし第二次世界大戦中の1941年8月、イギリスとソ連はイラン国内のドイツ人駆逐を名目に軍を進駐させ、レザー・シャーは廃位された。

息子の第2代国王モハンマド・レザー・シャー（在位1941〜1979）時代には、首相に就任したモハンマド・モサデク（1880〜1967）が1951年に石油国有化を行った。しかし、アメリカとイギリスは増大するモサデクの影響力を危惧し、国王モハンマド・レザー・シャーを取り込んでモサデクに対するクーデターを決行させた。以後国王はアメリカの支援で軍事力強化と近代化に努め、イランは一時「ペルシャ湾の憲兵」とも呼ばれた。しかし国内的には秘密警察「サヴァク」等を用いた独裁体制を強め、1979年のイラン・イスラム革命により国王は国外脱出、パフラヴィー朝は2代で倒れた。

➡ イラン、イラン・イスラム革命、カージャール朝、第二次世界大戦中の中東、ペルシャ

バーブル (Babur)

1483〜1530。ティムール帝国の王族で、インドのムガール帝国創始者。本名ザヒール・アル・ディーン・ムハンマド・バーブル。

中央アジアのフェルガナに生まれ、何度かサマルカンドを占領したが最終的に敗退する。1504年、カブールを征服し、その後カンダハルを占領、1526年には、パーニーパットの戦いでインドのローディー朝軍を破りムガール帝国を創設した。

いち早く大砲を導入するなど進取性に富む武人として戦場で活躍したほか、回想録『バーブル・ナーマ』はトルコ語散文学史上の傑作の1つと言われる。ほかに詩集や韻律論、イスラム法学解説などの著作もある。

➡ イスラム法、ティムール帝国

バベルの塔 (Tower of Babel)

バビロニアの平野に建てられたという伝説の塔のこと。

『旧約聖書』の「創世記」第11章によれば、ノアの子孫は大洪水の後、バビロニアのシンアルに天まで届く塔を建てようとしたが、神はこれを怒り、人間の言葉が互いに通じなくなるようにしたため、建設は中断された。「バベル」の語源はアッカド語の「バブ・イル（神の門）」でバベルの塔のモデルとなったのは、新バビロニアのネブカドネザル2世（在位紀元前605〜紀元前562）時代に建てられた高さ90mの塔とされる。

➡ アッカド、ネブカドネザル2世、バビロニア

ハマス (Hamas)

パレスチナのイスラム原理主義組織。より正確には「ハマース」で、正式名称である「イスラム抵抗運動」の略語。またアラビア語で「情熱」も意味する。

1987年12月、ヨルダン川西岸及びガザ地区で第一次インティファーダが始まった直後、ムスリム同胞団の武装組織としてアフマド・ヤスィーン（1934/5〜2004）らが創設した。インティファーダの際はパレスチナ解放機構（PLO）とは別の独自の活動を行い、ガザ地区を拠点に広範囲の支持を得た。1990年代にはPLOに次ぐ政治組織となったが、パレスチナ全土の武装闘争による解放を主張していたため、1993年のオスロ合意による和平プロセスからは排除された。軍事部門として、1930年代のイスラム運動指導者の名にちなんだ「イッズ・アル・ディーン・カッサーム部隊」を持つ一方、配下に慈善組織も有する。

2006年1月のパレスチナ評議会選挙ではハマスが勝利し、一時ファタハと連立内閣を組閣したが翌年崩壊した。しかしハマスは、その後もガザ地区を実効的に支配し、2008年1月よりガザ地区からイスラエルに対するロケット弾攻撃を実施したため、イスラエルの報復を招いた。

➡ アラビア語、イスラエル、イスラム原理主義、インティファーダ、ガザ地区、パレスチナ、パレスチナ解放機構（PLO）、ヨルダン川西岸

ハラム (haram)

　原義は「禁じる」という意味のアラビア語であるが、転じて聖地を意味する言葉として用いられる。イスラム教ではマッカとマディーナが2大聖地とされ、この場所には非イスラム教徒が足を踏み入れてはならない。また狩猟や自然の草木の伐採も禁じられる。

　ハディースによれば、アブラハム（アラビア語ではイブラヒーム）がマッカをハラムとし、預言者ムハンマド（570頃〜632）がマディーナをハラムと宣言した。この2大聖地を擁するサウジアラビア国王は「ハーディム・アル・ハラマイニ・アル・シャリーファイニ（2大聖地の守護者）」という称号を用いている。

→ アブラハム、アラビア語、イスラム教、サウジアラビア、ハディース、マッカ、マディーナ、ムハンマド

ハラール食品 →コシェル食品

ハーリド・イブン・アル・ワリード
(Khalid ibn al-Walid)

　?〜641/2。「アラブの大征服」時代の武将。その天才的な軍事指揮で知られ、「神の剣」という異名を得た。現代でもアラブ世界で尊敬される武人の1人。

　クライシュ族マフズーム家当主であったワリード・イブン・アル・ムギラの子に生まれる。マフズーム家は戦闘に秀でた一族として知られ、ハーリドもクライシュ族きっての戦士で格闘家として知られた。預言者ムハンマド（570頃〜632）のマディーナ時代にはマッカ軍の武将として活躍し、625/6年の「ウフドの戦い」では騎馬隊を率いてマッカ軍の勝利に貢献したが、627年の「塹壕の戦い」では、ムハンマド軍の塹壕のため得意の騎馬戦術を活用できず、「フダイビーヤの和約」後、629年3月31日にマディーナに赴いて入信したと言われている。

　629年、ムハンマドがガッサーン朝討伐軍を送った際、指揮官ザイド・イブン・ハリサーン(588頃〜629)と2人の副官がともに殺害されたためハーリドが指揮をとり、ムウタの戦いでは3,000人の軍で2万とも言われるガッサーン朝軍に勝利した。このときハーリド自身も剣9本を折って奮戦し、以後「神の剣」と呼ばれるようになった。

　ムハンマド死後の「リッダ戦争」では、初代正統カリフ、アブ・バクル（在位632〜634）にアラビア半島中央部の平定を委ねられ、サリーム族との「ナクラの戦い」、マリク・イブン・ヌワイラ（?〜632）率いるタミーム族の制圧、さらに偽預言者ムサイリマ（?〜632）の討伐を行い、アラビア半島の再統一に重要な役割を果たした。

　633年にはバニ・シャイバン族長アル・ムサンナ・イブン・ハーリサの要請でイラク南部に派遣され、ヒッラ及びユーフラテス川下流域の諸都市を征服、634年にはシリア方面に転戦し、636年の「ヤルムークの戦い」でも騎兵部隊を指揮してビザンツ帝

国軍に決定的な勝利を収めた。しかし第2代正統カリフ、ウマル（在位634〜644）に解任され、ホムスで没した。

🔸 アブ・バクル、アラビア半島、アラブの大征服、イラク、ウフドの戦い、ウマル・イブン・アル・ハッターブ、ガッサーン朝、カリフ、クライシュ族、塹壕の戦い、シリア、ビザンツ帝国、フダイビーヤの和約、マッカ、マディーナ、ムハンマド、ヤルムークの戦い、リッダ戦争

ハリーファ　🔸 カリフ

バル・コクバの乱 (Bar Kokhba revolt)

ローマ帝国支配下のパレスチナで、シメオン・バル・コクバ（？〜135）に率いられて発生したユダヤ人反乱。「第二次ユダヤ戦争」とも呼ぶ。

ローマ皇帝ハドリアヌス（在位117〜138）がエルサレムを「アエリア・カピトリーナ」に改称し、エルサレム神殿跡地にジュピター神殿を建てようとしていることを知ったユダヤ属州のユダヤ人は132年、シメオン・バル・コクバ（本名はシメオン・バル・コシェバ）を指導者として一斉に蜂起した。バル・コクバは自らをメシアと宣言し、当初エルサレムを含むパレスチナの相当部分を支配下に収めるが、135年に戦死、反乱は鎮圧された。

廃墟となったエルサレムには新都市アエリア・カピトリーナが建設され、生き残ったユダヤ人は奴隷として国外に売り飛ばされた。また属州ユダヤは、「シリア・パレスチナ」と改名された。

🔸 エルサレム、パレスチナ

パルティア (Parthia)

紀元前247頃〜紀元後224。「アルサケス朝」とも呼ぶ。アナトリア東部から中央アジアにかけての領域を支配した古代国家。中国の史書では「安息」と音訳されている。

紀元前247頃、遊牧民パルニ氏族を率いたアルケサス1世（在位紀元前247頃〜紀元前211頃）が建国した。その後ミトリダテス1世（在位紀元前171〜紀元前138）はクテシフォンに都を定め、メディア地方やバビロニアを征服、インド北西部まで支配した。

西方では、国境を接していたセレウコス朝、その滅亡後はローマと抗争を続けるが、3世紀初頭になると内紛が続き、224年、ササン朝のアルダシール1世（在位226〜240）に滅ぼされる。

🔸 ササン朝、セレウコス朝、バビロニア、メディア

バルバロス・ハイレッディン・パシャ (Khayr al-Din Pasha Barbarossa)

1475〜1546。本名フズル。16世紀前半に地中海で活動した海賊で、北アフリカ沿岸を征服し、後にオスマン艦隊司令官となった。

地中海のレスボス島に生まれ、当初はエーゲ海を中心に商取引に従事していたが、その後チュニジア南部のジェルバ島を本拠に海賊活動を開始した。現在のアルジェリア沿岸部

を支配下に置き、北アフリカ中西部をめぐってスペインなどのヨーロッパ人勢力やハフス朝などと争った。1518年、スペインとの戦闘で兄ウルージ（1474〜1518）が戦死すると、1520年、オスマン帝国スルタン、セリム1世（在位1512〜1520）にその支配地域を献上し、その後、海軍司令官に任ぜられる。1538年のプレヴェザの海戦ではキリスト教徒海軍に勝利し、オスマン帝国の海上支配確立に貢献した。

▶ アフリカ、アルジェリア、オスマン帝国、スルタン、セリム1世、チュニジア、プレヴェザの海戦

バルフォア宣言 (Balfour Declaration)

イギリスのアーサー・バルフォア外相（1848〜1930）が、パレスチナにユダヤ人国家を作ることに同意したとされる書簡のこと。

この書簡は1917年11月2日、イギリスのユダヤ人コミュニティを代表していたライオネル・ウォルター・ロスチャイルド（1868〜1937）に宛てたもので、「イギリス政府は、パレスチナにユダヤ人のための民族郷土を建設することに賛成し、この目的の達成を容易にするため、最善の努力を払うものである。ただし、パレスチナに現住する非ユダヤ人民の市民的、宗教的権利、及び他の諸国におけるユダヤ人の享受する諸権利と政治的地位が損なわれるようなことは為されない旨、明確に了解される」と記されている。

この内容は、イギリスがパレスチナを独立アラブ王国の一部とすると約束した「フセイン・マクマホン書簡」、エルサレムなどパレスチナ中部を英仏露による国際共同管理とした「サイクス・ピコ条約」と抵触するものとされている。

▶ エルサレム、サイクス・ピコ条約、フセイン・マクマホン書簡

パルミュラ (Palmyra)

現在のシリア中央部にあった古代の都市国家。日本では「パルミラ」と表記されることもある。セム系の言語では「タドモル」。

その起源については、古代イスラエルのソロモン王がジンに建設させたとの伝説もある。歴史上は、カッパドキアで発見された紀元前19世紀頃のアッシリアの粘土板に「タドモル」という名称が確認されている。

砂漠を横断する隊商路のオアシス都市であり、シルクロードの交易中継拠点となって栄えた。当初はパルティアとローマ帝国の緩衝地帯として独立していたが、17年頃にはローマ帝国に編入された。260年頃、ローマ皇帝ヴァレリアヌス（在位253〜260頃）がササン朝に捕らえられた際には、パルミュラの首長オダイナト（？〜267）らがササン朝をシリアから撃退した。262年、その功績によりオダイナトはローマ帝国東方諸州の総督に任ぜられる。オダイナトが267年に暗殺されると、その王妃であったゼノビア（？〜273？）は息子ワハバッラート（？〜273？）を王とし、自

らは摂政となってローマ帝国からの独立を宣言、一時はアナトリアやエジプトまでも支配した。しかし273年に撃退され、パルミュラも破壊され、ゼノビアは捕らえられた。

➡ アナトリア、イスラエル、エジプト、ササン朝、シリア、ジン、ゼノビア、ソロモン、パルティア

ハールーン・アル・ラシード
(Harun al-Rashid ibn Muhammad ibn Abd Allah al-Abbasi)

766/3〜809。アッバース朝第5代カリフ。在位786〜809。

父である第4代カリフ、マフディー（在位775〜786）の時代から、アッバース朝西方領域の支配を任されていたが、即位後はバルマク家出身の宰相ヤヒヤ・イブン・ハーリド（？〜806）に施政を委ねていた。一方、797年には自らビザンツ帝国に最初の遠征を行っている。

803年になると、ハールーン・アル・ラシードはヤヒヤを監禁し、バルマク家の多くを処刑して一族の財産を没収した。以後はハールーン自らが親政を行い、ビザンツ帝国にもさらに2回の遠征を行うなど、アッバース朝カリフの権威を高めたが、その治世の末期には地方で反乱が相次ぐようになり、ホラーサーンの反乱鎮圧に向かう途中で死亡した。『アラビアン・ナイト』には、ハールーン・アル・ラシードや王妃ズバイダ（768〜823？）が登場する物語がいくつも収録されている。

➡ アッバース朝、アラビアン・ナイト、カリフ、ビザンツ帝国

パレスチナ (Palestine)

エルサレムを含む地中海東海岸地域の名称。現在パレスチナと呼ばれる地域は、第一次世界大戦後イギリスの委任統治領パレスチナとして区画された領域で、イスラエルとパレスチナ自治区（ヨルダン川西岸及びガザ地区）が含まれる。

パレスチナという名称は、『旧約聖書』に登場するペリシテ人に由来するもので、135年の「バル・コクバの乱」鎮圧後、ローマ皇帝ハドリアヌス（在位117〜138）がそれまでの属州「ユダヤ」を「シリア・パレスチナ」に改めて以来用いられている。

パレスチナには、古代からカナン人、アモリ人、ヒッタイト人、モアブ人、アンモン人、エドム人といった様々な人種の居住が確認されており、紀元前11世紀には古代イスラエル王国が建国された。その後はアッシリアや新バビロニア、アケメネス朝、アレクサンドロス帝国に支配され、ハスモン王国とヘロデ王朝の支配を経て、34年にローマ帝国属領となる。

以後は歴史的シリアと一体化した歴史を歩むが、一時は十字軍の建てたエルサレム王国がこの地域を支配した。しかしアイユーブ朝スルタン、サラーフッディーン（在位1169〜1193）がパレスチナの大部分を回復、マムルーク朝によって十字軍勢力が完全に排除された後、オスマン帝国の支配を受けた。

第一次世界大戦によりオスマン帝

国領が解体されると、パレスチナはイギリスの委任統治領となる。イギリスの委任統治時代には、ユダヤ移民とアラブ住民の対立が激化し、事態を収拾しきれなくなったイギリスは国連に解決を委ね、1947年11月29日、国連総会では「パレスチナ分割決議」が採択された。しかし、この決議はアラブ側が拒否し、イスラエル独立直後に生じた第一次中東戦争により、イスラエルがヨルダン川西岸及びガザ地区を除く地域を支配した。

1967年の第三次中東戦争でヨルダン川西岸及びガザ地区もイスラエルが占領するが、1991年9月のマドリード和平会議を経て1993年9月にオスロ合意が締結された。この合意に基づいて、ガザ地区とエリコでパレスチナ自治が開始され、翌年4月のオスロ第2合意によってヨルダン川西岸の都市部まで暫定自治区が拡大されている。

➡ アイユーブ朝、アケメネス朝、アッシリア、アレクサンドロス3世、イスラエル、エルサレム、エルサレム王国、オスマン帝国、ガザ地区、カナン、サラーフッディーン、十字軍、シリア、第一次中東戦争、第三次中東戦争、ハスモン王国、バビロニア、バル・コクバの乱、パレスチナ分割決議、ヒッタイト、ペリシテ人、ヘロデ、マムルーク朝、ヨルダン、ヨルダン川西岸

パレスチナ解放機構

(Palestine Liberation Organization: PLO)

パレスチナ解放を目的とするパレスチナ人組織の集合体で、「PLO」と略称される。

1964年1月、カイロで開催されたアラブ首脳会議で設立が決議され、同年5月、アフマド・シュケイリ（1908〜1980）を初代議長として正式に発足した。

1969年2月のパレスチナ民族評議会では、ファタハのヤーセル・アラファト（1929〜2004）が第3代議長に就任、対イスラエル武装闘争の一環として、各国航空機のハイジャックや1972年のミュンヘン五輪事件などテロ事件を実行するが、1988年11月、アラファトはアルジェでパレスチナ国家の独立を宣言した際、あらゆる種類のテロ放棄も宣言した。

議決機関であるパレスチナ国民評議会（PNC）、内閣に相当する執行委員会を持ち、アラブ諸国をはじめとするいくつかの国では国家と同等の扱いを受けていたが、1993年9月、オスロ合意が締結されパレスチナ自治機構（PA）発足後は、その政治的機能の多くがパレスチナ自治機構に移管された。

➡ アラファト、イスラエル、カイロ、パレスチナ、ミュンヘン五輪事件

パレスチナ分割決議

(UN Partition plan for State of Palestine)

イギリスの委任統治領パレスチナをユダヤ国家とアラブ国家に分割して独立させ、エルサレムはイギリス委任統治政府の管理下に置くことを定めた国連総会決議第181号の通称。1947年11月29日に採択された。

アラブ・ユダヤ両民族の抗争や対英テロ行為が相次ぐ中、イギリスは

1947年2月、委任統治の放棄を宣言し、4月28日、パレスチナ問題審議のため国連特別総会が開催された。その結果問題調査のため11ヶ国からなるパレスチナ特別委員会が設置され、この特別委員会報告書に基づいて11月29日、国連総会において賛成33、反対13、棄権10、欠席1で本決議が採択された。

ユダヤ側はこれを最終的に受け入れたが、アラブ側は拒否し、武力によるパレスチナ全土の獲得を目指したため、1948年5月15日のイギリス委任統治の終了とイスラエルの独立宣言直後から第一次中東戦争が発生した。

➡ エルサレム、第一次中東戦争、パレスチナ

ハレム (harem)

イスラム社会における女性の居室を意味するアラビア語、「ハリーム」に由来する名称。現在では通常、中東世界の権力者が、妻だけでなく側室や女奴隷など多数の女性のみを居住させた王宮内の特別な区画を意味して用いられる。特にオスマン帝国のハレムは、最盛期には千人を超える数の女性たちが暮らした大規模なもので、西欧や日本におけるハレムの概念の原型となっている。ただし、同様の制度は中国の後宮や日本の江戸時代の大奥など他の諸国にも見られ、女性間の身分制度や、スルタンの後継者を産んだ女性が権力を握る構図も似ている部分がある。

現在では、1人の男性が複数の女性と共同生活する状況をハレムと呼ぶことがあり、生物学では、特定の動物社会で、一頭の雄が多くの雌を独占する構造もハレムと呼ぶ。

➡ アラビア語、オスマン帝国、スルタン

バーレーン (Kingdom of Bahrain)

正式国名は「バーレーン王国」。アラビア半島東方沖にある、大小33の島々からなる島国であるが、現在はサウジアラビア東部から橋が架けられている。面積750km²、人口135.9万人（2012年推計）。首都はマナーマ。

バーレーンという名称は古代の地域名である「アル・バハライン（2つの海）」に由来し、本来アラビア半島のペルシャ湾岸一帯を含む地名であった。この地域では石器時代から人類の居住が確認されており、紀元前2500年頃からペルシャ湾に栄えたディルムンの中心地とも考えられている。紀元前4世紀にはアレクサンドロス3世（紀元前356～紀元前323）に征服されてテュロスと呼ばれ、紀元前3世紀から紀元後15世紀にかけて真珠の産地として栄えた。7世紀にはバーレーンもイスラム教を受容するが、1521年から1602年までポルトガル、次いでサファヴィー朝に支配される。

1783年、クウェートにいたハリーファ家は、イラン国内の混乱に乗じてバーレーンを支配する。19世紀には他の湾岸首長国同様イギリスの保護下に入るが、1971年に独立した。国内には、神殿や墳墓跡など、ディルムン時代の遺跡も多く残る。またバーレーンは、1932年にアラビア半島諸国の中で最初に石油が発見された国

でもあるが、現在の産出量は減少している。

➡ アラビア半島、アレクサンドロス3世、イスラム教、イラン、クウェート、サファヴィー朝、ディルムン、ペルシャ湾

ハワーリジュ派 (Kharijites)

イスラム教最初の分派。語源は「外に出た者」「退去した者」の意味で、単数形で「ハーリジー派」とも呼ばれる。「アズラク派」「ナジュディー派」「イバード派」といった分派がある。

第4代正統カリフ、アリ（在位 656～661）が、657年のスィッフィーンの戦いの後ムアーウィヤ（？～680）との調停に応じたことに対し、アリ陣営の中には、イスラム教徒の諸行為における最終決定権は唯一絶対神のみに属する事項であって人間がなすべきではないにもかかわらず、ムアーウィヤとの和議に応じたアリは悪と取引をしたとみなす者が現れた。翌年調停が失敗に終わると、彼らはアリのいるクーファを出ていったことから、「ハワーリジュ」と呼ばれるようになった。

その後アリはハワーリジュ派に対する敵対姿勢を強め、659年のナフラワーンの戦いでハワーリジュ派を破り、さらにその後も弾圧を続けた。その結果661年、アリはハワーリジュ派のイブン・ムルジャムに殺された。

ハワーリジュ派はカリフ位を世襲したことに反対してウマイヤ朝にも反乱を起こした。分派のアズラク派は、現在のイラン西部やイラクを一時支配し、ナジュディー派もアラビア半島中南部地域を制圧したことがあるが、これらの分派はその後消滅した。他方イバード派は北アフリカでベルベル人の支持を得て777年にルスタム朝を樹立したほか、オマーンでは8世紀以降同派イマームによる王朝が継続し、現在のオマーン王家ブーサイード朝もイバード派イマーム、アフマド・イブン・サイード（在位 1744～1783）が1749年頃創始したものである。オマーンでは現在も国民の約3分の2がイバード派であり、ほかにリビア、アルジェリア、イエメンなどにもイバード派が残っていると言われている。

➡ アラビア半島、アリ、アルジェリア、イエメン、イスラム教、イマーム、イラク、イラン、ウマイヤ朝、オマーン、カリフ、ベルベル人、ムアーウィヤ、リビア

ハンダクの戦い ➡ 塹壕の戦い

ハンニバル (Hannibal)

紀元前247～紀元前183/182。カルタゴの武将で、稀代の戦術家として名高い。カルタゴの武将ハミルカル・バルカ（紀元前275頃～紀元前229/8）の子に生まれ、9歳のとき父に同行してイベリア半島に赴いた。このときハミルカル・バルカはハンニバルをバアル神殿に連れて行き、生涯ローマを敵とすることを誓わせたという。父の死後も義兄ハシュドルバル（？～紀元前221）のもとでイベリア半島の植民地運営に携わるが、紀元前221年、ハシュドルバルが暗殺されるとスペイン支配を引き継ぎ、

エブロ川以南の完全制圧に乗り出した。その過程で共和政ローマと衝突し、第二次ポエニ戦争を引き起こした。

紀元前218年5月、ハンニバルは歩兵や騎兵に加え象部隊も率いてローマ遠征に乗り出し、冬のアルプスを越えてイタリア半島に侵入した。ハンニバル軍は、イタリアの各地でローマ軍を破るが、ローマを陥落させるまでには至らず、紀元前203年、スキピオがアフリカに上陸してカルタゴ本土を突く構えを見せたため帰国し、紀元前202年ザマの会戦で敗れる。

戦後は行政長官としてカルタゴの復興に邁進するが、国内の勢力争いから紀元前195年、セレウコス朝アンティオコス3世(在位紀元前223～紀元前187)のもとに亡命する。セレウコス朝においてはアンティオコス3世の顧問としてローマとの戦争にも参加するが、セレウコス朝は敗れ、ハンニバルもアナトリア北西部にあったビテュニア王国に逃れ、そこで自害した。

➡ アナトリア、アフリカ、カルタゴ、セレウコス朝、ビテュニア、ポエニ戦争

ヒ

東ローマ帝国 ➡ビザンツ帝国

ヒクソス (Hyksos)

古代エジプト第2中間期(紀元前1795頃～紀元前1570頃)に王朝を建て、エジプトを支配したという異民族のこと。

「ヒクソス」という名称は「異国の支配者たち」を意味する古代エジプト語、「ヘカウ・カスウト」のギリシャ語形に由来し、メンフィスやアヴァリスを首都として下エジプトを支配した。その後テーベを本拠とする第17王朝(紀元前1645～紀元前1550頃)が台頭し、政権を回復したことで、以後記録から消える。しかしヒクソスという名称自体は、その後もエジプトの文学作品ではアジア人を意味する言葉として使用された。

ヒクソスについてはエジプト側の史料しか残っておらず、従来はシリア方面から侵攻し、合成弓や戦車などの新兵器を用いてエジプトを征服した外国人支配者とする説が主流であったが、その後の研究の結果、中王国第12王朝(紀元前1976～紀元前1793頃)末期にはシリア方面から流入した人種がデルタ地帯に定住していたことが確認されており、こうした人物の中から高位に登った者たちが後代にヒクソスと呼ばれたとする説が有力になっている。

➡ 古代エジプト、シリア

ビザンツ帝国 (Byzantine Empire)

395～1453。コンスタンティノープルを首都としてローマ帝国東方領域が独立した国家で、「東ローマ帝国」とも呼ばれる。ただし「ビザンツ帝国」及び「東ローマ帝国」という名称は後世の歴史家による命名であり、

自らは「ローマ帝国」と称した。

当初はローマ帝国中東部分の領域を引き継いで、東はイラクから西はキレナイカ（現在のリビア東部）までを支配した。西ローマ帝国崩壊に伴い、一時はチュニジア、リビア、スペイン及びイタリアの一部も版図に収めたが、シリア方面ではササン朝との抗争が続き、その後は「アラブの大征服」により北アフリカ及びシリア以東の領土を失う一方、国内でも帝位をめぐる内乱が続発して衰退した。

1204年には、第4回十字軍によりコンスタンティノープルを占領されるが、ビザンツ帝国の王族は各地に逃げ延びて王朝を建て、そのうちニケーア帝国のミカエル8世（在位1261〜1282）が1261年にコンスタンティノープルを奪回してビザンツ帝国を再建した。しかし領土の縮小はその後も続き、1453年にオスマン帝国メフメト2世（在位1444〜1445及び1451〜1481）にコンスタンティノープルを占領されて滅びる。

➡ アフリカ、アラブの大征服、イラク、オスマン帝国、ササン朝、十字軍、シリア、チュニジア、ニケーア帝国、メフメト2世、リビア

ヒジャーブ ➡ ベール

ヒジュラ (hijra)

本来「移住」を意味するアラビア語であるが、イスラム教においては特に、預言者ムハンマド（570頃〜632）とその信徒たちが行った、マッカからマディーナへの集団移住を意味する。一部の信徒はいったんエチオピアに移ったが、これをヒジュラに含めることもある。日本語では「聖遷（せいせん）」と訳される。

ムハンマドはアッラーの啓示に基づき、マッカでイスラム教の布教を始めたが、この新しい宗教の教義には、当時のマッカ市民が信仰していた多神教とは相容れない部分があり、初期の信徒は他の住民から激しい迫害を受けた。ムハンマド自身は伯父であるアブ・ターリブ（？〜619頃）の保護を受けていたものの、アブ・ターリブが619年頃死亡し、その身にも危険が迫った。その頃、ヤスリブ（後のマディーナ）の信徒たち（アンサール）が、彼をヤスリブにおける部族対立の調停者として受け入れることを表明したため、ムハンマドは信徒とともにヤスリブ移住を決意した。

ヒジュラは622年に徐々に行われ、ムハンマド自身は622年9月にマディーナに到着したとされる。ヒジュラにより、ヤスリブは「預言者の町」を意味する「マディーナ・アル・ナビー」（あるいは「使徒の町」である「マディーナ・アル・ラスール」）と呼ばれ、それを略してマディーナとなった。

ヒジュラ後、マディーナにおいては最初の「ウンマ」が形成され、ムハンマドの指導の下にイスラム国家の原型が生まれた。これにより後のイスラム教においては非常に重要な意味を持つとされるようになり、第2代正統カリフ、ウマル（在位634〜644）が638年にイスラム暦を定めた際にはヒジュラの行われた年が起源

として選ばれた。

→ アラビア語、アンサール、イスラム教、イスラム暦、ウマル・イブン・アル・ハッターブ、ウンマ、カリフ、マッカ、マディーナ、ムハンマド

ヒジュラ暦 → イスラム暦

ヒズボラ (Hizbolla)

レバノンのイスラム教シーア派組織。ヒズボラは本来「ヒズブ・アッラー」で、「神の党」を意味するアラビア語。1982年6月、レバノン戦争が勃発すると、シーア派組織アマルの急進派が「イスラミック・アマル」として分離、イランの支援を得て1982年夏頃組織された。1983年には「イスラミック・ジハード」の名でベイルートのアメリカ大使館や海兵隊宿舎、フランス軍宿舎に自爆攻撃を仕掛け、欧米諸国軍を撤退に追い込む。その後は欧米人の誘拐を続ける一方、レバノン南部に拠点を設けてイスラエル軍にも抵抗を続け、2000年5月のイスラエル軍撤退後は、主に政治勢力として活動している。

2006年7月には、ヒズボラが国境地帯でイスラエル兵2名を拉致したことが原因で、イスラエルによるレバノン攻撃を招いた。指導者はハサン・ナスラッラー（1960〜）。

→ アマル、イスラエル、イスラム教、シーア派、レバノン、レバノン戦争

ヒッタイト (Hittite)

現在のアナトリアからシリア北部にかけて居住していた古代の民族、またこの民族が樹立した国家の名称。青銅器時代において、最初に鉄を使い始めた民族とされている。

ヒッタイトはインド・ヨーロッパ語族で、紀元前2000年頃、当時「ハッティ」と呼ばれていたアナトリア地方に侵入し、原住民を従えていくつかの小国を造った。紀元前1800年頃には、ハットゥサ（現在のボアズキョイ）を首都とした。

ラバルナ1世（在位紀元前1680頃〜紀元前1650頃）は最初の王国（古王国）を建国し、アナトリア中央部をほぼ征服、地中海沿岸まで領土を広げた。ムルシリ1世（在位紀元前1620頃〜前1590頃）時代の紀元前1595年にはバビロン第一王朝を滅ぼすが、ムルシリ1世暗殺後、内紛によって王国は弱体化し、テリピヌ王（在位紀元前1525頃〜紀元前1500頃）が事態収拾に成功したものの、この時代には隣国ミタンニに圧倒されるようになり、外国の侵略等もあって国内は混乱した。

国内の混乱を収拾し、新王国を樹立したのがスッピルリウマ1世（在位紀元前1380頃〜紀元前1346頃）で、彼はミタンニ王国を滅ぼし、ヒッタイトは当時のオリエント世界でエジプト、バビロニア、アッシリアと並ぶ大帝国となった。当時のヒッタイトの領土は、西はエーゲ海、東はアルメニア、南東方面は上メソポタミア、そして、南は今日のレバノンにまで達していた。

ヒッタイト新王国は、スッピルリウマの次男ムルシリ2世（在位紀元

前1334～紀元前1306頃)時代に最盛期を迎え、ムルシリの子ムワタリ(在位紀元前1306～紀元前1282頃)は古代エジプト第19王朝のラムセス2世(在位紀元前1290～紀元前1224頃)とカデシュで戦っている。その後ハットゥシリ3世(在位紀元前1275～紀元前1250頃)時代にエジプトとの和解が成立したが、紀元前13世紀末のスッピルリウマ2世(在位紀元前1218～紀元前1200)時代に「海の民」の侵入を受け、新王国は滅びた。

その後ヒッタイトの一派はユーフラテス川上流地域や北シリアにかけて新ヒッタイトと呼ばれるいくつもの小国を樹立したが、いずれも紀元前715年頃までにアッシリア帝国に吸収された。

➡ アッシリア、アナトリア、アルメニア、海の民、カデシュの戦い、古代エジプト、バビロニア、メソポタミア、レバノン

ヒッティーンの戦い (Battle of Hittin)

アラビア語表記の関係で「ハッティーンの戦い」とも記される。1187年7月4日、現在のイスラエルにあるティベリウス湖西方のヒッティーンにおいて行われた、アイユーブ朝スルタン、サラーフッディーン(在位1169～1193)率いるイスラム教徒軍と十字軍の戦闘。イスラム教徒側が勝利し、同年10月のエルサレム占領に結びついた。

エジプトとシリアの支配を確立したサラーフッディーンは1187年3月、シリア、エジプト、イラクのイスラム教徒諸侯に対し十字軍討伐の「ジハード」への参加を呼びかけた。他方、エルサレム王ギー・ド・リュジニャン(在位1186～1192)も十字軍兵士を召集して出撃した。しかし7月3日に出撃した十字軍部隊はイスラム教徒軍のゲリラ攻撃に悩まされ、1日中水もなく行軍した末途中の平地で野営せざるを得なくなった。7月4日にはヒッティーンの泉に向かおうとするが、待ち伏せしていたイスラム軍に分断され大敗、ギー・ド・リュジニャンやテンプル騎士団総長ジェラール・ド・リドフォール(?～1189)らも捕らえられた。

➡ アイユーブ朝、イスラエル、イスラム教、イラク、エジプト、エルサレム、サラーフッディーン、ジハード、十字軍、シリア

ビテュニア (Bithynia)

アナトリア北西部の地名。古代にはビテュニア王国があった。

古代ギリシャの歴史家ヘロドトス(紀元前484頃～紀元前425)らによると、トラキア人のニテュニ族がこの場所に移住して勢力を広めたのが起源とされる。彼らはその後リディア、次いでアケメネス朝に支配されるが、バス(在位紀元前376～紀元前326)に率いられて独立を果たした。

バスの子ジポイテス1世(在位紀元前326～紀元前278)は、紀元前297年に王を名乗るようになり、その子ニコメデス1世(在位紀元前278頃～紀元前255頃)は首都ニコメディアを築いた。しかし、最後の王ニコメデス4世(在位紀元前94～紀元前

74）はポントス王ミトリダテス6世（在位紀元前120〜紀元前63）に敗れた。後に共和政ローマの力を借りてビテュニア王国を再興したものの、紀元前74年、ニコメデス4世は死とともにビテュニアをローマに遺贈したため、以後はローマのビテュニア属州となった

▶ アケメネス朝、アナトリア、リディア

ヒドル (Khidr)

イスラム世界の伝説・民間伝承に登場する存在で、「緑の人」といった意味。「ハディル」とも呼ばれる。『クルアーン』第18章第60節以降においてモーセが出会った人物はこのヒドルだと信じられている。

ヒドルについては中東地域で様々な伝説が伝えられ、イスラム神秘主義者の中にもヒドルに出会ったと主張する者がいる。シリアやエジプトでは白馬にまたがり、長い槍で竜を突き刺す姿で描かれる。

▶ イスラム神秘主義、エジプト、クルアーン、シリア、モーセ

ヒムヤル王国 (Himyarite Kingdom)

紀元前110頃〜紀元後525。古代イエメンにあった国家の1つ、首都はザファールであったが、後にサヌアに移る。紀元後200年から300年にかけて周辺のカタバン、ハドラマウト、シバ王国を征服し、イエメンの大部分を支配した。340年には、エチオピアから侵入したアクスム王国に支配されるが378年に独立を回復する。

ヒムヤル最後の王はユダヤ教徒のズー・ヌワース（在位517頃〜525）とされ、ズー・ヌワースがキリスト教徒を迫害したためエチオピアがヒムヤルを攻め、滅ぼした。

▶ アクスム王国、イエメン、キリスト教、シバ王国、ユダヤ教

ピラミッド (pyramid)

古代エジプト古王国時代を中心に造営された四角錐形の巨大建造物。エジプト最初のピラミッドは第3王朝ジェセル王（在位紀元前2668〜紀元前2649）がサッカラに造営した階段式ピラミッドとされており、第4王朝スネフル王（在位紀元前2613〜紀元前2589）が現在の四角錐のピラミッドを初めて造営した。

エジプト最大のピラミッドは、第4王朝のクフ王（在位紀元前2589〜紀元前2566）がギザに建設したピラミッド（通称「大ピラミッド」）で、ギザにはカフラ王（在位紀元前2558〜紀元前2532）、メンカウラ王（在位紀元前2532〜紀元前2504）のピラミッドのほか、王妃のピラミッド群やスフィンクス、参道などが残っている。

ピラミッドは、一般には王の墳墓とされているが、その建造目的については異説もある。

▶ 古代エジプト

ビールーニー (アブ・ライハーン・ムハンマド・イブン・アハマド・アル・ビールーニー、Abu Rayhan Muhammad ibn Ahmad al-Biruni)

973〜1050以後。中世イスラム世界の学者で、占星術師としても知られ

ている。

　現在のウズベキスタンのヒバに生まれ、数学や天文学などを学んだ後、サーマン朝マンスール2世（在位997～999）に仕える。サーマン朝が滅びると何度か主君を替えるが、最後はガズナ朝に仕え、アフガニスタンのガズニで没した。

　ガズナ朝マフムード（971～1030）がインドに遠征した際にはビールーニーもこれに同行し、その結果インドという地域や、そこに伝えられる各種の学問に多大な関心を持つようになった。1030年には、インドの民俗、歴史、法律等をまとめた『インド誌』を著したほか、天文学や占星術について述べた『星学入門』や『古代諸民族年代記』など、天文学、数学をはじめ地理学、薬学、鉱物学などきわめて広範囲に及ぶ著書が少なくとも146あったと伝えられる。しかし、現存するのはその5分の1程度と言われる。

➡ アフガニスタン、ガズナ朝、サーマン朝

フ

ファイサル・イブン・フセイン
(Faysal ibn Husayn)

　1883～1933。「アラブの反乱」の指導者で、イラク王国初代国王。在位1921～1933。

　マッカの太守フセイン・イブン・アリ（1853～1931）の3男で、第一次世界大戦中はイギリスの連絡将校ロレンス（1888～1935）らと協力してアラブの反乱を率い、1918年10月3日には他の部隊に先駆けてダマスカスに入城、1919年12月のパリ講和会議では、ウィルソン・アメリカ大統領（1856～1924）の「14箇条の原則」に基づいてアラブ地域の独立と主権が認められることを要求する覚書を提出した。翌年2月の会議では「フセイン・マクマホン書簡」の約束や1918年11月8日の英仏宣言に基づくアラブ民族自決権実現を要求した。シリア議会は1920年3月、ファイサルを国王としたシリアの独立を宣言したが、4月のサン・レモ会議でフランスによるシリア、レバノンの委任統治が決定された結果、フランスは7月に武力でファイサルを追放した。

　1921年、イラク王国が建国されると初代国王となる。

➡ アラブの反乱、イラク、シリア、第一次世界大戦中の中東、ダマスカス、フセイン・マクマホン書簡、マッカ、レバノン、ロレンス

ファキール (faqir, fakir)
➡ イスラム神秘主義

ファーティハ (al-Fatiha)

　『クルアーン』第1章の章名で、アラビア語で「開くもの」を意味する。「ハムド章」とも呼ばれ、「開章」「開巻章」「開端章」などと訳される。

　預言者ムハンマド（570頃～632）のマッカ時代に啓示されたものとされ、7つの節からなり、第1節はいわゆる「バスマラ（「慈悲深く慈愛あまね

きアッラーの名において」という言葉)」となっている。

礼拝の際必ず唱えられるほか、唱えることで病気を治し、災難を祓うことができるとも言われ、イスラム教徒の日常生活ではしばしば唱えられる。

➡ アッラー、イスラム教、クルアーン、マッカ、ムハンマド

ファーティマ朝 (Fatimid dynasty)

909〜1171。現在のチュニジアに興った王朝でイスマイール派を国教とした。ファーティマ朝の名は、第4代正統カリフ、アリ（在位 656〜661）とファーティマ（606?〜632/3）の子孫が君主となったことに由来し、本来カイラワーン近くのマハディーヤを首都としたが、第4代カリフ、ムイッズ（在位 952〜975）時代にエジプトを征服して新首都カイロを建設する。最盛期にはシリアやアラビア半島北部、シチリアも支配した。

イスマイール派の宣教者アブ・アブドゥッラー・シーイー（?〜911）は北アフリカ中部でベルベル人クターマ族の支持を得ることに成功し、シリアのサラミーヤにいたサイイド、アブドゥッラー・アル・マフディー・ビッラー（在位 909〜934）は北アフリカに招かれて、909年にカリフとして即位した。第4代カリフ、ムイッズは、969年にエジプトを征服して新首都カイロを建設後、シリアやアラビア半島にも勢力を拡大した。

ファーティマ朝は、第8代カリフ、ムスタンスィル（1036〜1094）時代に最盛期を迎えるが、1074年、アッコの軍事司令官バドル・アル・ジャマーリー（1015〜1094）が彼の軍を率いてエジプトに入り、宰相のほか軍事長官と布教指導者としての地位を得て事実上国家の支配者となる。以後カリフの地位は傀儡となり、宰相の地位をめぐる内紛が続発した。

1098年、ファーティマ朝は第1回十字軍遠征の混乱に乗じ、セルジューク朝からエルサレムを奪回したが、そのために十字軍と直接交戦することとなり、1099年には十字軍にエルサレムを奪われた。以後ファーティマ朝は弱体化し、1160年にはエルサレム王国に貢納するようになった。

1163年、宮廷内の権力争いで宰相の座を失ったシャーワル（?〜1169）がザンギー朝スルタン、ヌール・アル・ディーン（在位 1146〜1174）に支援を求めたことから、ヌール・アル・ディーンは腹心シールクーフ（?〜1169）を介入させ、1169年にシールクーフ、その死後は甥のサラーフッディーン（1138〜1193）が国政の実権を握り、さらに1171年、最後のカリフ、アーディド（在位 1160〜1171）が病死したことで滅亡。

➡ アグラブ朝、アフリカ、アラビア半島、アリ、イスマイール派、エジプト、エルサレム王国、カイロ、カリフ、サイイド、サラーフッディーン、ザンギー朝、十字軍、シリア、スルタン、セルジューク朝、チュニジア、ニザール派

ファトワー ➡ ムフティー

ファフル・アル・ディーン2世
(Fakhr al-Din Ⅱ)

1572〜1635。レバノンのマアン家当主で、シューフ山岳地帯の領主。ポケットから卵が落ちても割れないと言われたほど小柄な人物であったが、現在のレバノンにシリア沿岸地帯南部及びパレスチナ北部を加えた地域を一時的に支配し、レバノン建国の父とみなす者もある。

マアン家はドルーズ派の名家で、オスマン帝国スルタン、セリム1世(在位1512〜1520)からレバノンのシューフ山岳地帯領主として認められた。

1607年に領主となると、ファフル・アル・ディーンはオスマン帝国がハプスブルク家やサファヴィー朝との戦争で弱体化した状態を利用して支配権を拡大、ナハル・アル・カルブからカルメル山、ベカー高原までを支配した。内政もオリーブや柑橘類のほか桑の木の栽培を奨励、交通網の整備やキャラバンサライ(隊商宿)建設を行って商業を活性化、他宗派も保護し、イタリアのトスカナ大公国にカピチュレーションを与えるなど産業育成に努めた。

1633年、オスマン帝国スルタン、ムラト4世(在位1623〜1640)に討伐され、1635年、イスタンブールにて処刑。

➡ イスタンブール、オスマン帝国、カピチュレーション、サファヴィー朝、スルタン、セリム1世、ドルーズ派、パレスチナ、レバノン

ファラオ (pharaoh)

古代エジプトの支配者の称号。本来は「大きな家」を意味する「ペル・アア」がなまったもので、『旧約聖書』では「パロ」と記される。伝説では、古代エジプトを最初に統一したメネスがこの称号を用いたとされ、アレクサンドロス3世(紀元前356〜紀元前323)もこの称号を用いた。天空神ホルスの神話が定着するとともに、ファラオはホルスの化身であり、死後は冥界の神オシリスとなって復活すると考えられるようになった。

なお、古代エジプト王の称号としてはほかに、「上下エジプトの王」や「両土の王」、また「諸王の王」「諸首長の首長」も用いられた。

➡ アレクサンドロス3世、古代エジプト

ファラシャ (Falasha)

エチオピア系ユダヤ教徒のこと。エチオピアのアムハラ語で「移住者」を意味し、自らは「ベタ・イスラエル」と称する。その起源については、古代イスラエル12支族の1つダン族の子孫とするもののほか、バビロン捕囚以前エジプト南部にあった古代ユダヤ人社会の末裔説、イエメンのユダヤ人社会との接触で改宗した者との説もある。

ファラシャに伝わる伝説では、ソロモンとシバの女王の子であるエチオピア王メネリクは少年時代をソロモンの王宮で過ごした後、70人の戦士に護衛されてエチオピアに帰った。その際メネリクは、契約の箱をエチオピアに持ち帰ったとされる。しかし、エチオピアに戻る途中、安息日に

当たる金曜の夜に川を渡らなければならず、川を渡った者がエチオピアのキリスト教徒に、安息日の戒律を守って渡らなかった者がファラシャになったという。

ファラシャの存在が外部に確認されたのは、ユダヤ人の改宗を目的としたロンドン・ミッショナリーズが1860年代に提出した報告書であり、イスラエルのセファルディ系チーフラビ、オバディア・ヨセフ師（1920～）は1973年にファラシャをユダヤ人と認定し、彼らにイスラエル帰還の権利が認められた。しかし、その後メンギスツ・エチオピア大統領（1937～）がイスラエルと断交したため連絡を絶たれ、1980年代のエチオピアの飢餓でファラシャは絶滅の危機に瀕した。そこでイスラエルは1984～1985年に「モーセ作戦」、さらに1991年には「ソロモン作戦」と呼ぶ大規模なファラシャの移送作戦を実施、約2万5,000人のファラシャをイスラエルへ空輸した。その後の移住者も含め現在は5万人以上がイスラエルに移住している。

➡ アシュケナズィとセファルディ、イエメン、イスラエル、エジプト、シバの女王、ソロモン、バビロン捕囚、ユダヤ教、ラビ

フィダーイー (fedayee)

あるいは「フェダーイー」。複数形は「フィダーイーン」。アラビア語で「犠牲にする」という意味の「ファダー」から派生した言葉で、自らの生命を犠牲にしてまでも特定の理念を追求しようとする者のこと。転じてゲリラの意味でも用いられる。

本来は「ニザール派」が暗殺の実行者に対して用いた言葉で、この意味でのフィダーイーはニザール派信者の若者から選抜され、そのやり方は金曜日に公衆の面前で相手を短刀で刺し殺すのが通常であったため、暗殺者もその場で殺害されるのが常であった。「パレスチナ解放機構（PLO）」はこの言葉を、パレスチナの大義のため身命を賭すという意味で傘下の各組織の兵士をこう呼ぶようになった。またイランでは反体制組織「フェダーイーン・ハルク（ペルシャ語で「フェダーイヤーネ・ハルク」）」の意味でも用いられる。

➡ アラビア語、イラン、ニザール派、パレスチナ、パレスチナ解放機構（PLO）

フェイルーズ (Fayruz)

1935～。アラブ世界を代表するレバノンの女性歌手。本名はナハード・ハッダードで、芸名の「フェイルーズ」はアラビア語で「トルコ石」を意味する。

レバノンのジャバル・アル・アルズでマロン派キリスト教徒の家に生まれ、その後ベイルートに移る。その歌声は少女時代から有名で、レバノンの音楽学院を経てラジオ局でコーラス歌手となり、フェイルーズの芸名を得る。この放送局で作曲家のアースィー・ラフバーニ（1923～1986）と出会い、1955年に結婚、その際ギリシャ正教に改宗した。その後はアースィーの作曲、その弟マンスール・ラフバーニ（1925～2009）の作詞、

フェイルーズ*

フェイルーズの歌唱という形で活動したが、アースィー・ラフバーニとは1979年に離婚した。

アラブの古典的な歌唱だけでなく、モーツァルトの交響曲にアラビア語の歌詞を付けるなど様々なレパートリーを持ち、国際的にも活躍している。

➡ アラビア語、キリスト教、マロン派、レバノン

フェニキア (Phoenicia)

シリア南部、現在のタルトゥースあたりからパレスチナ北部カルメル山に至る地中海沿岸地域に対しギリシャ人が付けた名称で、現在のレバノン共和国を中心とする。この地域の住民はいわゆる「カナン人」の一派でフェニキア人と呼ばれ、「バアル」を主神として崇拝していた。『旧約聖書』では「シドン人」とも呼ばれている。

この地域には古代からいくつもの港湾都市が建設され、初期にはシュメールやアッカドの文化的影響を強く受けていたが、紀元前1800年頃から紀元前1400年頃までエジプトに支配された。しかしヒッタイトとエジプトの度重なる抗争を契機に紀元前1100年までにフェニキアの諸都市は独立した。

代表的な都市はシドン（現サイダー）、テュロス（現スール）、ビュブロス（現ジュバイル）、アッコ、ベルタ（現ベイルート）、トリポリなどで、フェニキア人は優れた交易者、航海者として知られ、独立後紀元前8世紀頃まで、地中海貿易をほぼ独占し、北アフリカのカルタゴをはじめ、地中海のキプロス島やロードス島、サルデーニャ島、イベリア半島南部のタルテソスなどに多くの植民地を築いた。

主な輸出品はシリアツブリガイと呼ばれる貝から採取した染料を使った染め物で、テュロスで多く生産されたため「テュロスの紫」、あるいは「フェニキアの紫」と呼ばれた。乱獲のためこの貝が絶滅すると、それに代わる特産品としてガラス製品が発明された。

紀元前8世紀になると、フェニキアの沿岸都市はアッシリアに征服され、さらに紀元前7世紀後半にはテュロスを除く全土が新バビロニアに併合された。紀元前539年にはテュロスもアケメネス朝に征服され、フェニキアは完全にアケメネス朝の一部となった。その後アケメネス朝を滅ぼしたアレクサンドロス3世（紀元前356〜紀元前323）に支配され、紀元後64年にはローマ帝国領シリ

アの一地域となって、フェニキアという名称も使用されなくなった。

しかしフェニキア人の発明したフェニキア文字は、ギリシャ文字、アラム文字、アラビア文字、ヘブライ文字など、ヨーロッパや西アジアなどで今も用いられる多くのアルファベットの起源となった。

➡ アケメネス朝、アッカド、アッシリア、アラビア語、アルファベット、アレクサンドロス3世、エジプト、カルタゴ、シュメール、シリア、新バビロニア、バアル、パレスチナ、ヒッタイト、レバノン

フェルドゥースィー (Firdawsi Tusi, Abu al-Qasim Mansur ibn Hasan)

934～1025。「フィルダウスィー」と表記されることもある。中世イランの詩人で、その作品『シャー・ナーメ（王書）』は、現在でもペルシャ文学史上最高傑作と讃えられている。

トゥースで地主階級の家系に生まれ、980年頃から30年かけて『シャー・ナーメ』を執筆する。1010年に完成すると、当時のガズナ朝アミール、マフムード（971～1030）に献上するが期待していた報酬が得られず、失意のうちに帰郷し、そこで没した。

彼の死に際しては、後に『シャー・ナーメ』の価値を認めたマフムードが6万ディナール分の藍をフェルドゥースィーに送ったが、藍がトゥースに着いたときちょうどフェルドゥースィーの棺が門から出るところだったという言い伝えも残されている。

彼の『シャー・ナーメ』は、それまでの多くの資料をもとにイランの神話、伝説、歴史を集め、人類の祖カユーマルス王からササン朝までの4王朝50人の王の時代を約6万の対句を用いて語ったもので、最初の2王朝の部分で登場するロスタムは、イラン人にとって国民的英雄の1人となっている。

➡ イラン、ガズナ朝、ササン朝

フジャイラ首長国

➡ アラブ首長国連邦

フスタート (al-Fstat)

エジプトにおけるイスラム時代最初の都。現在はカイロの市域に編入され、「オールド・カイロ」と呼ばれる。

639年、第2代正統カリフ、ウマル（在位634～644）配下の武将アムル・イブン・アル・アース（？～663）は、当時ビザンツ帝国領であったエジプトに侵入した。ビザンツ軍の拠点は現在のカイロ南部にある「バビルーンの城塞」で、バビルーンという地名は現地名「パル・ハビ・エン・オン（オンのナイルの町）」を「バビロン」と解釈してつけられたとの説がある。その東方にはビザンツ軍宿営地があり、この地域がフスタートと呼ばれた。語源については、ラテン語で「堀をめぐらした」という意味の「フォッサトゥム」とされる。

イスラム軍はバビルーン攻略後、当時のエジプトの中心都市アレクサンドリアを征服したが、アムルはウマルの許可を得てフスタートに住み、ここを統治の中心地とした。アムル

はフスタートを拡張し、東方のゲベル・イェシュクールの丘までを新都とし、中心には現在も残るアムル・モスクが建てられた。

フスタートは、貿易や交通の要衝として栄え、969年、ファーティマ朝の新首都カイロ建設後も商工業の町として栄えていた。しかし1168年、エルサレム王アモリー1世（在位1162～1174）がエジプトに侵攻した際、ファーティマ朝宰相シャーワル（？～1169）は焦土作戦を展開しフスタートを焼き払った。その後再建され、14世紀まで都市として機能していたが、次第にカイロに人や物が集中したため衰退した。

▶ アムル・イブン・アル・アース、アレクサンドリア、ウマル・イブン・アル・ハッターブ、エジプト、カイロ、十字軍、ファーティマ朝、ビザンツ帝国

フセイニー (ハージジ・ムハンマド・アミーン・アル・フセイニー、al-Hajj Muhammad Amin al-Husayni)

1893/95/97～1974。エルサレムの「ムフティー」で、第一次中東戦争前後のパレスチナ人指導者。フセイニー家はパレスチナの名家で、オスマン帝国治下でムフティや市長を輩出した。「パレスチナ解放機構（PLO）」議長ヤーセル・アラファト（1929～2004）もフセイニー家出身と称する。

カイロで神学を学び、マッカ巡礼をして「ハージジ」の称号を得た。第一次世界大戦後はイギリス植民地政府関係の職に就いていたが、1920年4月、エルサレムで発生した反ユダヤ暴動の首謀者とみなされたためトランスヨルダンに逃走、欠席裁判で懲役10年の判決を受ける。しかし数週間後赦免され、当時のイギリス高等弁務官ハーバード・サミュエル（1870～1963）の宥和政策もあって、1921年、エルサレムのムフティーに任命され、同年ワクフ（モスク等に寄進された財産）やイスラム法廷を管理する最高イスラム評議会の議長にも選出された。1936年4月に勃発した反イギリス、反シオニズムのパレスチナ・アラブ大反乱を機に、アラブ高等委員会が結成されると議長に選出され、パレスチナ民族運動の最高指導者となった。1937年、イギリスは彼を公職から追放したがダマスカス、イラク、イタリア、ドイツを転々とし、戦後はエジプトに逃れる。

しかし1959年、ナセル大統領（1918～1970）に追放され、レバノンに逃れる。1964年に「パレスチナ解放機構（PLO）」が結成されると、パレスチナ人指導者としての影響力を失い、1974年に死亡。

▶ アラファト、イラク、エジプト、エルサレム、オスマン帝国、カイロ、巡礼、ダマスカス、ナセル、パレスチナ、パレスチナ解放機構（PLO）、マッカ、ムスリム同胞団、ムフティー、レバノン

フセイン (Husayn ibn Ali)

626～680。第4代正統カリフ、アリ（在位656～661）とファーティマ（？～633）の第2子で、シーア派では第3代イマーム。現在のイラクにあるカルバラで殉教した。

フセインは、ウマイヤ朝知事の抑圧に苦しむクーファ市民から支援を求められ、兵士72人のほか婦女子や老人を含む一族郎党を伴ってクーファに赴こうとした。しかしウマイヤ朝軍によってクーファは平定され、フセイン一行はウマイヤ朝の大軍によってカルバラで包囲された。そこで3日間食料と水を遮断された後、ヒジュラ暦61年ムハッラム月10日（西暦680年10月10日）、フセインは一族もろとも殺害され、首を切られた。切断されたフセインの首はダマスカスのヤズィード1世（在位680〜683）に送られ、遺体はカルバラに埋葬された。

フセインはその壮絶な死により殉教者の長と称され、自分の殉教を予言していた、フセインの頭部を見たキリスト教徒が改宗したなど様々な神秘的な奇蹟譚が生まれるようになった。カルバラにはフセイン廟があり、頭部はカイロのフセイン・モスクにあるという。

シーア派イスラム教徒は毎年ムハッラム月初日からフセイン殉教を追悼する宗教儀式を行い、特に10日は「アーシューラー」と呼ばれ、シーア派にとってもっとも重要な祭礼の日となっている。この期間には「タァズィーエ」と呼ばれるフセイン受難劇も上演される。

フセインは複数の妻との間に6人以上の子をもうけたとされるが、イマーム位はササン朝最後の皇帝ヤズデギルド3世（在位632〜651）の娘シャフルバーヌーとの間に生まれたザイン・アル・アービディーン（659〜712）に引き継がれたという。

➡ アーシューラー、アリ、イスラム教、イマーム、イラク、ウマイヤ朝、カイロ、カルバラの戦い、ササン朝、シーア派、12イマーム派、ダマスカス、ハサン、ヒジュラ、モスク、ヤズデギルド3世

フセイン（サダム、Saddam Hussein）

1937〜2006。元イラク大統領。実際には「フセイン」は父の名で、正則アラビア語では「サッダーム・フサイン」となる。

1937年、イラク北部ティクリート近郊のアウジャ村の農家に生まれる。生まれた直後、実父フセイン・アル・マジードが行方不明となり、母のスブハ・タルファーはイブラヒーム・ハサンと再婚、サブアーウィー（1947〜）、バルザーン（1951〜2007）、ワトバーン（1952〜）、ナワールの3男1女を産んだ。1947年には母方の叔父ハイラッラー・タルファー、そ

サダム・フセイン

の息子アドナーン・ハイラッラー（?〜1989）とともにティクリートへ出て同地の中学を卒業した。

1957年、バアス党に入党し、1959年のカースィム首相（1914〜1963）暗殺未遂事件では実行犯として首相の護衛からの銃弾で足を負傷するが、自力で弾を取り除き、ベドウィンに変装してティグリス川を泳いでシリアに亡命、次いでエジプトに逃れたという。1963年、バアス党主導のクーデターでカースィム政権が崩壊すると、フセインは帰国してバアス党農民局長となり、バアス党地域指導部メンバーに選出された。

同年11月、アブドゥッサラーム・アーリフ大統領（在職1963〜1966）が実権をバアス党から奪うと、翌年サダム・フセインは大統領暗殺を企てた容疑で逮捕される。しかし獄中の1965年にバアス党地域指導部副書記長に選出され、1966年には脱獄した。1968年7月17日、アフマド・ハサン・アル・バクル少将（1914〜1982）率いる無血クーデターによりバアス党が再び政権を握ると、フセインは治安機関を任され、1969年、革命指導評議会（RCC）副議長に任命された。1979年7月17日、バクル大統領が病気を理由に辞任すると、イラク共和国第5代大統領兼首相に就任、翌年1980年9月にイラン・イラク戦争を開始する。

イラン・イラク戦争は当初イラクが優勢であったが次第にイランの反撃を許し、1988年に停戦となった。イラクは辛くも勝利した形となったが、2年後の1990年にはクウェートに侵攻、多国籍軍との間で湾岸戦争を招いた。湾岸戦争直後、イラク各地で反政府蜂起が起こるが、フセインはこれを鎮圧、しかしイラク政府がこの地域の民衆を弾圧したことから、北部と南部に飛行禁止区域が設定された。

2003年3月20日、ジョージ・W・ブッシュ・アメリカ大統領（1946〜）はイラクが大量破壊兵器を廃棄せず保有し続けているという理由でイラク攻撃を開始、バグダッドは4月9日に陥落、サダム・フセインと2人の息子ウダイ（1964〜2003）とクサイ（1966〜2003）は逃亡したが、息子2人は7月22日アメリカ軍との銃撃戦で死亡、サダム・フセイン自身も12月14日に拘束された。2006年には、イラク中部ドゥジャイルのシーア派住民148人を殺害した「人道に対する罪」により死刑判決を言い渡され、12月30日、処刑された。

▶ イラク、イラン・イラク戦争、クウェート、シーア派、シリア、バアス党、バグダッド、ベドウィン、湾岸戦争

フセイン・ビン・タラール
(Husayn bin Talal)

1935〜1999。ヨルダン国王。在位1953〜1999。

アンマンに生まれ、イギリスのハロー校、サンドハースト陸軍士官学校で教育を受ける。1951年7月20日、祖父で初代ヨルダン国王アブドゥッラー1世（在位1921〜1951）が暗殺された際にはフセインも銃撃された

アブドゥッラー・ビン・タラール

が、銃弾が勲章に当たって助かったという逸話がある。1953年、父タラール・イブン・アブドゥッラー（在位1951～1952）が精神状態が不良であるとの理由で廃位されたため、即位した。

フセイン国王の治下では、1958年にイラク革命により同じハーシム家のイラク王家が放逐され、1967年の第三次中東戦争ではヨルダン川西岸を喪失、その結果、国内を拠点として活動するようになったパレスチナ解放勢力との間で1970年のヨルダン内戦が発生、さらに1991年の湾岸戦争、1994年のイスラエルとの平和条約締結など、国家の存在を脅かしかねない出来事が相次ぎ、フセイン自身も何度か暗殺の危機に見舞われながらも巧みに乗り切った。

➡ イスラエル、イラク、ハーシム家、パレスチナ、ヨルダン、ヨルダン川西岸、ヨルダン内戦、湾岸戦争

フセイン・マクマホン書簡
(Husayn-MacMahon correspondence)

1915年7月から、1916年3月にかけて、マッカの太守フセイン・イブン・アリ（1853～1931）とイギリスのエジプト高等弁務官ヘンリー・マクマホン（1862～1949）との間で交わされた一連の往復書簡のこと。この書簡の中でマクマホンは、条件付きながらアラブの独立を認めており、パレスチナにユダヤ人国家創設を認めたバルフォア宣言と矛盾すると批判される。

1915年7月、フセインはヘンリー・マクマホンに手紙を出し、自らのカリフ即位及び独立アラブ国家設立への支持を求めた。1915年、マクマホンは10月24日付の書簡で、北はキリキアから南はイエメン、西は地中海沿岸から東はメソポタミア東端までの境界内でアラブ人の独立を認め、支持することに同意したが、人種構成や特徴がアラブ的でないと考えられている地域は除外するなど、いくつかの留保をつけていた。シリアのダマスカス、ハマ、ホムス、アレッポの諸地域から西も留保された地域であったが、パレスチナやエルサレムについては言及がなかった。

➡ イエメン、エジプト、エルサレム、カリフ、ダマスカス、パレスチナ、マッカ、メソポタミア

フダイビーヤの和約
(Treaty of Hudaybiyya)

628年、預言者ムハンマド（570頃～632）とマッカのクライシュ族との間で締結された和約。マッカ郊外の

「フダイビーヤ」で締結されたことからこう呼ばれる。

628年、預言者ムハンマドは夢の中のお告げに従って信者を率いてマッカへの小巡礼（ウムラ）に出発し、いったんフダイビーヤにとどまった。この際マッカを代表するスハイル・イブン・アムルとの間で交渉が成立し、両者は10年間休戦すること、ムハンマド率いる巡礼団はその年はいったん帰るが、翌年自由に巡礼すること、その際はマッカ住民は3日間町を引き払うことなどが合意された。

翌年マディーナの信徒たちは約束通り巡礼を行うが、630年には部族間の争いが原因となってムハンマドはマッカを攻め、このときマッカは無血開城された。

▶ クライシュ族、マッカ、マディーナ、ムハンマド

プトレマイオス朝 (Ptolemaic dynasty)

紀元前305〜紀元前30。アレクサンドロス3世（紀元前336〜紀元前323）死後のヘレニズム時代、エジプトを支配した王朝。

紀元前323年、アレクサンドロス3世が病死すると、部下の将校たちの間で領土分割をめぐるディアドコイ戦争が発生、その結果プトレマイオス（紀元前367頃〜紀元前283頃）がエジプトを確保し、紀元前305年、プトレマイオス朝を創始した。プトレマイオス朝はヘレニズム時代の大国の1つとしてシリア、アナトリア、キプロスなどに勢力を拡大、首都アレクサンドリアは国際都市として繁栄した。他方、プトレマイオス朝は古代エジプトの文物を尊重し、多くの神殿を建て、一族も多くは古代エジプトの風習に従って生活したため、古代エジプトの宗教や風習も存続した。

その後セレウコス朝との度重なる争いでシリアを奪われるなど次第に衰退し、最後の女王クレオパトラ7世（紀元前69〜紀元前30）は、最初はカエサル（紀元前100〜紀元前44）、のちにマルクス・アントニウス（紀元前83〜紀元前30）と結んだが、アクチウムの海戦でオクタヴィアヌス（紀元前63〜紀元後14）に敗れ、紀元前30年に自殺、プトレマイオス朝も滅びた。

▶ アナトリア、アレクサンドリア、アレクサンドロス3世、エジプト、カエサル、クレオパトラ7世、古代エジプト、シリア、セレウコス朝、ディアドコイ戦争

フバル (Hubal)

イスラム教以前の、いわゆるジャーヒリーヤ時代のアラビア半島で崇拝された主要な神の1つ。

マッカでは紅玉髄で造られ、矢を持つ老人の姿をしたフバル神の像が飾られていたという。この像はメソポタミアから持ち込まれたものと言われ、本来右手がなかったためクライシュ族が金で右手を付けた。フバル神の神託は矢を用いた占いで行う。また後に第2代正統カリフとなるウマル（在位634〜644）が、ナツメヤシで作られたフバル像を食べてしま

ったとの逸話も伝わる。
　ほかにイスラム教以前のアラビア半島で崇拝されていた神としては、ウッザー、マナート、アッラートなどがいる。
➡ アラビア半島、イスラム教、ウマル・イブン・アル・ハッターブ、クライシュ族、ジャーヒリーヤ時代、マッカ、メソポタミア

フラグ

　?〜1265。イル・ハン国創始者。在位1256〜1265。チンギス・ハン(1162頃〜1227)の孫で「イル・ハン」の尊称を持つ。
　1254年、兄でモンゴル帝国大ハンのモンケ(1209〜1259)に西方遠征を命じられ、1256年にはニザール派が拠点としていたアラムートの山城を陥落させる。1258年にバグダッドを攻略し、アッバース朝最後のカリフ、ムスタアスィム(在位1242〜1258)を殺害、これによりアッバース朝は滅亡した。
　1260年にはアレッポ、次いでダマスカスを占領するが、兄モンケ・ハンが前年死亡したとの報を受けていったん帰国しようとする。しかし、次兄クビライ(1215〜1294)と弟アリクブケ(1219〜1266)の後継者争いが生じていることを知るとイランにとどまり、イル・ハン国を建てた。
　フラグは、モンゴルの伝統宗教であるシャーマニズムの信仰は維持したが、正妃ドクズ・ハトゥン他配下の武将にはネストリウス派キリスト教徒もおり、イスラム教徒にも寛容な政策をとった。

➡ アッバース朝、イスラム教、イラン、イル・ハン国、カリフ、キリスト教、ダマスカス、ニザール派、バグダッド、モンゴル帝国

ブラーク (Buraq)

　預言者ムハンマド(570頃〜632)の夜の旅において、ムハンマドを乗せ、マッカからエルサレムまで運んだとされる動物のこと。ブラークはロバより大きくラバより小さく、色が白く胴が長いとされ、マッカからエルサレムまでを一飛びで往復できたと伝えられる。初期の伝承では馬のような動物とされていたが、後に翼を持つと考えられるようになり、絵画においては人間の顔と翼を持つ天馬として描かれることが多い。日本では「麒麟」と訳されることもある。
➡ エルサレム、マッカ、ムハンマド、夜の旅と昇天

フリギア (Phrygia)

　古代アナトリア中西部の地域名であり、またこの地域を中心に建国された王国の名。「フリュギア」「プリュギア」と表記されることもある。
　フリギア人は紀元前12世紀頃、ヒッタイトが滅んだ後のアナトリアに定住し、紀元前8世紀頃国を建てた。伝承によれば、神託により最初の王となったのは農夫のゴルディオスで、彼は首都ゴルディオンを建設、乗ってきた荷車をフリギアの神サバジオスに奉納し、縛り付けた。この結び目は後に「ゴルディオスの結び目」と呼ばれるようになり、これを解いた者はアジアの支配者になるとの伝説が

生まれた。

フリギアは第2代国王ミダスの時代に最盛期となるが、ミダス王については、触れたものすべてが金になるという神話や、アポロンに耳をロバの耳にされるという神話の主人公となっている。ヘロドトスによれば紀元前696年、キンメリア人によって首都ゴルディオンが破壊され、紀元前620年頃リディアに占領されて滅びた。

➡ アナトリア、ヒッタイト、リディア

フリードリヒ2世 (Friedrich Ⅱ)

1194～1250。神聖ローマ帝国皇帝。在位1220～1250。同時にドイツ国王（在位1215～1250）、シチリア王（在位1197～1250）、エルサレム王（在位1225～1250）。第6回十字軍を率い、交渉によって聖地エルサレムを奪回した。アラブ側は「フリードリヒ・アル・エンボロル」と呼ぶ。

神聖ローマ帝国皇帝ハインリヒ6世（在位1191～1197）とシチリア王ルッジェーロ2世(在位1130～1154)の娘コスタンツァ（1154～1198）の子として生まれる。1197年に父ハインリヒ6世が死去すると3歳でシチリア王に即位。1215年、ドイツ国王、1220年に神聖ローマ帝国皇帝に即位するが、戴冠式の際にはエルサレムを回復するという宣誓をする。この約束は引き延ばされていたが、1227年、教皇グレゴリウス9世(在位1227～1241)から、遠征に出発しないと破門すると脅されたため、イタリアのブリンディシを出発したが伝染病のため帰国し、教皇に破門された。

1228年9月、第6回十字軍を率いてアッコに上陸、アイユーブ朝スルタン、カーミル（在位1218～1238）との交渉の末1229年2月18日、平和条約を締結しエルサレム及びその周辺の領域を回復した。1229年には名目上のエルサレム王にも即位した。しかし、ローマ教皇は異教徒との和平を認めなかった。以後はイタリア北部の支配を教皇と争い、1239年に教皇グレゴリウス9世（在位1227～1241）から、また1245年には教皇インノケンティウス4世（在位1243～1254）から破門宣告を受けるなど、ローマ教皇庁との対立は生涯続いた。

イスラム世界を含む各国の商人が頻繁に出入りしていた交易都市パレルモで育ったフリードリヒは、アラビア語を完璧に読み書きできたほか、その宮廷には学者や文人を集める文化人でもあった。

➡ アイユーブ朝、アラビア語、エルサレム、十字軍、スルタン

プリム (Purim) ➡ 祝祭

プレヴェザの海戦 (Battle of Preveza)

1538年9月、イオニア海で行われたオスマン帝国とキリスト教徒連合軍の海戦。

当時バルバロス・ハイレッディン・パシャ（1466/83～1546）率いるオスマン帝国艦隊はエーゲ海、イオニア海にある島々を次々と占領していた。こうした動きに対し、ヴェネツ

ィアやローマ教皇、神聖ローマ帝国皇帝などのキリスト教徒勢力がアンドレア・ドーリア（1466〜1560）指揮下に連合艦隊を派遣、1538年バルバロス・ハイレッディン・パシャ率いるオスマン帝国艦隊とギリシャ西部にあるプレヴェザ沖で海戦を行った。戦闘で勝利したオスマン帝国は、地中海ほぼ全域の制海権を握った。

➡ オスマン帝国、バルバロス・ハイレッディン・パシャ

ブワイフ朝 (Buwayhid dynasty)

932〜1062。カスピ海南の西ダイラム地方に興り、イラクをも支配した王朝。

始祖ブワイフの3人の子アリ（891/2〜949）、ハサン（935頃〜976）及びアフマド（？〜967）はズィヤール朝（927〜1090頃）のマルダーウィージュ（在位927〜935）に仕えていたが、マルダーウィージュが暗殺されるとその支配領域で独立し、ブワイフ朝を建てた。3人はアッバース朝カリフからそれぞれ「イマード・アル・ダウラ」「ムイッズ・アル・ダウラ」「ルクヌ・アル・ダウラ」の称号を与えられ、領土を3つの領域に分けて統治した。ブワイフ家はシーア派（12イマーム派）を奉じていたが、ムイッズ・アル・ダウラは945年、バグダッドに入城し、第22代カリフ、ムスタクフィー（在位944〜946）から「アミール・アル・ウラマー（大総督）」の称号を得、名目上スンニー派カリフの権威に服した。

967年ムイッズ・アル・ダウラが死去するとイラクは混乱するが、ファールス地方を支配していたアブドゥッダウラ（936〜983）が978年にイラクを統一、ブワイフ朝の最盛期をもたらす。しかし、その後は各政権間の争いや周辺諸国による領土の侵食が続き、1062年に滅亡。

➡ アッバース朝、イラク、カリフ、シーア派、12イマーム派、スンニー派、バグダッド

フワーリズミー (アブ・アブドゥッラー・ムハンマド・イブン・ムーサー・アル・フワーリズミー、Abu Abd Allah Muhammad ibn Musa al-Khwarizmi)

780/800〜845/50。生没年には諸説ある。数学、天文学などの分野で活躍したアラビア科学の学者で、「フワーリズミー」とは「ホラズム人」という意味の通り名である。

バグダッドでアッバース朝カリフ、マアムーン（在位813〜833）に仕え、天文学書の『フワーリズミー天文表』のほか、インドにおける計算法や地図に関する『大地の姿の書』などを著す。その著作は12世紀以降ラテン語に訳され、代数学に関する『アル・ジャブル・ワ・アル・ムカーバラ』の書名が英語の「アルジェブラ（代数学）」の語源ともなった。また計算の手順を意味する「アルゴリズム」という言葉は、彼の通り名フワーリズミーに由来する。

➡ アッバース朝、アラビア科学、カリフ、バグダッド

へ

ベイ ➡ アナトリア諸侯国

ベイリク ➡ アナトリア諸侯国

ペサハ ➡ 祝祭

ベドウィン (Bedouin)

アラブ人遊牧民を指す言葉。アラビア語では「バダウ」で、「町でない所に住む人々」を意味し、「ハダリ（町の住民）」に対置する形で用いられていた。

ベドウィンという言葉には、町や文明を知らない者という軽蔑の意味と、伝統に従って誇り高く独立した生活を営む民という自尊心を示す意味との両義が併存しており、アラビア半島では古来、町の住民を襲って略奪する存在である一方、定住民と一種の相互依存関係を保って共存する人々でもあった。第二次世界大戦後、中東の多くの諸国が独立した後も、ベドウィンとその家畜たちは特別に国境の往来を認められている場合が多い。

➡ アラビア半島、アラブ人

ヘブライ語 (Hebrew)

イスラエルの国語で、セム語に属する言語。文字数は22文字で、他のセム語同様母音は基本的に表記されない。古代イスラエル時代には『旧約聖書』の記載に用いられていたが、紀元前586年のバビロン捕囚で知識階級が連れ去られたため、日常語としてはいったん途絶えた。

しかし19世紀以降シオニズム運動の中、ユダヤ人の民族言語であるヘブライ語復興運動が始まり、エリエゼル・ベン・イェフダー（1858～1922）らによって広まった。イギリスによるパレスチナ委任統治時代には英語、アラビア語とともに公用語となり、1948年のイスラエル独立により国語となった。

➡ アラビア語、イスラエル、バビロン捕囚、パレスチナ

ペリシテ人 (Philistines)

紀元前13世紀、現在のパレスチナにエーゲ海地方から侵入した海洋民族で、いわゆる「海の民」の一派と考えられている。

統一国家は造らなかったが、ガザ、アシケロン、アシュドットなどの都市国家を形成していた。ヒッタイトから受け継いだ製鉄技術を独占しており、『旧約聖書』の記述によればパレスチナに定住したイスラエル人たちを支配していた。『旧約聖書』で羊飼いであった少年ダビデがペリシテ人ゴリアテを倒した話は有名で、ペリシテ人もダビデ王の時代に征服された。現在のパレスチナという地名は、ローマ帝国皇帝ハドリアヌス（在位117～138）がペリシテ人にちなんで付けた。

➡ イスラエル、海の民、ダビデ、パレスチナ、ヒッタイト

ベリーダンス (Belly dance)

「ベリー」は英語で「腹部」を意味し、腰の部分を激しく振りながら踊るのでこう呼ばれる。アラビア語では「ラクス・シャルキー(オリエンタルダンス)」。ベリーダンスという名称は1893年に開かれたシカゴ万博のディレクター、ソル・ブルーム(1870〜1949)によって広まったとされる。

古代エジプトの壁画に半裸の女性ダンサーが描かれていることから、ベリーダンスの起源を古代エジプトに求める説もあるが、トルコから伝わったとする説もある。腹部や腰を独特の様式でくねらせ、女性のふくよかさを強調するため、厳格なイスラム教徒からは常に批判の対象となり、これを禁止しているアラブ諸国も多い。エジプトでもその様式や衣装には制限が加えられている。

ジル(フィンガーシンバル)や刀、杖などの小道具を用いることもあり、男性によるベリーダンスも存在する。現在では中東諸国だけでなく、欧米や日本でも美容や健康のために学ぶ人が多くおり、独自の発展を見せている。

➡ アラビア語、エジプト、古代エジプト、トルコ

ベール (veil)

髪の毛を覆うスカーフと並び、イスラム諸国の女性が用いる伝統的な衣装の一つ。『クルアーン』においては、第24章第31節に「美しいところは人に見せないように」という規定があるのみであるが、髪の毛をスカーフなどで覆う習慣は広くイスラム諸国で行われており、サウジアラビアなどでは、全身を黒い布で覆う女性も多数を占める。こうした衣装についても地域や時代によって様々で、全身を覆うサウジアラビアの衣装は「アバーヤ」、アフガニスタンのものは「ブルカ」と呼ばれる。イランのチャドルは顔だけ出して全身を覆うものである。

スカーフは一般に「ヒジャーブ」と呼ばれ、リビアやエジプトなどでは、スカーフで髪を覆うだけの女性の方が多い。トルコでは、政教分離の観点からスカーフの着用が政治問題となったことがあり、フランスでも2004年3月に制定された公立学校でのスカーフ着用を禁止する法律がイスラム教徒などから反発を受けた。特定の国でスカーフを着用する女性が増えるとイスラム回帰の傾向が強まっていると目されることが多いが、スカーフについてはファッションや流行の要素もあるので、一概には言えない。

➡ アフガニスタン、イスラム教、イラン、エジプト、クルアーン、サウジアラビア、リビア

ペルガモン王国 (Pergamom)

紀元前282〜紀元前133。アナトリア北西部にあったヘレニズム国家で「アッタロス朝ペルガモン」ともいう。首都はペルガモン(現在のベルガマ)。

アレクサンドロス3世(在位紀元前336〜紀元前323)の武将の1人リュシマコス(紀元前360〜紀元前281)は、ペルガモンを拠点としてディアドコイ戦争を戦ったが、紀元前

281年、コルペディオンの戦いでセレウコス（紀元前358頃〜紀元前281）に敗れて戦死する。しかし紀元前282年、リュシマコスの臣下フィレタイロス（紀元前343〜紀元前263）は、セレウコスの宗主権下にペルガモン王国を創始した。

フィレタイロスの甥エウメネス1世（在位紀元前263〜紀元前241）はセレウコス朝を破って独立し、エウメネス2世（在位紀元前197〜紀元前159）時代にアナトリアの大部分を支配するが、最後の王アッタロス3世（在位紀元前138〜紀元前133）は後継者なく死亡、王国は共和政ローマに遺贈された。

▶ アナトリア、アレクサンドロス3世、セレウコス朝、ディアドコイ戦争

ペルシャ (Persia)

現在のイラン周辺地域を示す古代の名称で、イラン高原南西部にあるファールス地方の古代名「パールサ」に由来する。この地域から興ったアケメネス朝がイラン高原を統一したため、その支配地域全体がギリシャ語で「ペルシス」、ラテン語で「ペルシャ」と呼ばれるようになり、アケメネス朝やササン朝は伝統的に「ペルシャ帝国」と呼ばれてきた。現在ではペルシャ語、ペルシャ絨毯など主として文物について用いられることが多い。

▶ アケメネス朝、イラン、ササン朝、ペルシャ語

ペルシャ語 (Perisian)

中東の主要言語の1つで、インド・ヨーロッパ語族インド・イラン語派に属する。古代ペルシャ語、中世ペルシャ語（パフラヴィー語）、近世ペルシャ語に分類されるが、現在一般にペルシャ語という場合は近世ペルシャ語を指す。イランの国語で、タジキスタンやアゼルバイジャン、パキスタンなど周辺国にもペルシャ語を母語とする国民が少数おり、アフガニスタンの公用語の1つダリー語や、タジキスタンのタジク語もペルシャ語に近い。

アケメネス朝時代には楔形文字を使用した古代ペルシャ語が用いられ、パルティアからササン朝の時代に中世ペルシャ語（パフラヴィー語）が発展し、多くの文学作品を生んだが、7世紀のアラブ人による征服後は、イランでもアラビア語が行政や宗教、学術に用いられるようになった。こうした状況で、アラビア文字を使用し、語彙や発音の面でもアラビア語の影響を受けた近世ペルシャ語が形成され、シュウービーヤ運動の中で発展した。

モンゴル帝国時代には、ペルシャ語がモンゴル人支配地域の共通語にもなり、文学作品だけでなく行政文書や学術関係の著作もペルシャ語で書かれるようになった。中央アジアやインドの王朝では、19世紀半ば頃まで、史書はペルシャ語で書かれていたという。

▶ アケメネス朝、アゼルバイジャン、アフガニスタン、アラビア語、アラブ人、イラン、ササン朝、シュウービーヤ運動、パルティア、モ

ンゴル帝国

ペルシャ湾 (Persian Gulf)

イランとアラビア半島に挟まれた湾の名称。「ペルシャ湾」はイラン側の呼び名で、アラブ側は「アラビア湾」と呼ぶ。中立を期すため、単に「ガルフ」と呼ばれることもある。長さ約989km、面積は約25万1,000km²。

ペルシャ湾周辺では、古代からメソポタミアの諸王朝、ディルムン、アケメネス朝などが栄え、真珠の採取でも知られていた。7世紀の「アラブの大征服」により、周辺全域が一時イスラム教徒アラブ人の支配下に入った。現在ではイラク、クウェート、サウジアラビア、カタール、バーレーン、アラブ首長国連邦、オマーン、イランといった主要な産油国が周辺に位置し、ペルシャ湾はこれら諸国にとって重要な石油輸出ルートとなっているが、ペルシャ湾の出口にあるホルムズ海峡付近では幅約56kmと狭くなっており、この地域内で軍事衝突が起これば封鎖される可能性もささやかれている。またホルムズ海峡にある大小トンブ島及びアブ・ムーサ島の帰属をめぐっては、イランとアラブ首長国連邦の間に対立がある。

➡ アケメネス朝、アラブ首長国連邦、アラブ人、アラブの大征服、イスラム教、イラク、イラン、オマーン、カタール、クウェート、サウジアラビア、ディルムン、バーレーン、メソポタミア

ベルベル人 (Berbers)

北アフリカ西部を中心に南部はサヘル地域にまで居住し、ベルベル語を母語とする民族のこと。「ベルベル」はローマ人による呼称で、ベルベル人自身は「イマズィゲン(単数形はアマズィーグ)」などと称する。サハラ砂漠の「トゥアレグ人」もベルベル人である。

古代において、ナイル渓谷以西の北アフリカ一帯は「リビア」と総称され、「リビア人」と呼ばれる民族が住んでいた。現在のベルベル人は、この「リビア人」の子孫と考えられている。こうしたリビア人についての最初の記録はラムセス2世(在位紀元前1290～紀元前1224頃)時代のもので、古代エジプト末期の第22王朝から第24王朝はリビア人が建てた王朝であった。

第二次ポエニ戦争において、カルタゴの武将ハンニバル(紀元前247～紀元前183/2)の騎兵として活躍したヌミディア人もベルベル人で、第三次ポエニ戦争の際はマシニッサ(紀元前238～紀元前148)の下に統一王国を樹立していた。ヌミディアの西方にあったマウレタニア王国もベルベル人国家であったが、ヌミディアは紀元前46年、マウレタニアも紀元後44年にローマの属州となった。

7世紀に北アフリカ地域がイスラム教徒アラブ人に征服されて以降、ベルベル人も次第にイスラム化し、ムラービト朝やムワッヒド朝などのベルベル王朝を樹立した。

➡ アフリカ、アラブ人、アルジェリア、イスラム教、カルタゴ、古代エジプト、ヌミディア、ハンニバル、ポエニ戦争、マウレタニア、マグ

レブ、ムラービト朝、ムワッヒド朝、モロッコ、リビア

ヘロデ (Herod)

紀元前73/4～紀元前4。紀元前37年よりユダヤ王となり、ヘロデ王朝を開く。同名の後継王と区別して「大王」と称される。イエス・キリスト（紀元前4頃～紀元後30頃）が誕生したときのユダヤ王と信じられている。

ハスモン王国時代にユダヤ教に改宗したアラブ人、いわゆるイドメア人のアンティパテル家に生まれる。紀元前40年、ハスモン家のアンティゴノス・マッタティヤ（？～紀元前37）がパルティアの支援を得て、ローマの後ろ盾で任命された伯父ヒルカノス2世（？～紀元前30）を捕らえるという事件が発生。ヒルカノスの下でガリラヤ州知事を務めていたヘロデはローマに亡命し、ユダヤ王に任命される。マルクス・アントニウス（紀元前83～紀元前30）の支援を得たヘロデは紀元前37年にエルサレムを奪回し、紀元前20年までにはパレスチナのほぼ全土を支配し、さらにエルサレム神殿の増築やカエサリアなどの都市の造営、マサダの離宮要塞の建設など多くの建築事業も行った。

他方、晩年は病的な猜疑心にとらわれ、夫人や息子を含む親族を多く処刑した。

ヘロデの死後、その領土は3人の子に分割され、次第にローマ帝国に奪われたが、王朝は紀元後34年のヘロデ・フィリポス（在位紀元前4～紀元後34）の死まで続いた。

フラヴィウス・ヨセフス（37～100頃）は、エッセネ派の預言者マナエモスが少年時代のヘロデに対しユダヤの王と呼びかけたとの逸話を伝えている。

➡ アラブ人、エルサレム、ハスモン王国、パルティア、パレスチナ

ベングリオン
(ダビッド、David Ben-Gurion)

1886～1973。イスラエル初代首相。本名ダビド・グリューン。ポーランドのブロンスクに生まれる。父は法律家で、シオニズム活動家でもあった。ワルシャワ大学在学中、東ヨーロッパでの反ユダヤ主義の流行と、ポグロムに衝撃を受け、ロシアにおけるシオニスト運動の1つ「ポアレイ・ツィオン」に参加、その指導者となる。

1906年、パレスチナのヤッファに

ベングリオン

移住、入植者の自警組織「ハショメル」で活動する。1912年には法律を学ぶためイスタンブールに移り、この頃から「ベングリオン」の名を用いるようになるが、パレスチナにおける政治活動を理由にオスマン帝国から追放され、1915年にニューヨークに移住、そこでポーラ・ムンワイス（1892〜1968）と結婚する。

　第一次世界大戦後は、イギリスの委任統治領となったパレスチナに帰還し、1920年に「ヒスタドルート（労働総同盟）」を結成、後にその書記長となって、イギリス統治下のユダヤ人社会での労働者の地位向上に尽力、また、イスラエル国防軍の前身である自衛組織「ハガナー」結成にも関わった。

　1930年には「マパイ党」を設立、1935年にはパレスチナにおけるユダヤ機関執行委員会委員長に就任するなど政治的に頭角を現し、1948年5月14日には、イスラエルの独立を宣言した。独立直後に第一次中東戦争が勃発するが、その間ベングリオンは初代イスラエル首相に選ばれる。以後1954年にいったん辞任するが、1955年に首相に再選され、1963年まで首相を務めた。1973年12月1日脳溢血で死亡。

▶ イスタンブール、イスラエル、オスマン帝国、シオニズム、第一次中東戦争、パレスチナ

ヘンナ (henna)

　アラビア語で「ヒンナーア」。ミソハギ科の低木シコウカの葉を乾燥させた粉末で、この粉を水で溶き、皮膚に塗りつけて麻布などで縛っておくとその部分が赤茶色に染まり、2〜3週間は脱色しない。古代エジプトの時代から湿布剤や邪視除けとして用いられてきたが、現代でも中東の各地で頭髪を染めたり、祝いごとなどの際、手足に模様を描いたりする染料に用いられる。

▶ アラビア語、古代エジプト、邪視

[　　　　ホ　　　　]

法学者による統治
(guardianship of the jurisconsult)

　イランの最高指導者であったイスラム法学者セイエド・ルーホッラー・ムーサヴィ・ホメイニ（1902〜1989）が1970年初頭に唱えた統治理論。ペルシャ語では「ヴェラーヤテ・ファギーフ」。

　その内容は、12イマーム派で「隠れイマーム」とされる第12代イマームが「ガイバ」の間、特定のイスラム法学者が宗教的指導権のみならず政治的指導権も担うべきとするもので、1979年のイラン・イスラム革命以来イランの政治体制の基本となっている。

▶ イスラム法、イマーム、イラン、イラン・イスラム革命、隠れイマーム、12イマーム派、ペルシャ語、ホメイニ

ポエニ戦争 (Punic Wars)

　紀元前3世紀から紀元前2世紀半ばにかけて、北アフリカのカルタゴ

と共和政ローマとが3回にわたり行った戦争。第一次ポエニ戦争（紀元前264～紀元前241）は、シチリア島の支配をめぐって発生し、シチリア島や北アフリカでの陸戦に加え、各地で海戦が行われたが、最終的にローマが勝利した。

第二次ポエニ戦争（紀元前219～紀元前201）はカルタゴの武将ハンニバル（紀元前247～紀元前183/2）にちなんで「ハンニバル戦争」とも呼ばれ、イベリア半島の植民地運営を行っていたハンニバルが紀元前219年、ローマの同盟国サグントを襲撃したことからローマはカルタゴに宣戦布告した。ハンニバルは象部隊を含む2万6,000人の大軍を率いて冬のアルプス越えを敢行、イタリア半島に乗り込んで各地でローマ軍を打ち破るが、最後にカルタゴ近郊のザマの会戦でプブリウス・コルネリウス・スキピオ（紀元前236～紀元前183）に敗れ、カルタゴは降伏した。

第二次ポエニ戦争の講和条件に従い、カルタゴはローマの承認なく戦争を始めてはならないこととなったが、戦後隣国のヌミディアが強力となり、しばしばカルタゴ領内に侵入してきたため、カルタゴは傭兵軍を組織した。これに対しローマはカルタゴの破壊を決定し、第三次ポエニ戦争（紀元前149～紀元前146）が発生、カルタゴは完全に破壊され、住民は奴隷として売られた。

➡ アフリカ、カルタゴ、ヌミディア、ハンニバル

ボエモン1世 (Bohemund I)

1058～1111。第1回十字軍に参加した武将の1人で、初代アンティオキア公。在位 1098～1111。

ノルマン人指導者ロベルト・グイスカルド（1015頃～1085）の長男としてサン・マルコ・アルジェンターノに生まれる。ロベルト・グイスカルドは1081年にビザンツ帝国のヨーロッパ側領土に攻め入り、ビザンツ皇帝アレクシオス1世コムネノス（在位1081～1118）の軍を破ってコルフとアルバニアを占領したことがあり、ボエモンもこの遠征に参加している。しかし、アレクシオス1世の要請を契機に始まった第1回十字軍にはタラント公として参加、指導者の1人となる。

1097年のアンティオキア包囲では中心的な役割を果たし、1098年にアンティオキア公国が設立されるとその領主となる。その後は近隣のダニシメンド朝などのイスラム国家やビザンツ帝国と争い、1100年にはダニシメンドに捕らえられたこともある。1104年にヨーロッパに帰り、アンティオキアに戻らないまま死亡。アンティオキア公国は甥のタンクレード（1075～1112）を摂政として、遺児ボエモン2世（在位1111～1130）が受け継いだ。

➡ 十字軍、ビザンツ帝国

ホッラム教 ➡ マズダク教

ボードワン1世
(Baldwin of Boulogne)

1058?〜1118。第1回十字軍指導者の1人で、エデッサ伯国設立者。初代エルサレム王（在位1100〜1118）。

ロレーヌ人軍団司令官ゴドフロワ・ド・ブイヨン（1060頃〜1100）の弟として第1回十字軍に参加。兄と協力してドリレア、アンティタウルス、マラックなどの諸地方を次々と席捲してシリアに入る。1098年2月には、本隊を離れてエデッサを訪れ、エデッサの支配者トロス（?〜1098）の養子となる。しかし、その直後の民衆暴動でトロスが死亡したため、その領地にエデッサ伯国を設立、領主となる。

1100年、ゴドフロワ・ド・ブイヨンが死ぬとその後継者となり、エデッサ伯の座を従弟のボードワン2世（在位1100〜1118）に譲り、エルサレム王に即位する。その後はアッコ、ベイルート、ヤッファ、シドンなどを征服、領土を拡大したが、1118年3月、エジプトに侵入した際ナイル川で水浴びをした後に急病となり、帰国途上エル・アリーシュで死亡した。

➡ エジプト、エルサレム王国、十字軍、シリア、ナイル川

ホメイニ
(セイエド・ルーホッラー・ムーサヴィ・ホメイニ、Ruhollah Musavi Khomeini)

1902〜1989。イランのイスラム法学者で「イラン・イスラム革命」指導者。革命後のイラン・イスラム共和国においては最高指導者。

イスファハーン北西約200kmにあるホメイン村で、イスラム法学者の家系に生まれる。幼くして父を失い、また16歳で母を失うが、イスファハーン、アラークでイスラム法学を修め、1922年には、アラークで師事していたハーエリー・ヤズディー（1859〜1937）に伴ってコムに移住した。

早くから現実政治にも深い関心を示し、1963年6月にはテヘランやコムで発生した反政府デモに関わったとして逮捕される。翌年4月にいったん釈放されるが、再び激しい国王批判を展開したため11月にトルコに追放され、1965年10月からはイラクのナジャフで活動した。その後も1967年のモハンマド・レザー・シャー（在位1941〜1979）の戴冠記念日、1971年のイラン建国2500年祭、1975年のラスターヒーズ党一党独裁体制成立などの国内政治の重要な節目にはイラン国内に向けて体制批判のメッセージを送り続け、その説教はカセット・テープによって密かにイラン国内に運ばれた。

ホメイニ

こうした活動のため、1978年10月にはイラクからも追われフランスに亡命するが、1979年、イラン・イスラム革命が発生すると2月1日に帰国、彼が唱えた法学者による統治の理論がイラン・イスラム共和国の基本理念とされ、ホメイニは最高指導者となった。

➡ イスラム法、イラク、イラン、イラン・イスラム革命、トルコ、法学者による統治

ホラーサーン (Khorasan)

現在のイラン北東部ホラーサーン州と、アフガニスタン西北部及びトルクメニスタンの一部も含む地域に対する歴史的名称。ペルシャ語で「日の昇る場所」を意味する。古代からイラン系の住民が居住していたが、ウマイヤ朝時代にバスラ総督の支配下に組み入れられた。

ウマイヤ朝を倒したアッバース朝は、当初ホラーサーンの勢力に依存し、またマアムーン（在位813～833）がアミーン（在位809～813）とカリフ位を争った際には、ホラーサーン地方を基盤とした。後年はマムルークの流入路となるなど、中東の歴史にも大きく関与している。

9世紀のターヒル朝時代からアラブ文学とスンニー派学問の中心地となるものの、1220年モンゴル軍の侵攻を受けいったん荒廃した。その後ティムール帝国時代にはヘラートを中心に繁栄し、サファヴィー朝時代以降はマシュハドがシーア派の聖地として発展した。

➡ アッバース朝、アフガニスタン、イラン、ウマイヤ朝、カリフ、サファヴィー朝、シーア派、スンニー派、ティムール帝国、ペルシャ語、マムルーク

ホルムズ海峡 ➡ ペルシャ湾

マ

マイモニデス (Moses Maimonides)

1135～1204。本名モーゼス・ベン・マイモン。アラビア語では「アブ・イムラーン・ムーサー・イブン・マイムーン」。中世を代表するユダヤ人哲学者で医師、法学者。

スペインのコルドバに生まれる。1148年、コルドバがムワッヒド朝に征服されたため一家は北アフリカに渡り、モロッコのフェズやパレスチナなどを経て1165年、エジプトのフスタートに定住した。エジプトでは、アイユーブ朝スルタン、サラーフッディーン（在位1169～1193）やその子アズィーズ（在位1193～1198）の侍医となる一方、現地ユダヤ人社会の指導者でもあった。

ユダヤ法資料を体系的に分類し法典化した『ミシュネー・トーラー』や、聖書の意味をアリストテレス哲学によって読み解こうとした『迷える者の手引き』などを著す。この手法は後世に多大な影響を与え、ラテン語訳されてトマス・アクィナス（1225頃～1274）などのキリスト教思想家にも影響を与えた。

➡ アイユーブ朝、アフリカ、アラビア語、エ

ジプト、キリスト教、サラーフッディーン、スルタン、パレスチナ、フスタート、ムワッヒド朝

マウリド ▶ マウリド・アル・ナビー

マウリド・アル・ナビー
(mawlid al-nabi)

　預言者ムハンマド(570頃〜632)の誕生日を祝うイスラム教の祝祭。単に「マウリド」とも呼ばれる。預言者ムハンマドの誕生日は正確には不明であるが、ファーティマ朝後期頃から死亡したイスラム暦3月（ラビーウ・アル・アウワル）12日が誕生日として祝われるようになり、アイユーブ朝時代には国家的な祝祭行事に発展した。

　今日でも生誕日の1ヶ月から数週間前より、イスラム神秘主義教団を中心に預言者を称える様々な儀礼や『クルアーン』の朗誦、預言者物語や讃歌のパフォーマンスなどが行われる。一方、厳格なハンバル派などは、この種の行事を異端とする。

▶ アイユーブ朝、イスラム神秘主義、イスラム暦、クルアーン、ファーティマ朝、ムハンマド

マウレタニア (Mauretania)

　古代の北アフリカ西部にあったベルベル系マウリ部族の国家。「マウリ」はギリシャ語で黒を意味する「mauros」に由来するとされ、中世ヨーロッパでイスラム教徒を意味する「ムーア人（あるいはモール人）」という言葉も「マウリ」が語源である。

　マウレタニアは、現在のアルジェリア西部から北モロッコ、ジブラルタルに至る領域を支配したが、紀元前33年にはローマの属国となり、紀元前27年にはヌミディア王ユバ2世（在位紀元前27〜紀元後23）がアウグストス（紀元前23〜紀元後14）によりマウレタニア王に任命された。しかし、ユバの後継者プトレマイオス（在位20〜40）は、40年にカリグラ帝（在位37〜41）に殺され、44年にマウレタニアはローマ属州となった。

▶ アルジェリア、イスラム教、ヌミディア、ベルベル人、ムーア人、モロッコ

マカビ反乱 ▶ ハスモン王国

マグレブ (Maghreb)

　正則アラビア語では「マグリブ」。北アフリカ西部地域を示すアラビア語の名称で、本来「日の沈む場所」を意味する。狭義にはモロッコを意味するが、通常チュニジア、アルジェリア及びモロッコを含む地域を指す言葉として用いられ、リビア及びモーリタニアがマグレブに含まれることも多い。この5ヶ国は1989年に結成されたアラブ・マグレブ連合(AMU)構成国でもある。「マグレブ」に対し東部アラブ世界を「マシュリク（日の昇る場所）」と呼ぶこともある。

　古代エジプト時代からヘレニズム時代にかけて、ナイル渓谷以西モーリタニアまでの北アフリカ沿岸地域全体は「リビア」と呼ばれており、土着のベルベル人が居住していたが、

7世紀のアラブ人侵入以後、イスラム化、アラブ化が進み、マグレブ地域でも多くのイスラム諸王朝が興亡した。イスラム時代初期には、シーア派王朝であるイドリース朝やファーティマ朝が成立したが、12世紀にはスンニー派のムワッヒド朝が現在のモーリタニアからリビアを含む地域をほぼ統一し、スペイン南部をも支配した。以後はムラービト朝、マリーン朝、ハフス朝、ザイヤーン朝などの地方王朝が分立し、マグレブ全域が1つの国家として統一されたことはない。

オスマン帝国時代にはチュニジアのフセイン朝、海賊バルバロス・ハイレッディン（1475〜1546）の支配地域を起源とするアルジェリア、トルコ支配を免れたモロッコという形で、ほぼ現在の国家の原型ができた。1830年にはフランスがアルジェリアを征服、さらにチュニジアが1881年、モロッコが1912年にフランス保護領となったことから、この3ヶ国では現在もフランス文化の影響が強い。

▶ アラビア語、アラブ人、アラブ・マグレブ連合、アルジェリア、オスマン帝国、古代エジプト、シーア派、スンニー派、チュニジア、トルコ、バルバロス・ハイレッディン・パシャ、ファーティマ朝、ベルベル人、ムラービト朝、ムワッヒド朝、モロッコ、リビア

マシュリク ▶ マグレブ

マズダク教 (Mazdakeism)

ササン朝ペルシャ時代にマズダク（?〜524）が創始したとされる宗教。

マズダクは、ササン朝時代にイラン北東部のホラーサーンで生まれ、基本的には光と闇の二元論に立ちつつ、非暴力、菜食主義、私有財産の廃止などを唱えたため、史上初の共産主義者と言われることもある。こうした主張は、当時の貧困層から支持を受け、一時はササン朝皇帝カワード1世（在位488〜531）もマズダク教に改宗したが、貴族階級やゾロアスター教の神官などの反対を受けて異端とされ、弾圧を受けて宗教としては消滅した。ただし、一部の信者はその後数世紀の間、密かに生き延びたとも言われる。

▶ イラン、ササン朝、ゾロアスター教、ペルシャ

マッカ (Makka)

アラビア半島西部、ヒジャーズ地方のほぼ中央にある都市で、イスラム教の聖地カアバ神殿を擁する。イスラム教徒にとっては、一生に一度マッカに巡礼することが六信五行の一つとなっており、預言者ムハンマド（570頃〜632）の生地でもある。「マッカ・アル・ムカッラマ」、あるいは「ウンム・アル・クラー」とも呼ばれる。日本では従来「メッカ」と表記されることが多かった。

ローマ時代の地理学者プトレマイオス（85頃〜165頃）によれば、当時は「マコロバ」と呼ばれていた。周囲は砂漠で乾燥気候であるが、古代にザムザムの泉が湧き出てから居住可能となり、アラブ部族が定住して町ができた。農業は基本的に行われていないが、メソポタミアからジェッ

ダに延びる何本もの幹線道路と、東洋からの品を地中海に運ぶ香料の道の交差点に位置することから、古代より交易の拠点として栄えてきた。

預言者ムハンマドの属するクライシュ族は、5世紀末頃、ムハンマドの5代前の先祖クサイイの時代にマッカの支配勢力となった。当時は現在のイラクを中心に、ビザンツ帝国とササン朝とがほぼ間断なく戦闘を続けていたため、陸路による東西貿易が困難となり、代わってインド洋からアラビア半島西端のイエメンに至り、そこから陸路シリアに至る通商路が重要性を増した。

クライシュ族はこの交易路を支配し、マッカも中継地として栄えた。ムハンマド誕生前後にはマッカは多神教の聖地で、カアバ神殿には360体の偶像が安置されていたという。

預言者ムハンマドは610年頃からイスラム教の布教を開始したが、マッカで弾圧されたため、622年にマディーナに移住(ヒジュラ)した。その後マディーナに樹立されたイスラム共同体とマッカを中心とする勢力は軍事的な対立を続けたが、ムハンマドは630年にマッカを征服、カアバ神殿に飾られていた偶像はすべて破壊され、以後イスラム教の聖都となった。

その後マッカの統治権はウマイヤ朝、アッバース朝が握ったが、10世紀頃から、マッカ在住のシャリーフから選ばれる太守が事実上マッカを支配するようになった。太守による支配は20世紀まで続いたが、1924年、最後の太守フセイン・イブン・アリ(1853～1931)は、サウジアラビア初代国王アブドゥルアズィーズ・イブン・サウド(1876/80～1953)に追放され、以後マッカはマディーナとともにサウジアラビアの管理下にある。

▶ アッバース朝、アブドゥルアズィーズ・イブン・サウド、アラビア半島、イエメン、イスラム教、イラク、ウマイヤ朝、カアバ神殿、クライシュ族、サウジアラビア、ササン朝、巡礼、シリア、ヒジュラ、マディーナ、ムハンマド、メソポタミア、六信五行

マディーナ (Medina)

アラビア半島西部の都市で、イスラム教第2の聖地。マッカとあわせて「アル・ハラマイン(2つの聖地)」とも呼ばれる。古代には「ヤスリブ」と呼ばれたが、622年に預言者ムハンマド(570頃～632)が移住したことから、「マディーナ・アル・ラスール」あるいは「マディーナ・アル・ナビー」(いずれも「預言者の町」の意味)と呼ばれるようになり、略してマディーナになった。イスラム教徒は「マディーナ・アル・ムナウワラ」と呼ぶ。西欧及び日本では従来「メディナ」と記されており、ムハンマド自身は「タイバ」とも呼んだ。

預言者ムハンマドの時代、マディーナにはアウス族とハズラジュ族という2大アラブ部族、それにユダヤ教徒が住んでいたが、紀元後600年頃からアラブの2大部族が熾烈な争いを繰り返すようになった。こうした中、620年にマッカを訪れた数人の巡礼者がムハンマドの説教を聞いて

感銘を受け、彼を争いの調停者として招いた。

マッカでの活動が困難になっていたムハンマドは移住を決断し、622年、彼に従う信徒たちとともにマディーナへの移住（ヒジュラ）を行った。その間もなく、ムハンマドは、マディーナのイスラム教徒やユダヤ教徒たちとの間で新しい政体を定める「マディーナ憲章」を締結し、そこではマディーナのイスラム共同体が1つの「ウンマ」を形成すると定められた。

630年のマッカ征服後もムハンマドはマディーナに住み、第3代正統カリフ、ウスマーン（在位644～656）まではマディーナを首都として統治した。町の中心にある預言者モスクは、ムハンマドがヒジュラ後に建設したモスクと彼の住居が時代とともに拡大されたものである。

▶ アラビア半島、イスラム教、ウスマーン・イブン・アッファーン、ウンマ、カリフ、ヒジュラ、マッカ、ムハンマド、モスク、ユダヤ教

マニ教 (Manichaeism)

サーサーン朝の宗教家マニ（216頃～276頃）が創始した宗教。マニは、パルティアのアルケサス王家に連なる上流階級の家に生まれ、父の影響でグノーシス主義を奉じていた。その教義は基本的に光と闇、精神と物質の対立を基調とする二元論と、終末思想、救世主思想などを含み、ゾロアスター教だけでなく仏教やキリスト教の影響も指摘されている。

マニ教は、サーサーン朝のシャープール1世（在位240～272頃）に庇護されたこともあってサーサーン朝以外の地域にも広がったが、バフラーム1世（在位273～276）はこれを弾圧し、マニも獄死した。

歴史的シリア、アナトリア、北アフリカ、ローマ帝国西方地域では、マニ教は4世紀に最盛期を迎え、シルクロード経由で中国にも伝わったが、西方では6世紀になると衰退し、中国でも14～15世紀には独自の宗教としては消滅した。

▶ アナトリア、キリスト教、サーサーン朝、終末、シリア、シルクロード、ゾロアスター教、パルティア

マハル (mahr)

イスラム世界において、結婚に際し花婿側から花嫁側へ支払われる資産のことで、「婚資」「婚姻契約金」と訳される。日本でいう結納金に相当するが、マハルは金銭に限らず、また妻が夫と離婚したり死別した際に受け取るべき財産も含まれる。マハルの種類、額、支払い方法等はイスラム法によって細かく定められており、種類に応じて算定法も種々ある。

▶ イスラム法

マフディー (mahdi)

アラビア語で「正しく導かれた者」の意味。現在では主に、終末に際し「最後の審判」の前にこの世に現れる救世主の意味で用いられている。

シーア派の多くの分派では、アリ（600頃～661）の子孫で、現在「ガイバ」の状態にある「隠れイマーム」が、終末においてマフディーとして姿を

現すと考える。歴史的には、ムワッヒド朝創始者イブン・トゥーマルト(1082～1130)、「スーダンのマフディー」ことムハンマド・アフマド(1843?～1885)など、マフディーを自称した人物は何人かいる。

➡ アラビア語、アリ、イマーム、隠れイマーム、最後の審判、シーア派、終末、スーダン、ムハンマド・アフマド、ムワッヒド朝

マフディー (スーダンの)

➡ ムハンマド・アフマド

マフムート2世 (Mahmud Ⅱ)

1784～1839。オスマン帝国第30代スルタン。在位1808～1839。アブデュルハミト1世(在位1774～1789)の子で、ムスタファ4世(在位1807～1808)の弟。オスマン帝国が弱体化する中、中央集権化と西欧化によって危機を乗り越えようと試みた。

当時のオスマン帝国は数次にわたるロシア・トルコ戦争のほか、ムハンマド・アリ(1769～1849)によるエジプト支配、イオニアのアリ・パシャ(1740～1822)、ブルガリアのムスタファ・パシャ(1765～1808)、コンスタンティン・イプシランティ(1760～1816)によるワラキア・モルダヴィア支配など、各地に事実上の地方政権が成立し、領土縮小とスルタンの権威低下が顕著になっていた。こうした状況で本格的な近代化政策を試みた第28代スルタン、セリム3世(在位1789～1807)は廃位され、1807年に即位したムスタファ4世は1808年にセリム3世を殺害、同時に弟のマフムート2世も殺害しようとした。しかし母ナクシディリやその下女ジェヴリ・ファルファに助けられ、ムスタファ・パシャによってスルタンに擁立される。

即位後は1822年にアリ・パシャを討伐してギリシャ支配を回復するが、その後ペロポネソス半島の蜂起が起き、鎮圧にはエジプトのムハンマド・アリの支援を得た。1826年にはイェニチェリ軍団を廃止し、西欧的な常備軍を創設、留学生の派遣や軍事専門家の招聘、世俗教育制度・検疫制度・郵便制度の導入など近代化を目指す諸改革に努めた。さらにトルコ帽採用を含む服装改革を1829年に断行し、宮廷でも洋装を奨励したため異教徒のスルタンと呼ばれた。

しかしオスマン帝国艦隊は1827年のナヴァリノ沖海戦でイギリス、フランス及びロシアの連合軍に撃破され、1828年の第四次ロシア・トルコ戦争に敗れ、1829年のセルビア公国の自治獲得、1830年フランスのアルジェリア占領やギリシャ独立、1831年のトルコ・エジプト戦争によりシリア及びレバノンを奪取されるなど、彼の統治期間中も領土の縮小が続いた。第二次トルコ・エジプト戦争(1839～1840)継続中に病死。

➡ アルジェリア、イェニチェリ、エジプト、オスマン帝国、シリア、スルタン、ムハンマド・アリ、レバノン

マムルーク (mamluk)

アラビア語での本来の意味は「所有される者」で、奴隷を意味するが、

特にトルコ系、チュルケス系などの白人奴隷を指す。マムルーク朝では、支配階級となる奴隷軍人の意味でもある。

こうした白人奴隷は、イスラム世界に現れた当初は「グラーム」とも呼ばれた。奴隷を軍人として用いる例は、イスラム世界では預言者ムハンマドの時代から見られるが、アッバース朝第8代カリフ、ムウタスィム（在位833〜842）は中央アジア出身のトルコ系奴隷を大量に購入し、最初に本格的なマムルーク軍団を形成した。以後こうしたトルコ系軍人を常備軍とする動きが急速に一般化し、彼らはアイユーブ朝の頃からマムルークと呼ばれるようになった。

マムルークを支配階級としたマムルーク朝はオスマン帝国に征服されたものの、オスマン帝国支配下においても、マムルークはエジプト各地で事実上の支配勢力であり続け、その影響力はムハンマド・アリ（1769〜1849）による「シタデルの虐殺」（1811年）まで残った。

▶ アイユーブ朝、アッバース朝、アラビア語、エジプト、オスマン帝国、カリフ、トルコ、マムルーク朝、ムハンマド、ムハンマド・アリ

マムルーク朝 (Mamluk dynasty)

1250〜1517。トルコ系軍人奴隷マムルークやその子孫をスルタンとし、エジプト及びシリアを支配した王朝。バハリー・マムルーク朝（1250〜1382）とブルジー・マムルーク朝（1382〜1517）に二分される。スルタンは世襲ではなく選挙で選ばれ、ナースィル（在位1293〜1294、1299〜1309、1310〜1341）のように3回スルタンとなった者もいる。

アイユーブ朝第7代スルタン、サーリフ（在位1240〜1249）は第7回十字軍のエジプト侵攻中陣没し、その妻シャジャラト・アル・ドゥッル（?〜1257）がスルタンの死を隠して指揮をとり、マムルーク軍団の活躍を得て十字軍を撃退した。しかしマムルークは1250年に宮廷クーデターを起こして新スルタン、トゥーランシャー（在位1249〜1250）を殺害、シャジャラト・アル・ドゥッルをスルタンとしてマムルーク朝を建てた。

マムルーク朝はナースィルの時代に最盛期を迎えたが、1516年8月、マルジュ・ダービクの戦いでオスマン帝国に敗れてシリアを失い、1517年1月にカイロを占領されて滅びた。しかしマムルークたちは、その後も地方領主として、実質的なエジプト支配を続けた。

▶ アイユーブ朝、アッバース朝、エジプト、オスマン帝国、カリフ、シャジャラト・アル・ドゥッル、十字軍、シリア、スルタン、トルコ、マムルーク、モンゴル帝国

マラズギルドの戦い (Battle of Malazgird)

1071年、セルジューク朝スルタン、アルプ・アルスラン（在位1063〜1072）がビザンツ皇帝ロマヌス4世ディオゲネス（在位1068〜1071）に大勝した戦い。ヨーロッパでは、ギリシャ語表記に基づいて「マンズィケルトの戦い」と呼ばれる。

1068年、ビザンツ帝国皇帝に即位したロマヌス4世は、セルジューク朝の勢力伸張を阻止すべく、6万の大軍を率いて東方に遠征した。これに対しセルジューク朝スルタン、アルプ・アルスランはシリアから1万5,000人の兵力で北上、ロマヌス4世に講和を提案したが断られ、両軍はアフラートとマラズギルドの間で激突した。戦闘ではビザンツ帝国軍はセルジューク朝騎兵の機動力に翻弄されて大敗、ロマヌス4世も捕らえられた。

この戦いの後、多数のトゥルクマン集団がアナトリアに侵入するようになり、アナトリアのトルコ化・イスラム化が本格化した。

➡ アナトリア、スルタン、セルジューク朝、トゥルクマン、トルコ、ビザンツ帝国

マーリク学派 ➡ イスラム法

マリク・シャー ➡ セルジューク朝

マルジャア・アル・タクリード
(marja' al-taqlid)

本来アラビア語で「模倣の源泉」を意味する言葉であるが、12イマーム派においては、イスラム法学上最高の有識者であり、一般信徒がその見解に従うべきイスラム法学者のことを特にこう呼ぶ。ペルシャ語では「マルジャエ・タグリード」で、「ナーイェベ・エマーム(イマームの代理人)」と呼ばれることもある。日本語では「亀鑑大師」と訳されることもある。

12イマーム派においては、『クルアーン』や「ハディース」など、他の法源によっても判断ができない事例について「イジュティハード(解釈行為)」を行うことが認められている。このイジュティハードは、十分な学識と専門知識を有する法学者のみに認められており、そうした法学者を「ムジュタヒド」と呼ぶ。その中でも特に権威のある人物がマルジャア・アル・タクリードと呼ばれるようになり、それが次第に制度化された。

最初にマルジャア・アル・タクリードとなったのはハサン・ナジャフィー(?～1849/50)とされ、必ずしも同時代に1人とは限らない。マルジャア・アル・タクリードが複数いる場合、誰に従うかは信徒の側で選択できる。

➡ アラビア語、イスラム法、クルアーン、12イマーム派、ハディース、ペルシャ語

マロン派 (Maronite Christians)

シリア及びレバノンに信者を持つキリスト教の一派。アラビア語では「マールーニー」。5世紀シリアの修道士キュロスのマロン(?～423以前)によって創始された東方キリスト教の一派で、本来はシリアに拠点を持っていたが、7世紀に単性説を受容し、迫害を受けたため信者の多くがレバノン山中に逃れた。現在はローマ・カトリック教会の傘下となっている。

レバノンがフランスの委任統治下にあった当時、マロン派は人口の30%前後を占める最大宗派であり、

1943年のレバノン独立後、レバノン大統領職はマロン派が占めている。1975年からのレバノン内戦では、「カターイブ」などマロン派の民兵集団が大きな役割を果たした。

➡ キリスト教、シリア、レバノン、レバノン内戦

マンズィケルトの戦い

➡ マラズギルドの戦い

ミ

ミウラージュ ➡ 夜の旅と昇天

南イエメン (Southern Yemen, People's Democratic Republic of Yemen)

1967〜1990。正式名称は「イエメン人民民主共和国」。イギリス領アデン及びイギリス保護領の東西アデンが1967年に独立した国家。首都はアデン。

アデンは、紅海とインド洋を結ぶ海上交通の要衝に当たり、イエメンに伝わる伝説では、『旧約聖書』に登場するカインとアベルの埋葬地とも言われる。15世紀以来ポルトガルの香料貿易の中継基地として栄えたが、1538年にオスマン帝国に征服され、1839年にイギリスに占領された。さらにイギリスは、アデン周辺の首長と個々に保護協定を結び、東西アデン領にまとめた。

第二次世界大戦後アラブ民族主義が高まると、イギリスは1963年に「南アラビア連邦」を結成させた。これに対し、アデンを中心に急進的な独立運動が起こり、完全独立を目指す「民族解放戦線(NFL)」が1967年に支配権を握り、南アラビア連邦は「イエメン人民共和国」として独立した。1970年には「イエメン人民民主共和国」と改称し、中東で唯一マルクス・レーニン主義を掲げる共産主義国家となったが、1990年5月22日、イエメン共和国(北イエメン)と統合、消滅した。

➡ アラブ民族主義、イエメン、オスマン帝国

南スーダン
(Republic of South Sudan)

正式名称は「南スーダン共和国」。2011年7月9日、スーダンから分離独立した国家で、首都はジュバ。面積約64.4万k㎡、人口826万人(独立前の2008年推計)。ディンカ族、シルク族、ヌエル族を筆頭に、数十の部族が存在すると言われる。

スーダン南部は、スーダン・マフディー国の領域に組み込まれて以来、スーダンと一体の歴史をたどるようになった。しかし1898年に始まるイギリス・エジプト共同統治下で、イギリスは南部と北部の交通を遮断し、南部でのイスラム教布教を禁止するなど、北部と南部を切り離す形で統治を行ったため、1956年のスーダン独立後も南北の対立が残り、1955年から1972年にかけて南部住民が分離独立を求め、第一次内戦が起きた。

1983年からは、南部自治政府の崩壊とイスラム法の導入を契機に、「スーダン人民解放運動(SPLM)」が主導する南部での反乱が起き、第二次内

戦に突入する。しかし2005年1月9日、スーダン政府と「スーダン人民解放運動(SPLM)」との間で南北包括和平合意が署名され、2011年1月、この和平合意に基づく南部スーダンでの住民投票の結果、分離独立が選択された。

➡ イスラム法、エジプト、スーダン、スーダン・マフディー国

南レバノン軍

(South Lebanese Army: SLA)

　レバノン内戦中に生まれた武装勢力の1つ。レバノン内戦の発生により、南部に駐留していたレバノン国軍はキリスト教徒の部隊とイスラム教徒の部隊に分裂、キリスト教徒部隊を率いるギリシャ・カトリック教徒のサアド・ハッダード少佐(1936～1984)は1976年10月、イスラエルの支援を受け、マルジャイユーンを本拠地とする南レバノン軍を設立した。1978年、イスラエルはレバノン南部に侵攻し(リタニ川作戦)、撤退時に国境から10kmの帯状の安全保障地帯、通称ハッダード・ランドを設け、その管理を南レバノン軍に委ねた。

　1984年にハッダード少佐が病死すると、アントワーヌ・ラハド准将(1927～)が南レバノン軍を指揮した。南レバノン軍は、一時は兵員2,500名を誇り、イスラエルの全面的支援を受けた強力な武装集団となったが、兵員を地元から徴募したため次第にシーア派住民の比率が増え、またヒズボラとの長年の抗争の中で次第に疲弊していった。2005年5月、イスラエル軍がレバノン領から撤退すると、南レバノン軍の多数の兵士及び対イスラエル協力者の住民はイスラエル側に逃れ、残された兵士も多くが投降したため消滅した。

➡ イスラエル、イスラム教、キリスト教、シーア派、ヒズボラ、レバノン、レバノン内戦

ミナレット ➡ モスク

ミュンヘン五輪事件

(Munich massacre)

　1972年9月、ミュンヘン・オリンピックの開催中、「黒い9月」に属するパレスチナ・ゲリラがイスラエル人選手宿舎に侵入、イスラエル人選手及び関係者11人を殺害した事件。

　1972年9月5日未明、選手村のイスラエル人選手宿舎に侵入したゲリラは選手団2人を射殺、9人を人質にして宿舎に立てこもった。オリンピックは同日午後の競技が中止され、犯人は岡本公三(1947～)やサベナ・ベルギー航空ハイジャック実行犯を含む234人及び西ドイツの刑務所にいる2名の左翼都市ゲリラの釈放を要求した。同日夜、西ドイツ政府は犯人の要求を受け入れたと見せかけて、人質と犯人をヘリコプターでフェルステンフェトブリュック空軍基地に移送し、そこで犯人の逮捕を試みたが、9人の人質全員が死亡した。

　犯人は5人が死亡、3人が逮捕された。しかし捕まった3人は1972年10月29日にハイジャックされたルフトハンザ航空615便の乗客解放と

引き換えに釈放された。
➡ イスラエル、黒い9月、パレスチナ

ム

ムアーウィヤ
(Muawiya ibn Abi Sufyan ibn Harb ibn Umayya)

?～680。ウマイヤ朝初代カリフ。在位661～680。クライシュ族ウマイヤ家出身で、アブ・スフヤーン（560～652）とその妻ヒンド・ビント・ウトバの子。

当初は両親とともに預言者ムハンマド（570頃～632）に敵対していたが、630年、ムハンマドのマッカ征服に際し、父アブ・スフヤーンとともに入信した。初代正統カリフ、アブ・バクル（在位632～634）治下の634年、兄ヤズィード（?～640）に従ってシリア方面に派遣され、ヤルムークの戦いにも参加した。兄ヤズィード病死後、第3代正統カリフ、ウスマーン（在位644～656）によってシリア総督に命じられる。

656年、同じウマイヤ家出身のウスマーンが暗殺され、第4代正統カリフとしてアリ（在位656～661）が選出されると、ウマイヤ家の長老となっていたムアーウィヤはウスマーン殺害に対する血の復讐の権利を主張、アリの選出を認めなかった。ムアーウィヤは657年、スィッフィーンでアリと戦うが決着はつかず、660年にエルサレムで自らカリフ就任を宣言した。翌661年にアリが暗殺されたことで唯一のカリフとなり、各地のアラブ有力者の支持を取り付けてダマスカスを首都にウマイヤ朝を開いた。

➡ アブ・バクル、アリ、ウスマーン・イブン・アッファーン、ウマイヤ朝、エルサレム、カリフ、クライシュ族、シリア、ダマスカス、マッカ、ムハンマド、ヤルムークの戦い

ムーア人 (Moor)

北アフリカ西部及びスペインのイスラム教徒を指す西洋の呼び名。日本ではフランス語に由来する「モール人」という名称も用いられる。本来は古代北アフリカ西部にマウレタニア王国を樹立したベルベル人のマウリ族に由来する呼び名で、「マウリ」はギリシャ語で「黒」を意味する「マウロス」に由来する言葉。

7世紀にアラブ人が北西アフリカを征服すると、先住民ベルベル人もイスラム教に改宗し、8世紀にはアラブ人とともにイベリア半島に侵入してイスラム国家を樹立した。こうしたイスラム教徒の征服者には、アラブ人のほか北西アフリカの先住民、さらに両者の混血もいたが、スペインのキリスト教徒たちは彼らを区別せずにムーア人（スペイン語でmoros）と呼んだことから、北西アフリカ及びイベリア半島のイスラム教徒とその子孫を意味する言葉になった。

➡ アフリカ、アラブ人、イスラム教、キリスト教、ベルベル人、マウレタニア

ムアッズィン ➡ アザーン

ムーサー ➡ モーセ

ムジャーヒディーン
(Mujahedin, Mujahideen)

「ジハードを行う者」を意味する「ムジャーヒド」の複数形。転じて「戦士」も意味する。

イスラム世界では、植民地支配者などに対する抵抗運動を行う戦士たちも「ムジャーヒディーン」を自称することが多くあり、19世紀以降は民衆レベルで組織された武装闘争や反政府組織もムジャーヒディーンの名称を用いるようになった。アフガニスタンでは内戦中共産主義政権に抵抗したゲリラ勢力を総称する言葉として用いられた。

➡ アフガニスタン、ジハード

ムスリム同胞団 (Muslim Brotherhood, Society of Muslim Brothers)

いわゆる「イスラム原理主義組織」の1つ。1928年、エジプトで最初に結成され、その後多くのアラブ諸国で支部が結成された。

エジプトのムスリム同胞団は、イスマイリーヤで教師をしていたハサン・アル・バンナー（1906～1949）が1928年に設立した。1932年には本部をカイロに移し、公務員、学生、農民など様々な社会階層からの参加者を集め、1940年代末には、団員数50万人とも言われるエジプト最大の政治結社となった。しかし、1952年のエジプト革命以降はナセル大統領（1918～1970）の下で非合法化され、激しい弾圧を受けた。そうした中、急進的な思想を唱えるサイイド・クトゥブ（1906～1966）が大きな影響力を持つようになったが、クトゥブは思想裁判の末1966年に処刑された。

1970年に誕生したサダト政権はムスリム同胞団と和解し、同胞団も穏健路線に転向した。しかしこのことは、後にサダト暗殺を行った「ジハード団」、ルクソール事件を起こした「イスラム団」など急進派の分離独立も招いた。1981年以降のムバラク政権下では、既存の政党と提携して国政選挙にも参加するようになり、医師組合、弁護士組合など職業組合でも支持者を集めたが、独自の政党を設立することは認められなかった。

2011年の「アラブの春」中、ムバラク大統領が退陣すると、ムスリム同胞団は「自由公正党」を結成して人民議会下院選挙に臨み、同党は第1党となった。2012年の大統領選挙では、ムスリム同胞団のムハンマド・ムルスィー（1951～）が当選したが、2013年になって大規模な反政府デモが相次ぐようになり、7月には軍によって権限を剥奪された。

他のアラブ諸国では、教師などで移住したエジプト人の影響で、1940年代から1950年代に支部が設立されたが、エジプト本部が弾圧で機能しなくなった時期に各支部が独立して活動するようになった。多くのアラブ諸国、特にシリアでは激しく弾圧されてきたが、ヨルダンでは国政選挙にも参加して、一時下院に議席

を得ていた。パレスチナのハマスも、本来は現地ムスリム同胞団の武装組織として設立された。

➡ アラブの春、イスラム原理主義、エジプト、カイロ、サダト、シリア、ナセル、ハマス、パレスチナ、ヨルダン、ルクソール事件

ムタウウィウ (mutawwi)

本来は「ボランティア」を意味するアラビア語であるが、サウジアラビアでは通常、風紀取締人を指して、この言葉が用いられる。現地では「ムタウワ」と呼ばれる。

サウジアラビアでは1926年に「勧善懲悪委員会」が設立され、その委員会で働くものが「ムタウウィウ」と呼ばれている。彼らは公務員ではあるが、その半数ほどがパート勤務で、ほかにボランティアもいる。

彼らの服装には、白い民族衣装（トーブ）の裾を短くする、髭は顎だけ生やすなどの特徴があり、特に外国人女性が髪の毛や全身を黒衣（アバーヤ）で覆っていないとそれを強制し、時に鞭打つなどの行為に及ぶこともあるので外国人には不評である。

➡ アラビア語、サウジアラビア

ムハンマド
(Muhammad ibn Abd Allah ibn Abd al-Muttalib)

570頃～632。イスラム教の開祖。日本では従来、英語経由の「マホメット」と表記されることが多かった。マッカのクライシュ族ハーシム家に、いわゆる「象の年」に生まれたとされる。誕生時に父親は他界しており、6歳で母親も失ったため、伯父アブ・ターリブ（549～619）に育てられた。

預言者として活動を始める前の事績は明らかでないが、成人したムハンマドは「アミーン（正直者）」とあだ名され、25歳のとき、15歳年上の富裕な未亡人ハディージャ（555～619）にその人柄を見込まれて結婚するが、しばしばマッカ郊外のヒラー山の洞窟で瞑想するようになり、610年頃、洞窟で瞑想中、大天使ガブリエル（アラビア語ではジブリール）から啓示を受ける。

以後「アッラー」からの啓示を人々に伝えるが、このムハンマドが得た啓示を後代にまとめたものが『クルアーン』となる。しかし啓示の内容には、従来のマッカ住民の慣習を否定するものも含まれていたため迫害を受け、622年、信徒とともに「ヤスリブ（現在のマディーナ）」に移住する（ヒジュラ）。

マディーナでは、後にマディーナ憲章と呼ばれる盟約をマディーナのアラブ人及びユダヤ教徒と結び、「ウンマ」の基本的な原則を定めた。マッカ側とは、624年の「バドルの戦い」、翌年の「ウフドの戦い」、627年の「塹壕の戦い」などの抗争を続けるが、628年の「フダイビーヤの和約」を経て630年に無血入城した。このときマッカ住民は、大挙してイスラム教に改宗した。

マッカ征服以後もムハンマドはマディーナに住み、632年3月、自ら陣頭指揮をとって、別離の大巡礼と呼ばれる大巡礼を挙行した後、6月8日

（イスラム暦では3月12日）に、最愛の妻アーイシャの部屋で息を引き取った。

▶ アーイシャ、ウフドの戦い、ウンマ、クライシュ族、塹壕の戦い、象の年、バドルの戦い、ヒジュラ、フダイビーヤの和約、マッカ、マディーナ

ムハンマド・アブドゥ
(Muhammad 'Abduh)

1849〜1905。近代エジプトの思想家、イスラム法学者。

ナイル・デルタに貧農の子として生まれ、デルタ内の町タンタで初等教育を終える。1866年よりカイロのアズハルに学び、1872年、アフガーニー（1838/9〜1897）がエジプトを訪れるとその思想に強く感化され、以後親交を結ぶ。

卒業後はアズハルなどで教鞭を執っていたが、1882年のアラービー運動に際し国外追放され、パリでアフガーニーと合流して雑誌「固き絆」の発行に従事した。その後1888年に帰国、1890年カイロ控訴院大法官になり、さらに1895年に最高ムフティーとなる。

以後アズハルやイスラム法廷、ワクフ行政など主として教育と法律の分野で斬新な改革を展開、弟子に当たるラシード・リダー（1865〜1935）が発行した雑誌「マナール」などでもその改革思想を発表した。

▶ アズハル、アフガーニー、アラービー運動、イスラム法、エジプト、カイロ、サラフィー主義、ムフティー

ムハンマド・アフマド
(Muhammad Ahmad)

1843？〜1885。スーダンのマフディー。自ら「マフディー」を名乗ってスーダンから一時的にイギリスを駆逐、「スーダン・マフディー国」を建設してスーダン統一の基礎を据えた。

北部スーダンのドンゴラ地方で「サイイド」の家系に生まれる。一家は農業のかたわら、舟や揚水車を造る大工業を営んでいたが、ムハンマド・アフマドの幼少時代に故郷を離れハルトゥーム近郊に移住した。ムハンマド・アフマドはハルトゥームやジャジーラ地方などで教育を受け、1865年頃、イスラム神秘主義教団の1つサンマーニー教団に加わる。

1881年6月には、アバー島で自らマフディーであると宣言し、イギリスに対する「ジハード」を開始、1885年1月にはイギリス人総督チャールズ・ジョージ・ゴードン（1833〜1885）が守るハルトゥームを陥落させてスーダン・マフディー国を建てる。同年6月病死。

▶ イスラム神秘主義、サイイド、ジハード、スーダン、スーダン・マフディー国

ムハンマド・アリ (Muhammad Ali)

1769〜1849。オスマン帝国時代のエジプト総督で、ムハンマド・アリ朝創始者。エジプト総督としての在位1805〜1848。トルコ語ではメフメト・アリ。

当時オスマン帝国領であったギリシャ北東部カヴァラ出身のアルバニア人とされる。1798年、ナポレオン・

ボナパルト（1769〜1821）がエジプトに侵入した際、300人のアルバニア人部隊の副官としてカヴァラから従軍するが、翌年7月、アブ・キールの上陸作戦失敗後、部隊長が逃走したため、約1万人のアルバニア人部隊長となる。

フランス軍撤退後、エジプトが一時無政府状態となる中、ムハンマド・アリはアルバニア人部隊を指揮し、オスマン帝国総督やマムルークなどの土着勢力と競いながら次第に地元の宗教指導者や名士、指導的商人や職人からの支持を得るようになる。1805年5月、カイロ市民により総督に推挙され、その地位は当時のオスマン帝国スルタン、セリム3世（在位1789〜1807）から追認された。

1811年、オスマン帝国からアラビア半島のサウド王国討伐を命じられると、出陣前にマムルークをシタデルで虐殺してエジプトからその勢力を一掃した。1821年からのギリシャ独立戦争では、オスマン帝国スルタン、マフムート2世（在位在位1808〜1839）の要請で息子イブラヒーム（1789〜1848）の軍隊を派遣したが、その際の論功行賞をめぐって1831年からオスマン帝国とトルコ・エジプト戦争を開始、シリア、レバノン及びアナトリア東部を占領した。翌年フランスの調停によってムハンマド・アリはエジプト及びクレタの終身総督の地位と引き換えにアナトリアから撤退、イブラヒームもダマスカス、アレッポ、アダナの総督と認められた。

1839年には、第二次トルコ・エジプト戦争を起こして再度オスマン帝国と争い、翌年7月、ロンドン条約によりムハンマド・アリの子孫がエジプト総督の地位を世襲することが認められたが、11月5日のアレクサンドリア協約によりクレタ島、アラビア半島及びエジプトを除くすべてのオスマン帝国領土から撤退した。内政上はデルタ地帯に綿花産業を興し、徴兵制による近代的軍隊を創出、大規模な灌漑農業を実施するなど富国強兵策に努めた。

▶ アナトリア、アラビア半島、エジプト、オスマン帝国、カイロ、シリア、スルタン、ダマスカス、ナポレオン・ボナパルト、マフムート2世、マムルーク、ムハンマド・アリ朝、レバノン

ムハンマド・アリ朝
(Muhammad Ali dynasty)

1805〜1953。ムハンマド・アリ（1769〜1849）を創始者とするエジプトの王朝で、1953年に王制が廃止されるまで約150年間11代にわたってエジプトを支配した。君主の称号は当初は「総督」であったが、第5代イスマイール（在位1863〜1879）時代に「副王（ヘディーヴ）」となり、第8代フセイン・カーミル（在位1914〜1917）が「スルタン」、第9代フアード1世（在位1917〜1936）以降「国王」と称した。

第2代総督イブラヒーム（在位1848）は、ムハンマド・アリ時代にアラビア半島のサウド王朝討伐やエジプト・トルコ戦争を指揮したが、即位後すぐに死去した。その弟サイー

ド（在位 1854～1863）時代にスエズ運河建設が始まるが、第5代イスマイール時代には国家財政は破綻、1876年から、イギリスとフランスがエジプトの財務管理を行うようになった。さらに1881年のアラービー運動鎮圧後は、ムハンマド・アリ朝は事実上イギリスの傀儡政権となり、第一次世界大戦時にオスマン帝国が同盟国側で参戦すると、イギリスはアッバース2世(在位 1892～1914)を解任して、彼の叔父のフセイン・カーミルをスルタンに任命、オスマン帝国の形式的支配から脱却した。

さらに1922年、エジプトはフアード1世を国王にエジプト王国として独立するが、1952年のエジプト革命の結果、国王ファールーク1世(在位 1936～1952)が国外に脱し、さらに翌年共和制となったことでムハンマド・アリ朝は消滅した。

➡ アラービー運動、エジプト、オスマン帝国、スルタン、第一次世界大戦中の中東、ムハンマド・アリ

ムハンマド・イブン・アブドゥルワッハーブ ➡ ワッハーブ派

ムハンマド・オマル ➡ タリバーン

ムフティー (mufti)

「ファトワー」を出す資格を持つ、高位のイスラム法学者のこと。裁判で裁判官の顧問を務める場合もある。

「ファトワー」とは、法学者の資格を持つ者が一般信徒からの質問に答えて、口頭または書面で提示されるイスラム法学的見解のことであるが、ファトワーを出すことを公式の職務とする者がムフティーと呼ばれる。ムフティーとなるのに公的な任命は必ずしも必要ではないが、多くのイスラム教国においてムフティーは国家から任命され、その筆頭として国事に関するイスラム法的見解を明らかにする権能を持つ「大ムフティー」という職が設けられている。ラマダン月の開始日と終了日を決めるのも、この大ムフティーであることが多く、エジプトではアズハル総長がこの職を兼ねている。

➡ アズハル、イスラム法、エジプト、ラマダン

ムラト1世 (Murat I)

1326～1389。オスマン帝国第3代スルタン。在位 1362～1389。イェニチェリ軍団を創設し、バルカン半島全域で征服活動を行った。

父オルハン（在位 1326～1362）時代からイノニュ総督を務め、1362年に即位すると、「カリマン侯国」に支援されたアンカラの反乱を鎮圧、東方を固めた上で西方への征服戦を開始、1362年アドリアノープル、フィリッポポリス(現プロブディフ)を征服した。1363年には、ヨーロッパ諸侯の連合軍をマリツァ河畔の戦いで破り、1365年、首都をアドリアノープルに定めた。

同年セルビアを破ってセレ、ドラーマ、カバラをとり、1373年にはブルガリア王イヴァン・シシュマン(在位 1371～1395)を臣属させる。その後もニーシ、ソフィア、サロニカを

占領する。1387年にはセルビアとブルガリアの同盟軍にボスニアで敗れるが、1389年6月20日にはコソヴォの戦いでバルカン半島諸侯の軍を破る。しかしこの最中ムラト1世は、投降してきたセルビア人に暗殺された。

ムラト1世死去の時点でオスマン帝国はマルマラ海沿岸全域を確保し、ヨーロッパ側の領土はエーゲ海、アルバニア辺境、バルカン山岳地帯に到達した。

▶ アナトリア、イェニチェリ、オスマン帝国、カバラ、スルタン

ムラービト朝 (Almoravids)

1056〜1147。現在のモロッコとアルジェリア北西部及びスペインの一部を支配したベルベル人王朝。「ムラービト」とは、本来「リバート(城塞)にこもる人」を意味するアラビア語で、創始者アブドゥッラー・イブン・ヤースィーン(?〜1059)とともに現在のモーリタニアにあるリバートにこもった信者たちが「ムラービトゥーン(ムラービトの複数形)」と呼ばれたことに由来する。スペイン語では「アルモラビト朝」。

1039年、ヤフヤー・イブン・イブラーヒーム(?〜1048頃)に率いられたベルベル人サンハージャ族のマッカ巡礼団は、チュニジアのカイラワーンでイスラム法学者アブー・イムラーン・アル・ファースィー(974〜1039)の教えに感銘を受け、その孫弟子アブドゥッラー・イブン・ヤースィーンとともに、現在のモーリタニアで、セネガル川の島にリバートを築いた。彼らは修道生活の一方で身体の鍛錬や武芸にいそしみ、勢力を次第に拡大し、アブー・バクル・イブン・ウマル(在位1056〜1087)が指導者となった時点でムラービト朝が創設された。

ムラービト朝は現在のモロッコ全土に加え、1076年には南方のガーナ王国も支配、さらに1086年には、イベリア半島に住むイスラム教徒の要請でスペインに進出、イベリア半島南部を支配した。1147年、新興のムワッヒド朝に滅ぼされた。

▶ アラビア語、アルジェリア、イスラム法、チュニジア、ベルベル人、マッカ、ムワッヒド朝、モロッコ

ムワッヒド朝 (Almohads)

1121〜1269。現在のモロッコに興り、「ムラービト朝」を継承する形でチュニジア以西の北アフリカとスペイン南部アンダルス地方を支配した王朝。「ムワッヒド」とは、「一神教徒」を意味し、イブン・トゥーマルト(1082〜1130)が開始したアッラーの唯一性を強調する改革運動を基礎に建国されたため、こう呼ばれる。ヨーロッパでは「アルモハード朝」と呼ばれる。

アトラス山脈に生まれたマスムーダ族出身のベルベル人イブン・トゥーマルトは、12世紀初頭、東方への遊学とマッカ巡礼に出かけ、帰郷すると、ムラービト朝の公定法学派であるマーリク学派に属するイスラム法学者を批判し始め、1121年には故郷で自らが「マフディー」であると宣

言して、ムラービト朝に対する反乱を開始した。1130年、イブン・トゥーマルトの後継者アブドゥルムウミン（在位1130～1163）は、カリフの別称である「アミール・アル＝ムゥミニーン（信徒たちの長）」を称号とし、1147年にはマラケシュを占領してムラービト朝を滅ぼした。さらにスペインのアンダルス地方を支配下におき、チュニジア以西の北アフリカ全域を支配するに至った。

第4代君主のヤアクーブ・マンスール（在位1184～1199）時代にはリビア西部まで支配下に加えてムワッヒド朝の最大版図を実現したが、その後次第に衰退、1269年、マリーン朝に滅ぼされる。

➡ アッラー、アフリカ、カリフ、チュニジア、マッカ、マフディー、ムラービト朝、モロッコ、リビア

メ・モ

メイア (ゴルダ, Golda Meir)

1898～1978。第4代イスラエル首相。旧姓マホヴィッチ。

ロシア帝国のキエフで生まれるが、父親がアメリカのミルウォーキーで職を得たため、1906年に一家も渡米し、アメリカで教育を受ける。ミルウォーキー師範学校を卒業後、教師をしつつロシアで作られたシオニスト組織の1つ「ポアレイ・ツィオン」で活動する。1917年には夫となるモリス・メイアソン（1893～1951）と結婚し、1921年、夫とともにパレスチナに移住する。

パレスチナでは「ヒスタドルート（労働総同盟）」で活躍し、1948年5月10日には秘密裏にアブドゥッラー・ヨルダン国王（在位1921～1951）とも会見している。一時ソ連大使を務めた後、1949年よりクネセト（イスラエルの立法府）議員となり、1949年に労働大臣、1956年に外務大臣に就任、外務大臣任命の際、苗字をメイアソンから「メイア」に改める。

1966年、健康上の理由で退職するが1969年に首相に選出され、在任中ミュンヘン五輪事件や第四次中東戦争などの難局に対処した。第四次中東戦争後は、アラブ側に奇襲を許したことが批判されたが、彼女の政党はその年の総選挙で勝利した。しかしメイア自身は翌年辞任した。

➡ イスラエル、第四次中東戦争、パレスチナ、ミュンヘン五輪事件、ヨルダン

メソポタミア (Mesopotamia)

ティグリス川及びユーフラテス川に挟まれた領域に対するギリシャ語起源の呼び名。ギリシャ語で「メソ」は間、「ポタモス」は川を意味し、メソポタミアは「川の間の地域」を意味する。通常は現在のイラク、シリア、トルコにまたがる地域を指し、メソポタミア文明の発祥地でもある。

メソポタミア文明は南部のシュメール人と中部のアッカド人によって創始され、ウル、ウルク、ラガシュ、ウンマ、ニップル、キシュ、マリなど多くの都市国家が成立、楔形文字、粘

土板文書、ジッグラトのような神殿、日干し煉瓦（れんが）の建築物や60進法などの特徴ある文化が生まれた。その後この地域はアッシリア、バビロニア、アケメネス朝、アレクサンドロス帝国などの支配を経て紀元前316年にセレウコス朝支配下となる。

紀元前141年には、パルティアがセレウコス朝からイラクを奪い、以後シリアを支配するローマ帝国との間で争奪の舞台となっていた。しかし、ササン朝を滅ぼしたイスラム教徒アラブ人は、ヤルムークの戦い後、ビザンツ帝国からシリアを奪い、メソポタミアのほぼ全域を支配する。アッバース朝が弱体化すると、この地域には諸王朝が割拠するが、16世紀になるとオスマン帝国がメソポタミア全域を支配する。

第一次世界大戦後は、オスマン帝国の分割に伴い、現在のトルコ、フランス委任統治領シリア及びイラクに分割された。

▶ アケメネス朝、アッカド、アッシリア、アッバース朝、アナトリア、アラブ人、アレクサンドロス3世、イスラム教、イラク、オスマン帝国、シュメール、シリア、セレウコス朝、ティグリス・ユーフラテス川、トルコ、バビロニア、パルティア、ビザンツ帝国、ヤルムークの戦い

メッカ ▶ マッカ

メディア (Media)

紀元前727頃～紀元前550頃。アーリア系のメディア人が現在のイラン北東部に建てた国家。最盛期にはイランからアナトリア東部までの地域を支配した。

メディア人は、紀元前2000年紀末から紀元前1000年頃にかけてコーカサスからイラン高原に侵入し、はじめは多くの部族集団に分かれて住んでいた。古代ギリシャの歴史家ヘロドトス（紀元前484頃～紀元前425）によれば、エクバタナ（現ハマダン）に都を築いたデイオケス（在位紀元前708～紀元前655）がメディアを統一し、キュアクサレス（ウヴァフシャトラ、在位紀元前625～紀元前584）の時代にアッシリアを滅ぼし、アナトリアのリディアと国境を接するようになった。紀元前550年頃、アケメネス朝のキュロス2世（在位紀元前559～紀元前530）に滅ぼされた。

クルド人は、自らをメディア人の子孫と考えている。

▶ アケメネス朝、アッシリア、アナトリア、イラン、クルド人、リディア

メディナ ▶ マディーナ

メディナ (medina)

正則アラビア語で「街」を意味する「マディーナ」がなまった言葉。マグレブ地域においては、主に「旧市街」の意味で用いられる。この言葉が旧市街を表すようになったのは、マグレブ諸国がフランス支配下に置かれた時期で、主としてヨーロッパからの植民者や富裕層が住む新市街と対比する形で、地元住民が居住していた区域をこう呼ぶようになったとされる。

メディナには、地元住民を対象とする商店やスーク（市場）が所在し、道幅は一定ではなく、迷路のように曲がりくねって袋小路も多く、観光客にとっては異国情緒を強く感じる場所として、マグレブの多くの都市で観光名所となっている。

➡ アラビア語、マグレブ

メフメト2世
(Mehmet II the Conqueror)

1432～1481。オスマン帝国第7代スルタン。在位1444～1445及び1451～1481。ビザンツ帝国の首都コンスタンティノープルを陥落させ、「征服者（ファーティフ）」と呼ばれる。

1444年、父ムラト2世（在位1421～1444及び1445～1451）が一時隠退した際、12歳で一度スルタンに即位する。しかし翌年、ムラト2世が復位し、以後はマニサで謹慎生活を送る。1451年にムラト2世が死亡すると再度即位し、その直後からコンスタンティノープル攻略の準備を進め、1453年5月にこれを陥落させ、ビザンツ帝国を滅ぼす。

コンスタンティノープル征服後も、ヨーロッパ側でペロポネソス半島、セルビアを占領するなど遠征を続け、彼の時代オスマン帝国の領域は、即位時の約90万km²から約220万km²まで大幅に拡大した。国内においては、新都イスタンブールの再建を進め、宗教・公共施設や商業施設の建設を推進、首都の繁栄の基礎とした。また支配の核となる宮殿として現在のトプカプ宮殿を造営し、支配機構の階層的な構造を定めたオスマン帝国最初の法令集「カーヌーン・ナーメ」も定めた。

メフメト自身は、ペルシャ語やアラビア語を解し、イスラム諸学と詩作を好む教養人でもあり、イタリアなどからも知識人を宮廷に招き、ギリシャ語の著作を集めるなどヨーロッパ文明にも深い関心を有した。

➡ アラビア語、イスタンブール、オスマン帝国、スルタン、トプカプ宮殿、ビザンツ帝国、ペルシャ語

モサド (Mossad)

イスラエルの情報機関。モサドは「ハ・モサド・レ・テウム（調整の機関）」の略称で、正式名称は「イスラエル秘密諜報機関（ISIS）」。

1949年、当時のベングリオン首相（1886～1973）により創設され、初代長官はルーベン・シロー（在職1949～1952）。正規の構成員は200人強と言われるが、米ロなど超大国の情報機関を抑えて、世界最強の情報機関と評されることもある。モサドの名を高めたのが1960年のアイヒマン誘拐事件で、その後イラクからミグ21を奪取（1966年）、ミラージュ戦闘機の設計図奪取（1968年）、フランスからのミサイル・ボート奪取（1969年）など多くの工作活動がモサドによるものとされている。

他方、近年ではハマス指導者ハーリド・メシュアル（1956～）の暗殺失敗（1997年）、ドバイでのハマス幹部マフムード・マブフーフ（1961～2010）暗殺時に実行メンバーの顔写

真が公開される（2010年）など、失態も見られる。

→ イスラエル、イラク、ドバイ首長国、ハマス、ベングリオン

モスク (mosque)

イスラム教徒が礼拝を行うための専用の施設のこと。英語の「モスク」はアラビア語の「マスジド（平伏する場所）」に由来するが、金曜の集団礼拝を行う大規模なモスクの場合はアラビア語で「ジャーミア」と呼ぶ。

イスラム教本来の教義では、礼拝するために特別な場所は必要ないとされていたが、預言者ムハンマド（570頃～632）はマディーナへのヒジュラ後、土地を購入しモスクを建てた。このモスクは単に礼拝の場所であるばかりでなく、ムハンマドの講話の場でもあり、裁判や重要議題の討論もここで行われた。このマディーナのモスクのあり方がモスクの典型となり、現在ではイスラム教徒の共同体のある場所には必ずモスクが設けられている。

通常モスクには「ミナレット（尖塔）」が付随し、内部には「ミフラーブ（マッカの方向を示す壁のくぼみ）」「ミンバル（説教段）」等が設置されている。

→ アラビア語、イスラム教、ヒジュラ、マディーナ、ムハンマド

モーセ (Moses)

『旧約聖書』の登場人物。イスラム教においても預言者の1人とされ、アラビア語では「ムーサー」。

『旧約聖書』の「出エジプト記」によればエジプトで生まれ、生まれてすぐナイル川に流されたが、ファラオの娘に拾われて育つ。長じて同胞を助けるためエジプト人を殺し、殺人が発覚するのを恐れてミデアンの地に逃れる。

この地で何年か過ごすうち、神の山ホレブで神の声を聞き、ユダヤ人をエジプトから連れ出すよう命じられる。その際、神は杖を蛇に変えるなどの奇跡を見せ、またユダヤ人の出国を認めないファラオに対し10の災害をエジプトに送った。ファラオはいったんユダヤ人の出国を認めるが、途中で気持ちを変え、軍勢を率いてユダヤ人を追いかけてくる。しかしこのとき、紅海の水が2つに割れるという奇跡が起こり、ユダヤ人たちが紅海を渡り終えた直後に水がもとに戻り、追いかけてきたファラオの軍勢を飲みこんだという。

モーセはその後、シナイ山で十戒を刻んだ石板を授かり、ユダヤ人を40年間導いてカナンに到着したが、

ブルー・モスク *

自身は約束の地カナンに入ることは許されず、近隣のネボ山からカナンの地を見ながら没した。

▶ アラビア語、イスラム教、エジプト、カナン、ナイル川、ファラオ

モハンマド・レザー・シャー・パフラヴィー ▶ パフラヴィー朝

モロッコ (Morocco)

　正式名称は「モロッコ王国」。モロッコという名称はアラビア語の「マグレブ」が転訛(てんか)したもの。アフリカ大陸北西部にあり、ジブラルタル海峡を挟んでスペインに面する。面積44.7万km²。人口3,259.8万人（2012年推計）。首都はラバト。

　エジプトより西の北アフリカ地域は、古代には「リビア」と総称され、現在のモロッコもその一部であった。この地域には古来ベルベル人が居住しており、フェニキア人のカルタゴ植民後は、モロッコにもカルタゴの植民都市が建設された。また紀元前4世紀頃にはベルベル人マウリ族の「マウレタニア」も建国されたが、第三次ポエニ戦争後、モロッコ地域はローマの属国となり、紀元後44年には属領となった。

　西ローマ帝国滅亡後、一時ヴァンダル人が侵入するが、7世紀半ばから8世紀初めにかけてアラブ人が侵入し、モロッコもその統治下に入った。その後は「サイイド」である君主をいただいた「イドリース朝」が独立、11世紀半ばにはベルベル人王朝「ムラービト朝」、次いで12世紀半ばには「ムワッヒド朝」がモロッコを支配した。以後「メリニー朝」「ワッタース朝」「サアド朝」の支配を経て、17世紀後半、現在の「アラウィー朝」が政権をとる。1912年には、モロッコは、フェズ条約により、フランスの保護国となったが、1956年ムハンマド5世（在位1927〜1961）の時代に独立した。

▶ アフリカ、アラビア語、アラブ人、エジプト、カルタゴ、サイイド、フェニキア、ベルベル人、ポエニ戦争、マウレタニア、マグレブ、ムハンマド、ムラービト朝、ムワッヒド朝、リビア

モンゴル帝国 (Mongol Empire)

　モンゴル高原の遊牧民を統合したチンギス・ハン（1162頃〜1227）が創設した遊牧国家で、中世モンゴル語では「大モンゴル国」。その領土は東ヨーロッパから中国、朝鮮半島にまで及び、アナトリアや、現在のシリア、イラン、イラク、アフガニスタンなど中東の多くの部分も含んでいた。

　チンギス・ハンの軍勢は1218年から、中央アジアのオアシス農業地帯に対する大規模な遠征を行い、ホラズム・シャー朝を滅ぼし、さらにアフガニスタン方面へ進軍、ホラーサーンのバルフやバーミヤンなどの大都市を殲滅しながら南下した。

　チンギス・ハン死後は、孫のフラグ（？〜1265）が中東方面での征服戦を継続し、1258年にアッバース朝を滅ぼし、ルーム・セルジューク朝やファールス地方のサルグル朝などを影響下に収めた。しかしモンケ・ハ

ン（1209〜1259）死去後の後継者争いのため、フラグが戦線を離脱した時期にマムルーク朝との「アイン・ジャールートの戦い」に敗れ、モンゴル軍は前進を阻まれた。その後フラグは現在のイランにとどまり、イル・ハン国を設立した。

▶ アッバース朝、アナトリア、アフガニスタン、イラク、イラン、イル・ハン国、シリア、フラグ、マムルーク朝、ルーム・セルジューク朝

ヤ・ユ・ヨ

ヤズィード派 (Yazidis)

イラク北部、アナトリア南東部などに分布する宗派。人種的にはクルド人が多いと言われる。「ヤズィード」は外部からの呼び名で、自らは「ダースィン」と称する。

ゾロアスター教、マニ教、キリスト教、イスラム神秘主義などの要素が混淆（こんこう）した教義を持つとされ、レバノンのバールベックで生まれたアディ・ビン・ムサーフィル（627頃〜？）がモスルで創始したとされる。孔雀（くじゃく）の姿をした天使「マラク・ターウース」を崇拝するが、この天使は他の宗派から悪魔とみなされ、悪魔崇拝と非難されている。ほかにレタスやカリフラワー、青色を禁忌するなど独特の教義を持つ。

▶ アナトリア、イスラム神秘主義、イラク、キリスト教、クルド人、ゾロアスター教、マニ教、レバノン

ヤズデギルド3世 (Yazdegird)

？〜651。ササン朝第26代皇帝。在位632〜651。

第22代皇帝ホスロー2世（在位590〜628）が殺害されたことで生じた内乱を経て即位するが、637年頃のカーディスィーヤの戦いでイラクを失い、642年ニハーヴァンドの戦いでも敗れた。651年、逃亡先であるホラーサーンのメルヴで殺害され、ササン朝は滅亡した。

12イマーム派などにおいては、ヤズデギルド3世の娘がフセインに与えられ、「シャフルバーヌー（国母）」と名づけられて第4代イマーム、ザイン・アル・アービディーン（659〜712）を産んだと信じられている。

▶ イマーム、イラク、カーディスィーヤの戦い、ササン朝、12イマーム派、フセイン、ホラーサーン

ヤスリブ ▶ マディーナ

ヤルムークの戦い
(Battle of Yarmuk)

636年8月、ガリラヤ湖南東ヤルムーク峡谷周辺で行われたビザンツ帝国とイスラム教徒アラブ人の戦闘。この戦いで勝利したアラブ側はシリア支配を確保した。

636年3月にアナトリアのエメッサが陥落すると、ビザンツ皇帝ヘラクレイオス（在位610〜641）はシリア奪回のため20万の大軍を集めた。これに対し、イスラム教徒軍は7月に全軍をヤルムーク川に集めた。戦闘は8月15日から20日まで行われ、

地形を考慮して騎兵を有効に用いたイスラム教徒軍がビザンツ帝国軍を壊滅させた。

→ アラブ人、イスラム教、シリア、トルコ、ビザンツ帝国

ユスティニアヌス1世
(Jusutinianus I)

482頃〜565。ビザンツ帝国皇帝。在位527〜565。本名フラウィウス・ペトルス・サッバティウス。北アフリカやイタリアに出兵し、旧ローマ帝国領の回復を試みた。他方アヤソフィア聖堂（現在は博物館）などの建設やローマ法大全の編纂も行った。

両親はトラキアに住むイリュリア人小農であったが、叔父ユスティヌス（450頃〜527）の支援で教育のためコンスタンティノープルに送られた。彼はこの恩に報いるためユスティニアヌスを名乗るようになった。

518年、アナスタシウス1世（在位491〜518）が後継者なくして死亡すると、66歳の叔父ユスティヌスがユスティヌス1世として即位、ユスティニアヌスも525年に副帝となり、527年には共同統治者となった。527年8月1日、ユスティヌス1世が死去したことで唯一の皇帝となった。

532年1月には「ニカの乱」により民衆より退位を求められるが、ベリサリウス（500頃〜565）ら忠実な将軍を糾合して武力により鎮圧。同年ササン朝ホスロー1世（在位531〜579）との間で永久和平条約を締結した。以後534年に北アフリカのヴァンダル王国を滅ぼし、552年には東ゴート族を破ってイタリアを平定した。しかし、うち続く戦争で帝国の財政状態は悪化し、晩年には民心も離反した。

→ アフリカ、アヤソフィア博物館、ササン朝、ビザンツ帝国

ユダヤ教 (Judaism)

ユダヤ人の民族宗教。聖典は『トーラー』と呼ばれ、『旧約聖書』のモーセ5書と「ラビ文献」が含まれる。ほかに「ミシュナー」と呼ばれる伝承に関する注釈を集めた『タルムード』も信徒の指針として用いられる。

ユダヤ教の成立は、出エジプトから古代イスラエル王国の建国、さらにはバビロン捕囚などユダヤ民族の歴史と密接に結びついており、こうした苦難の歴史の中で、ユダヤ人と特別な関係を有する唯一神「ヤハウェ」に対する理解の整理、ヤハウェと人間との関係の解釈などが行われ、バビロンから帰国したユダヤ人によって儀礼が整理されたと思われる。こうした過程には数々の「預言者」が関与しており、紀元前後のパレスチナには、サドカイ派、パリサイ派及びエッセネ派の3つの宗派があったとされる。

現在のユダヤ教は「正統派」「保守派」及び「改革派」に大別され、イスラエルでは正統派が多い。さらには救済を与えられるのは神だけであるとしてイスラエルという国家さえも認めない超正統派と呼ばれる一派も存在する。また、「カバラ」と呼ばれる独特の神秘思想もユダヤ教の枠内

で発展してきた。

外見上、イスラエルのユダヤ人男性は「キッパー」と呼ばれる丸い小さな帽子を頭に載せていることが多く、超正統派はもみあげを長く伸ばし、黒い縁のある帽子に黒い背広を着ている。しかし、欧米等他の国では、特別な機会を除き、他の集団と変わらぬ服装をしている場合が多い。

ユダヤ教徒は、基本的には『旧約聖書』に定められた戒律を遵守することを生活の基本とし、特に「カシュルート」と呼ばれる食事の戒律や安息日は重視される。

➡ イスラエル、エジプト、カバラ、キリスト教、コシェル食品、バビロン捕囚、パレスチナ

ユダヤの反乱
(Great Revolt, First Jewish-Roman war)

あるいは「ユダヤ戦争」。「第一次ユダヤ戦争」と呼ぶこともある。ローマ帝国支配に反乱を起こしたパレスチナのユダヤ人とローマの戦争で、66年から74年まで続いた。

フラヴィウス・ヨセフス（37〜100頃）によると、当時ローマの直轄地であったユダヤ属州総督フロルス（在職64〜66）が、エルサレム神殿の宝物を持ち出したことから、エルサレムで過激派による暴動が起こった。ただちにシリア属州総督セスティウス・ガルス（？〜67）が鎮圧に送られるが、「ベト・ホロンの戦い」で反乱軍に敗れたため、当時のローマ皇帝ネロ（在位54〜68）は将軍ヴェスパシアヌス（9〜79）に3個軍団を与えて鎮圧に向かわせた。

ヴェスパシアヌスは息子ティトゥス（39〜81）らとともに、サマリアやガリラヤを平定し、エルサレムを孤立させることに成功したが、68年6月、ネロ帝が自殺したことでローマ帝国の政情が混乱し、ヴェスパシアヌスもローマに戻ったため、ユダヤ属州の戦線は膠着状態となる。しかしヴェスパシアヌスは69年、自らローマ皇帝に即位してローマの政情を安定させ、翌70年にエルサレムは陥落した。ユダヤ人たちはなおも各地で抵抗を続けるが、74年、最後まで抵抗を続けたマサダの要塞が陥落して反乱は終結した。

➡ エルサレム、シリア、パレスチナ

ユーフラテス川

➡ ティグリス・ユーフラテス川

預言者生誕祭 ➡ マウリド・アル・ナビー

ヨム・キップール ➡ 祝祭

ヨルダン
(Hashemite Kingdom of Jordan)

正式名称は「ヨルダン・ハーシム王国」。ヨルダン川東岸地域にあり、イラク、シリア、イスラエル、サウジアラビアに接する。面積9.8万km²、首都はアンマン。

現在のヨルダン地域では、古来ナバタイ王国、エドム王国、アンモン人やモアブ人の王国が次々と建国され、古代イスラエル王国がこの地域を支配したこともある。その後はアッシリアやバビロニア、アケメネス朝な

ど、中東地域を支配した古代帝国の支配下に置かれ、ローマ帝国、次いでビザンツ帝国に支配された。7世紀にイスラム教徒アラブ人に征服されて以降は、歴史的シリアの一部となり、16世紀にオスマン帝国支配下となる。

第一次世界大戦後のオスマン帝国解体に際しては、ヨルダンはイギリスの委任統治領の一部となり、その後1921年にアブドゥッラー・イブン・フセイン(1882～1951)を首長とする「トランスヨルダン首長国」が成立、アブドゥッラーは1946年5月25日、「トランスヨルダン王国」設立を宣言して独立した。

1948年の第一次中東戦争ではイギリス人のグラブ将軍(1897～1986)率いるアラブ軍団が奮戦し、東エルサレムを含むヨルダン川西岸を奪取、1949年に「ヨルダン・ハーシム王国」と改称した。しかし、ヨルダン川西岸は第三次中東戦争でイスラエルに占領され、その結果、多数のパレスチナ難民がヨルダン国内に流入することとなり、1970年にはパレスチナ勢力との間で「ヨルダン内戦」も発生した。

➡ アケメネス朝、アッシリア、アラブ人、イスラエル、イスラム教、エルサレム、オスマン帝国、シリア、第一次中東戦争、第三次中東戦争、ナバタイ人、バビロニア、パレスチナ、ヨルダン川西岸、ヨルダン内戦

ヨルダン川西岸 (West Bank)

ヨルダン川西部地区の名称。単に「西岸」ともいう。面積は約5,640km²。現在はパレスチナ自治政府が置かれており、エルサレム、ベツレヘム、ヘブロンなどユダヤ・キリスト教及びイスラム教の聖地も多くこの地域に所在する。

オスマン帝国時代はシリア州の一部で、当時から「西岸」として知られており、1920年のサン・レモ協定でイギリス委任統治領パレスチナの一部となった。イスラエル独立に伴う1948年の第一次中東戦争では、ヨルダン(当時はトランスヨルダン)がこの地域を奪取したが、1967年の第三次中東戦争でイスラエルが占領した。しかし、1993年12月の「オスロ合意」に従い、西岸の一部地域はパレスチナ自治政府の管理下に移されて現在に至る。

➡ イスラエル、イスラム教、エルサレム、オスマン帝国、キリスト教、シリア、第一次中東戦争、第三次中東戦争、パレスチナ、ユダヤ教、ヨルダン

ヨルダン内戦 (Civil war in Jordan)

1970年9月、ヨルダンにおいて発生したヨルダン政府軍とパレスチナ勢力との戦闘。パレスチナ側はこれを「黒い9月」と呼ぶが、ヨルダン側は「白い9月」と述べたことがある。

1967年の第三次中東戦争以後、ヨルダン国内には多数のパレスチナ難民が流入し、「パレスチナ解放機構(PLO)」の各組織はヨルダンを基盤として対イスラエル攻撃を繰り返し、治安機関とパレスチナ勢力との衝突も頻発していた。1970年7月、フセイン・ヨルダン国王(在位1953～1999)がアメリカのウィリアム・ロ

ジャーズ国務長官（1913〜2001）が提唱した和平提案を受諾したことで、9月には国王暗殺未遂事件も発生、さらにPLO諸派の1つ「パレスチナ解放人民戦線（PFLP）」が9月6日、パンナム、TWA、スイス航空の3機を同時にハイジャックし、12日にヨルダン国内でこれを爆破したことが直接の契機となって、政府軍のPLO攻撃が開始された。

ヨルダン北部では、PLOを支援するシリア軍がヨルダン領内に侵入したがヨルダン軍に撃退され、9月27日にはフセイン国王とアラファトPLO議長（1929〜2004）がナセル・エジプト大統領（1918〜1970）の仲介した協定に調印したが、その直後ナセルが急死したことからこの協定は実効性を持たず、戦闘は翌年まで続いた。最終的にはPLO武装勢力はヨルダンから追放された。

▶ アラファト、イスラエル、エジプト、黒い9月、シリア、第三次中東戦争、ナセル、パレスチナ解放機構（PLO）、ヨルダン

夜の旅と昇天 (mir'aj)

アラビア語で「ミウラージュ」。預言者ムハンマド（570頃〜632）が晩年、「聖なるモスク」から「遠隔のモスク」に夜の旅をし、その後天界を訪れたという伝承のこと。

夜の旅については、『クルアーン』第17章第1節に「一晩、その下僕に聖なるモスクから遠隔のモスクまで夜の旅をさせた」とあり、「聖なるモスク」はマッカの「カアバ神殿」、また「遠隔のモスク」は「アクサー・モスク」と信じられている。その後の伝承によれば、預言者ムハンマドは天使「ガブリエル（アラビア語ではジブリール）」に手を引かれ、あるいは梯子により、あるいは天馬「ブラーク」にまたがって昇天し、天の各階層や地獄の光景を見た後アッラーの御前に至った。また、人類の祖アダム以降のすべての預言者と会ってともに礼拝し、その後ブラークに乗ってマッカへ帰還したとされる。

▶ アクサー・モスク、アダムとイヴ、アッラー、アラビア語、カアバ神殿、クルアーン、ブラーク、マッカ、ムハンマド

ラ

ライラト・アル・カドル ▶ ラマダン

ラクダ (camel)

哺乳類偶蹄目ラクダ科ラクダ属の動物を総称した言葉。中東諸国で家畜として使用されているのは背中に1つのこぶを持つヒトコブラクダで、水を飲まずに何日も耐えることができ、砂塵を避けるための長いまつ毛や閉じることのできる鼻孔など、乾燥地に適応した特性から、古来「砂漠の舟」とも呼ばれ、砂漠地帯でもっとも重要な移動手段となってきた。

ヒトコブラクダが家畜化された年代については諸説あるが、乗用や荷駄としてだけでなく古来戦闘にも使用され、ペルシャ湾岸のアラブ諸国ではラクダ・レースも盛んに行われ

ている。ほかにも食肉用や乳用としても用いられ、皮や毛なども衣料や織物、敷物など広範囲の事物に使用され、現代でも中東を代表する動物となっている。アラビア語の語彙はその多くがラクダに関係する意味を持ち、ラクダに関係することわざも多い。

▶ アラビア語、ペルシャ湾

ラクダの戦い (Battle of the Camel)

656年、アリ（600頃～661）のカリフ選出に反対した預言者ムハンマド（570頃～632）の妻アーイシャ（613/4～678）がズバイル・イブン・アウワーム（594～656）及びタルハ（？～656）とともに、アリの軍勢と戦ったもの。アーイシャの輿を載せたラクダの周囲で激戦が行われたため、こう呼ばれる。

アーイシャ、ズバイル及びタルハと、預言者ムハンマドの娘ファーティマ（？～633）及びその娘婿アリとの間では、以前からムハンマド死後の指導権をめぐり対立があったと言われている。第3代正統カリフ、ウスマーン（在位644～656）暗殺後、アリが正統カリフに選ばれると、3人はウスマーンに対する血の復讐を標榜して、656年12月にバスラで挙兵した。しかし彼らの軍は敗れ、ズバイルとタルハは戦死、アーイシャはマディーナに連れ戻された。

▶ アーイシャ、アリ、ウスマーン・イブン・アッファーン、カリフ、マディーナ、ムハンマド

ラシュディー事件 ▶ 悪魔の詩編

ラス・アル・ハイマ首長国

▶ アラブ首長国連邦

ラテン帝国 (Latin Empire)

1204～1261。コンスタンティノープルを占領した第4回十字軍が、旧ビザンツ帝国領に樹立した帝国。フランドル伯ボードワンがボードワン1世（在位1204～1205）として初代皇帝となったが、皇帝領は全土の4分の1で、他の領土の半分がヴェネツィア領となり、他は封土として騎士たちに配分された。首都コンスタンティノープルも8分の5が皇帝領で8分の3はヴェネツィア領となった。

しかしヨーロッパ側ではエピロス王国、アナトリアではニケーア帝国によって領土を奪われ、1261年7月25日、ニケーア帝国がコンスタンティノープルを奪回し、ビザンツ帝国を再建したことで滅亡。

▶ アナトリア、十字軍、ニケーア帝国、ビザンツ帝国

ラビ (rabbi)

ユダヤ教の律法学者のこと。現在ではほぼキリスト教の牧師に相当する役職となっている。ヘブライ語での原義は「我が主」という意味で、本来モーセのことを意味していた。

2世紀になると、ユダヤ教の律法や『タルムード』などを専門的に研究し、解釈する学識者に対して用いられるようになったが、当初はこうした学識者もほかに職業を持っていることが普通であった。各地のユダ

人共同体が資金を提供する形で、ラビがシナゴーグにおける共同体の指導者の役割を果たすようになるのは19世紀以降のこととされ、キリスト教における牧師制度が影響していると言われる。

現在ではユダヤ教高等教育機関である「イェシヴァー」を修了した者はラビの称号を与えられている。なおイギリス委任統治下のパレスチナにおいては、アシュケナズィ系とセファルディ系の2つの首席ラビ職が置かれ、この制度はイスラエルでも継承されている。

➡ アシュケナズィとセファルディ、イスラエル、シナゴーグ、パレスチナ、モーセ

ラフム朝 (Lakhmids)

3世紀末～602。イエメン出身のタヌーフ族がイラクのヒッラを首都として樹立した王朝。伝承によれば、その創始者はアムル・イブン・アディー・イブン・ナスル・イブン・ラビーア・イブン・ラフムとされ、第2代国王イムル・アル・カイスは、328年頃の碑文の中で「全アラブ人の王」を称している。

ラフム朝はササン朝の衛星国として、ビザンツ帝国との緩衝地帯となる一方、アラブ系王朝のガッサーン朝やアラビア半島にあったキンダ朝とも争った。6世紀前半のムンズィル3世(在位503/5～554)時代に最盛期を迎えるが、602年ササン朝に征服される。

➡ アラビア半島、アラブ人、イエメン、イラク、ガッサーン朝、ササン朝、ビザンツ帝国

ラマダン (Ramadan)

イスラム暦9番目の月で、断食の月。アラビア語では「ラマダーン」の方が近い。

イスラム教においては、当初「アーシューラー」の断食が命じられたが、後にラマダン月に断食することとされた。ラマダン月においては、日の出から日没まで一切の飲食が禁じられ、唾を飲み込むことも控える信者もいる。また、預言者ムハンマド(570頃～632)に最初に啓示が下った「ライラト・アル・カドル」はラマダン月27日と信じる者が多い。

ラマダン中、「日没(マグリブ)の祈り」後の最初の食事は「イフタール」と呼ばれ、ナツメヤシやスープを最初に摂るのが伝統である。エジプトではカマル・アル・ディーンと呼ばれるアンズのジュース、あるいはペーストなども用いられる。

➡ アーシューラー、アラビア語、イスラム教、イスラム暦、エジプト、ナツメヤシ、ムハンマド

リ・ル

リタニ川作戦 ➡ レバノン戦争

リチャード1世
(Richard I, Richard the Lionheart)

1157～1199。1189年よりイングランド王。生涯の大部分を戦闘に費やし、その勇猛さから「獅子心王」と呼ばれる。中世ヨーロッパにおいては

模範的な騎士と考えられた。

イングランド王ヘンリー2世（在位1154～1189）の3男に生まれる。1189年のヘンリー2世の病死によりイングランド王に即位すると、1190年夏に第3回十字軍を率いて出発、その途上シチリアを屈服させ、またキプロスも占領した。

1191年7月、フランスのフィリップ2世（在位1190～1223）らとともにアッコを攻め落としたが、フィリップ2世はその直後に帰国した。リチャードはその後も単独でイスラム軍との戦いを継続したが、1192年9月、アイユーブ朝スルタン、サラーフッディーン（在位1169～1193）との間で和平条約を締結して帰国した。

この条約により、エルサレム王国は、ティールからヤッファまでの沿岸地帯を領土として当面存続することとなり、ヨーロッパ人は通行証を得てエルサレムで祈ることが認められた。

▶ アイユーブ朝、エルサレム、エルサレム王国、サラーフッディーン、十字軍

リッダ戦争 (Ridda wars)

預言者ムハンマド（570頃～632）没後、リッダ（背教。つまり、イスラム教の信仰を捨てること）したアラブ部族を再征服した戦争。ムハンマドのマッカ征服後、アラビア半島のほとんどの部族がムハンマドと盟約を結び、イスラム教に入信した。しかしムハンマドが死亡すると、アラビア半島の諸部族は続々とこの盟約の破棄を表明し、マディーナ近郊のトライハ、アラビア半島中央部ヤマーマのムサイリマ（？～632）、イエメンのアスワドなどは、自ら預言者を名乗って活動を行った。これに対し初代正統カリフのアブ・バクル（在位632～634）は各地に討伐軍を派遣し、離反した部族を打ち破ってアラビア半島を再度統一した。

▶ アブ・バクル、アラビア半島、イエメン、イスラム教、カリフ、マッカ、マディーナ、ムハンマド

リディア (Lydia)

紀元前7世紀～紀元前547年。「リュディア」と表記されることもある。

ヒッタイト滅亡後、アナトリア西部を支配した王国で、ヘロドトス（紀元前484頃～紀元前425）によれば、世界で初めて貨幣を用いた。首都はサルディス。

ヘロドトスによれば、リディアという国名は始祖リュドス王に由来する名前であり、アッシリアのアッシュールバニパル王（在位紀元前668～紀元前627頃）の年代記には、当時のリディア王ギュゲスが、アッシリアの支援でキンメリア人を破ったと記されている。一時キンメリア人にサルディスを占領されるが、アリュアッテス（在位紀元前600/617～紀元前560）の時代にキンメリア人を駆逐し、スミルナを占領するなどして勢力を拡大、その後はアナトリア西部にあったギリシャの都市国家ミレトスや、メディアなどとも争った。

アリュアッテスの子クロイソス（在位紀元前560～紀元前546/7）の

時代には、エーゲ海沿岸の都市国家をほぼ征服、アナトリア西部のほとんどを支配したが、紀元前547年、アケメネス朝に滅ぼされる。

➡ アケメネス朝、アッシリア、アナトリア、メディア

リビア (Libya)

アフリカ大陸北部の地中海に面する国家。面積は約176万km²、人口646.9万人(2012年推計)。地理的には東部キレナイカと西部のトリポリタニア、南部のフェッザーンに分かれる。首都はトリポリ。

古代において「リビア」という名称は、エジプトのナイル渓谷より西の、北アフリカ全域を指して用いられていた。この地域では紀元前8世紀頃、フェニキア人がトリポリタニアの海岸沿いに植民都市を築き、その植民都市であったカルタゴが紀元前6世紀頃トリポリタニアを占領した。他方、東部キレナイカにはギリシャ人が植民市を建設していたが、リビア全域は74年にローマの属州となる。

西ローマ帝国崩壊後の455年にはヴァンダル人がこの地域に侵入するが、その後ビザンツ帝国の一時的な支配を経て、7世紀にイスラム教徒アラブ人に占領される。1551年にはオスマン帝国がトリポリを攻略し、総督（パシャ）を置いたが、トリポリタニアでは1711年、総督であったアフマド・カラマンリー（1686～1745）がカラマンリー朝と呼ばれる事実上の世襲王朝を開いた。しかし、オスマン帝国は1835年にこれを打倒し、トリポリタニアを再び支配下に置いた。

1911年にはイタリアがリビアに侵攻し、植民地とする。第二次世界大戦中リビアは枢軸国と連合国軍の戦場となり、東部のトブルクは、ドイツのロンメル将軍（1891～1944）とイギリスのモンゴメリー将軍（1887～1976）との史上名高い戦車戦の舞台となったが、枢軸国は1943年にリビアから撤退した。戦後リビアは、一時フランスとイギリスの共同統治下に置かれたが、1951年、サヌーシー教団教主イドリース1世（在位1951～1969）を国王に「リビア王国」として独立した。

1969年、国王外遊中ムアンマル・カダフィ（1942～2012）を指導者とするクーデターが起き、「リビア共和国」となり、1977年にはカダフィが唱える「ジャマーヒリーヤ」という独自の政治理念に基づいて「リビア・アラブ社会主義人民ジャマーヒリーヤ国」と改称した。カダフィは1973年以来公式の役職からは退いたものの、実質上の支配者として42年間リビアに君臨したが、2011年2月、近隣のチュニジアやエジプトでの民衆行動に触発された形で、まず東部で民衆の蜂起が発生、同年8月にはトリポリが陥落し、10月にカダフィも殺害された。

➡ アフリカ、アラブ人、イスラム教、エジプト、オスマン帝国、カダフィ、カルタゴ、サヌースィー教団、第二次世界大戦中の中東、チュニジア、ナイル川、ビザンツ帝国、フェニキア

ルクソール事件 (Luxor massacre)

1997年11月17日、ルクソールのナイル川西岸にある有名な観光地、「ハトシェプスト女王葬祭殿」において、過激イスラム原理主義組織「イスラム団（あるいは「イスラム集団」）」メンバー6人が観光客を襲撃し、日本人10人を含む外国人観光客58人及びエジプト人警官ら4人が死亡した事件。

襲撃犯は自動小銃や爆発物などで武装しており、事件現場にいた観光客に銃を乱射、その後かけつけた警官隊と撃ち合いになり、犯人は全員が死亡した。現場には、アメリカで終身刑を受けているイスラム団の思想的指導者、ウマル・アブドゥッラフマーン（1938～）の釈放などを求める犯行声明が見つかっている。

事件を起こした「イスラム団」は、1970年代初頭に学生組織として結成されたが、その後イスラム国家建設を目指す反体制組織となり、思想上の指導者ウマル・アブドゥッラフマーンのもとで「ジハード団」とも協力していた。1981年のサダト暗殺事件に際しては、一時上エジプトのアシュートを占拠したことがある。

▶ イスラム原理主義、エジプト、サダト、ナイル川、ハトシェプスト

ルーム ▶ ルーム・セルジューク朝

ルーム・セルジューク朝
(Anatolian Seljuqids)

1075～1308。セルジューク朝の分家がアナトリアに樹立した王国で、当時アナトリアが、アラビア語で「ローマ」を意味する「ルーム」と呼ばれていたことに由来する名称。

セルジューク朝スルタン、マリク・シャー（在位1072～1092）によりアナトリア統制のため派遣されたセルジューク家のスレイマン・イブン・クタルムシュ（？～1086）は1075年、ニケーア（現在のイズニーク）を征服し、ニケーアを首都とする独立王朝を建てた。しかし、1086年6月、アレッポをめぐる争いでマリク・シャーの弟トゥトゥシュ（？～1095）に敗れ死亡、子のクルチ・アルスラーン（？～1107）はバグダッドに拉致され、その領土は縮小した。

1092年、マリク・シャーが没し、セルジューク朝が内戦状態になると、解放されたクルチ・アルスラーンがニケーアに帰還するが、1096年、第1回十字軍により首都ニケーアを奪われたため、以後内陸部のコンヤを首都とする。その後ルーム・セルジューク朝は、東方のダニシメンド朝や西方のビザンツ帝国と争いながら、第2回及び第3回十字軍とも戦闘を続けた。

第4代スルタン、カイクバード（在位1219～1237）の時代には中東地域でアイユーブ朝と並ぶ強国となり最盛期を迎えるが、以後モンゴルの侵攻もあって衰退。1243年にモンゴル帝国支配下に置かれ、1308年、最後のスルタン、マスウード2世（在位1303～1308）が死亡して滅亡。

▶ アイユーブ朝、アナトリア、アラビア語、十字軍、スルタン、セルジューク朝、バグダッド、ビザンツ帝国、マリク・シャー、モンゴル帝国

レ・ロ

レイモン・ド・トゥールーズ
(Raymond IV of Toulouse, Raymond of St Gilles)

1041/2〜1105。第1回十字軍指導者の1人。サン・ジルの所領を与えられていたので、アラブ側史料は「サン・ジル」と記す。信仰心の篤い人物で、十字軍結成前にはスペインでのレコンキスタにも従軍していた。十字軍にはローマ教皇代理のアデマール(?〜1098)を伴って行軍し、1097年のニケーア包囲戦、ドリラエウムの戦い、アンティオキア包囲戦など主要な戦いに参加した。

アンティオキアでは、自ら聖なる槍を発見したが、その攻略後、領主の座はボエモン1世(1058〜1111)に奪われ、エルサレムでも支配権をゴドフロワ・ド・ブイヨン(1060頃〜1100)に奪われた。1101年には、婦女子も交えた20万人とも言われる軍勢を集めて再度アナトリア中部に侵攻するが、ルーム・セルジューク朝とダニシメンド朝の待ち伏せに遭って軍は壊滅した。1105年のトリポリ包囲戦の最中火傷を負って死亡。

➡ アナトリア、十字軍、ボエモン1世、ルーム・セルジューク朝

レザー・シャー・パフラヴィー
➡ パフラヴィー朝

レザー・ハーン ➡ パフラヴィー朝

レバノン (Lebanon)

正式名称は「レバノン共和国」。地中海東岸、イスラエルの北にあり、北部と東部はシリアに接する。面積約1万452km²、首都はベイルート。

現在のレバノン地域は、古代には「フェニキア」と呼ばれ、レバノンのキリスト教徒にはフェニキア人の子孫を自認する者もいる。この地域は、古来、沿岸部における交通の要衝であり、ベイルート北方にある「犬の川(ナハル・アル・カルブ)」の岸辺には、紀元前13世紀のラムセス2世(在位紀元前1290〜紀元前1224頃)以来、第一次世界大戦時のアレンビー将軍(1861〜1936)まで、この場所を通過した王や軍人たちの碑文が残る。

フェニキア地域は古来、シュメールやアッカドの影響下にあり、次いでエジプトの支配下にあったが、ヒッタイトとエジプトとの間で戦争が繰り返された結果、フェニキアの諸都市は紀元前1100年頃までに独立した。しかし紀元前8世紀にはアッシリアに併合された。このとき唯一独立を保っていたテュロス(現在のスール)も紀元前539年、アケメネス朝に征服され、以後は歴史的シリア地域の一部として、アレクサンドロス帝国、プトレマイオス朝、ローマ帝国、ビザンツ帝国などに支配される。

636年、イスラム教徒アラブ人によって歴史的シリアの全土が征服されると、レバノンも他の地域とともにウマイヤ朝、アッバース朝、セルジューク朝などイスラム諸王朝の支配を

受けたが、十字軍時代には、エルサレム王国とトリポリ伯国が現在のレバノン沿岸部を一時支配した。その後アイユーブ朝によるシリア地方の奪還、モンゴル帝国、ティムール帝国の侵攻を経て、1516年よりは短期間エジプトのムハンマド・アリ朝に支配された時期を除き、オスマン帝国領であった。第一次世界大戦後オスマン帝国が解体されると、レバノンはシリアとともにフランスの委任統治領となった。

現在のレバノンの領域は、フランスの委任統治下でほぼ確定され、レバノンはシリアに先駆けて1943年11月に独立、その際作られた国民協約により、大統領はマロン派キリスト教徒、首相はスンニー派、国会議長はシーア派という宗派制度が設立された。

独立後のレバノンは中東における金融の中心地として繁栄したが、1970年の「ヨルダン内戦」の結果、「パレスチナ解放機構（PLO）」がレバノンに拠点を移したことが国内の勢力バランスに影響し、1975年より1990年まで大規模な内戦が継続した。

▶ アイユーブ朝、アケメネス朝、アッカド、アッバース朝、アラブ人、アレクサンドロス3世、イスラエル、イスラム教、ウマイヤ朝、エジプト、エルサレム王国、オスマン帝国、キリスト教、シーア派、十字軍、シュメール、シリア、スンニー派、セルジューク朝、ティムール帝国、パレスチナ解放機構（PLO）、ビザンツ帝国、ヒッタイト、フェニキア、プトレマイオス朝、マロン派、ムハンマド・アリ朝、モンゴル帝国、ヨルダン内戦

レバノン戦争 (Lebanese war)

1982年6月6日より開始された、イスラエルのレバノン侵攻のこと。「第一次レバノン戦争」と呼ばれることもある。イスラエル側はこの軍事行動を「ガリラヤ平和作戦」と呼ぶ。

内戦中のレバノンを拠点とした「パレスチナ解放機構（PLO）」の越境攻撃に対し、イスラエルは限定的な空爆やコマンド部隊による反撃を繰り返し、1978年3月には「リタニ川作戦」と呼ぶレバノン南部への限定的な侵攻作戦を実施した。1981年4月には、レバノンのキリスト教勢力「カターイブ（ファランジスト）」を支援する形でイスラエル空軍がシリア軍を攻撃し、これに対しシリアは地対空ミサイルをレバノン山に展開した。

このような情勢の中、同年8月に就任したベギン首相（1913〜1992）は、強硬派として知られるアリエル・シャロン（1928〜）を国防相に任命した。翌1982年6月3日、アブ・ニダール派による駐イギリス・イスラエル大使暗殺未遂事件が起こると、イスラエル軍は6月6日、レバノンに大規模な軍事侵攻を開始した。表向きの作戦目標は国境から40kmの安全保障地帯を確保するための限定的な作戦であったが、イスラエルは24日には西ベイルートを包囲、激しい砲撃を行ったため、アラファト議長（1929〜2004）をはじめとするPLO戦闘員は9月1日までにベイルートからの撤退に合意した。

他方、カターイブ指導者で新大統

領に選出されたばかりのバシール・ジュマイエル（1947〜1982）が9月14日に暗殺されたため、イスラエルは治安維持を名目にベイルート市内全域を制圧した。しかしベイルート近郊のサブラ及びシャティーラにあるパレスチナ人難民キャンプ制圧をカターイブの民兵に任せたところ、キャンプ内でパレスチナ人の大量虐殺事件が発生し、イスラエルは国際的に激しい非難を浴びた。

1983年5月には、イスラエル・レバノン間の和平条約がイスラエル・レバノン撤退協定として調印されたが、1984年2月、レバノン国会はこれを破棄した。しかし、イスラエルは1985年1月、レバノンからの段階的撤退を単独で決定した。

なお、2006年7月、レバノンのシーア派組織ヒズボラが国境地帯でイスラエル兵2名を拉致したことによるイスラエルのレバノン攻撃を、「第二次レバノン戦争」と呼ぶこともある。

➡ アブ・ニダール、アラファト、イスラエル、シリア、パレスチナ解放機構（PLO）、ヒズボラ、レバノン

レバノン内戦 (Lebanese Civil War)

通常は1975年から1990年まで続いたレバノンでの内戦を指す。ただしレバノンでは、1860年及び1958年にも宗派間の武力衝突が発生しているため、1975年からの内戦を「第二次内戦」、あるいは「第三次内戦」と呼ぶこともある。

内戦の直接のきっかけは、1975年4月、ベイルート郊外のアイン・ルンマーネ地区で発生した、マロン派キリスト教徒の民兵組織「カターイブ（ファランジスト）」と「パレスチナ解放機構（PLO）」との衝突であった。内戦が発生するとドルーズ派指導者カマール・ジュンブラート（1917〜1977）が主導する「レバノン国民運動」がパレスチナ勢力と共同してイスラム勢力を結集し、カターイブを主力とするキリスト教民兵組織と対立した。しかし、劣勢であったキリスト教徒側を支援する形でシリアが軍事介入したことにより、1976年10月にいったん停戦となった（2年戦争）。

停戦中もレバノンでは各勢力が独自の支配地域を樹立する分裂状態となり、ベイルートもキリスト教徒の東ベイルートとイスラム教徒の西ベイルートに分割された。一方、南部ではPLO各派がイスラエルに対する越境攻撃を続けたことから、イスラエルは1978年、レバノン領内に軍事侵攻した（リタニ川作戦）。

イスラエル軍撤退後、南部国境地帯ではイスラエルの傀儡である「南レバノン軍」が支配権を確立する一方、シーア派勢力である「アマル」とPLOの戦闘、さらにはキリスト教勢力相互の戦闘も発生した。1982年には、イスラエルが大規模なレバノン侵攻に踏み切り（レバノン戦争）、PLOをレバノンから追放するが、これに対しシーア派組織ヒズボラが結成され、自爆攻撃を含む抵抗を繰り返した。

イスラエル軍が南部に撤退すると、レバノン国軍のキリスト教徒将校であるミシェル・アウン将軍（1935〜）がシリアに対する解放戦争を宣言した。一方、1990年9月には、サウジアラビアのターイフで国民和解会議が開催され、アウン将軍派以外の勢力が和解案「ターイフ合意」に合意した。孤立したアウン将軍は、同年10月、シリアの攻撃を受けてフランスに亡命し、レバノン内戦は終結した。

➡ アマル、イスラエル、キリスト教、サウジアラビア、シーア派、シリア、ドルーズ派、パレスチナ解放機構（PLO）、ヒズボラ、マロン派、南レバノン軍、レバノン、レバノン戦争

レパントの海戦 (Battle of Lepanto)

1571年10月7日、ギリシャのレパント（ナウパクスト）沖の海上で、オスマン帝国とヨーロッパのキリスト教諸国海軍とが戦った海戦。

1570年、オスマン帝国はキプロスに侵攻し、ヴェネツィアの植民地を攻撃した。これに対し教皇ピウス5世は、当時オスマン帝国に包囲されていたヴェネツィア領ファマグスタ救援のためキリスト教諸国に同盟を呼びかけ、スペインを中心とする諸国の艦隊が、ドン・フアン・デ・アウストリア（1547〜1578）指揮の下、レパント沖でオスマン帝国海軍との戦闘を行った。

戦闘ではキリスト教国側が勝利し、オスマン帝国は艦船の大部分を失った。この戦いは、オスマン帝国に対するキリスト教国史上初の大海戦での勝利と言われ、スペインの文豪セルバンテス（1547〜1616）が参加していたことでも知られる。

➡ オスマン帝国、キリスト教

六信五行 (six beliefs and five pillars)

イスラム教徒が必ず信じなければならない6つの存在と、必ず行わなければならない5つの義務を総称する言葉。

信者がその存在を信じるべき「六信」は、「唯一絶対神アッラー」「天使」「啓典」「預言者」「来世」及び「天命」の6つで、「五行」は「シャハーダ（信仰告白）」「礼拝」「断食」「喜捨」「ハッジ」の5つ。イスラム教の場合、礼拝は1日に5回、断食は年に一度ラマダン月に行うことが義務とされている。ハッジについては、一生に一度行えばよいとされ、多くの場合イスラム教徒にとってハッジは人生の宿願のように認識されている。

➡ アッラー、イスラム教、ハッジ、ラマダン

ロゼッタ石 (Rosetta Stone)

1799年、ナポレオン・ボナパルト（1769〜1821）率いるフランスのエジプト遠征隊が、地中海沿岸の「ロゼッタ（アラビア語名「ラシード」）」で発見したプトレマイオス朝時代の石碑で、古代エジプトのヒエログリフ、デモティック、ギリシャ語の3つの言語で同じ内容が刻まれていた。石碑はただちにカイロに送られたが、1801年にエジプトのフランス軍が降伏した際イギリスに接収され、以後大英博物館に展示されている。

フランスの言語学者ジャン＝フラ

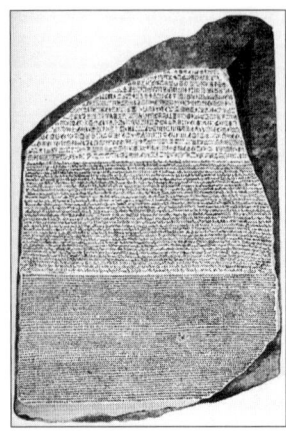

ロゼッタ石

ンソワ・シャンポリオン（1790～1832）は1822年、この石碑の文章を手がかりにヒエログリフを解読、エジプト学の礎を築いた。

➡ エジプト、カイロ、古代エジプト、ナポレオン・ボナパルト、プトレマイオス朝

ロック (Roc)

中東の伝説における空想上の巨鳥。本来のアラビア語では「ルフ」が近い。『アラビアン・ナイト』の「シンドバッドの航海」などに登場し、象を空中に持ち上げて落とし、殺して食べるなどと言われる。また「アラジンと魔法のランプ」では、ランプの精が自分たちの主人であると述べる部分もある。

旅行家イブン・バットゥータ（1304～1368/69/77）も中国からの帰途に船上でルフ鳥に遭遇したと記している。また、マルコ・ポーロ（1254～1324）は『東方見聞録』の中で、マダガスカルでこの巨鳥について聞いたとし、元の皇帝クビライ・ハン（在位1260～1294）が派遣した使者がこの鳥の羽を持ち帰ったところ長さは約25mあり、その軸の太さは2握りほどあったと記している。

➡ アラジン、アラビアン・ナイト、イブン・バットゥータ

ロッド空港乱射事件
(Lod Airport massacre)

1972年5月30日、日本赤軍の活動家である奥平剛士、安田安之及び岡本公三（1947～）の3人がイスラエルのロッド空港（現ベングリオン国際空港）で自動小銃を乱射、さらに手投げ弾数発を投げて26人が死亡、72人が負傷した事件。

同日午後10時30分頃、パリ発のエール・フランス機132便でテルアビブに到着した3人は、税関で自分たちの荷物からAK47自動小銃や手投げ弾を取り出し、250人から300人の到着客や空港職員に銃を乱射、奥平と安田は死亡した。岡本公三のみは逮捕され、イスラエルで無期懲役刑を受けるが、1985年にイスラエルと「パレスチナ解放人民戦線総司令部派（PFLP-GC）」との捕虜交換で釈放され、現在はレバノンに滞在している。

➡ イスラエル、レバノン

ロレンス (トーマス・エドワード、Thomas Edward Lawrence, Lawrence of Arabia)

1888～1935。第一次世界大戦中アラブの反乱に参加したイギリスの軍

人で、「アラビアのロレンス」として知られる。

貴族トーマス・ロバート・タイ・チャップマン（1846〜1919）と、チャップマン家の保母兼家庭教師をしていたセアラ・ジュンナーとの庶子として、ウェールズのトレマドックに生まれる。オックスフォード大学在学中は、中東地域に十字軍が建てた城塞の建築を研究し、1909年にシリアやメソポタミアで現地調査を行ったことがある。

1911年から1914年までは、奨学金を得てアナトリアにあるカルケミシュの遺跡発掘に従事する。第一次世界大戦が始まるとカイロに派遣され、1916年からはマッカの太守フセイン・イブン・アリ（1853〜1931）によるアラブの反乱に参加、その子ファイサル・イブン・フセイン（1883〜1933）とともにアラブ人部隊を率いて戦い、「アラビアのロレンス」として勇名を馳せた。

1919年1月からのパリ講和会議ではファイサルに付き添い、アラブの独立のために尽力するが、アラブ地域はイギリスとフランスの間で分割されてしまう。1921年植民省が設立されると、招かれて近東局顧問となるが1922年に植民省を辞し、その後は偽名を用いて空軍や陸軍に入隊、現在のパキスタンにも駐在する。

1927年に、トーマス・エドワード・ショーに改名した後、1935年2月に除隊。その年の5月13日、オートバイによる交通事故に遭い、19日に死亡した。21日に行われた葬儀に

ロレンス

は、ウィンストン・チャーチル（1874〜1965）をはじめとするイギリスの名士たちが参列した。

➡ アナトリア、アラブ人、アラブの反乱、カイロ、十字軍、シリア、ファイサル・イブン・フセイン、マッカ、メソポタミア

ワ

ワイツマン
(ハイム、Chaim Weizmann)

1874〜1952。イスラエル初代大統領。在職1948〜1952。

ロシアのモートーレに生まれる。ピンスクのギムナジウムに学んだ後、ドイツのダルムシュタット及びベルリンの大学で化学を専攻、1900年、フライブルク大学から理学博士号を得る。その後1901年からはジュネーヴ大学化学講師、1904年から1916年までマンチェスター大学で生化学講師

を務める。

化学者としては、爆薬の製造に不可欠なアセトンの新しい抽出法を開発した。その一方、スイス滞在中からシオニスト運動に参加し、1901 年にはシオニズム運動代表者の 1 人となった。

第一次世界大戦中はイギリスのアーサー・バルフォア外相（1848〜1930）とも親交を持ち、パレスチナにユダヤ人国家を建設するという「バルフォア宣言」を引き出した。また 1919 年のパリ講和会議でもユダヤ人代表としてシオニストの要求を提示した。1925 年、アルベルト・アインシュタイン（1879〜1955）とともに、エルサレムにヘブライ大学を創設後、1934 年にはイスラエルのレホヴォトにダニエル・シーフ研究所（現在のワイツマン科学研究所）を設立、学究生活に入る。

他方、1947 年の国連パレスチナ問題特別委員会にもユダヤ人代表委員会代表として出席している。1948 年 5 月 15 日のイスラエル独立宣言に際しては臨時評議会大統領に選ばれ、1949 年 2 月 17 日、正式に初代大統領に就任した。

➡ イスラエル、シオニズム、バルフォア宣言

ワークワーク (al-Waqwaq)

あるいは「ワークの島」。アラブの地理書で中国東方に想定され、黄金に富む海上の国であるとされた場所。文献上は 850 年頃書かれた『諸道諸国誌』に初めて登場し、イブン・ファキーフの『諸国誌』（902）では東と南

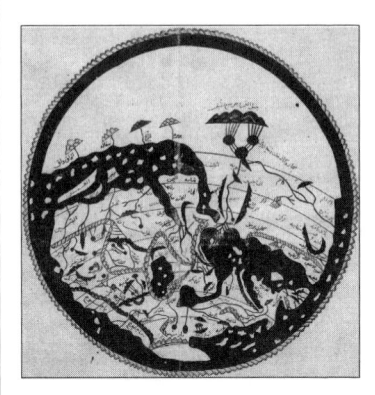

ワークワーク。中世に活躍したアラブ人の地図学者・地理学者イドリースィーによる1154年の世界地図（南が上、東が左）より。地図の東端（左）にワークワークと書かれている。

に 2 つのワークワークの島が想定されていた。

その後、この島には人間の女性そっくりの姿をした果物が生っており、日の出と日没時に「ワーク、ワーク」と叫んで神をたたえるが、人間がそれを取るとたちどころに死に絶えるなどの空想が加えられ、『アラビアン・ナイト』の「バスラのハサン」では、ジンの女王が支配する 7 つの島からなる国として登場する。「ワークワーク」とは「倭国」、つまり日本のこととする説もあるが、ほかにセレベス、スマトラ、中国、朝鮮、マダガスカルとする説もある。人間や動物の頭がついたアラベスク文様をワーク文様と呼ぶことがある。

➡ アラビアン・ナイト、アラベスク文様、ジン

ワッハーブ派 (Wahhabism)

イスラム法学上はスンニー派 4 大法学派の 1 つ「ハンバル派」の法学で

あり、サウジアラビアの「国教」とも言うべき宗派。「ワッハーブ派」は外部からの呼び名で、創始者である18世紀のイスラム法学者ムハンマド・イブン・アブドゥルワッハーブ（1703〜1790）に由来するが、自らは「ムワッヒドゥーン（一神教徒）」と称する。

ムハンマド・イブン・アブドゥルワッハーブはアラビア半島中央部のアヤイナに生まれ、マッカ、バスラで学び、『クルアーン』や「スンナ」を字義通りに解釈し、後世に持ち込まれた思想や事物を排斥、「イスラム神秘主義」や聖者崇拝なども禁じる厳格な主張を唱えた。しかしこの厳格な思想のため各地で迫害され、1745年にダルイーヤに逃れる。しかしダルイーヤの首長ムハンマド・イブン・サウド（1687〜1765）が彼とその思想を受け入れて盟約を結び、その後のサウド家の勢力伸長とともに、イエメンとオマーンを除くアラビア半島全域に広まった。この、ワッハーブ派の普及と一体化したサウド家による宗教・政治運動を「ワッハーブ運動」と呼ぶこともある。

なお、中央アジアのイスラム復興運動もワッハーブ派と呼ばれることがあるが、サウジアラビアのワッハーブ派とは直接の関係はない。

➡ アラビア半島、イエメン、イスラム神秘主義、イスラム法、オマーン、クルアーン、サウジアラビア、スンナ、スンニー派、マッカ

湾岸危機 ➡ 湾岸戦争

湾岸協力理事会

(Gulf Cooperation Council of the Arab States: GCC)

1981年5月、サウジアラビア、クウェート、バーレーン、カタール、アラブ首長国連邦、オマーンの湾岸6ヶ国が結成した地域協力機構。本部はサウジアラビアのリヤド。

1979年2月のイラン革命、同年11月の在テヘラン米大使館占拠や聖モスク占拠事件、12月のソ連のアフガニスタン侵攻、1980年9月のイラン・イラク戦争など、当時ペルシャ湾岸諸国近辺で急激な情勢変化が相次ぎ、特に革命後のイランがイスラム革命輸出の姿勢を見せていたことに対応するため、ペルシャ湾（アラビア湾）岸の君主国は1981年5月25日、アブダビで第1回湾岸諸国首脳会議を開催、湾岸協力理事会を設立した。その憲章には共通通貨の制定や合同軍「半島の盾」設立など様々な分野での政策統合も盛り込まれている。

2011年に起きた「アラブの春」の中で、バーレーンでもデモや治安部隊の衝突が発生すると、湾岸協力理事会は「半島の盾」を派遣し、治安維持に協力した。

➡ アフガニスタン、アラブ首長国連邦、アラブの春、イラン、イラン・イスラム革命、イラン・イラク戦争、オマーン、カタール、クウェート、サウジアラビア、ソ連のアフガニスタン侵攻、バーレーン、ペルシャ湾

湾岸戦争 (Gulf War)

1990年8月2日に発生した「イラ

湾岸戦争

クのクウェート侵攻」で始まった「湾岸危機」に引き続き、1991年1月から2月にかけてアメリカ軍を主体とする多国籍軍がクウェート解放のために行った武力行使のこと。アメリカはこの際の軍事作戦を「砂漠の嵐作戦」と呼んだ。

1961年6月19日のクウェート独立時、当時のカースィム・イラク首相（在職1958〜1963）は、「クウェートは元来イラク領の一部である」としてクウェートの併合を示唆し、実際にクウェート国境地帯にイラク軍が展開したことがあるが、1963年10月4日になってイラクはクウェートの独立を正式に承認した。しかし、1990年7月17日、イラクのフセイン大統領は第22回革命記念日の演説において「一部湾岸諸国がOPECの石油生産枠を無視して石油を増産しているため、イラクは毎年140億ドルの損害を被ってきた」と述べて暗にクウェートを非難、さらにアズィーズ外相はクリビ・アラブ連盟事務局長宛書簡により、クウェートが両国国境付近のルメイラ油田からイラクの石油を盗掘していると訴えたことで、イラクとクウェートの関係が緊張した。両国は7月31日、サウジアラビアのジェッダでこの問題に関する協議を行うが、翌8月1日に交渉は決裂し、2日午前2時、イラク軍7個師団約10万人がクウェート領内に侵攻、9時間で首都を制圧し、その日のうちにクウェート暫定政権が樹立された。8月8日には、イラクはクウェートを併合し、19番目の県とした。これに対しアメリカはただちに「砂漠の盾作戦」としてサウジアラビアに自国軍を派遣し、国連においてもイラクに経済制裁を課す安保理決議第661号（8月6日）、クウェート併合を無効とする決議第662号（8月9日）、イラク国内の外国人出国を求める決議第663号（8月18日）などが次々と可決され、最終的に11月29日、1991年1月15日を撤退期限とし、それまでにイラクが撤退しなければ武力行使を容認する決議第678号が採択された。

イラク撤退期限が過ぎた直後の1991年1月17日、アメリカは「砂漠の嵐作戦」を発動、アメリカを中心とする多国籍軍は対イラク空爆を開始した。戦闘は2月24日より地上戦に移行し、28日にはクウェート領内のイラク軍は駆逐され停戦となった。

▶ アラブ連盟、イラク、クウェート、サウジアラビア、フセイン（サダム）

用語索引

ゴチック体で示した語は見出し語を表します。

[ア]

アーイシャ …………………………… 012
アイバク ……………………… 129, 178
アイヤーム …………………………… 153
アイユーブ朝 ………………………… 012
アイン・ジャールートの戦い
　　　　　　　　……………… 178, 243
アヴィケンナ→イブン・スィーナー
　　　　　　　　……………………… 069
アヴェロエス→イブン・ルシュド … 071
アガ・ハーン→ニザール派 ………… 174
アクエンアテン（イクナトン）……… 039
アクコユンル ………………………… 013
アクサー・モスク
　（アル・アクサー・モスク）……… 014
アクスム王国 ………………………… 014
アクティウムの海戦 ………………… 110
悪魔の詩編 …………………………… 015
アグラブ朝 …………………………… 015
アケメネス朝 ………………………… 015
アザーン ……………………………… 017
アサシン→ニザール派 ……………… 174
アサド
　（ハーフィズ・アル・アサド）…… 016
アシュケナズィ（アシュケナズィム）→
　アシュケナズィとセファルディ … 018
アシュケナズィとセファルディ …… 018
アーシューラー ……………………… 018
アズハル ……………………………… 019
アズラク派 …………………………… 194
アスワン ……………………………… 019
アゼルバイジャン
　（アーザルバイジャーン）………… 019

アタチュルク
　（ムスタファ・ケマル）…………… 020
アタベク ……………………………… 021
アダム→アダムとイヴ ……………… 022
アダムとイヴ ………………………… 022
アッカド ……………………………… 022
アッシリア …………………………… 023
アッバース朝 ………………………… 024
アッバース朝革命 …………………… 024
アッラー（アラー、アッラーフ）… 025
アナトリア …………………………… 025
アナトリア諸侯国 …………………… 027
アフガーニー ………………………… 027
アフガーニー（ジャマール・アル・
　ディーン・アル・アフガーニー）… 027
アバーヤ→ベール …………………… 215
アビケンナ→イブン・スィーナー … 069
アブ・アル・アッバース …………… 024
アブ・スフヤーン ………… 080, 124, 232
アブ・ターリブ ……………… 196, 234
アブ・ニダール ……………………… 034
アブ・ヌワース ……………………… 034
アブ・バクル ………………………… 035
アブ・ムスリム ……………… 024, 081
アフガニスタン ……………………… 028
アフガニスタン内戦 ………………… 030
アフガン ……………………………… 028
アフガン戦争 ………………………… 031
アフシャール朝 …………… 029, 074, 121
アブダビ首長国（アブダビ）……… 032
アブデュルハミト2世 ………… 088, 090
アブデュルメジト2世 ……………… 102
アブドゥ→ムハンマド・アブドゥ …… 235

用語索引 [ア]

アブドゥッラー・イブン・フセイン
　→ヨルダン ……………………246
アブドゥルアズィーズ・
　イブン・サウド ………………033
アブドゥルカーディル・
　アル・ジャザーイリー …………033
アブ・ニダール ……………………034
アブ・ヌワース ……………………034
アブ・バクル ………………………035
アフマド・イブン・トゥールーン …035
アフマド・ヤスィーン ……………187
アフラク(ミシェル)→バアス党……177
アブラハ ……………………………036
アフラ・マズダ→ゾロアスター教 …147
アブラハム …………………………036
アフリカ ……………………………037
アフリカ連合(アフリカ統一機構)…037
アマズィーグ人→ベルベル人 ……217
アマル ………………………………038
アマルナ時代→アメンホテプ4世…039
アミール（首長） …027, 032, 110, 161
アミール・アル・ムゥミニーン
　→カリフ ………………………102
アミーン ……………024, 034, 179, 222
アムル・イブン・アル・アース
　(Amr ibn al-As) ………………038
アムル人 ……………………023, 185
アメリカ大使館占拠事件…………075
アメンホテプ4世…………………039
アモリ人 ……………………114, 191
アヤソフィア博物館 ………………039
アーヤトッラー（アヤトラ）………040
アラー→アッラー…………………025
アラービー運動（ウラービー運動、
　オラービー運動） ……………044
アラウィー派 ………………………040
アラジン ……………………………041

アラビア科学 ………………………041
アラビア語…………………………042
アラビア・コーヒー→コーヒー ……112
アラビア書道………………………042
アラビア数字………………………042
アラビアのロレンス→ロレンス ……258
アラビア半島………………………043
アラビア文字………………………043
アラビア湾 ………091, 131, 217, 261
アラビアン・ナイト ………………044
アラファト→ハッジ ………………182
アラファト(ヤーセル) ……………045
アラブ協力理事会…………………046
アラブ首長国連邦…………………046
アラブ人 ……………………………047
アラブ帝国→ウマイヤ朝…………080
アラブの春 …………………………048
アラブの大征服 ……………………047
アラブの反乱 ………………………048
アラブ・ボイコット ………………051
アラブ・マグレブ連合 ……………049
アラブ民族主義 ……………………049
アラブ連合共和国…………………050
アラブ連邦…………………………050
アラブ連盟…………………………051
アラベスク文様……………………052
アラム人 ……………………………052
アリ …………………………………052
アーリア人 …………………073, 186
アリウス派→ニケーア公会議………172
アリヤー ……………………………053
アル・アクサー・モスク
　→アクサー・モスク………………014
アル・カーイダ（アルカイダ）
　→カーイダ ……………………092
アル・クドス→エルサレム ………086
アルジェ協定 ………………………076

アルジェリア …………………………053
アルジェリア戦争……………………055
アル・ジャジーラ……………………097
アルバイーン………………………019, 134
アルプ・アルスラン……144, 174, 228, 229
アルファベット………………………055
アレヴィー派→アラウィー派………040
アレキサンダー
　　→アレクサンドロス3世………057
アレクサンドリア……………………056
アレクサンドロス3世（大王）……057
アレクサンドロス帝国 ……………026, 029
　　056, 057, 063, 072, 094, 112, 114
　　135, 160, 180, 191, 240, 255
アンカラの戦い ………………013, 027, 089
アンサール……………………………058
暗殺教団→ニザール派………………174
アンタラ・イブン・シャッダード……058
アンタル物語…………………………058
アンティオキア公国……087, 131, 178, 220
アンミーヤ……………………………042
アンモン人…………………………191, 246

[イ]

イヴ→アダムとイヴ …………………022
イエス（イエス・キリスト）………058
イェディッシュ語……………………018
イェニチェリ…………………………059
イエメン………………………………059
イエメン内戦…………………………061
イクナトン→アメンホテプ4世……039
イジュティハード…………………067, 229
イシュマエル…………………………061
イスカンダル
　　→アレクサンドロス3世………057
イスタンブール………………………061
イスマイール→イシュマエル………061

イスマイール派………………………062
イスラエル……………………………063
イスラエルのレバノン侵攻
　　→レバノン戦争………………255
イスラム医学→アラビア科学………041
イスラム科学→アラビア科学………041
イスラム会議機構
　　→イスラム協力機構…………065
イスラム教……………………………064
イスラム協力機構……………………065
イスラム金融…………………………065
イスラム原理主義……………………066
イスラム神学→イスラム法…………067
イスラム神秘主義……………………066
イスラム抵抗運動→ハマス…………187
イスラム帝国 …………………………024
イスラム抵抗運動→ハマス…………187
イスラム法……………………………067
イスラム暦……………………………067
イタリア・トルコ戦争………………020
イード…………………………………068
イバード派→ハワーリジュ派………194
イフタール…………………………169, 250
イブラーヒーム→アブラハム………036
イフリーキヤ→アフリカ……………037
イブリース……………………………068
イフワーン運動………………………068
イブン・アル・ハイサム……………179
イブン・スィーナー…………………069
イブン・タイミーヤ…………………122
イブン・トゥファイル………………071
イブン・トゥールーン→アフマド・
　　イブン・トゥールーン…………035
イブン・バットゥータ………………070
イブン・ハルドゥーン………………070
イブン・ルシュド……………………071

イマード・アル・ディーン・ザンギー
　　　　　　　　　　　　123, 131
イマーム ……………………………071
イマーム派
イラク ………………………………071
イラク・クルディスタン民主党
　　→クルド人 ……………………108
イラク戦争 …………………………073
イラクのクウェート侵攻
　　→湾岸戦争 ……………………262
イラン ………………………………073
イラン・イスラム革命 ……………075
イラン・イラク戦争 ………………075
イラン・クルディスタン民主党
　　→クルド人 ……………………109
イラン立憲革命
　　→イラン・イスラム革命 ……075
イラン・ロシア戦争 ………………095
イル・ハン …………………………211
イル・ハン国 ………………………076
岩のドーム …………………………077
インティファーダ …………………077

[ウ]
ヴァン王朝 …………………………056
ヴァンダル人 ……………054, 243, 252
ウイグル族 …………………………162
ウィーン包囲 ……………………090, 142
ヴェスパシアヌス …………………246
ヴェラーヤテ・ファギーフ
　　→法学者による統治 …………219
ウカーズ ……………………………130
ウサーマ・ビン・ラーディン ……078
ウズベク人 …………………………028
ウスマーン（ウスマーン・イブン・
　　アッファーン）………………079
ウード ………………………………079

ウフドの戦い ………………………080
ウマイヤ朝 …………………………080
（ムッラー）ウマル（ムハンマド・
　　ウマル）→タリバーン ………156
ウマル・アブドゥッラフマーン …253
ウマル・アル・ムフタール ………081
ウマル・イブン・ハッターブ ……081
ウマル・ハイヤーム ………………082
海の民 ………………………………082
ウムラ→巡礼 ………………………135
ウラービー運動→アラービー運動 …044
ウラマー ……………………………083
ウレマー→ウラマー ………………083
ウンマ ………………………………083
ウンム・アル・カイワイン首長国
　　→アラブ首長国連邦 …………046
ウンム・カルスーム ………………084

[エ]
エジプト ……………………………084
エジプト革命 ……………019, 085, 118
　　　　　　　　　　　169, 233, 230
エジプト考古学博物館 ……………085
エッセネ派 ………………………218, 245
エッラ・アスベハー（カレブ）…036, 060
エデッサ伯国 ………………………086
エドム王国 …………………………246
エヴィアン協定 ……………………054, 055
エピロス王国 ………………………249
エフェソス公会議 …………………105
エフタル ……………………………117, 180
エラム ……………………………023, 135
エル・アラメイン …………………150
エルサレム …………………………086
エルサレム王国 ……………………087
エルトゥールル号事件 ……………088
エンテベ作戦 ………………………088

用語索引 [オ] - [キ]

[オ]

王書→フェルドゥースィー …………205
オサマ・ビンラディン
　→ウサーマ・ビン・ラーディン…078
オジャラン（アブドゥッラー・
　オジャラン）………………………089
オーストリア・トルコ戦争 ………090
オスマン1世 …………………………089
オスマン帝国 …………………………089
オスロ合意………045, 094, 187, 192, 247
オマル・ハイヤーム
　→ウマル・ハイヤーム ……………082
オマーン ………………………………090
オラービー運動→アラービー運動 …044
オラマー→ウラマー …………………083
オールド・カイロ ……………………205

[カ]

カアバ神殿 ……………………………092
海賊海岸 ………………………………046
カーイダ ………………………………092
カージャール朝 ………………………095
ガーズィー ……………………………021
カーディスィーヤの戦い ……………098
カーディリー教団 ………………033, 054
カート …………………………………099
カーヌーン ……………………………079
ガイバ→隠れイマーム ………………093
カイロ …………………………………093
カエサル（ガイウス・ユリウス）……093
隠れイマーム …………………………093
ガザ地区 ………………………………094
ガザーリー ……………………………095
カシュルート ……………………111, 246
カスィーダ ……………………………047
ガズナ朝 ………………………………095
カターイブ（ファランジスト）229, 255, 256
カタール ………………………………097
カダフィ（ムアンマル）……………096
ガッサーン朝 …………………………097
カーディスィーヤの戦い ……………098
ガディール・アル・フンム …052, 068, 134
カデシュの戦い ………………………098
カート …………………………………099
カナート ………………………………099
カナン …………………………………099
カバラ …………………………………100
カピチュレーション …………………100
カビール人 ……………………………100
カラーウィーン大学 …………………019
カラコユンル …………………………101
カラハン朝 ………………………096,122
ガラビーヤ ……………………………101
カラメの戦い …………………………101
カラマンリー朝 ………………………252
カラマン朝 ……………………………027
仮庵の祭（スコト）→祝祭 …………133
カリフ …………………………………102
ガリラヤ平和作戦→レバノン戦争 …255
カルタゴ ………………………………103
カルデア→新バビロニア ……………137
カルバラの戦い ………………………103
カルマト派 ……………………………063
カレーズ ………………………………099
カンダハル ………………029, 031, 181

[キ]

ギザ …………………………086, 093, 199
キズィルバーシュ ……………………120
犠牲祭→イード ………………………068
キッパー ………………………………245
絹の道 …………………………………136
キプチャク・ハン国 …………………178
キブツ …………………………………155

[キ]

- キブラ …………………………………… 077
- キャラバンサライ ……………………… 202
- キャンプ・デービッド合意 …………… 104
- 休戦海岸 ………………………… 032, 046
- キュロス2世 …… 016, 073, 180, 186, 240
- 教友 ……………………………………… 104
- キョセ・ダグの戦い …………………… 027
- キリスト教 ……………………………… 104
- ギルガメシュ叙事詩 …………………… 105
- キンダ王国 ……………………………… 105
- キンディー（アブー・ユースフ・ヤアクーブ・イブン・イスハーク・アル・キンディー） ……………… 105
- キンメリア人 …………………………… 106

[ク]

- クウェート ……………………………… 106
- クスクス ………………………………… 107
- クライシュ族 …………………………… 107
- グラート ………………………………… 125
- グラブ将軍 ……………………………… 247
- グラーム ………………………… 165, 228
- クリスティー（アガサ） ……………… 107
- クルアーン ……………………………… 108
- クルチ・アルスラーン ………………… 253
- クルディスタン→クルド人 …………… 109
- クルディスタン愛国同盟 →クルド人 …………………………… 108
- クルディスタン民主党→クルド人 … 108
- クルデイスタン労働者党（PKK） →クルド人 …………………………… 108
- クルド人 ………………………………… 108
- クレオパトラ7世 ……………………… 109
- グレートゲーム ………………………… 031
- 黒い9月 ………………………………… 110

[ケ・コ]

- ケイラ朝 ………………………… 139, 157
- ケマリズム ……………………………… 021
- ケマル・パシャ→アタチュルク …… 020
- 黒羊朝→カラコユンル ………………… 101
- 後ウマイヤ朝 …………………………… 110
- 五行→六信五行 ………………………… 257
- 国連安全保障理事会決議第242号 … 111
- コシェル食品 …………………………… 111
- 古代エジプト …………………………… 111
- ゴドフロワ・ド・ブイヨン …… 220, 254
- コーヒー ………………………………… 112
- コプト教 ………………………………… 113
- 暦 ………………………………………… 113
- コーラン→クルアーン ………………… 108
- ゴラン高原 ……………………………… 114
- コンスタンティノープル →イスタンブール …………………… 061
- コンスタンティノープル公会議 …… 105

[サ]

- サアド朝→モロッコ …………………… 243
- サイイド ………………………………… 115
- サイイド・クトゥブ …………… 130, 233
- サイクス・ピコ条約 …………………… 115
- 最後の審判 ……………………………… 115
- ザイド派 ………………………………… 116
- ザーウィヤ→イスラム神秘主義 …… 066
- サウジアラビア ………………………… 116
- サウド家（サウード家） →サウジアラビア …………………… 116
- ササン朝 ………………………………… 117
- サダト（ムハンマド・アンワル・アル・サダト） ……………………… 118
- サダム（サッダーム）・フセイン →フセイン …………………………… 208
- サッファール朝 ………………………… 119

サドル（サイイド・ムーサー・アル・サドル） ……119
サヌースィー教団 ……119
サハーバ ……104
砂漠の嵐作戦 ……262
砂漠のライオン ……081
サービア教徒 ……120
サファヴィー教団
　→サファヴィー朝 ……120
サファヴィー朝 ……120
サブラ・シャティーラの虐殺
　→レバノン戦争 ……255
ザマの会戦 ……176, 195, 220
サマリア人 ……121
サーマン朝 ……121
サラケノイ（サラセン人） ……047
サラディン→サラーフッディーン ……122
サラフィー主義 ……122
サルゴン ……022, 023, 106, 134
ザンギー朝 ……123
塹壕の戦い ……123
ザンジュの乱 ……124
サン・ジル ……254
三大陸周遊記 ……070

[シ]
シーア派 ……124
シェイク ……128
ジェッダ ……21, 65, 78, 224, 262
シェバ→シバ王国 ……127
シェヘラザード ……044
シオニズム ……125
シオン賢者の議定書
　（ユダヤ・プロトコル） ……126
シナイ半島 ……126
シナゴーグ ……126
シバ王国 ……127

ジハード ……127
シバの女王 ……127
シャイフ ……128
邪視 ……129
シャジャラト・アル・ドゥッル ……129
シャット・アル・アラブ川 ……076, 160, 161
シャーナーメ
　→フェルドゥースィー ……205
シャハーダ→六信五行 ……257
ジャーヒズ（アブ・ウスマーン・アムル・イブン・バハル・アル・ジャーヒズ ……129
ジャーヒリーヤ時代 ……130
シャーフィイー学派→イスラム法 ……067
ジャマーヒリーヤ ……096, 252
シャリーア→イスラム法 ……067
シャリーフ→サイイド ……115
シャルジャ首長国 ……130
シャロン（アリエル） ……78, 137, 255
シャンポリオン
　（ジャン＝フランソワ） ……258
シャンム・アル・ナスィーム
　→祝祭 ……133
10月戦争 ……151
十字軍 ……131
十字軍国家→十字軍 ……131
自由将校団 ……072, 085, 96, 118, 169
12イマーム派 ……132
シュウービーヤ運動 ……132
終末 ……133
祝祭 ……133
ジュッラーバ ……101
ジュハー
　→ナスレッディン・ホジャ ……168
シュメール ……134
巡礼 ……135
小アジア ……25, 93

シリア	135
シリア戦争	135, 145, 195
シルクロード	136
白い9月	247
ジン	136
神殿の丘	137
新バビロニア	137
新ヒッタイト	026, 198

[ス]

ズー・アル・カルナイン	057
ズィクル	066, 167
スィッフィーンの戦い→アリ	138
スエズ運河	138
スエズ危機（スエズ戦争、スエズ動乱）	151
スカーフ→ベール	215
過ぎ越しの祭（ペサハ）→祝祭	133
スキタイ人	106
スキピオ・アフリカヌス	176
スーダン（スーダーン）	139
スーダン・マフディー国	141
スーダン内戦	140
スーフィズム→イスラム神秘主義	066
スライマーン→ソロモン	147
スルタン	141
スルタン・カリフ制	142
スレイマン1世	142
スンナ	142
スンニー派（スンナ派）	143

[セ・ソ]

スィエド→サイード	115
西岸→ヨルダン川西岸	247
正統カリフ	102
聖ヨハネ騎士団	142
石油ショック	152
ゼノビア	143
セファルディ（セファルディム）→アシュケナズィとセファルディ	018
セム語	022, 042, 047, 099, 126, 178, 214
セリム1世	143
セルジューク朝	144
セレウコス朝	145
千夜一夜物語→アラビアン・ナイト	044
象の年	145
祖国解放戦争→トルコ革命	164
ソ連のアフガニスタン侵攻	146
ゾロアスター教	147
ソロモン	147
ソロモン作戦→ファラシャ	202

[タ]

タァズィーエ→フセイン	207
大アーヤトッラー→アーヤトッラー	040
第一次世界大戦中の中東	147
第一次中東戦争	149
第一次内乱	149
第三次中東戦争	149
大シリア	135
第二次世界大戦中の中東	150
第二次中東戦争	151
第二次レバノン戦争→レバノン戦争	255
ターイフ合意	257
第四次中東戦争	151
ダーウード→ダビデ	154
タキーヤ	152
タジク人	028
ダニシメンド朝	27, 220, 253, 254
ダッジャール→終末	133

タバコ・ボイコット運動	152
ターハー・フセイン	152
ターバン	153
ダビデ	154
ターヒル朝	154
ダマスカス	155
タメルラン→ティムール	161
ダヤン（モシェ）	155
ダラズィー→ドルーズ派	165
タリーカ→イスラム神秘主義	066
ダリー語	28, 216
タリバーン（ターリバーン）	156
ダール・アル・イスラム	157
ダール・アル・ハルブ	157
ダルウィーシュ →イスラム神秘主義	066
ダルフール	157
ダレイオス1世	157
タンズィマート	028

[チ・ツ・テ]

チャドル→ベール	215
中東戦争	158
チュニジア	158
チンギス・ハン	029, 076, 161, 180, 211, 243
ツタンカーメン（トゥート・アンク・アメン）	159
ディアスポラ	064
ディアドコイ戦争	160
ティグリス・ユーフラテス川	160
ディスダーシャ	101
ディド（エリッサ）	103
ティムール	161
ティムール帝国	161
ディルムン	162
デヴシルメ制	059

デュランド・ライン	181
テンプル騎士団	094, 167, 198

[ト]

トゥアレグ人→ベルベル人	217
東方見聞録	258
東方問題→オスマン帝国	089
ドゥッラーニ朝→アフガニスタン	028
トゥルクマン	162
トゥールーン朝	162
ドバイ首長国	163
トーブ	101, 234
トプカプ宮殿	163
トブルク	081, 252
トランスヨルダン	051, 064, 149, 206, 247
トリポリタニア	252
トリポリ伯国	087, 131, 255
ドリラエウムの戦い	254
トルクメン人	028
ドルーズ派	165
トルコ	163
トルコ人	164
トルコ革命	164
トルコ・コーヒー→コーヒー	112

[ナ]

ナイル川	165
ナキーブ	115
ナギーブ・マフフーズ	166
ナクサ	150
ナクシュバンディー教団	166
ナクバ→第一次中東戦争	149
嘆きの壁	167
ナジュディー派→ハワーリジュ派	194
ナスレッディン・ホジャ	168
ナセル	

（ガマール・アブドゥルナセル）……168
ナツメヤシ……………………………169
ナーディル・クリー………………121, 170
ナーディル・シャー・
　　アフシャール………………………170
7イマーム派……………………………062
ナバタイ人………………………………170
ナフダ……………………………………170
名前………………………………………170
ナポレオン・ボナパルト………………171
ナルメル王………………………………111

[ニ]
ニケーア公会議…………………………172
ニケーア帝国……………………………173
ニザーム・アル・ムルク………………173
ニザール派………………………………174
日章丸事件………………………………175
ニハーヴァンドの戦い
　　→ササン朝………………………117

[ヌ・ネ・ノ]
ヌサイリー派→アラウィー派…………040
ヌビア……………………………………175
ヌミディア………………………………175
ネウロズ→祝祭…………………………133
ネストリウス派→ニケーア公会議……172
ネハーヴァンドの戦い→ニハー
　　ヴァンドの戦い→ササン朝……117
ネフェルティティ………………………039
ネブカドネザル2世……………………176
ノゥルーズ………………………………177

[ハ]
バアス党…………………………………177
バアル……………………………………178
拝火教……………………………………147

バイバルス………………………………178
バイラム…………………………………068
ハガナ……………………………155, 156, 219
ハガル…………………………………037, 061
ハギア・ソフィア………………………039
ハーキム…………………………………179
白色革命
　　→イラン・イスラム革命………075
バグダッド………………………………179
バクトリア………………………………180
白羊朝→アクコユンル…………………013
ハザール………………………………018, 044, 180
ハザラ人…………………………………180
ハサン……………………………………180
ハサン・サッバーハ→ニザール派……174
ハシーシュ………………………………174
ハーシム家→ムハンマド………………234
パシャ……………………020, 021, 157, 159, 252
パシュトゥーン人………………………181
パシュトゥー語………………………028, 181
バスマラ→ファーティハ………………200
ハスモン王国……………………………181
ハッジ（大巡礼）………………………182
ハーッジ…………………………135, 182, 206
バッターニー
　　（アブ・アブドゥッラー・
　　ムハンマド・イブン・ジャービル・
　　アル・バッターニー………………182
ハディージャ……………………………183
ハディース………………………………183
ハーディム・アル・ハラマイニ・
　　アル・シャリーファイニ
　　（2大聖地の守護者）……………188
ハッティーンの戦い
　　→ヒッティーンの戦い…………198
ハディル→ヒドル………………………199
ハトシェプスト…………………………183

ハドラマウト王国	060
バドルの戦い	184
ハナフィー派	067, 143
バハイ教	184
バビロニア	185
バビロン捕囚	185
バーブ教	186
ハフス朝	070, 159, 190, 224
パフラヴィー朝	186
バーブル	187
バベルの塔	187
ハマス（ハマース）	187
ハラール食品→コシェル食品	111
ハラム	188
ハーリジー派→ハワーリジュ派	194
ハーリド・イブン・アル・ワリード	188
ハリーファ→カリフ	102
バル・コクバの乱（第二次ユダヤ戦争）	189
パルティア	189
バルバロス・ハイレッディン・パシャ	189
バルフォア宣言	190
パルミュラ（パルミラ）	190
ハールーン・アル・ラシード	191
パレスチナ	191
パレスチナ解放機構（PLO）	192
パレスチナ自治政府	045, 247
パレスチナ分割決議	192
ハレム	193
バーレーン	193
パロ	202
ハワーリジュ派	194
ハンダクの戦い→塹壕の戦い	123
ハンニバル	194
ハンニバル戦争→ポエニ戦争	219
ハンバル派	067, 122, 143, 223, 261
ハンムラビ王	185

[ヒ]

ヒエログリフ	056, 258
東ゴート族	245
東ローマ帝国→ビザンツ帝国	195
ヒクソス	195
ビザンツ帝国	195
ヒジャーブ→ベール	215
ヒジュラ	196
ヒジュラ暦→イスラム暦	067
ヒスタドルート	155, 219, 239
ヒズブ・アッラー→ヒズボラ	197
ヒズボラ	197
ヒッタイト	197
ヒッティーンの戦い	198
ビテュニア	198
ヒドル	199
ヒムヤル王国	199
ヒラー山	108, 183, 234
ピラミッド	199
ビラール・イブン・リブハ	018
ビールーニー（アブ・ライハーン・ムハンマド・イブン・アハマド・アル・ビールーニー199 ヒンド・ビント・ウトバ	080, 232

[フ]

ファイサル・イブン・フセイン	200
ファキール→イスラム神秘主義	066
ファタハ	034, 038, 045, 102, 110, 187, 192
ファタハ革命評議会（アブ・ニダール派）	034
ファーティハ	200

ファーティマ	019, 052
ファーティマ朝	201
ファトワー→ムフティー	237
ファナー	066
ファフル・アル・ディーン2世	202
ファラオ	202
ファラシャ	202
フィダーイー（フェダーイー）	203
フェイルーズ	203
フェデーイヤーネ・ハルク	203
フェニキア	204
フェルドゥースィー（フィルダウスィー）	205
フジャイラ首長国→アラブ首長国連邦	046
フスタート	205
フスハー	042
フセイニー（ハーッジ・ムハンマド・アミーン・アフ・フセイニー）	206
フセイン	206
フセイン（サダム）	207
フセイン・ビン・タラール	208
フセイン・マクマホン書簡	209
フダイビーヤの和約	209
プトレマイオス1世	112, 145
プトレマイオス朝	210
フバル	210
ブラーク	211
フラグ	211
フリギア（フリュギア、プリュギア）	211
フリードリヒ2世	212
プリム→祝祭	133
ブルカ→ベール	215
プレヴェザの海戦	212
ブワイフ朝	213
フワーリズミー（アブ・アブドゥッラー・ムハンマド・イブン・ムーサー・アル・フワーリズミー）	213

[ヘ]

ベイ（ベイリク）→アナトリア諸侯国	027
ベカー高原	089, 202
ペサハ→祝祭	133
ベドウィン	214
ヘブライ語	214
ペリシテ人	214
ベリーダンス	215
ベール	215
ペルガモン王国	215
ペルシャ	216
ペルシャ語	216
ペルシャ戦争	016, 158
ペルシャ帝国	016, 074, 152, 216
ペルシャ湾	217
ベルベル人	217
ベルベルの春	101
ペレス（シモン）	045
ヘロデ	218
ヘロドトス	106, 166, 198, 212, 240
ベングリオン（ダビッド）	218
ヘンナ	219

[ホ]

法学者による統治	219
ポエニ戦争	219
ボエモン1世	220
ボードワン1世	220
北部同盟	029, 030, 031, 156, 157
ポグロム	053, 126, 218
ホッラム教→マズダク教	224

ホベベィ・ツィオン
　（シオンを愛する者） ……………053
ホメイニ（セイエド・ルーホッラー・
　ムサヴィ） …………………………221
ホラーサーン ……………………………222
ホラズム・シャー ………087, 142, 243
ホルムズ海峡→ペルシャ湾 …………217

[マ]
マアムーン ………024, 025, 105, 106, 120
　　　　　　　　129, 154, 179, 213, 222
マアリブ ……………………………098, 127
マイモニデス ……………………………222
マイーン王国 ……………………………060
マウリド・アル・ナビー
　（マウリド） ………………………223
マウレタニア ……………………………223
マカビ反乱→ハスモン王国 …………181
マグレブ（マグリブ） ………………223
マシュリク→マグレブ ………………223
マズダ教 …………………………………147
マズダク教 ………………………………224
マッカ ……………………………………224
マディーナ ………………………………225
マニ教 ……………………………………226
マハーバード共和国 …………………109
マハル ……………………………………226
マフディー ………………………………226
マフディー（スーダンの）
　→ムハンマド・アフマド ………235
マフディー戦争 ………………………141
マフムート２世 ………………………227
マムルーク ………………………………227
マムルーク朝 ……………………………228
マラズギルドの戦い
　（マンズィケルトの戦い） ………228
マラブー …………………………………067

マリエット（オーギュスト） ………086
マーリク学派→イスラム法 …………067
マリク・シャー→セルジューク朝 …144
マルコ・ポーロ …………………………258
マルジャア・アル・タクリード
　（マルジャエ・タグリード） ……229
マルジュ・ダービクの戦い ……144, 155
マロン派 …………………………………229
マンズィケルトの戦い
　→マラズギルドの戦い …………228
マンスーラの戦い ……………………129
マンダ人 ……………………………105, 120

[ミ]
ミウラージュ→夜の旅と昇天 ………248
ミズラヒ（ミズラヒム） ……………018
ミスル ……………………………………048
ミタンニ王国 ………………………023, 198
ミトハト憲法 ……………………………90
南イエメン ………………………………230
南スーダン ………………………………230
南レバノン軍 ……………………………231
ミナレット→モスク …………………242
ミフラーブ→モスク …………………242
ミマール・スィナン …………………142
ミュンヘン五輪事件 …………………231

[ム]
ムアーウィヤ ……………………………232
ムーア人 …………………………………232
ムアッズィン→アザーン ……………017
ムイッズ …………………………93, 201, 213
ムーサー→モーセ ……………………242
ムガール帝国 ………………………170, 187
ムジャーヒディーン ……………………233
ムスリム同胞団 ………………………233
ムタウィウ ………………………………234

ムハンマド	234
ムハンマド・アブドゥ	235
ムハンマド・アフマド	235
ムハンマド・アリ	235
ムハンマド・アリ朝	236
ムハンマド・イブン・アブドゥル 　ワッハーブ→ワッハーブ派	260
ムハンマド・オマル→タリバーン	156
ムフティー	237
ムラト１世	237
ムラービト朝	238
ムワッヒドゥーン	165, 261
ムワッヒド朝	238
ムワッファク	119, 124

[メ・モ]

メイア（ゴルダ）	239
メソポタミア	239
メッカ→マッカ	224
メディア	240
メディナ	240
メディナ→マディーナ	225
メネス	112, 202
メフメト２世	241
メロエ王国	139
モアブ人	191, 246
モサデク（モハンマド）	074, 175, 186
モサド	241
モスク	242
モーセ	242
モハンマド・レザー・シャー 　→パフラヴィー朝	186
モロッコ	243
モンゴル帝国	243

[ヤ・ユ・ヨ]

ヤズィード派	244
ヤズデギルド３世	244
ヤスリブ→マディーナ	225
ヤルムークの戦い	244
ユグルタ戦争	176
ユスティニアヌス１世	245
ユダヤ教	245
ユダヤの反乱	246
ユダヤ戦争	064, 087, 189, 246
ユダ王国	063, 086, 137, 154, 176, 185
ユーフラテス川 　→ティグリス・ユーフラテス川	160
預言者生誕祭 　→マウリド・アル・ナビー	223
ヨム・キプール→祝祭	133
ヨム・キプール戦争	151
ヨルダン	246
ヨルダン川西岸	247
ヨルダン内戦	247
夜の旅と昇天	248

[ラ]

ライラト・アル・カドル 　→ラマダン	250
ラクダ	248
ラクダの戦い	249
ラシュディー事件→悪魔の詩篇	015
ラス・アル・ハイマ首長国 　→アラブ首長国連邦	046
ラテン帝国	249
ラビ	249
ラビン（イツハク）	045
ラフム朝	250
ラマダン（ラマダーン）	250
ラマダン戦争	151
ラムセス２世	098, 099, 198, 217, 254

[リ・ル]

リタニ川作戦→レバノン戦争 ……… 255
リチャード1世 ……………………… 250
リッダ戦争 …………………………… 251
リディア ……………………………… 251
リビア ………………………………… 252
リュディア …………………………… 251
ルクソール事件 ……………………… 253
ルスタム朝 …………………………… 194
ルバーイーヤート …………………… 082
ルフ …………………………… 101, 161
ルーム・セルジューク朝
　（ルーム） ………………………… 253

[レ・ロ]

レイモン・ド・トゥールーズ ……… 254
歴史序説 ……………………… 070, 071
歴史的シリア（大シリア） …… 047, 052
　　　　074, 082, 094, 104, 114, 135
　　　136, 145, 155, 191, 226, 246, 255
レコンキスタ ………………… 131, 254
レザー・シャー・パフラヴィー
　→パフラヴィー朝 ………………… 186
レバノン ……………………………… 254
レバノン戦争 ………………………… 255
レバノン内戦 ………………………… 256
レパントの海戦 ……………………… 257
六信五行 ……………………………… 257
ロシア・トルコ戦争 ………… 090, 227
ロゼッタ石 …………………………… 257
ロック ………………………………… 258
ロッド空港乱射事件 ………………… 258
ロレンス
　（トーマス・エドワード） ……… 258

[ワ]

ワイツマン（ハイム） ……………… 259

ワークワーク ………………………… 260
ワッハーブ派 ………………………… 261
湾岸危機→湾岸戦争 ………………… 262
湾岸協力理事会（GCC） …………… 261
湾岸戦争 ……………………………… 262

参考図書一覧

パトリック・シール『アサド　中東の謀略戦』時事通信社
恵谷治『アフガニスタン最前線』扶桑社
前田耕作・山根聡『アフガニスタン史』河出書房新社
マーティン・ユアンズ『アフガニスタンの歴史』明石書店
ヴィレム・フォーヘルサング『アフガニスタンの歴史と文化』明石書店
伊谷純一郎『アフリカを知る事典』平凡社
矢島祐利『アラビア科学の話』岩波新書
前嶋信次『アラビア史（増補版）』修道社
『アラビア東岸酋長諸國』東亞研究所
中野好夫『アラビアのロレンス』岩波書店
ガブリエル・マンデル・ハーン『アラビア文字事典』創元社
スルターン・ムハンマド・アル・カーシミ『「アラブ海賊」という神話』リブロ
スレイマン・ムーサ『アラブが見たアラビアのロレンス』中央公論新書
アミン・マアルーフ『アラブが見た十字軍』リブロ
アルバート・ホーラーニー『アラブの人々の歴史』第三書館
バーナード・ルイス『アラブの歴史』みすず書房
フィリップ・ヒッティ『アラブの歴史』講談社学術文庫
私市正年『アルジェリアを知るための62章』明石書店
矢島文夫『アラブ民族とイスラム文化』（「人間の世界歴史９」）三省堂
シャルル＝ロベール・アージュロン『アルジェリア近現代史』白水社
Ｂ・ルイス『暗殺教団』新泉社
井上浩一『生き残った帝国ビザンティン』講談社学術文庫
陳舜臣『世界の都市の物語イスタンブール』文春文庫
『イスラエルという国』イスラエル・インフォーメーション・センター
モシェ・ダヤン『イスラエルの鷹』読売新聞社
ジョン・Ｊ・アシュマイヤー、スティーヴン・Ｍ・ウィルト『イスラエル・ロビーとアメリカの外交政策Ⅰ、Ⅱ』講談社
藤原和彦『イスラム過激原理主義』中公新書
岡倉徹志『イスラム急進派』岩波新書
嶋田襄平『イスラム教史』山川出版社
桂令夫『イスラム幻想世界』新紀元社
井筒俊彦『イスラーム思想史』中公文庫
中村廣治郎『イスラム、思想と歴史』東京大学出版会
黒田壽郎編『イスラーム辞典』東京堂出版
小杉泰『イスラーム世界（21世紀の世界政治５）』筑摩書房
『イスラーム世界事典』明石書店
小杉泰『興亡の世界史６イスラーム世界のジハード』講談社
本田實信『イスラム世界の発展』講談社（ビジュアル版世界の歴史６）
余部福三『イスラーム全史』勁草書房
ＮＨＫ「文明の道」プロジェクト『ＮＨＫスペシャル文明の道④イスラムと十字軍』ＮＨＫ出版

宇野昌樹『イスラーム・ドルーズ派』第三書館
前嶋信次『イスラームの蔭に、生活の世界歴史7』河出書房新社
グスタフ・E・フォン・グルーネバウム『イスラームの祭り』法政大学出版局
井筒俊彦『イスラーム文化』岩波書店
菅瀬晶子『イスラームを知る　新月の夜も十字架は輝く』山川出版社
阿部重夫『イラク建国』中央公論社
ロジャー・クレイア『イラク原子炉攻撃』並木書房
チャールズ・トリップ『イラクの歴史』明石書店
フレッド・ハリデー『イラン』りぶらりあ選書
鳥井順『イラン・イラク戦争』第三書館
『イラン 1940-1980』財団法人中東調査会
蒲生礼一『イラン史（増補版）』修道社
岡田恵美子、北原圭一『イランを知るための65章』明石書店
大塚和夫他編『岩波イスラーム辞典』岩波書店
石野肇『ウサーマ・ビン・ラーディン』成甲書房
『エウセビオス教会史　上下』講談社学術文庫
大原与一郎『エジプトマムルーク王朝』近藤出版社
アシェル・ナイム『エチオピアのユダヤ人』明石書店
アモス・エロン『エルサレム、記憶の戦場』法政大学出版会
鈴木薫『オスマン帝国』講談社
アラン・パーマー『オスマン帝国衰亡史』中央公論社
ブノアメシャン『オリエントの嵐』筑摩書房
半田元夫『キリスト教史』山川出版社
鳥井順『軍事分析湾岸戦争』第三書館
江口朴郎、板垣雄三編『交感するリビア』藤原書店
『世界伝記大事典』ほるぷ出版
牟田口義郎『世界の都市の物語10 カイロ』文藝春秋社
村川堅太郎『世界の歴史2　ギリシャとローマ』中公文庫
勝又郁子『クルド・国なき民族のいま』新評論
川上洋一『クルド人もうひとつの中東問題』集英社新書
『グローバルマップル・世界＆日本地図帳』昭文社
鳥井順『軍事分析湾岸戦争』第三書館
池内恵『現代アラブの社会思想』講談社現代新書
酒井啓子『現代イラン』岩波書店
横田貫之『原理主義の潮流　ムスリム同胞団』山川出版社
吉村作治『古代エジプト女王伝』新潮選書
吉村作治『古代エジプトを知る事典』東京堂出版
N・ソープ他『古代の発明』東洋書林
ラルフ・S・ハトックス『コーヒーとコーヒーハウス』同文館
『コーラン上・中・下』岩波文庫
ジョン・フィルビー『サウジ・アラビア王朝史（りぶらりあ選書)』法政大学出版会
保坂修司『サウジアラビア－変わりゆく石油王国』岩波書店
中村覚『サウジアラビアを知るための65章』明石書店
サダト『サダト自伝－エジプトの夜明けを』朝日新聞社

コン・コクリン『サダムその秘められた人生』幻冬舎
パトリック・シール『砂漠の殺し屋アブ・ニダル』文藝春秋
イブン・バットゥータ『三大陸周遊記』角川文庫
21世紀研究会『食の世界地図』文春新書
ジョルジュ・タート『十字軍』創元社
橋口倫介『十字軍』教育社歴史新書
中村廣治郎『イスラム教入門』岩波書店
前田匡史『［詳解］イスラム金融』亜紀書房
保坂修司『正体－オサマ・ビンラディンの半生と聖戦』朝日新聞社
夏目高男『シリア大統領アサドの中東外交1970-2000』明石書店
小山茂樹『シリアとレバノン』東洋経済新報社
羽仁礼『新千一夜物語』三一書房
羽仁礼『図解西洋占星術』新紀元社
ハイム・ヘルツォーグ『図解中東戦争』原書房
三橋冨治男『スレイマン大帝－オスマン帝国の栄光』清水書院
ジョン・ボウカー『聖書百科全書』三省堂
木俣滋郎『世界戦車戦史』図書出版社
大塚和夫編集『世界の食文化10 アラブ』農文協
『世界伝記大事典』ほるぷ出版
ダニエル・ヤーギン『石油の世紀』日本放送出版協会
小山茂樹『最新誰にでもわかる中東』時事通信社
T・E・ロレンス『知恵の七柱』平凡社
ダイヤモンド社『地球の歩きかた』シリーズ
『筑摩世界文学大系9 インドアラビアペルシア集』筑摩書房
クラヴィホ『チムール帝国紀行』桃源社
ジャネット・ワラク、ジョン・ワラク『中東の不死鳥アラファト』
鳥井順『中東軍事紛争史1-4』第三書館
鷹木恵子『チュニジアを知るための60章』明石書店
栗田伸子、佐藤育子『通商国家カルタゴ（興亡の世界史3）』講談社
『データブック・オブ・ザ・ワールド2013』二宮書店
マルコ・ポーロ（愛宕松男訳注）『東方見聞録1、2』平凡社
槙島公『ドバイがクール』三一書房
合田良實『土木と文明』鹿島出版会
新井政美『トルコ近現代史』みすず書房
三橋冨治男『トルコの歴史』紀伊國屋新書
『ナショナルジオグラフィックが歩いたシルクロード』日経ナショナルジオグラフィック社
林武『ナセル小伝』財団法人日本国際問題研究所
前嶋信次『西アジア史（新版）』山川出版社
佐藤次高『西アジア史Ⅰ（新版世界各国史8）』山川出版社
永田雄三他『西アジア史Ⅱ（新版世界各国史9）』山川出版社
小玉新次郎『西アジアの歴史』講談社現代新書
野間英二『中央アジアの歴史』講談社現代新書
笹川正博『パレスチナ』朝日選書
奈良本英佑『パレスチナの歴史』明石書店

メナヘム・ベギン『反乱（上・下）』ミルトス
小串敏郎『東アラブの歴史と政治』勁草書房
ゲオルグ・オストロゴルスキー『ビザンツ帝国史』恒文社
坂本勉『ペルシア絨毯の道』山川出版社
チャールズ・D・ベルグレイヴ『ペルシャ湾の真珠』遊山閣
佐藤次高『マムルーク』東京大学出版会
宮田律『物語イランの歴史』中公新書
アーロン・J・クライン『ミュンヘン』角川文庫
岩永博『ムハンマド・アリー』清水書院
エフライム・ハレヴィ『モサド前長官の証言「暗闇に身をおいて」』光文社
牟田口義郎『物語中東の歴史』中公新書
私市正年、佐藤健太郎『モロッコを知るための65章』明石書店
ドーソン『モンゴル帝国史』平凡社東洋文庫
ゴードン・トーマス『憂国のスパイ』光文社
石田友雄『ユダヤ教史』山川出版社
滝川義人『ユダヤを知る事典』東京堂出版
アブラハム・ラビノビッチ『ヨムキプール戦争全史』並木書房
堀内勝『ラクダの文化誌』Libro
イツハク・ラビン『ラビン回想録』ミルトス
ヒシャーム・マタル『リビアの小さな赤い実』ポプラ社
塩尻和子『リビアを知るための60章』明石書店
ヘロドトス『歴史（上、中、下）』岩波文庫
イブン・ハルドゥーン『歴史序説』岩波新書
塩野七生『ローマ人の物語 II ハンニバル戦記』新潮社
塩野七生『ローマ人の物語 IV ユリウス・カエサル、ルビコン以前』新潮社
塩野七生『ローマ人の物語 V ユリウス・カエサル、ルビコン以後』新潮社
塩野七生『ローマ人の物語 VII 悪名高き皇帝たち』新潮社

アラブ・イスラム・中東
用語辞典

●著者
松岡信宏

●発行日
初版第1刷 2014年7月30日

●発行者
田中亮介

●発行所
株式会社 成甲書房

郵便番号101-0051
東京都千代田区神田神保町1-42
振替 00160-9-85784
電話 03(3295)1687
E-MAIL mail@seikoshobo.co.jp
URL http://www.seikoshobo.co.jp

●印刷・製本
株式会社 シナノ

©Nobuhiro Matsuoka
Printed in Japan, 2014
ISBN978-4-88086-315-3

定価は定価カードに、
本体価はカバーに表示してあります。
乱丁・落丁がございましたら、
お手数ですが小社までお送りください。
送料小社負担にてお取り替えいたします。